国家文化产业课题研究报告

（2008 年度）

文化部文化产业司　编

云南大学出版社

图书在版编目（CIP）数据

国家文化产业课题研究报告：2008年度/文化部文化产业司编．—1版．—昆明：云南大学出版社，2009
ISBN 978－7－81112－779－9

Ⅰ．国…　Ⅱ．文…　Ⅲ．文化—产业—研究报告—中国—文集　Ⅳ．G124－53

中国版本图书馆CIP数据核字（2009）第184522号

国家文化产业课题研究报告

（2008年度）

文化部文化产业司　编

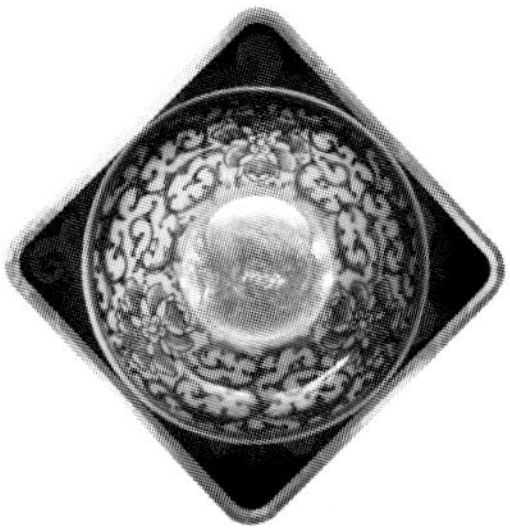

策划编辑：柴　伟
责任编辑：柴　伟　李　平
装帧设计：猎鹰创想｜书籍设计

出版发行：云南大学出版社
印　　装：云南福保东陆印刷股份有限公司
开　　本：787mm×1092mm　1/16
印　　张：30.75
字　　数：503千
版　　次：2009年11月第1版
印　　次：2009年11月第1次印刷
书　　号：ISBN 978－7－81112－779－9
定　　价：62.00元

地　　址：云南省昆明市翠湖北路2号云南大学英华园（邮编：650091）
发行电话：0871－5031071　5033244
网　　址：http：//www.ynup.com
E－mail：market@ynup.com

目　录

关于制定国家《文化产业促进条例》的研究报告

中国社会科学院文化研究中心

一、前　言

依法治国，建设社会主义法治国家，是我国的基本方略。全面落实这一基本方略，在相当大的程度上改变了我国文化领域无法可依的状况，使我国文化法治取得了明显进展。但是，必须清醒地看到，目前我国文化法治状况和依法治国的基本方略与党的十七大提出的一切工作法治化的基本要求还存在着很大差距。加快推进我国文化法治化进程，是全面落实依法治国基本方略的重要组成部分，是推动文化大发展大繁荣的基础性工作，更是我国文化发展的客观要求。抛开是否应该构建相对独立的文化法律体系的争论，尽快出台《文化产业促进条例》，是加快推进文化法治化进程的重要步骤。我国现有的文化产业法律都是以规范和管理为目的的法律，因此近年来国务院和文化行政主管部门出台的大量旨在促进文化产业发展的政策，往往因缺乏强有力的法律支撑而未能得到有效执行。以促进文化产业发展为目的的法律的缺失，已经成为制约我国文化产业发展的一大障碍。文化产业重要的战略地位与我国现行文化产业尚不足以担当如此重要战略角色的现实，迫切呼唤尽快出台以促进发展为目的的法律——《文化产业促进条例》。

本研究报告是“关于制定国家《文化产业促进条例》研究项目”的阶段性研究成果，主要内容包括两大部分：第一部分构成本研究报告的主体，主要研究了两个问题，一是围绕着文化产业概念的界定，探讨关于文化产业促进条例的调整对象问题；二是通过对我国现行促进法文本结构的比较研究，探讨文化产业促进条例的法律定位和文本结构问题，在此基础上，提出进一步研究的建议。第二部分构成本报告的附录，主要内容是关于日本和韩国文化产业促进法的研究。

二、关于条例的调整对象问题

制订文化产业促进条例面临着许多棘手的问题，如何定义“文化产业”这个概念就是其中之一。本部分首先简要梳理文化产业概念在中国发展的历史线索和演进阶段，然后从理论基础与政策取向两个层面对文化产业和文化创意产业进行分析，以此为基础并借鉴韩国和日本的文化立法经验，提出界定我国文化产业概念应该参照的两个维度和可供选择的方法，明确条例的调整对象。

（一）概念回顾：历史线索与发展阶段

早在“文化产业”概念出现在党和政府的文献中以前，学术界就已经展开了对文化产业的研究。据现在掌握的文献来看，我国学者最早探讨文化产业的文章出现在1988年，文章的标题是《论社会主义的文化产业》，① 作者从文化经济学的角度，以我国文化领域里的经济关系和经济活动为背景，对我国文化产业作了初步探讨；1989年，日本学者日下公人的《新文化产业论》被翻译成中文出版；2000年，由中国改革杂志社主办、兴亚集团协办，在北京召开了“文化体制改革和文化产业发展座谈会”，② 与会者认为，优化文化资源配置，加快发展我国的文化产业，是应对加入WTO后国外文化产品冲击，回应文化产业日益成为全球新的经济增长点的一个重要途径。此后，“文化产业”一词开始频繁出现在报端。2000年10月，十五届五中全会通过的《中共中央关于制定国民经济和社会发展第十个五年计划的建议》中，明确提出要“推动信息产业与有关文化产业结合”，要“完善文化产业政策，加强文化市场建设和管理，推动有关文化产业发展”的建议。③ “文化产业”和“文化产业政策”概念首次明确出现在官方的正式文件中。2001年3月，九届人大四次会议批准的《国民经济和社会发展第十个五年计划纲要》④ 采纳了十五届五中全会关于文化产业和文化产业政策的提法，发展文化产业被正式纳入国民经济和社会发展计划，成为国民经济和社会发展总体战略的重要组成部分。2002年11月，党的十六大报告中明确提出文化事业和文化产业的“二分法”，并且提出“发展文化产业是市场经济条件下繁荣社会主义文化、满足人民群众精神文化需求的重要途径”这一重要思想。

从文化产业概念的出现到今天，在20年的中国文化产业理论发展史中，文化产业概念经历了模糊、清晰和混乱三个阶段。1988年文化产业概念的出现到2004年4月国家统计局关于印发《文化及相关产业分类》

① 李建中：《论社会主义的文化产业》，《人文杂志》1988年第3期。
② 2000年4月4日，《光明日报》以“专家认为应加快发展我国文化产业”为题刊登了这次座谈会的消息。当时的文化部副部长李源朝、国务院体改办副主任李剑阁、中国体改研究会副会长杨启先等有关部门领导也出席了座谈会。
③ 《中共中央关于制定国民经济和社会发展第十个五年计划的建议》，《人民日报》2000年10月19日第1版。
④ 《国民经济和社会发展第十个五年计划纲要》，《人民日报》2001年3月18日第1版。

的通知下发之前，我国文化产业概念处于模糊阶段。在这一阶段，文化产业完成了两个具有重要意义的历史性跨越，一是从学术领域走进决策层面，其标志性的事件是：1998 年文化部设立了文化产业司，并在 2002 年党的十六大报告中正式赋予文化产业应有的战略地位，使文化产业与文化事业一起共同构成我国文化建设的重要领域。二是从决策层面走向实践领域，其标志性的事件是：2003 年 6 月启动的全国文化体制改革试点工作，同年 9 月文化部制定下发了《关于支持和促进文化产业发展的若干意见》，意见将文化产业界定为“从事文化产品生产和提供文化服务的经营性行业”，其外延包括演出业、影视业、音像业、文化娱乐业、文化旅游业、网络文化业、图书报刊业、文物和艺术品业和艺术培训业九大行业门类，我国文化产业从此结束了自发阶段、开始了自觉发展的新历程。但遗憾的是，文化部的这个文化产业界定由于我国文化行政管理体制的原因，并没有实际成为我国文化产业实践领域中统一的工作定义。① 这一阶段总的特点是，对于究竟什么是文化产业，它应该包括哪些行业，人们的认识还很模糊，其具体的表现是学术界没有一个公认的理论定义，实践领域没有一个统一的可供遵循的工作定义。这一阶段最具影响的文化产业定义当属联合国教科文组织作出的定义，它将文化产业界定为按照工业标准生产、再生产、储存和分配文化产品和服务的一系列活动。

2004 年 4 月到 2006 年 8 月，中共中央办公厅和国务院办公厅印发《国家“十一五”时期文化发展规划纲要》之前，是我国文化产业概念的清晰阶段。这一阶段的标志性事件是：2004 年 4 月 1 日，国家统计局下发了《国家统计局关于印发〈文化及相关产业分类〉的通知》。这个以国家统计局的名义印发的《文化及相关产业分类》，实际上是 2003 年 7 月 22 日成立的由中共中央宣传部牵头，国家统计局、文化部、国家广电总局、新闻出版总署、国家文物局、国家发展改革委、财政部、国家税务总局、国家工商总局等单位参加的“文化产业统计研究课题组”研究制定的。也就是说，它是一个得到所有与文化相关的政府部门共同认可的分类标准。《文化及相关产业分类》将文化产业界定为“为社会公众提供文化、娱乐产品和服务的活动，以及与这些活动有关联的活动的集

① 本来文化部的定义（2003 年）是可以成为工作定义的，但由于我国文化行政管理体制的原因，并没有实际成为工作定义。

合”，并明确规定了文化及相关产业的范围，“包括提供文化产品（如图书、音像制品等）、文化传播服务（如广播电视、文艺表演、博物馆等）和文化休闲娱乐（如游览景区服务、室内娱乐活动、休闲健身娱乐活动等）的活动，它构成文化产业的主体；同时，还包括与文化产品、文化传播服务、文化休闲娱乐活动有直接关联的用品、设备的生产和销售活动以及相关文化产品（如工艺品等）的生产和销售活动，它构成文化产业的补充”。[①] 为反映党中央关于文化建设和文化体制改革的要求，除了这种“主体—补充”结构外，文化产业各行业还可组合出文化产业核心层、文化产业外围层和相关文化产业层共九个门类——文化产业核心层包括：（1）新闻服务；（2）出版发行和版权服务；（3）广播、电视、电影服务；（4）文化艺术服务。文化产业外围层包括：（1）网络文化服务；（2）文化休闲娱乐服务；（3）其他文化服务。相关文化产业层包括：（1）文化用品、设备及相关文化产品的生产；（2）文化用品、设备及相关文化产品的销售。这一阶段的总特点是：有了全国统一的权威的文化产业概念，并且建立了相应的统计指标体系。在深圳举行的“第二届文化发展战略论坛”上，国家统计局首次发布了我国文化产业的统计数据，用成规模、成体系的数字反映了我国2004年文化产业的发展情况，结束了文化产业统计无据可依、靠模糊描述的历史。

2006年9月到现在，我国文化产业概念处于混乱阶段。这一阶段的标志性事件是：中共中央办公厅和国务院办公厅印发了《国家“十一五”时期文化发展规划纲要》。这是我国第一个文化发展规划，也是国家“十一五”规划的专项规划。这一规划从整体上勾画了我国文化发展战略的雏形，应该说，是我国文化发展领域的重要政策文件。在这个文件中，提出了文化创意产业的概念，并且对我国文化创意产业的发展作出了初步规划。规划中还提出了数字内容产业和网络文化产业等其他概念。创意产业、文化创意产业、数字内容产业等概念的提出，使我国文化产业概念处于前所未有的混乱格局，原本统一的文化产业概念受到了严峻挑战，表现最为特别的是，上海和北京分别以创意产业和文化创意产业取代了文化产业概念，并制定了各自的发展战略和相应的统计标准。总体

① 国家统计局：《国家统计局关于印发〈文化及相关产业分类〉的通知》，国统字［2004］24号，2004年4月1日。

来说，这一阶段的突出特点是：创意产业，特别是文化创意产业大行其道，大有取代文化产业之势。

（二）概念考察：理论基础与政策取向

在我国，文化产业这一概念仍是通用的标准用法。同时，又存在文化创意产业、创意产业、版权产业、内容产业和数字内容产业等几个竞争性的概念并存的状况。这种概念上的混乱和不统一状况，实际上是国际文化产业概念不统一状况在国内的表现和反映。国际上几种典型的文化产业称谓是：英国的创意产业（creative industries）、美国的版权产业（copyright industries）、法国的文化产业（cultural industries）、日本的内容产业（contents industries）、韩国的文化内容产业（culture & contents industries）等。国际上概念不统一的后果，不过是国际比较上的困难而已。但一国之内概念不统一的后果，却不仅仅是比较和统计上的问题，更是关系到整个国家文化产业战略的实现和政策的制定及其有效实施的重要问题。特别是基于对制定《文化产业促进条例》的迫切需求，必须有一个明确而统一的文化产业概念界定。

国外相关研究[①]认为，上述几个概念都是关于文化作为一个产业的不同用语，具有边界模糊和不确定性的特点，主要区别在于所强调的产业性质的不同：文化产业强调的是文化产品的社会功能，或者说是其在社会中所起的作用；创意产业强调的是个人的创造性和以此为基础的生产要素的性质；版权产业强调的是产业产出品作为商品其财产权的性质；内容产业强调的是产业产出品本身的性质；数字内容产业强调的是数字技术和内容的融合性质。按照这个逻辑，文化创意产业应该是既强调文化产品的社会功能，也强调个人的创造性和生产要素的性质。

各国使用和选择使用不同的文化产业概念，是由各国的社会历史背景、产业结构、文化发展及其政策目标决定的，其中主要的决定因素是理论基础和政策取向上的差异。根据我国的实际，特别是未来制定《文化产业促进条例》的需要，尤其要厘清文化产业和文化创意产业的区别。[②] 从理论基础上看，文化经济学构成两者共同的理论基础，所不同的

---

① 金正勳、生貝直人：「创造经济におけるコンテンツ政策」，慶應義塾大学メディアコミュニケーション研究所紀要。

② 文化创意产业事实上是文化产业 + 创意产业，关于文化产业和创意产业的区别，文化部文化产业司王永章司长已经作了详细的分析，指出了两者在出发点、主体、性质、管理部门和理论基础五个方面的不同。参见王永章《创意产业能代替文化产业吗?》，《民营经济报》2007 年 5 月 16 日。

是：文化产业还有自己的文化理论基础，而文化创意产业则要另外多出一个创意理论基础。传统的文化理论坚持和强调的是文化本身的价值（目的价值）和文化的社会价值，精英文化是其典型的文化形态，文化保护是主导性的文化行为。而文化产业背后的文化理论侧重的则是文化的经济价值和娱乐价值，大众文化是其典型的文化形态，文化创造和产业化是其主导性的文化行为。创意产业以个人的创意为基础，要发展这样的产业，需要研究个人创意产生的内在机理，研究以组织化和规模化的方式激发个人创意的可能性、机制与条件，这无疑需要一个创意理论作为基础，然而目前国际上还没有这样的理论，甚至连这样的研究也不多见。就我国长期只讲文化事业的情况而言，文化产业概念比文化创意产业更具革命性和明确的指向性，因为它表明了文化也可以成为一个产业，也具有产业属性。就包含的行业范围来看，虽然文化产业包括的行业范围也不是全新的，但产业化的发展方式却直指人民群众日益增长的精神文化需求，切实地提供了需求增量，带来了文化和经济的“实质”增长；而创意产业对原有行业的新组合，并没有提供新增需求，所带来的也只是“名义”的增长。从这个角度看，文化产业比文化创意产业更契合我国国情。

各国文化背景和法治传统的不同，以及经济发展理念上的差异，决定了各国政府在促进文化产业发展中的角色定位和政策取向方面存在着明显的区别。根据日本学者的研究，国际上促进文化产业发展的典型模式有三种（见图1）:[①] 一种是以美国为代表的民间主导和产业政策中心型，一种是以法国为代表的政府主导和文化政策中心型，一种是以韩国为代表的政府主导和产业政策中心型。日本的促进模式总体上居于中间型，在政策方向和领域选择方面存在着模糊和重心不明确的状况。我国历来重视文化建设，特别是长期处于计划经济时代，这决定了我国长期以来促进文化发展一直采取的是国家主导模式；在政策取向上，是完全的文化政策，而根本没有产业政策。党的十六大特别是全国文化体制改革试点工作开始以来，文化产业政策逐渐出台。按照上面的模型分析，当前我国的文化产业政策的基本特点是政府主导型，政策取向上是“二元偏向型”结构，也就是说，坚持文化政策和产业政策的双取向，但是更偏重文化政策。用经常说的话讲，就是要社会效益和经济效益双丰收，

---

① 中村 伊知哉：「コンテンツ政策の特徴と方向性」，http：//www. ichiya. org/pdf/JASI_ 200603. pdf.

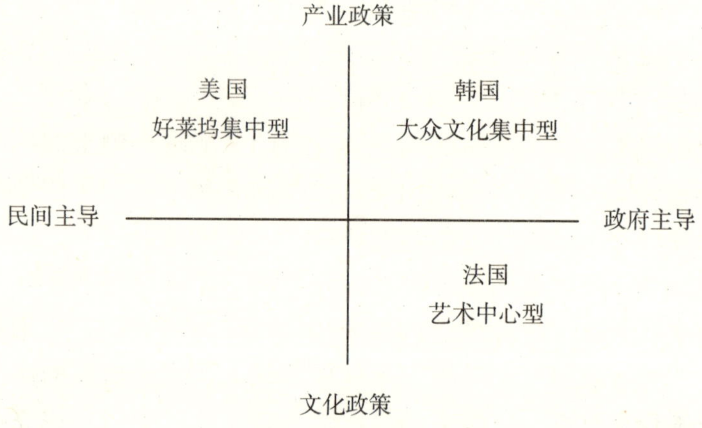

图 1　国际文化产业政策典型模式

当经济效益和社会效益发生冲突时，应以社会效益为主，甚至有时还会出现这样的情况，没有明显的社会效益却有显著的经济效益的项目，非但得不到支持，还可能被否定。根据我国的国情，从政策取向上来看，“二元偏向型”结构可能是长期的主导型结构，但是，在偏向上，可能会逐渐从文化政策（社会效益）侧重型演化为产业政策（经济效益）侧重型。因为对社会效益的理解会更宽容，由过去的积极性理解（必须有正的社会效益才行）转化为消极性理解（只要没有负的社会效益即可）。因此，从政策取向上看，文化产业的提法也比文化创意产业的提法更符合我国国情，更具有针对性和可操作性。

（三）界定维度：发展战略与法律效力

顾名思义，《文化产业促进条例》是旨在促进文化产业发展的法律，但是，作为《文化产业促进条例》调整对象的文化产业，其内涵与外延究竟应该如何界定，却绝不是一个简单的定义问题，而是事关我国文化产业发展战略的重大问题，也是事关这部法律究竟能否或能在多大程度上实现其预期价值的核心问题。

在制定《文化产业促进条例》时，界定文化产业概念必须参照的第一个维度是国家文化产业发展战略，要充分反映并体现我国文化产业发展战略的基本要求。实际上，这是关于究竟是使用文化产业还是使用文化创意产业等其他概念的问题。上面的理论基础和政策取向两方面的分析表明，文化产业概念比文化创意产业概念更符合我国国情，更具有针对性和可操作性。在社会主义市场经济条件下，发展文化产业是繁荣和发展社会主义文化、满足人民群众日益增长的精神文化需求的基本途径；能使文化产业占国民经济的比重明显提高、国际竞争力显著增强、适应人民群众需要的文化产品更加丰富。我国文化产业发展的这些要求，强调的都是这个产业的社会功能，而不是其他性质；而且，强调其社会功能的同时并没有否定其他性质。相反，个人创造性、知识产权、内容及其与数字技术的融合，也都是文化产业重要的基本要素。如何将我国丰富的文化资源实现产业化，使文化的经济价值最大化；如何生产适应消费者需求的精神文化产品，使人民群众的精神文化生活丰富化；如何通过文化产品传播中华文化价值观全面提升国家形象，使国家软实力最大化，是国家文化产业发展战略的基本要求。文化产业概念比文化创意产业概念更能够反映和体现这些基本要求，因此在制定《文化产业促进条例》时，应使用文化产业概念而不是文化创意产业等其他概念。

在制定《文化产业促进条例》时，界定文化产业概念必须参照的第二个维度是法律效力，在概念范围的确定上要充分考虑并提高法律预期价值最大化的实现可能性。实际上，这是关于文化产业概念本身内涵或外延的大小问题。作为以促进文化产业发展为目的法律的《文化产业促进条例》，要提高其法律效力，保证其促进文化产业发展这一预期价值的最大化，必须解决好两个课题。

技术的发展对文化产业产生的革命性影响还有待评估，但是，已经出现的内容与媒体分离趋势、媒体融合趋势和新媒体不断涌现趋势，足以表明文化产业是一个随着技术的发展而呈现无限开放性的产业。对于这样一个产业，用法律这样具有相对稳定特征的强制性规范去定义，确实是一个挑战。如何使概念清晰明确，以便于法律实施，同时又为未来可能出现的新业态预留适当空间，不至于将那些未来可能出现的重要新业态拒以法律调整范围之外，是界定文化产业概念、确定其内涵或外延大小时面临和必须予以恰当解决的第一个课题。

文化产业是由多个不同行业组成的一组产业，或一群产业。如果将其中的每个具体行业抽出来孤立地看，其本身都构成一个相对完整的产业链，包含着产业链上各个不同的部分。如果将这些具体行业还原回去组成完整的文化产业组或群时，各个具体行业又会呈现出这样那样的联系和不同的产业关联度。文化产业这种内在构成特征表明，作为一个整体的文化产业组或群，那些与其他行业具有较高关联度的行业，应该是重点发展的行业；作为其中的某个具体行业，那些在产业链上起核心作用并制约该行业发展的关键环节，应该是重点发展的行业环节或行业小类。如何将这些重点发展的行业或行业小类分离出来，纳入《文化产业促进条例》定义的文化产业范围，同时又兼顾未来发展，将那些未来可能发展成为产业关联度高的行业也纳入其中，这是界定文化产业概念、确定其内涵或外延大小时面临和必须予以恰当解决的另一个课题。

（四）他山之石：日本和韩国的立法启示

随着文化战略地位的不断提升和文化经济价值的日趋重要，文化产业已经成为世界主要国家的战略产业和重要的支柱产业，各国政府纷纷出台旨在促进文化产业发展的政策措施，围绕文化产业的国际竞争日趋激烈。尽管各国促进文化产业发展的模式不同，但是将对文化产业的促进政策法律化却是一种普遍的做法，所不同的不过是方式不同而已。世界上文化产业起步较早的发达国家，普遍选择修改现有法律，以适应促进文化产业发展的需要。其中典型的是美国。20 世纪 80 年代以来，美国多次修改了著作权等相关法律。而作为文化产业后起之秀的日本和韩国，则选择了专门出台文化产业促进法的方式。

韩国是世界上最早制定文化产业促进法的国家。文化产业在韩国称为“文化内容产业”，韩国的文化产业促进法名为《文化内容产业振兴基本法》[①]（第 5927 号法律），于 1999 年通过，2000 年作了部分修订，2002 年作了全文修订。韩国还有一部关于文化产业的促进法，也就是 2002 年通过的《网络数字内容产业发展法》（第 6603 号法律）。

韩国文化产业促进法选择的概念是“文化内容产业”，强调的是产出品本身的性质，即文化内容。《文化内容产业振兴基本法》总则第二条明确规定，所谓文化内容产业，指的是文化内容产品的开发、制作、生产、流通、消费等以及与此相关的各项服务。这里的“文化内容产品”，指的是系统包含了各类文化要素的、能够生产出经济价值的有形的及无形的资产（包含文化相关内容及数字文化相关内容）以及它们的结合体；“内容”指的是各种符号、文字、音像资料或信息。《文化内容产业振兴

① 本文所用文本为该部法律的中译本，由韩国文化产业振兴院提供。

基本法》规定了属于文化内容产业的行业包括：

（1）电影相关产业；

（2）音像制品及游戏软件等相关产业；

（3）出版、印刷、定期发行刊物等相关产业；

（4）广播影视等相关产业；

（5）文化财产等相关产业；

（6）系统包含了艺术性、创意性、娱乐性、休闲性及大众性（以下统称为“文化要素”），并且能够生产出经济价值的动漫、设计（产业设计除外）、广告、演出、美术品及工艺品等相关产业；

（7）对数字化文化内容进行收集、加工、开发、制作、生产、保存、检索及流通等处理，并且提供相关服务的相关产业；

（8）由《总统法》许可的除以上提到的产业之外的有关传统服装、饮食等产业与韩国不同，文化产业在日本称为内容产业，日本的《内容产业促进法》全称为《关于促进内容的创造、保护及活用的法律》（法律第81号，2004年）。[①] 正如其法律名称所示，它实际上是促进内容的创造、保护和活用的，并不是严格意义上的关于内容产业的促进法律。但是，在日本一般将其视为是内容产业促进法。这部分是因为本来内容就是内容产业的核心，促进内容也就是促进内容产业；部分是因为在数字化、网络化不断发展、内容传播途径日趋多样化的背景下，提高内容的创造能力和活用能力（如内容的二次利用或多次利用），是内容产业发展的源头活水和关键环节，而加大内容的保护力度，是为了激励内容的创造和活用。

正因为如此，《关于促进内容的创造、保护及活用的法律》所定义的不是“内容产业”，而是“内容”。其第二条中明确指出，“内容”，是指电影、音乐、戏剧、文学、摄影、漫画、动画、计算机游戏，其他文字、图形、色彩、音声、动作或影像，或这些元素的组合，或使这些元素通过电子计算机来表现的程序（电子计算机的指令、为了得到某一结果而进行的组合），是人类创造性活动所产生的，具有知识、品位和艺术价值或者娱乐功能的东西。法律给出的相关概念，事实上已经涉及了内容产业。如，该法律中的“内容制作”等，指的是下列行为中的任一一种：

---

① 日本国会，http：//www. shugiin. go. jp/index. nsf/html/index_ housei. htm.

（1）内容的制作；（2）内容的复制、上映、公演、向公众传输以及其他利用（含内容复制物的出售、租赁和展示）；（3）与内容有关的知识财产权的管理。该法律中的“内容事业”，指的就是从事内容制作等的活动；“内容事业者”指的是以内容事业为主要业务活动的人或机构。

内容本身具有巨大的文化和艺术等精神价值，运用市场化方式创造这些价值并将其提供给消费者，可以创造出巨大的经济价值，形成一个产业，这就是所说的内容产业。日本的内容产业，就是指从事上述那些内容的制作、加工、流通和消费的经济性活动的部门。根据日本经济产业省的分类，日本的内容产业包括四大类：一是影像产业，包括电影、电视和动画等；二是音乐产业；三是游戏产业；四是出版产业，包括出版、报纸、绘画和教材等。

日本和韩国的文化产业促进法的定义显示，法律中的定义并不一定要拘泥于文化产业组或群的完整性，而应抓住重点产业或产业链中的核心环节。也就是说，法律上的界定可以不必追求统计意义上的精确性。有些行业，比如服装和饮食，严格来讲不能算是文化产业，但因为它们能够集中反映和体现民族的特色文化和独特生活方式，因此，韩国和日本都在某种意义上将它们列入文化产业范围。

（五）界定方法：发展趋势与带动效应

根据我国和未来国际文化产业市场的前景，我国《文化产业促进条例》调整的文化产业，应该在国家统计局现有文化及相关产业概念和行业范围基础上主要做减法，适度做加法，实现两者的有机整合，确立我国文化产业新的框架体系。这是一种既具有现实可行性，又能够体现我国文化产业发展战略基本要求，有利于提高法律效力的基本方法，也是日本和韩国文化产业促进法立法实践的启示。这种方法的焦点是“带动效应”和相对稳定性。所谓带动效应，就是在定义中剔除那些关联度小或非重要性的环节，以最大限度地发挥法律的促进作用；所谓相对稳定性，就是在定义时要把握文化产业的发展趋势，以使法律定义具有一定的开放性，不至于在短期内失去应有的效力。

我国现行的文化产业定义，是中共中央宣传部牵头，国家统计局、文化部、国家广电总局、新闻出版总署、国家文物局、国家发展改革委、财政部、国家税务总局、国家工商总局等单位参加的“文化产业统计研究课题组”共同研制，并由国家统计局于2004年印发的《文化及相关产业分类》中提出的，指为社会公众提供文化、娱乐产品和服务的活动，以及与这些活动有关联的活动的集合。这个定义是从文化活动角度界定的，因此，不仅包括了如图书馆和博物馆等非产业内容，还包括了如文化设备制造等与文化活动相关的活动。对于制定《文化产业促进条例》而言，这个定义明显过于宽泛，需要从提高法律效力的维度，按照带动效应的原则做“减法”。

表1 国家“十一五”重点发展的文化产业门类

序 号	重点产业门类
1	影视制作业
2	出版业
3	发行业
4	印刷复制业
5	广告业
6	演艺业
7	娱乐业
8	文化会展业
9	数字内容和动漫产业

资料来源：《国家“十一五”时期文化发展规划纲要》。

具体地说，就是在国家统计局颁布的《文化及相关产业分类表》的基础上，减去那些非重点行业和非重点环节。首先应该减去的就是明显不属于文化产业范畴的类别，如，第一部分第四大类“文化艺术服务”中的文化保护和文化设施服务、群众文化服务、文化研究与文化社团服务三个中类；第六大类中“旅游文化服务”中的风景名胜区管理、公园管理、野生动植物保护和其他游览景区管理小类等。其次应该减去的是那些非重点行业，如第二部分第八、第九大类中文化用品、设备及相关文化产品的生产和销售中的文化设备生产、文化设备销售两个中类等。最后应该根据我国特殊的具体国情，减去那些虽然属于文化产业范畴但已经被政策明确规定为提供公共文化服务的行业。

在做减法的同时，还需要适当地做加法，因为现行的文化产业定义中没有包括那些网络技术、数字技术和信息技术与文化内容融合产生的新业态，如网络电影、网络电视、网络出版、手机游戏、手机报、数字音乐等。虽然当时课题组考虑到了高新技术广泛应用而出现的新情况，特别是大众传媒（新闻、出版、广播、电影、电视、音像等）、通信（电话与无线通讯），以及信息业（计算机与网络）的相互融合和渗透趋势（所说的“三网融合”），但是因为我国的通信业、传媒业和信息业之间传统的行业管理壁垒的存在，信息产业被排除在文化产业范畴之外，所以做加法也不是简单的事情。首先需要的是把握发展趋势，并对这种趋势可能对文化产业发展战略产生的影响进行审慎评估；其次需要做好管理部门间和不同政策间的协调工作；最后还需要处理好与其他相关法律的协调和衔接。

在做好了减法和加法的工作准备之后，最为重要的就是要根据国家文化产业发展战略的基本要求，对可能纳入文化产业范围的这些行业重新整合，使之成为一个能够充分反映我国文化产业特点的有机整体。新的国家文化产业框架体系，应该具有清晰的核心产业（群）和明确的重点产业（群），其结构应该是一个由核心产业为“头部”，重点产业为“两翼”，其他产业和相关产业为“尾部”的雁形结构。

三、关于条例的法律定位和文本结构问题——我国现行促进法的文本结构及其启示

制定国家《文化产业促进条例》面临的第二个棘手问题，就是《文化产业促进条例》的法律定位，或者说法律部门的归属，以及究竟选择什么样的文本结构问题。本部分以我国现行的五部促进法为研究对象，试图通过对这五部促进法的文本结构进行比较研究，了解我国促进法法规结构安排的一般特点和规律，为进一步深入研究我国促进法的立法原理与技术奠定基础，为起草和制定国家《文化产业促进条例》提供有益借鉴和启示。

（一）我国现行的促进法概况

我国从2002 年起开始制定促进法，截至2007 年底，共制定了五部促进法，分属于三个不同的法律部门，其中，属于行政法的两部，属于经济法的两部，属于社会法的一部。这五部冠以促进法名称的法律分别是《中华人民共和国清洁生产促进法》（以下简称《清洁生产促进法》）、

《中华人民共和国民办教育促进法》（以下简称《民办教育促进法》）、《中华人民共和国中小企业促进法》（以下简称《中小企业促进法》）、《中华人民共和国农业机械化促进法》（以下简称《农业机械化促进法》）和《中华人民共和国就业促进法》（以下简称《就业促进法》）。每部法律所属法律部门和制定实施时间如下：

1. 行政法

（1）《清洁生产促进法》：中华人民共和国第九届全国人民代表大会常务委员会第二十八次会议于2002年6月29日通过，自2003年3月1日起施行。

（2）《民办教育促进法》：中华人民共和国第九届全国人民代表大会常务委员会第三十一次会议于2002年12月28日通过，自2003年9月1日起施行。

表2　我国现行的促进法一览

序号	名　称	法律部门	制定时间	施行日期
1	《中华人民共和国清洁生产促进法》	行政法	2002年6月	2003年3月
2	《中华人民共和国民办教育促进法》	行政法	2002年12月	2003年9月
3	《中华人民共和国中小企业促进法》	经济法	2002年6月	2003年1月
4	《中华人民共和国农业机械化促进法》	经济法	2004年6月	2004年11月
5	《中华人民共和国就业促进法》	社会法	2007年8月	2008年1月

资料来源：根据国务院新闻办《中国的法治建设》(2008年2月)① 整理。

2. 经济法

（1）《中小企业促进法》：中华人民共和国第九届全国人民代表大会常务委员会第二十八次会议于2002年6月29日通过，自2003年1月1日起施行。

（2）《农业机械化促进法》：中华人民共和国第十届全国人民代表大会常务委员会第十次会议于2004年6月25日通过，自2004年11月1日起施行。

3. 社会法

《就业促进法》：中华人民共和国第十届全国人民代表大会常务委员会

① 中华人民共和国国务院新闻办公室：《中国的法治建设》(2008年2月)，载《光明日报》2008年2月29日。

第二十九次会议于2007年8月30日通过，自2008年1月1日起施行。

（二）我国现行促进法的文本结构

我国现行促进法有五部，全部采用章、条、款、项结构，但因为每部促进法的法律定位、调整对象的性质与特点不同，具体的文本结构也各有不同。

1.《清洁生产促进法》

《清洁生产促进法》由6章42条构成。其中，第一章总则，共6条；第二章清洁生产的推行，共11条；第三章清洁生产的实施，共14条；第四章鼓励措施，共5条；第五章法律责任，共5条；第六章附则，共1条。

2.《民办教育促进法》

《民办教育促进法》由10章68条构成。其中，第一章总则，共8条；第二章设立，共10条；第三章学校的组织与活动，共8条；第四章教师与受教育者，共7条；第五章学校资产与财务管理，共5条；第六章管理与监督，共5条；第七章扶持与奖励，共9条；第八章变更与终止，共8条；第九章法律责任，共4条；第十章附则，共4条。

3.《中小企业促进法》

《中小企业促进法》由7章45条构成。其中，第一章总则，共9条；第二章资金支持，共12条；第三章创业扶持，共7条；第四章技术创新，共3条；第五章市场开拓，共6条；第六章社会服务，共6条；第七章附则，共2条。

4.《农业机械化促进法》

《农业机械化促进法》由8章35条构成。其中，第一章总则，共6条；第二章科研开发，共4条；第三章质量保障，共5条；第四章推广使用，共5条；第五章社会化服务，共5条；第六章扶持措施，共4条；第七章法律责任，共5条；第八章附则，共1条。

5.《就业促进法》

《就业促进法》由9章69条构成。其中，第一章总则，共10条；第二章政策支持，共14条；第三章公平就业，共7条；第四章就业服务和管理，共12条；第五章职业教育和培训，共8条；第六章就业援助，共6条；第七章监督检查，共3条；第八章法律责任，共8条；第九章附则，共1条。

（三）我国现行促进法的文本结构分析

就法律文本的结构而言，这五部促进法具有与其他法律[①]文本大致相同的规范结构，表现在两个方面：一是均采用了章、条、款、项的结构；二是采用了总则、分则和附则的文本组织形式。但促进法的法律定位又使这五部促进法的文本结构具有某些不同的特征。同时，这五部促进法所属法律部门的不同，也使法律的文本结构表现出了各自的特点。

1. 基本结构

在文本结构上，促进法与其他法律文本结构的不同之处集中表现在分则的构成上。在促进法的分则中，主体的部分有两类：一是促进的具体事项部分；二是促进的具体措施部分。而其他法律的分则部分，其主体部分通常由权利与义务、权力与责任的设定，行政许可的设定与规定，行政强制的设定与规定，法律责任等部分构成。也可以这么说，总则、以促进事项和促进措施为主体的分则、附则，构成了我国现行五部促进法的基本结构（参见图2）。

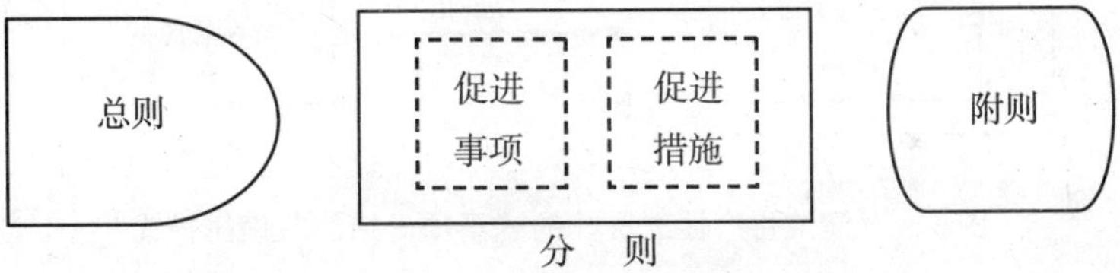

图2　我国促进法法律文本基本结构示意图

2. 编排模式

虽然这五部促进法基本结构相同，但在内容的组合上，或者说，在法律文本的编排模式上却不尽相同。之所以出现这种不同，是由于立法者对法律规范的内在逻辑理解的不同所致。根据我们的理解和分析，这五部促进法在基本结构一致的基础上，主要有以下三种不同的内容编排模式。

（1）事项—措施模式。所谓事项—措施模式，是指立法者在规范布局上先安排促进的具体事项，后安排促进的具体措施的内容编排模式。《清洁生产促进法》和《农业机械化促进法》，均采用了这一模式。

《清洁生产促进法》预期要实现的法律价值，是通过促进清洁生产，

---

① 有人将促进法称为“软法”，而非促进法则称为“硬法”。按照这种区分，这里的“其他法律”就是“硬法”。

提高资源利用效率，减少和避免污染物的产生，保护和改善环境，保障人体健康，促进经济与社会可持续发展。法律的促进对象是“清洁生产”，为了促进清洁生产，立法者认为应该具体促进两个事项，一是清洁生产的推行，二是清洁生产的实施，而要推行和实施清洁生产，就必须有相应的促进措施，同时对违反强制性规定的行为必须予以惩罚，以增加促进法作为“软法”的硬效力。根据对清洁生产这一内在逻辑的认识，《清洁生产促进法》的立法者采用了在总则后先安排促进的具体事项——清洁生产的推行和实施，后安排促进的具体措施——鼓励措施和法律责任——的内容编排模式。

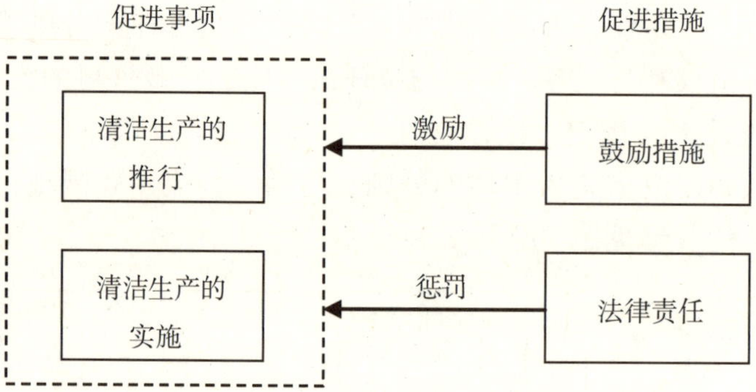

图3 《清洁生产促进法》的“事项—措施”编排模式

《农业机械化促进法》预期要实现的法律价值，是通过鼓励、扶持农民和农业生产经营组织使用先进适用的农业机械，建设现代农业。法律的促进对象是“农业机械化”，为了促进农业机械化，立法者认为，首先，要增加生产先进、适用的农业机械的能力；其次，这些农业机械必须有质量上的保障；再次，必须将这些有质量保障的先进、适用的农业机械进行推广，以扩大其使用范围；最后，为了保障和提高拥有这些农业机械的农民和农业机械作业组织的经济效益，还必须鼓励和允许他们运用农业机械从事社会化服务。而要实现立法者所希望促进的这四个具体事项，必须具有相应的促进措施，也必须对那些违反强制性规定的行为进行处罚。正是在这一内在逻辑的作用下，《农业机械化促进法》的立法者采用了在总则后先安排促进的具体事项——科研开发、质量保证、推广使用和社会化服务，后安排促进的具体措施——扶持措施和法律责任——的内容编排模式。

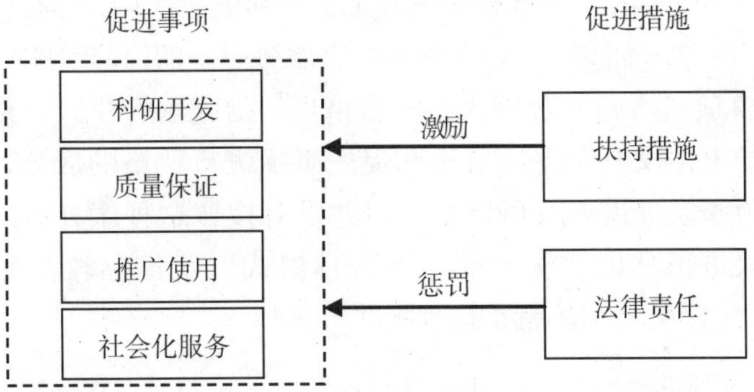

图4 《农业机械化促进法》的“事项—措施”编排模式

（2）措施—事项模式。所谓措施—事项模式，是指立法者在规范布局上先安排促进的具体措施，后安排促进的具体事项的内容编排模式。《中小企业促进法》所采用的就是这一模式。

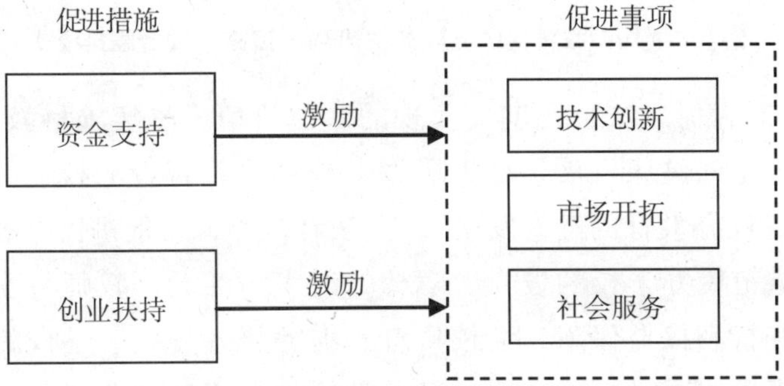

图5 《中小企业促进法》的“措施—事项”编排模式

《中小企业促进法》预期要实现的法律价值，是通过改善中小企业经营环境，促进中小企业健康发展，扩大城乡就业，发挥中小企业在国民经济和社会发展中的促进作用。法律的促进对象是“中小企业健康发展”，立法者认为，要促进中小企业健康发展，首先，需要解决的是资金问题，因为资金不足是中小企业发展的瓶颈，而中小企业融资又存在自身的不利因素和诸多困难；其次，要不断增加中小企业的数量，只有中小企业的数量增加，才能保证中小企业发展的活力。采取有针对性的措施，解决了制约中小企业发展的这两个核心问题之后，要促进中小企业健康发展，还必须提高中小企业的技术创新能力和市场开拓能力，加强对中小企业的社会服务。根据对促进中小企业健康发展的这一内在逻辑的认识，立法者采用了先安排促进的具体措施——资金支持和创业扶持，然后安排促进的具体事项——技术创新、市场开拓和社会服务——的内容编排模式。

（3）事项—措施混合模式。所谓事项—措施混合模式，是指立法者在规范布局上并没有对促进措施和促进事项进行严格的区分，或者虽然对促进事项和促进措施有所区分，但并没有按照这种区分而是采取将促进措施和促进事项混合编排的内容编排模式。《民办教育促进法》和《就业促进法》所采用的就是这种模式。

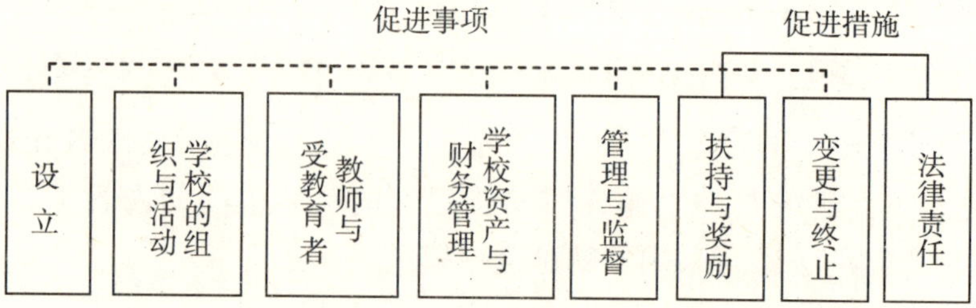

图 6 《民办教育促进法》的“事项—措施”混合编排模式

《民办教育促进法》预期要实现的法律价值，是实施科教兴国战略，促进民办教育的健康发展，维护民办学校和受教育者的权益。法律的促进对象是“民办教育的健康发展”，立法者认为，要促进民办教育健康发展，必须规范民办学校的设立、学校的组织与活动、教师与受教育者的法律地位和权利权益保障、学校资产和财务管理规定、学校的变更与终止等具体事项。同时，还必须对民办学校进行管理和监督，并采取一系列相应的扶持和奖励措施，对违反强制性规定的行为进行处罚。但是，在法律的规范布局上，立法者并没有按照促进事项和促进措施的区分进行内容编排，而是以民办学校运行的内在逻辑——设立、组织与活动、教师与受教育者、学校资产与财务管理、变更与终止为主线，在变更与终止前这一相对完整的民办学校运行流程后，加上了扶持与奖励措施，并在变更与终止后，加上了法律责任。《民办教育促进法》是一种典型的促进事项和促进措施混合编排的内容编排模式。

《就业促进法》预期要实现的法律价值，是通过促进就业，扩大经济发展与扩大就业相协调，促进社会和谐稳定。法律的促进对象是“就业”，立法者认为，要促进就业，首先，必须制定相应的政策支持措施。其次，必须保障劳动者平等就业和自主择业的权利。再次，必须为促进劳动者就业提供相应的帮助。一是通过培育人力资源市场为劳动者提供就业公共服务和管理；二是通过职业教育和培训提高劳动者的就业能力；三是通过政府投资开发公益性岗位等措施对就业困难者实施援助。最后，必须要有监督检查，并对违反强制性规定的行为进行处罚。正是按照这一内在逻辑，立法者在总则后，按照政策支持、公平就业、就业服务和管理、职业教育和培训、就业援助、监督管理、法律责任的顺序进行内容编排。《就业促进法》没有严格区分促进事项和促进措施，如职业教育和培训，既是一种典型的促进就业的措施，也是一种典型的促进事项，因为促进劳动者的就业能力和创业能力是扩大就业的必要前提。《就业促进法》是典型的没有严格区分促进事项和促进措施而混合编排的内容编排模式。

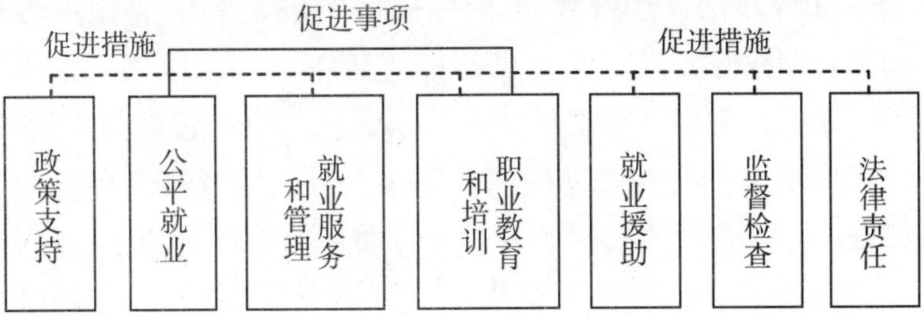

图 7　《就业促进法》未严格区分“事项—措施”的混合编排模式

3. 法律部门对文本结构的影响

上面的分析告诉我们，我国现行的五部促进法同有促进法的共性，决定了它们的文本具有相同的基本结构，而立法者对法律规范内在逻辑的不同认识和理解，又决定了它们的文本内容或者说法律规范采用了不同的编排模式。我们知道，我国现行的这五部促进法实际上分属三个不同的法律部门，现在的问题是，法律部门的不同是否对文本结构产生影响；如果有影响，这种影响的性质如何，是如何实现的。

法律部门的划分，是由法律所调整的对象或法律关系的不同决定的。行政法是调整行政关系，以及在此基础上产生的监督行政关系的法律规范和原则的总称，或者说，是调整行政主体行使其职权而发生的各种社会关系的法律规范和原则的总称；经济法是调整在国家协调本国经济运行过程中发生的经济关系的法律规范的总称；社会法是调整自然人基本生活权利保障而衍生的社会关系的法律规范的总称。不同的法律部门所调整的对象或法律关系的性质和特点的不同，必然会对法律规范的文本结构产生影响。这种影响，就其性质而言，是内容对形式的影响。内容的不同，决定着形式的不同。但是，形式的相对独立性，又使内容与形式并非具有严格的一一对应的关系，这也就是为什么同属于行政法的《清洁生产促进法》和《民办教育促进法》，同属于经济法的《中小企业促进法》和《农业机械化促进法》，却具有不同的内容编排模式的原因。

促进法所属法律部门对法律文本结构的影响，是通过立法者对所调整对象及其法律规范的内在逻辑的理解实现的。以《民办教育促进法》为例，之所以将其划归行政法之列，是源于立法者的下述认识，即立法者认为，促进民办教育健康发展的关键在于规范民办学校的办学行为，而规范必将涉及具有行政权力与内容的行政关系。因此，《民办教育促进法》作为一部行政法，是行政实体法，即“授权法”，将民办教育的规划、协调和管理权分别授予不同的行政主管部门。法律用大量的篇幅详细规定了民办学校的设立、组织与活动、资产与财务管理等方面的内容，而这些内容规范，不具有促进性质。事实上，立法者完全可以换一种立场，将促进民办教育视为相对于公办教育而言的弱者。这样，《民办教育促进法》的价值诉求就发生了变化，由侧重于促进民办学校健康发展，转换为以社会利益为本位，赋予民办学校以国民待遇，并在其发展期给予特殊的关怀和照顾；促进民办教育健康发展的关键也就会发生转换，由对民办学校办学行为的规范转换为激励；法律应该调整的法律关系也就不同了，调整的不再是行政关系，而是社会关系；法律的部门归属也发生了变化，由行政法变成了社会法。如果将《民办教育促进法》不是定位为行政法，而是定位为社会法，那么，它所调整的法律关系就不同了，就会使立法者对所促进事项的内在逻辑的认识发生新的变化——这种变化必然反映在法律规范上，也就必然导致法律文本结构上的不同。

（四）对制定《文化产业促进条例》的启示

在对我国现行促进法文本结构的比较研究中，我们发现了几个可能对制定或起草《文化产业促进条例》有所借鉴和启示的问题。

1. 关于上位法的问题

制定文化产业促进法存在着许多困难和顾虑，其中之一是没有上位法。然而，在对我国现行的五部促进法文本结构的研究中，我们发现，现行的五部促进法，有四部是没有上位法的，只有《民办教育促进法》有上位法。可见，有没有上位法并不是能否制定法律的要件。这一点给我们的启示就是，在没有上位法的情况下，也可以制定文化产业促进法（或条例）。

2. 关于法律定位或法律部门归属问题

对《民办教育促进法》法律定位的分析说明，不同的法律定位，所调整的法律关系是不同的，对法律预期实现的法律价值及其实际效力的影响也不同。因此，在制定或起草《文化产业促进条例》时，应根据我国文化产业发展的整体战略、制约因素和发展瓶颈，慎重决定其法律部门的归属。我们建议，应将我国《文化产业促进条例》定位为经济法，这样可能更契合我国文化产业发展的客观实际，更有利发挥条例的法律效力。

3. 关于行政管理体制问题

文化行政管理体制没有理顺，也是制定文化产业促进条例所面临的困难和顾虑。有人甚至认为，在文化行政管理体制没有理顺的情况下，不宜制定文化产业促进法（或条例）。其实，这种顾虑是不必要的。研究中我们发现，事实上，没有哪个领域是绝对孤立存在的。也就是说，从行政管理体制这个角度来看，都多少存在着“不顺”的情况，一个领域存在着多个行政管理部门，应该说是常态。我国现行的五部促进法，每部法律都涉及多个不同的管理部门和不同层级的政府，只要在法律中对其职权作出明确划分，问题也就解决了。但是，相对于韩国和日本的情况，我国促进法没有对促进体制进行有针对性的制度设计，应该说是一个缺陷。借鉴这些经验，在制定文化产业促进条例时，我们建议，应该对文化产业的促进体制作出明确的制度安排。

4. 关于文本结构以及促进事项和促进措施的区分问题

我国现行的五部促进法，有四部严格区分了促进事项和促进措施。研究中我们发现，严格区分促进事项和促进措施，可以清晰地界定要促进的是什么；为了促进这些事项，所应采取的相应措施有哪些。也就是说，可以有效地建立起促进事项与促进措施内在的有机联系，这有利于充分体现促进法的价值诉求，有利于法律的可执行性，因而有利于提高促进法的应有效力。我们建议，《文化产业促进条例》可以采用我国促进法法律文本的基本结构，并明确区分促进事项和促进措施。

5. 关于“软法”和“硬法”的结合问题

一般而言，促进法属于“软法”，着重于促进或者正面的激励措施，而较少强制性和制裁性。因此，它与具有强制性和制裁性的“硬法”相比，存在着法律效力的问题。为了解决这个问题，我国现行的五部促进法中有四部有“法律责任”部分，这可以在相当程度上提高促进法的法律效力。所以我们建议，在制定文化产业促进条例时，也应该借鉴这一有益经验，将“软性”措施和“硬性”的强制性和制裁性措施有机结合起来。

四、关于下一步研究的建议

根据研究计划，我们已经顺利地完成了本阶段的研究任务。在这一阶段中，我们研究了日本和韩国的文化产业促进法，对我国现行的五部促进法的文本结构进行了比较研究，并对文化产业概念进行了专题研究。通过这四项研究，我们比较清楚地了解了日本和韩国文化产业促进法的立法情况和基本经验，了解了我国促进法的立法概况和立法模式，为解决未来条例中文化产业概念的界定、条例的法律定位和文本结构等基础性问题提供了理论依据和实践经验支撑，实现了预期的研究目的。

制定国家《文化产业促进条例》是一项极其重要的工作，它不仅直接关系到我国文化产业发展战略的实现，也直接关系到十七大提出的文化大发展大繁荣目标的实现，直接关系到国家文化软实力的提高，甚至关系到国家经济发展方式的转变和产业结构的升级，因此必须提高立法的科学性，保证立法的质量。为此，我们对下一阶段的研究提出以下建议，仅供参考。

（一）关于研究的阶段和方法

（1）研究阶段。下一步的研究应该具体划分为两个阶段：第一阶段为实证研究阶段，第二阶段为立法建议研究阶段。

（2）研究方法。实证研究阶段采用问卷调查和深度访谈两种方法；立法建议研究阶段，首先由专家提出建议稿，然后再由国家立法机构委托的行政主管部门起草小组提出建议稿，并通过媒体广泛征求业界和社会各方面的意见和建议，经修改定稿后报立法机构审议。

（二）关于研究的任务和重点

（1）研究任务。下一步研究的最终任务是要完成国家《文化产业促进条例》的起草工作。可以将这一最终任务分解为三项具体任务：一是关于促进事项的研究；二是关于促进体制和具体促进措施的研究；三是文本的起草。

（2）研究重点。根据上述研究任务，研究的重点有以下三个：一是制约我国文化产业发展的瓶颈在哪儿，根本性的问题有哪些；二是在现有体制框架内如何构建有利于文化产业发展的促进体制，或者说，构建一个什么样的、符合中国实际的文化产业促进体制；三是促进我国文化产业发展的主要政策和措施应该包括哪些。

（三）关于研究的基本思路

（1）进一步明确法意。立法的首要问题是明确法意，先定法意，后写法条；法意定得准，写出法条相对而言就简单多了。《文化产业促进条例》的法意是什么？这是需要进一步研究和追问的首要问题。

（2）明确《文化产业促进条例》的法律定位。首先，应该确定《文化产业促进条例》并不是以管理为本的法律，而是以促进为本的法律。因此，应该从促进的角度构建管理框架和权利保护的制度安排。其次，对我们建议的将《文化产业促进条例》定位为经济法进行研究，主要检查是否存在着将其定位为其他法律部门的可行性。

（3）明确我国文化产业发展中面临的主要法律问题。这里有两项工作，一是进行实证调查研究和深度访谈，旨在弄清楚制约我国文化产业发展的瓶颈在哪儿，根本性问题有哪些；二是梳理我国现行的调整文化产业的法律，对这些法律进行评估，找出不适应文化产业发展的部分，提出修改建议。

（4）研究主要文化产业政策上升为法律的可能性。全面梳理我国现行的文化产业政策，在此基础上，研究将哪些主要的政策和措施上升为法律的可能性。

（5）立法原理与立法技术的研究。根据国际文化产业立法案例、国内关于促进法的立法经验和国内文化产业立法案例，研究我国《文化产业促进条例》的立法原理与技术。

（6）最后完成《文化产业促进条例》立法建议稿的起草。

五、附　录

附录一：日本文化产业促进法研究

文化产业，日本称之为内容产业。与我国的文化产业概念相比，日本的内容产业概念具有不同的内涵和外延。本文标题中的“日本文化产业促进法”，准确地说，应该是内容促进法，在日本通常将其视为内容产业促进法。之所以没有用其准确的称谓，完全是出于理解和比较的方便。

（一）立法经纬

1. 法律名称

日本的文化产业促进法，其日文的法律名称是《コンテンツの創造、保護及び活用の促進に関する法律》（2004年法律第81号），[①] 译成中文是《关于促进内容的创造、保护及活用的法律》。这部法律案是由日本众议院内阁委员会提出的，于2004年5月28日在日本国会第159次（常会）会议上通过，并于2004年6月4日正式公布实施。

2. 立法目的

日本文化产业促进法总则第一条，开宗明义阐明了立法的目的：（1）综合而有效地推进关于促进内容的创造、保护及活用的措施；（2）服务于国民生活的改善；（3）服务于国民经济的健康发展。为了实现这三重目的，日本文化产业促进法还明确提出了确定基本理念，明确国家、地方公共团体和内容制作从业者的责任、义务，规定关于内容的创造、保护及活用措施的基本事项和内容事业振兴的必要事项等具体的实现方式。

3. 立法背景

从国际上看，日本是一个文化产业非常发达的国家，其文化产业的国际影响可谓举足轻重。在日本国内，占主流地位的观点是，漫画、动画和游戏是由日本创造出来的产业，是日本引以为自豪的能够代表日本品牌的产业，以电影和这些产业为代表的日本文化产业的国内市场规模，是仅次于美国的世界第二大市场，其市场规模已经超过了日本的钢铁产业，是日本汽车产业的一半。像日本这样一个文化产业大国和文化产业发达的国家，为什么还要专门制定促进文化产业发展的法律呢？这是一个非常重要而又耐人寻味的问题。

为了寻找这一问题的答案，我们研究了日本总务省、经济产业省和文部省等的相关文件和资料，查阅了日本众议院内阁委员会讨论文化产业促进法的会议纪要。我们认为，日本制定文化产业促进法主要是基于以下几点考虑：

（1）文化产业是一个重要的战略性产业。这是日本决策层的普遍认识和观点，也是日本决心促进文化产业发展的重要基石。对日本而言，

---

① http：//www. shugiin. go. jp/index. nsf/html/index_ housei. htm.

文化产业作为一个重要的战略性产业，除了其巨大的经济价值之外，还有三个重要理由：一是它关系到国民生活的丰富和温馨；二是有利于增进外国对日本文化的理解，有利于塑造和传播日本的国家品牌；三是能够带动和影响其他产业的发展，是一个高关联性产业。

（2）日本文化产业的现状：声誉隆而发展不足。日本朝野对日本文化产业发展现状普遍不满，突出的表现是名声虽大，但其拥有的优势并未得到充分发挥。近两年来，经常被提到的证据是，一方面，日本的文化产业在国际上获得了高度的评价和赞誉，如世界播放的电视动画片60%都是日本生产的，日本文化产品频频获得国际大奖等。另一方面，其实际表现却又与其名声不相称。主要表现为：一是规模不够大。2004年内容产业GDP为0.1兆美元，仅为美国的1/6，仅占当年日本国内GDP的2.2%，比世界平均水平3.2%少了1个百分点。二是增长缓慢。虽为世界第二大市场，但近年来基本上处于微弱成长状态，从2001年到2005年，市场规模徘徊在13.3兆～13.7兆日元之间，成长率仅为0.7%，远低于世界5.8%的成长率。三是国外市场依存度较低，仅为1.9%，远不及美国17.8%的水平；对国外市场重视不够，潜在的高价值未能得到有效开发。

表3 日本和世界的内容产业市场规模比较①

2004年	内容产业规模	GDP	内容产业/GDP	海外销售额/内容产业
日本	0.1兆美元	4.6兆美元	2.2%	1.9%
美国	0.6兆美元	11.7兆美元	5.1%	17.8%
世界	1.3兆美元	40.9兆美元	3.2%	

资料来源：日本经济产业省内容处根据世界银行HP、DCAJ白皮书2006和DCAJ调查数据作成。

（3）潜在的巨大市场和激烈的竞争环境。日本普遍看好文化产业市场的未来发展，支持这种预期的主要根据是技术的发展。随着数字化、网络化的进展和网络环境的改善，流通渠道会进一步多样化，互联网的应用会进一步扩大，内容的多次利用将因此成为现实，因此今后的文化

① 日本経済産業省，「コンテンツ振興政策について」，2007年5月26日。

产业市场扩大的可能性极高。但是，文化产业的国际竞争也将变得更加激烈。欧美对亚洲文化产业投资力度的加大，中国、韩国和印度等亚洲国家文化产业的发展，特别是在国际文化产品结构中，欧美是规模巨大的头部，而日本则处于长尾部分，加之中国香港和新加坡也存在培育文化产业的 HUB 功能，因此，日本文化产业面临着被国外市场通吃的危险。

可以说，日本朝野对日本文化产业的发展抱有强烈的危机感和忧患意识。日本国内的产业发展环境不尽如人意，产业空洞化现象严重，人才往美国跑，技术往亚洲流，国内市场发展空间有限，加之欧美的强势地位和亚洲后发国家的追赶，眼看着巨大的市场，本身具有的优势却不能充分发挥。或许正是这种窘境，构成了日本决心促进文化产业发展的根本原因，成为日本制定文化产业促进法的原始动机。

4. 法律和政策渊源

日本文化产业促进法直接的法律渊源是 2002 年日本国会通过的《知识财产基本法》。这部法律的根本目的是集中而有计划地推进关于促进知识财产的创造、保护及活用的措施。日本文化产业（内容产业）所指的内容是被完全包含在这部法律的知识财产的定义中的。因此，这部法律就成了日本文化产业促进法的上位法。

根据这部法律，2003 年 3 月，日本内阁设立了知识财产战略本部，本部长由内阁总理大臣担任，副本部长由 4 位国务大臣担任，本部员由除本部长和副本部长之外的 13 名国务大臣和 10 位由内阁总理大臣任命的有识者（在促进知识财产的创造、保护及活用方面有非凡见识的人）担任。2003 年 7 月，知识财产战略本部按照知识财产基本法的要求制定了第一个日本知识财产推进计划，其中第四章从内容的创造、保护和促进流通三个方面提出了促进内容产业快速发展的具体方案，并且提出了修改与内容产业有关的法律的要求，对包含关于内容产业振兴的重要事项进行了全面调查和检讨，对于能够得出结论的事项，应在 2004 年以后由关系府省（包括金融厅、总务省、法务省、财务省、文部科学省、经济产业省等）加以具体化并迅速实施。

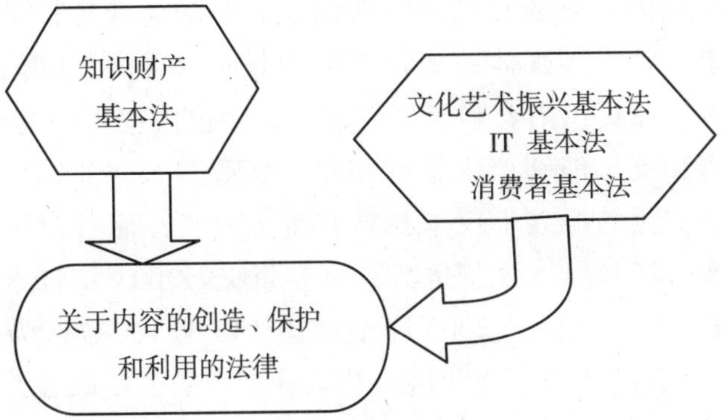

图8　日本文化产业促进法法律渊源

资料来源：根据日本文化产业促进法整理。

2003年，根据知识财产战略本部令第二条规定，知识财产战略本部设置了内容产业专门调查会（2007年5月改设为内容产业和日本品牌专门调查会），主要职责是调查和检讨有关内容产业振兴的课题。在不到1年的时间里，内容产业专门调查会完成了《内容产业振兴政策——软实力时代的国家战略》报告书，主要内容有两个方面：一是提出应将振兴内容产业作为国家战略支柱的观点；二是具体提出了振兴内容产业的3个目标和10项改革措施。

2004年，根据“知识财产推进计划”的要求，对与内容产业相关的著作权法、信托业法和关税定率权等法律进行了修改。著作权法的主要修改之处是防止CD的海外回流和书籍、杂志的授予权等的处置，信托业法主要修改了以包含内容的知识财产为信托对象等的部分，关税定率法的修改主要是为了明确进出口商信息等事项。

日本是一个重视文化的国家，早在20世纪70年代，大平首相的政策研究会“文化时代研究小组”就曾提交报告建议起草有关文化艺术振兴的法律，政党和文化艺术相关团体也提出过类似意见。但是，从日本文化产业促进法的政策渊源来看，最明确的还是1996年当时作为文化厅长官咨询机构的文化政策推进会议提出的“文化立国21计划”，文化厅于1998年接受该计划，并将其更改为“文化振兴基本计划”。该计划所阐述的面向21世纪为什么要实施文化立国的六大原因中，其中之一就是文化和经济关系的新变化。报告指出，随着经济的软化和服务化的进展，文化不仅是经济活动多样而高附加价值产生的源泉，而且与文化关联的产业本身正在成为一个能够期待的新的成长领域。此外，文化是旅游产业的重要元素，就以多媒体、多频道化进展而出现的、以信息通信产业为核心的各种产业提供内容和信息而言，文化也占据了极其重要的地位。对文化的投资和支出能够产生新的需要、创造新的就业岗位，给经济整体带来活力，文化的振兴不仅本身具有重大意义，而且对于促进经济社会向更高层次转换和经济改革也具有重要意义。2003 年日本国会通过的《文化艺术振兴基本法》（2003 年法律第 148 号），被认为是一部显示“文化立国”理念的法律，文化振兴基本计划中的一些政策，也在这部法律中得到了追认。

表 4　日本文化产业政策沿革

时间	事项名称	备　注
2002 年		
12 月	《知识财产基本法》制定	2003 年 3 月 1 日实施
2003 年		
3 月	内阁设立“知识财产战略本部”	本部长：内阁总理大臣
2004 年		
3 月	知识财产战略本部设立内容专业调查会	内容事业振兴政策
5 月	制定《知识财产推进计划 2004》	
6 月	《内容产业促进法》制定	2004 年 6 月 4 日实施
2005 年		
6 月	制定《知识财产推进计划 2005》	—
11 月	内容专业调查会设立数字内容战略组	—
2006 年		
2 月	数字内容战略组报告书	—
7 月	经济成长战略大纲 关于经济财政运营和构造改革的基本方针 2006	关于内容领域的将来展望 （预测）
2007 年		
9 月	内容产业全球化战略报告书	经济产业省

资料来源：根据经济产业省等相关资料作成。

（二）法律概况

1. 文本结构

日本文化产业促进法，由总则、基本的措施、振兴内容事业必要的措施等和行政机关的措施，共4章27条和1个附则构成。

第一章是总则，从第一条开始至第八条，分别规定了目的、定义、基本理念、国家的职责、地方政府职责、内容制作者的职责、合作的强化和法律上的措施等方面。

图9　日本文化产业促进法的文化结构

第二章是基本的措施，从第九条到第十六条，分别从人才的培育等、关于先进技术的研发推进等、有关内容知识产权的适当保护等、内容的顺畅流通的促进等、适当的保存促进等、利用机会等差别的缩小、个性丰富的地域社会的实现、国民理解与关心的增进八个方面提出了措施。

第三章是内容振兴的必要措施等，从第十七条到第二十二条，分别从资金筹措制度的构筑、权利侵害的对应措施、海外事业展开的促进、公平交易关系的确立、对中小企业者和消费者的照顾、内容事业者应谋求的措施六个方面规定了振兴内容事业的必要措施。

第四章是行政机关的措施等，从第二十三条到第二十七条，分别从行政机关密切合作、国家提供内容、国家委托内容的知识产权处理、向本部报告、纳入推进计划五个方面规定了行政机关应采取的措施。

最后一部分是附则，共两条，第一条规定了这部法律的实施日期，第二条规定了这部法律与消费者权益保护基本法、文化艺术振兴基本法等相关渗透者的衔接问题。

2. 文化产业的界定

如前所述，我们这里所说的日本文化产业促进法，应该称为日本“内容产业促进法”。但是，这部法律的名称——《关于促进内容的创造、保护及活用的法律》——清楚地告诉我们，它实际上是促进内容的创造、保护和活用的。之所以将其视为内容产业促进法，一是因为内容本来就是内容产业的核心，二是因为在数字化和网络化不断发展、内容传播途径日趋多样化的背景下，提高内容的创造能力和活用能力（如，内容的二次利用或多次利用），加大内容的保护力度，是内容产业发展的源头活水和关键环节。

正因为如此，这部法律不可能去定义内容产业，而只是给出了“内容”的定义。该法律的第二条中明确指出，本法中所说的“内容”，是指电影、音乐、戏剧、文学、摄影、漫画、动画、计算机游戏，其他文字、图形、色彩、音声、动作或影像，或这些元素的组合，或使这些元素通过电子计算机来表现的程序（电子计算机的指令、为了得到某一结果而进行的组合），是人类创造性活动所产生的，具有知识、品位和艺术价值或者娱乐功能的东西。

在给出了内容的定义之后，这部法律还对与内容相关的“内容制作等”、“内容事业”和“内容事业者”进行了定义，以便进一步准确地理解“内容”。“内容制作等”，指的是下列行为中的任一种：（1）内容的制作；（2）内容的复制、上映、公演、向公众传输以及其他利用（含内容复制物的出售、租赁和展示）；（3）与内容有关的知识财产权（知识财产基本法第二条第二款规定的知识财产权）的管理。“内容事业”，指的就是从事内容制作等的活动。“内容事业者”，指的是以内容事业为主要业务活动的人或机构。

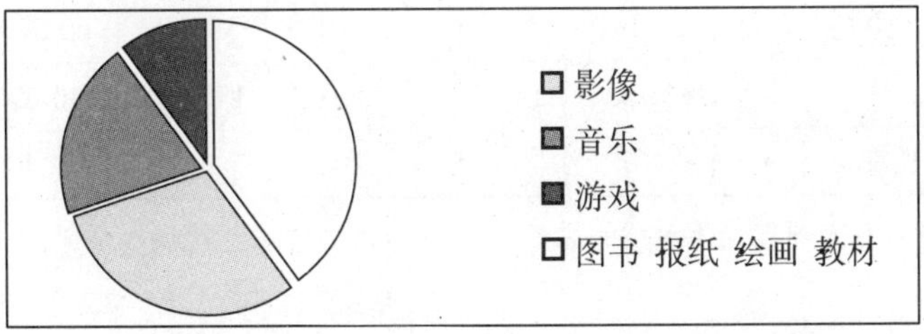

图 10 日本文化产业分类示意图

内容本身具有巨大的文化和艺术等方面的精神价值，而运用市场化方式创造这些价值并将其提供给消费者，又可以创造出巨大的经济价值，形成一个产业，这就是所说的内容产业。日本的内容产业，就是指从事上述那些多样形态的内容的制作、加工、流通和消费的经济性活动的部门。根据日本经济产业省的分类，日本的内容产业包括四大类：一是影像产业，包括电影、电视和动画等；二是音乐产业；三是游戏产业；四是出版产业，包括图书、报纸、绘画和教材等。2005 年，日本内容产业的国内市场规模为 13.7 兆日元，《经济成长战略大纲》和《关于经济财政与结构改革的基本方针 2006》提出到 2015 年要达到 18.7 兆日元的国内市场规模，从业人员从 185 万人扩大到 200 万人。

表 5 日本内容产业的市场规模①

	单位：亿日元					单位:%
	2002	2003	2004	2005	2006	06/05 增长率
影　像	45 869	46 511	48 090	48 870	48 335	－1. 1
音　乐	20 218	19 076	18 862	19 088	19 670	3. 0
游　戏	10 346	10 474	11 042	11 775	12 067	2. 5
图书、报纸、绘画、教材	56 191	55 936	57 012	58 445	60 024	2. 7
合　计	132 634	131 997	135 005	138 171	140 096	1. 4
对上年增长率（%）	－0. 2	－0. 5	2. 3	2. 3	1. 4	—

资料来源：日本财团法人数字内容协会《数字内容市场关联调查研究业务报告书》。

3. 促进事项

日本文化产业促进法的名称清楚地表明了所要促进的事项有三项，一是内容的创造；二是内容的保护；三是内容的活用。内容的创造是核心，源源不断地创造出新的内容，是文化产业发展的根本基础和关键能力；内容的保护是手段，通过保证内容创造者最大限度地获得创造收益，为内容的创造者提供创造激励；内容的活用是拓展，通过对所创造内容的多样化利用，最大限度地发挥内容的文化和经济价值。

为了保证促进事项的正确方向和健康发展，日本文化产业促进法还提出了促进内容的创造、保护及活用必须遵循的三个基本理念。推进关于促进内容的创造、保护及活用的举措，一是必须以享受内容创造的成果、努力扩大文化活动的参与机会、提高国民生活质量和促进多样性文化的创造为本；二是必须以多样性内容事业的创造及健康发展、内容事业的效率化、高端化及国际竞争力的强化、经济社会的活力激发及持续性发展为本；三是必须符合高度信息通信网络社会形成基本法、文化艺术振兴基本法和消费者基本法的基本理念。

4. 促进体制

在日本文化产业促进法的总则和第四章中，以超过三分之一的篇幅

① 財団法人デジタルコンテンツ協会，「デジタルコンテンツ市場関連の調査研究業務報告書」，デジタルコンテンツの市場規模とコンテンツの構造変化に関する調査研究，2007 年 3 月。

分别规定了促进主体、各促进主体间的分工与合作机制、促进可供选择的工具、促进的组织实施机制等方面的内容，这实际上构建起了日本的文化产业促进体制。

总则的第三、第五、第六条规定了促进日本文化产业发展的三个促进主体及各自的职责。第一个促进主体是国家，其职责是：本着第三条规定的基本理念，制定及实施促进的措施；第二个促进主体是地方公共团体（相当于我国的地方政府），其职责是：根据与国家适当的职能分工，制定和实施充分发挥当地区域特性的自主措施；第三个促进主体是内容事业从业者，其职责是：在从事内容事业时，一要尊重知识财产权，二要充分考虑所制作的内容对青少年和社会可能产生的影响。在明确了各促进主体及分工后，还在第七条提出了必须强化三者之间合作关系的要求：国家、地方公共团体和内容事业从业者之间要相互合作、形成合力，国家要谋求强化三者合作的必要措施。

总则的第八条规定了政府在实施促进措施时可供选择的主要的促进工具，一是法律制度方面的，二是财政方面的，三是金融方面的。

第四章的主要内容是关于促进的组织实施机制。虽然日本文化产业促进法规定了三个促进主体，但是在三个主体中，国家或者说国家层面的政府各相关机构才是真正核心的主体，承担着促进的具体组织实施职能。首先，政府各相关机构间要密切合作。第二十三条规定了应在两个层次上建立这种密切合作关系，一是政府各相关机构间的密切合作，以共同制定促进文化产业发展的必要措施；二是知识财产战略本部和政府各相关机构的大臣间的密切合作，以不断充实“知识财产推进计划”中关于促进内容创造、保护及活用的措施。其次，充分发挥知识财产战略本部在促进日本文化产业发展中的核心作用。第二十六条规定，政府各相关机构的大臣，应将该机构所制定的促进措施向知识财产战略本部提交报告。第二十七条规定，知识财产战略本部必须对报告的内容加以检讨，然后将结果充分反映到“知识财产推进计划”中去落实。

5. 促进措施

日本文化产业促进法所规定的促进文化产业发展的措施分为两个层次，第一个层次是在基础面上，旨在夯实文化产业发展的基础；第二个层次是在振兴面上，目的是为了促进文化产业快速发展。前者是基本措施，后者是振兴内容事业的必要措施。这是日本文化产业促进法的主体部分，共计 14 条，占整部法律篇幅的 50% 强。

第一个层次是“基本措施”，共有 8 条：

（1）培育人才。第九条规定，为了培育能够生产出有魅力的内容并能够有效加以利用的人才，确保和提高他们的资质，国家应采取通过高等教育机构实施的内容事业的教育振兴、促进国内外内容事业从业者间的相互交流、举办内容展览会、品评会之类活动等必要的措施。

（2）推进先进技术的研究开发。第十条规定，为了能够生产出运用高技术（与影像的制作、上映或传输等领域的技术革新进展相适应的）的优质内容，国家应采取推进先进技术的研究开发和教育振兴等必要的措施。

（3）适当保护与内容关联的知识财产权。第十一条规定，伴随着互联网的普及和其他社会经济形势的变化而出现了内容利用方式的多样化，为了能够适当保护由此产生的与内容关联的知识财产权，国家应在充分考虑内容公正使用的情况下，采取对权利内容进行再检讨等必要的措施。

（4）促进流通。第十二条规定，在互联网等高速信息通信网的便利性提高、安全性和可靠性确保的条件下，为了能够活用多种手段促进内容的顺畅流通，国家应采取必要措施，对关于通过互联网等提供的内容认证技术、关于互联网等的技术保护手段、在互联网上使高速而安全的电子通信成为可能的技术等其他关于内容流通技术的开发及推广活动给予支援。同时，为了使内容的利用顺畅化，国家应在充分考虑个人和法人的权利利益保护的情况下采取必要措施，对关于内容知识财产权拥有者的信息、关于内容的内容信息等相关数据库的构建给予支援。

（5）促进保存。第十三条规定，为了使内容能够通过互联网等高速信息通信网实现适当而有效地传输，国家和地方公共团体应采取必要措施，以构建内容的制作、收集、保存、传输或将既存内容数字化的体制。

（6）消除活用机会等方面的差别。第十四条规定，为了使广大国民能够共享内容的成果，国家和地方公共团体应采取必要措施，以消除因年龄、身体等其他因素而产生的内容的活用机会或活用能力上的差别。

（7）实现个性丰富的地域社会。第十五条规定，为了通过促进充分发挥地域特性的内容的创造、保护及活用而实现个性丰富而充满活力的地域社会，国家和地方公共团体应该采取必要措施，对生产带有地域魅力内容的生产活动、地域电影等内容制作顺畅化的活动给予支援。

（8）增进国民的理解与关心。第十六条规定，为了加深国民对促进内容的创造、保护及活用，以及对内容制作者在其中所起作用的重要性的理解和关心，国家和地方公共团体应采取充实关于内容的宣传活动和教育的振兴等必要措施。

第二个层次是振兴内容事业的必要措施，共有6条：

（1）构筑多渠道的资金筹措制度。第十七条规定，鉴于内容事业制作者顺利筹措内容制作所需资金存在着困难，为了使内容事业制作者能够稳定地筹措到所需资金，国家应采取构筑运用多种方法筹措资金的制度等必要措施。

（2）防止权利侵害。第十八条规定，针对国内外违法从事内容复制等侵害内容知识财产权的行为存在，为了适当确保内容制作者的利益，国家应在内容事业制作者或关系团体紧密通力合作的体制下，采取制裁侵害内容知识财产权的违法行为、构建海外侵害内容知识财产权应对体制等必要措施。

（3）促进事业的海外展开。第十九条规定，在内容事业的事业规模扩大的同时，通过我国内容在海外的普及，增进对我国文化等的理解，国家应采取必要措施，对向海外介绍我国有魅力的文化、举办或参加使内容交易活跃的国际性节庆活动给予支援，收集和提供海外内容市场的信息。

（4）构筑公正的交易关系。第二十条规定，鉴于内容事业制作者以中小企业者居多，且其业务大部分是承包或请负业务的实际，为了通过承包内容制作或与使请负者建立公正交易关系的方式而确保内容制作者的利益，国家应采取制定关于交易的规则等必要措施。

（5）照顾中小企业者和消费者。第二十一条规定，在制定内容事业振兴的措施时，考虑到中小企业者在内容事业成长发展中的重要作用，为了使中小企业者的内容事业能够顺利实施，国家必须给予特别的照顾。同时，国家还必须设法维护和增进消费者的利益。

（6）内容事业者需谋求的措施。内容事业者应该采取一些必要的措施，通过促进自己事业的发展的方式，促进文化产业发展。第二十二条规定，内容事业者应从两个方面入手去谋求这样的措施。一是内容事业者从事事业活动时，在通过践行基本理念、自律运营和最有效地发挥其能力而谋求事业的效率化和高度化的同时，为了广泛活用所拥有的内容，应努力探索有助于内容流通顺畅化的措施，以及国内外关于内容知识财产权侵害信息的收集和已拥有内容的妥善管理等必要的措施。二是为了使从事内容制作事业者的职务拥有与其重要性相称的魅力，内容制作事业者应努力确保制作事业从业者能够得到合理的待遇。

（三）经验与启示

日本促进文化产业发展有着与韩国不同的内在逻辑，韩国将文化产业发展上升为国家战略，是基于对文化产业在产业结构中的基础性和较大的关联性的自觉认识，而日本将文化产业发展上升为国家战略，则是基于对知识财产在未来经济发展中的战略性地位的自觉认识。可以说，日本文化产业及其发展战略是国家知识财产战略有机的内在组成部分。我们知道，不管人们对文化产业有着怎样不同的理解，但是，对知识产权在文化产业发展中具有极为重要的地位和作用的认识却是一致的。日本文化产业促进法将知识财产基本法作为上位法，并且要求其必须符合高度信息通信网络社会形成基本法（IT 基本法）、文化艺术振兴基本法和消费者基本法的基本理念，是日本文化产业促进法给我们的最为重要的经验和启示。

日本文化产业促进法本身给我们提供了许多有益的立法经验和启示。在我们看来，主要有以下几点：

1. 政策选择上：基础与发展并重

文化产业促进法规定，促进文化产业的措施分为法制、财政和金融三类，这些措施具体作用在两个层面，一是基础面，旨在夯实文化产业发展的基础，这就是法律中的基本措施；二是发展面，目的是为了促进文化产业快速发展，构成法律中的振兴内容事业的必要措施。法律总的目的是促进发展，但如果没有坚实的基础，发展是不可持续的，因此为了发展要夯实基础；夯实基础本身不是目的，特别是离开了发展的目标和需要，夯实基础就是无的放矢，因此夯实基础要有明确的目标指向。平衡基础与发展间的关系，基础与发展并重，并使之相互促进，富有启发性和借鉴意义。

2. 促进体制上：国家为主，地方、事业者为辅

作为一部国家促进文化产业发展的法律，促进主体当然是国家。但是，如果没有地方政府和文化相关企业的密切配合，要想实现法律预期

价值的最大化是不可能的。日本文化产业促进法较好地解决了这个问题。基本经验是：以国家为主；地方政府在遵循促进法基本理念的基础上，和国家职责适当区分，并自主制定和实施能够充分发挥其地域特色的政策措施；文化相关企业自律发展，充分尊重知识产权，履行其社会责任，特别是要充分考虑对青少年的影响；国家应采取措施，构建三者有效合作的体制机制。

表6　日本政府各省厅内容产业政策职能区分

序号	省厅名称	政策领域
1	IT战略本部	经济、社会IT化推进（从インフラ到内容）
2	知识财产战略本部	作为国际战略的知识财产的活用 （对内容制作的支援培育和保护）
3	总务省	网络政策侧面（流通内容）
4	经济产业省	产业政策侧面（制作过程・パッケージメディア）
5	文化部科学省、文化厅	文化政策侧面（艺术文化、著作权）
6	公平交易委员会	公平竞争政策侧面（委托合同的问题）
7	外务省	文化外交侧面（日本制内容的海外推介）
8	国土交通省	旅游政策侧面（フィルム？コミッション等）
9	厚生劳动省	劳动政策侧面（劳动条件的改善）

资料来源：中村 伊知哉，日本型コンテンツ政策に関する考察。

3. 促进对象：正外部性最大

日本文化产业促进法是内容促进法，促进的对象是内容，具体地说，是内容的创造、保护和活用。在数字化和网络化快速发展的技术条件下，出现了内容与媒体分离、新媒体不断涌现、内容的多次利用和媒体融合等一些新的趋势，如何适应这些新的趋势，制定能够有效应对这些新趋势挑战的法律环境，是各国发展文化产业面临的共同课题。日本在这方面提供了有益的经验和启示，其基本做法是选择内容作为文化产业促进法的促进对象，从基本措施和振兴内容的必要措施两个层面促进内容的创造、保护和活用。不是直接针对文化产业立法，固然有日本文化产业内在逻辑的要求，但是也不能不说，这显示了日本对文化产业的独特理解。我们常说内容为王，指的就是内容是文化产业发展中的瓶颈，是文化产业发展中正外部性最大的环节。抓住了内容，就等于抓住了文化产业发展的关键。对于一个国家而言，如何才能真正做到内容为王，日本文化产业促进法为我们提供了一个可供分析和参考的成功案例。

附录二：韩国文化产业促进法研究

在法律名称是否明确地冠以文化产业促进法的意义上，可以说，韩国是世界上最早制定文化产业促进法的国家。需要指出的是，韩国的文化产业，在韩国的全称是“文化内容产业”，其内涵、外延与我国的文化产业是不同的。为了理解和比较的方便，本文将韩国文化内容产业促进法简称为韩国文化产业促进法。

（一）立法经纬

1. 法律名称

韩国的文化产业促进法共有五部，这里以其中的两部为研究对象：一部是《文化产业振兴基本法》①（第 5927 号法律）（以下简称为法 1），于 1999 年 2 月 8 日通过，2000 年 1 月 21 日以第 6194 号法律作了部分修订，2002 年 1 月 26 日以第 6635 号法律作了全文修订。另一部是《网络数字内容产业发展法》②（第 6603 号法律）（以下简称为法 2），于 2002 年 1 月 14 日通过。这部法律中所指的网络，是韩国《关于促进信息通信利用及信息保护法》第二条第一款第一项规定的信息通信网，属于韩国信息通信部管辖范围。从信息通信技术的角度考虑，韩国在信息通信部内设立了软件振兴院，具体负责推进数字内容产业的振兴事宜。

2. 立法目的

法 1 和法 2 都在总则部分的第一条明确了立法的目的，而阐述立法目的的文本结构也大致相同，并且都将立法的最终目的规定为：（1）提高国民文化生活质量；（2）促进国民经济健康发展。但是，立法的直接目的则有明显区别：法 1 旨在通过确立扶持及培育文化产业发展所需的各类事项，构筑文化产业发展的基础，提高文化产业实力，实质是振兴文化产业，或者说促进文化产业发展；法 2 旨在通过确立网络数字内容产业发展的必要事项，构筑网络数字内容产业发展的基础，强化其竞争

---

① 本文所用文本为该部法律的中译本，由韩国文化产业振兴院提供。
② 本文所用文本为该部法律的日译本，译者：澤井 亨，地址：http：//japan. internet. com/public.

力，实质是促进网络数字内容产业发展。

3. 立法背景

（1）历史背景：金融危机。1997 年，受泰国和印尼金融风暴的影响，韩国爆发了金融危机。韩国政府接受了国际货币基金组织（IMF）的紧急援助，以此为契机，全面展开了经济、社会、文化等各领域的治理，迅速推进放松管制进程，以实现经济复兴。在这个过程中，韩国政府认识到文化产业是未来的朝阳产业，振兴文化产业对于带动经济发展，从而迅速摆脱金融危机具有重要的作用。

（2）产业背景：高附加值。早在金融危机爆发之前的1995 年，韩国政府就致力于信息化振兴，并将其作为国策。正是在推进国家信息化的过程中，韩国政府注意到了在信息高速公路上流通的文化内容。后来发现，文化内容产业是一个具有高附加值的产业，一个产品一旦在市场上取得成功，几乎不用追加什么费用，就能够通过各种媒体的复制和再利用而获得新的收益，是一个真正的 One-Source Multi-Use 型产业。因此，韩国将文化产业作为国家的基础产业，并将发展文化产业上升为国家战略。

（3）政治背景："文化总统" 宣言。据日本学者的研究，[①] 韩国的文化产业振兴政策始于1998 年金大中总统的"文化总统" 宣言。宣言中提出，为了使低迷的韩国经济复兴，要将文化产业作为 21 世纪韩国的一个基础产业来培育，并将发展文化产业上升为国家战略，为此，要积极构建文化产业发展的法律制度和支援体制。

表 7　韩国政府的文化产业政策[②]

1998 年	金大中的"文化总统" 宣言
1999 年	文化产业振兴基本法
2001 年	内容韩国事业 21
2002 年	网络数字内容产业发展基本法

资料来源：KDDI 総研 R & A（2005）。

① 〔日〕齋藤　豪助，「韓流」にみる韓国のコンテンツ振興政策，KDDI 総研 R & A，2005 年 2 月，http：//www. bookpark. ne. jp/kddi/.

② 〔日〕齋藤　豪助，「韓流」にみる韓国のコンテンツ振興政策，KDDI 総研 R & A，2005 年 2 月，http：//www. bookpark. ne. jp/kddi/.

（4）法律背景：不适应。原有的法律根本不能适应发展文化产业这个新的国家战略的需要，特别是发展文化产业所面临的产业基础性问题，如技术开发、人才培养、内容的标准化、振兴设施等，管理体制问题和财政政策等问题，都没有相关的法律规范。不改变法律上的不适应状况，尽快制定文化产业促进法，文化产业就不能迅速振兴。

（二）法律概况

1. 文本结构

（1）法 1 的文本结构。法 1 由总则、创业·制作·流通、文化产业的基础组成、韩国文化产业振兴委员会、文化产业振兴基金和补则共 6 章 45 条，以及 1 个附则构成。

第一章是总则，共 6 条，主要内容是规定了目标、定义、国家及地方自治团体的职责、有关文化产业中长期基本计划的确立、年度报告、与其他有关法律的关系等事项。

第二章是创业·制作·流通，共 9 条，主要内容是规定了对创业的扶持、对投资公司的扶持、合资实体、对制作商的制作扶持、对独立制作公司的制作扶持、搞活流通、对添加数码识别系统的奖励、专业流通公司的成立及对其的扶持、优秀工艺文化商品的指定及标示等事项。

第三章是文化产业的基础组成，共 16 条，主要内容是从专业人才的培养、技术开发的促进、数字化文化内容的标准化、共同开发促进研究、国际交流及进入海外市场的促进、振兴文化产业设施及其集成化、文化产业园及其扶持、各项收费的免除、与其他有关法律的关系、国有公有财产的借贷及使用、税制扶持、韩国文化内容振兴院的成立等方面构筑文化产业发展的基础。

第四章是韩国文化产业振兴委员会，共 7 条，主要内容是规定了设立韩国文化产业振兴委员会的相关事项，包括委员会的构成、委员会的职务等、委员的待遇、会议、辅助办公、提供资料协助等具体内容。

第五章是文化产业振兴基金，共 4 条，主要内容是规定了文化产业振兴基金的设立、基金的管理及运营、公共团体等对文化产业的赞助金和基金的用途等事项。

第六章是补则，共 3 条，主要内容是规定了委员会委员、工作人员中非公务员者及得到委任授权的工作人员，可被视作为公务员；文化观光部部长按照总统法的有关规定，可将其权限部分转让或委托；以及违约金罚款等事项。

附则部分的主要内容是规定了施行日期、有关广播影视节目独立制作公司和韩国文化内容振兴院的协同措施，以及与其他有关法令的关联等事项。

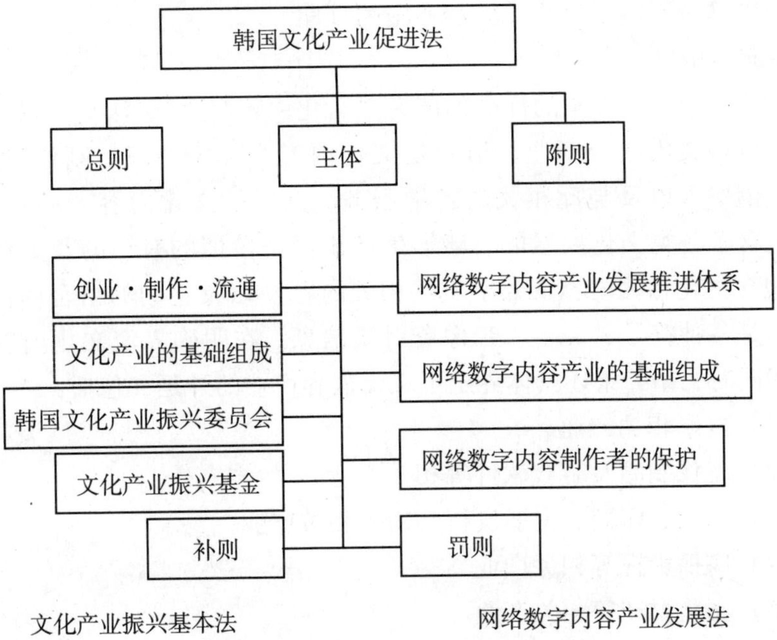

图 11　韩国文化产业促进法的文本结构

（2）法 2 的文本结构。法 2 由总则、网络数字内容产业发展推进体系、网络数字内容产业的基础组成、网络数字内容制作者的保护和罚则共 5 章 23 条以及 1 个附则构成。

第一章是总则，共 2 条，分别规定了法律的目的和法律中用语的定义。

第二章是网络数字内容产业发展推进体系，共 4 条，分别规定了基本计划的制订、实施计划的制订、设置网络数字内容产业发展委员会和财源的确保等事项。

第三章是网络数字内容产业的基础组成，共 11 条，分别规定了创业的活跃化、专门人才的培养、技术开发的促进、标准化的推进、流通的促进、国际合作和海外进出的促进、网络数字内容产业支援机构、税制支援、公共信息使用的活跃化、消费者保护和表示等事项。

第四章是网络数字内容制作者的保护，共 4 条，分别规定了禁止行为、损害赔偿请求、外国制作者、与其他法律的关系等事项。

第五章是罚则，共 2 条，分别规定了网络数字内容复制罪、处罚和两罚规定等事项。

附则部分规定了法律生效和实施的日期。

2. 文化产业的界定

文化产业，在韩国的标准称谓为“文化内容产业”。法 1 第二条明确指出，所谓文化内容产业，指的是文化内容产品的开发、制作、生产、流通、消费等以及与此相关的各项服务。这里的文化内容产品指的是，系统包含了各类文化要素的、能够生产出经济价值的有形的及无形的资产（包含文化相关内容及数字文化相关内容）以及它们的结合体；而内容指的是各种符号、文字、音像资料或信息。在明确界定文化内容产业内涵的同时，第二条还具体界定了文化内容产业的外延，包括：

（1）电影相关产业。

（2）音像制品及游戏软件等相关产业。

（3）出版、印刷、定期发行刊物等相关产业。

（4）广播影视等相关产业。

（5）文化财产等相关产业。

（6）系统包含了具有艺术性、创意性、娱乐性、休闲性及大众性（以下统称为“文化要素”），并且能够生产出经济价值的动漫、设计（产业设计除外）、广告、演出、美术品及工艺品等相关产业。

（7）对数字化文化内容进行收集、加工、开发、制作、生产、保存、检索及流通等处理，并且提供相关服务的相关产业。

（8）由总统法许可的除以上提到的产业之外有关传统服装、饮食等产业，为了准确理解和界定韩国文化内容产业，法 1 还对数字内容、数字化文化内容、多媒体内容、制作、流通等用语作了明确的界定。从法 1 关于文化产业的定义和法 2 关于网络数字内容产业的定义中还可以清楚地看出，韩国的文化产业还包括网络数字内容产业，它是文化产业的重要组成部分。

3. 促进事项

从整体上说，韩国文化产业促进法的促进事项是韩国文化产业。法 1

促进的是韩国文化产业（包括网络数字内容产业）的发展，具体的促进事项包括两个：一是促进创业、制作和流通，二是促进文化产业的基础形成。法2促进的是网络数字内容产业的发展，具体的促进事项包括两个：一是促进网络数字内容产业的基础形成，二是强化其竞争力。

4. 促进体制

韩国文化产业促进法第一章总则第三、第四、第五条，第三章第三十一条，第四章全部条款，以11条的篇幅分别规定了促进主体、促进的组织实施机制等方面的内容，这实际上构建起了韩国的文化产业促进体制。

总则第三条规定了促进韩国文化产业发展的两个基本主体，国家和地方自治团体。法1没有像日本文化产业促进法那样具体区分国家和地方自治团体的职责划分，而是规定了它们的共同职责：一是制定并实施所需的各项措施，二是提供在技术开发及调查研究事业上的支持，并致力于构筑同文化产业相关的国际组织间的合作体系。

总则第五条规定，在定期国会召开之时，每年政府应向国会提交有关文化产业振兴相关政策及动向的报告书。规定旨在明确作为一个促进主体的国家，它的不同组成部分行政机构和立法机构之间的职责分工及其要求。

为了进一步将促进主体具体化为实际执行促进工作的操作主体，韩国文化产业促进法在总则第四条、第三章第三十一条和第四章明确规定了文化观光部部长的文化产业政策制定的总揽权和韩国文化产业振兴院、韩国文化产业振兴委员会的设立事项。

总则第四条规定文化产业政策的制定由文化观光部部长总揽全局。同时规定，文化观光部部长应制订并实行与文化产业振兴相关的具有基本性、综合性的中长期基本计划以及根据文化产业不同类别及期限而划分的详细实行计划；在制订及执行基本计划和详细实行计划时，可以请求各地方自治团体、公共机构、研究所、法人、团体、大学、民间企业及个人等的必要协助。

第三章第三十一条规定，为了有效地对文化产业的振兴及发展进行扶持，成立韩国文化内容振兴院。振兴院由法人实体进行运营，由振兴院长官指定任命主管及相关工作人员，运营振兴院所需的经费由国库提供。振兴院拟从事的工作如下：

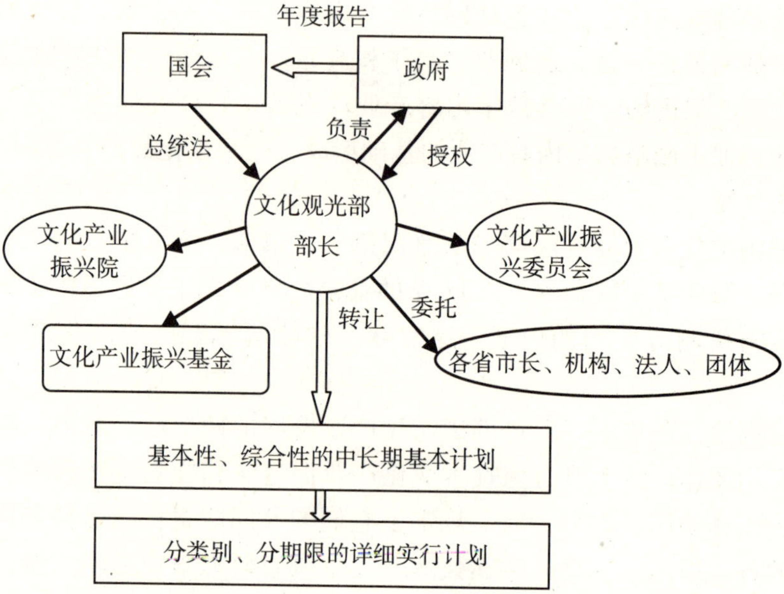

图12　韩国文化产业促进体制

（1）制定及确定振兴文化产业的各项政策。

（2）安置为活跃文化产业的各项支援设施等基本设施。

（3）扶持文化产业的创业及运营，进行信息收集、共享及应用。

（4）对数字文化内容应用技术的开发扶持等相关工作。

（5）对文化产业专业人才的培训及再教育扶持。

（6）为文化产业发展而对活跃流通、开拓市场、促进国际合作以及进军海外的扶持。

（7）对文化产业及相关实体的扶持。

（8）委托管理由《公共机构信息公开相关法律》第二条第三项规定的公共机构以及《博物馆及美术馆振兴法》第三条规定的国立博物馆、公立博物馆、国立美术馆及公立美术馆共同构筑成的文化遗产基本资料等文化原始资料著作权、使用费等各项权利。

（9）对文化艺术机构的信息化事业的管理、运营、评价及扶持。

（10）对民俗、传说等文化原始资料的构筑，对著作权、使用费等各项权利的管理以及对相关实体的扶持。

（11）除此之外为达到振兴院成立目标而必须从事的其他有关工作。

第四章规定，为了振兴文化产业，成立从属于文化观光部部长的韩国文化产业振兴委员会（以下简称为“委员会”），并明确规定了委员会的构成、职责、决策程序、委员待遇和其他必要事项。第三十三条规定了委员会的构成：委员会由包括委员长、副委员长各1名在内的15名以上20名以下的成员构成；委员长担任文化观光部部长一职，在委员会通过的情况下，副委员长由委员长负责委任；委员长在文化产业相关部门中委任专业经验丰富的德高望重者担任委员，财政经济部、外交通信部、行政自治部、文化观光部、产业资源部、信息通信部和计划预算部的副部长有资格成为当年轮职委员，非当年轮职委员的委员任期为3年，可连任。第三十四条规定了委员会的职责等事项，委员会的职责是审议以下各项事项：

（1）设定文化产业政策的方向，制订基本计划及详细实行计划。

（2）调整文化产业政策及对主要措施作出评估。

（3）根据第三十九条的规定，制订有关成立及运营文化产业振兴基金的基本计划。

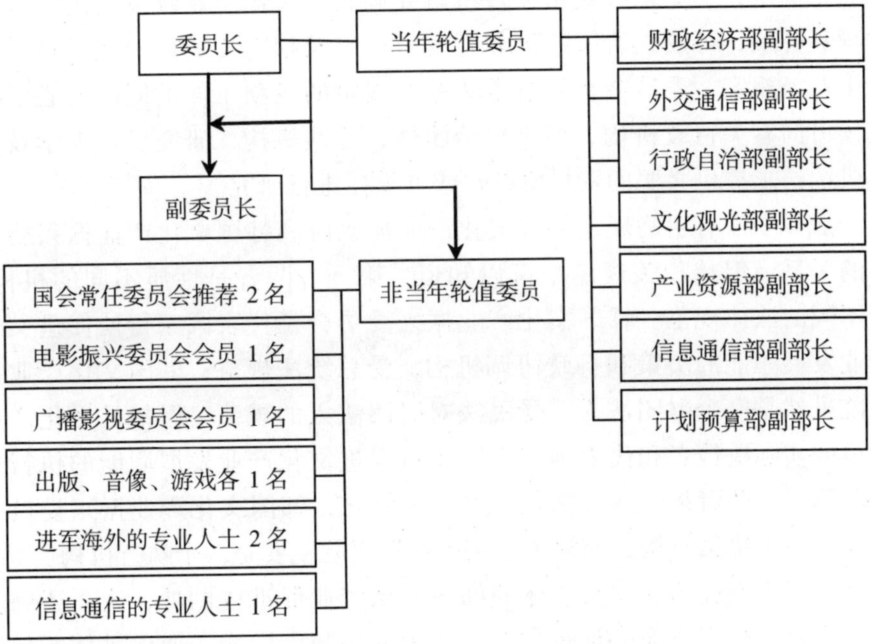

图 13 韩国文化产业振兴委员会构成

资料来源：根据韩国文化产业振兴基本法整理。

（4）进行有关振兴文化产业的各项研究及调查。

（5）开发文化产业政策及提供咨询。

（6）从事文化产业培训业务的有关合作与协调。

（7）除此之外由文化观光部部长指定的，符合委员会成立宗旨的各项其他事务。

法律同时规定，必要时委员会可成立并运营其所属的下级委员会，委员会运营经费由国库提供，除本法的规定以外，委员会的必要有关事项由总统法规定。

第三十六条规定了委员会的决策程序，即召开委员会议。法律规定，委员会议由委员长进行召集；在过半数在职委员出席，以及过半数出席委员赞成的情况下，可作出委员会议的相关决议；委员会议必须公开。只有在委员会认为特别需要以及得到许可的情况下，可以有例外；根据委员会议的内部规定，必须撰写会议记录。

法律还规定了委员的待遇、辅助办公和提供资料协助等事项。第三十七条规定，为文化产业相关各项研究调查、文化产业政策制定及咨询的顺利开展，可成立所属的研究开发机构以及招聘相关的专业委员。第三十八条规定，委员会在从事本法令所规定的各项工作的同时，必要的时候可向有关行政机构、地方自治团体、公共机构、研究所、大学及其他机构请求提供必要的资料协助，或者委托进行研究。

法律中没有明确规定韩国文化产业振兴院和韩国文化产业振兴委员会的关系，但从相关规定中可以知道，第一，两者是性质不同的机构，受不同的法律规范。韩国文化产业振兴委员会是代表国家行使促进文化产业发展职能的决策和行政协调机构，受总统法规范；韩国文化产业振兴院虽然是一个财团法人，受民法对财团法人的规范，但却是文化产业政策的实际决策者和代表国家实际履行促进文化产业发展职能的执行机构。第二，两者都隶属于文化观光部。但是，韩国文化产业振兴委员会主要是一个决策机构，而韩国文化产业振兴院主要是一个执行机构。

除了上面介绍的作为整体的韩国文化产业促进体制外，法 2 还确定了网络数字内容产业的促进体制。作为网络数字内容产业促进体制，核心是其第二章中构建的网络数字内容产业推进体系。这个体系的核心是设置一个隶属于国务总理的网络数字内容产业发展委员会，制订两个计划，一是关于网络数字内容产业发展的中长期基本计划，一是各行政机构落实基本计划的实行计划，并努力为网络数字内容产业的发展提供资金支持，为促进网络数字内容产业的基础组成，可以使用依据《信息化促进基本法》设立的韩国信息化促进基金。这个促进体制是由信息通信部主导的，包括财政经济部、教育人力资源部、行政自治部、文化观光部、产业资源部、信息通信部、保健福利部、建设交通部和企划预算处在内的综合促进体制。

5. 促进措施

韩国文化产业促进法中规定的促进措施分为两个层面：一是直接层面（或微观层面）上的促进措施，二是间接层面（或宏观层面）上的促进措施。在宏观层面，韩国文化产业促进法中规定的促进措施，主要是体制和财政上的措施。体制上，是设立韩国文化产业振兴委员会；财政上，是设立韩国文化产业振兴基金①。在微观层面，韩国文化产业促进法中规定的促进措施主要围绕着两个核心，第一个核心是促进创业·制作·流通，第二个核心是促进文化产业的基础形成。

（1）促进创业、制作和流通的措施。

第一，促进创业的措施。为了促进与文化相关产业的创业，法律规定的措施有两个：一是对创业的扶持。法律规定，文化观光部部长应为创业者成长及发展提供所需的必要扶持。二是对投资公司的扶持。这里的投资公司，是指各类中小企业创业投资公司和各信贷专业金融公司。法律规定，按照规定得到认证的投资公司，可以从第三十九条法令规定的文化产业振兴基金中得到相关贷款；投资公司可以按照法律规定投资文化产业相关的“合资实体”并管理合资实体的资金。

第二，促进制作的措施。一是对制作商的制作扶持。这里的“制作商”指的是制作文化产品的个人、法人及合资实体。法律规定，为了增强文化产业的竞争力及促进优秀文化商品的制作，文化观光部部长可向符合总统法规定的制作商提供所需的资金贷款及其他的各项扶持。二是对独立制作公司的制作扶持。这里的独立制作公司是“广播影视独立制作公司”的简称，指的是根据广播电视法的规定，向各广播影视商、转播有线影视商、有线音乐广播商、电光广播影视商及国外广播影视商提

---

① 关于文化产业振兴基金的设立等相关事宜，请参阅本课题组提供的资料汇编中的《韩国文化产业振兴基本法》（中文本）。

供其制作的各类广播影视作品，得到总统法的许可并且向文化观光部部长提交申报的公司。法律规定，为了活跃独立制作公司的制作活动，政府及广播影视委员会可按照总统法的有关规定向其提供必要的扶持；各广播影视商在总统法的有关规定下，应致力于向独立制作公司提供制作上的扶持。

第三，促进流通的措施。一是搞活流通。这里的“流通”指的是文化产品由制作商向消费者传递的过程，包含通过信息通信网络进行的传递过程。法律规定，为了振兴文化产业，政府应致力于促进文化商品的活跃性及流通的信息化。具体的措施包括：在由总统法确定的文化商品上标示国际标准条形码；实施文化商品的品质认证；防止文化商品不法复制品的流通，对相关取缔活动提供支持。二是对添加数码识别系统的奖励。法律规定，文化观光部部长可对给数字化文化内容添加数码识别系统提供奖励，并提供相关必要扶持。三是对专业流通公司的成立及对其的扶持。这里的专业流通公司指的是为了保证文化产品的顺畅流通以及节省物流费用而成立的公司。从事共同采购及共同销售设施的运营等文化商品流通相关事业的公司，其成立、扶持等相关必要事项由总统法规定。四是优秀工艺文化商品的指定及标示。法律规定，文化观光部部长按照总统法的有关规定，有权指定优秀工艺文化商品及优秀传统食品。得到文化观光部部长指定的商品，可在商品上体现出“优秀工艺文化商品”或“优秀传统食品”的标示。

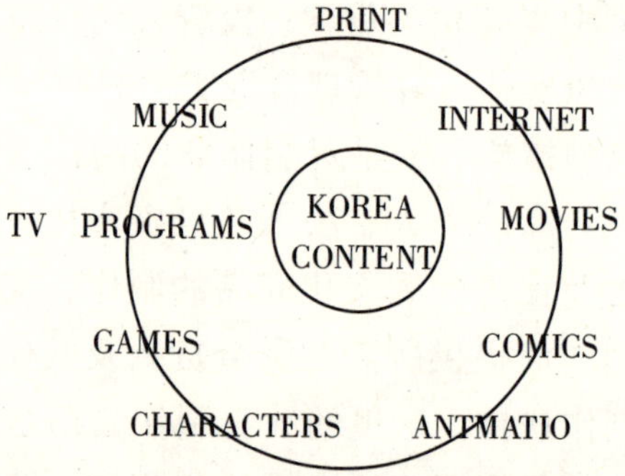

图 14 韩国政府关注的主要文化内容领域

资料来源：CREATIVE CONTENT KOREA.

（2）促进文化产业基础形成的措施。

第一，对专业人才的培养。法律规定，为了振兴文化产业，政府应该致力于其所需专业人才的培养。文化观光部部长可在总统法的有关规定下，指定某些研究所、大学以及得到认可的相关机构作为文化产业专业人才的培育机构；得到指定的培育机构依照总统法的有关规定，可得到政府对其提供的全部或部分必要培训经费。

第二，对技术开发的促进。法律规定，政府可对与文化产业相关的技术开发提供奖励及必要的扶持。

第三，促进数字化文化内容的标准化。法律规定，为了有效开发数字化文化内容，提高其品质以及确保其广泛应用，文化观光部部长可与各级中央行政机构的长官进行协商，共同促进以下事业的发展，并且向相关实体通报其制定的标准并进行相应的规范。在必要的情况下，文化观光部部长可委托相关的研究机构及民间团体进行代理，或者指定专业机构并且提供其所需的经费。①数字化文化内容相关标准的制定、修订、废止及补充；②关于数字化文化内容的国内外标准的调查、研究及开发；③除此之外的同数字化文化内容标准化相关的必要事项。

第四，共同开发促进研究。法律规定，政府应该致力于促进通过有机使用开发研究文化商品所需的人力、设施、器材、资金及信息等而进行的共同开发及研究；对促进此类共同开发及研究的个人或单位，文化观光部部长可提供其所需的全部或部分资金。

第五，对国际交流及进入海外市场的促进。法律规定，为了促进文化商品的出口竞争力以及活跃海外出口市场，政府可对与国外的共同制作、通过广播影视、互联网等渠道进行的对海外市场的宣传活动、吸引海外投资、参加国际电影节及商品交易会、构筑与国内进出口相关联的合作体系等事业进行扶持；文化观光部部长可委托由总统法指定的相关机构或团体对其进行代理，并且补助提供其所需的经费。

第六，振兴文化产业设施的指定、撤销与集成化。所谓振兴文化产业设施，指的是通过集团性的吸引文化产业相关实体以及其赞助，用来扶持文化产业相关实体活动的各项设施。一是指定。为了振兴文化产业，文化观光部部长在必要且得到许可的情况下，同各特别市市长、直辖市市长及省长进行协商，指定振兴文化产业设施，并且提供全部或者部分资金及提供设备所需的预算；得到指定的“振兴文化产业设施”，按照

《培育风险投资企业的有关特别措施法规》第十八条的规定，亦可被视作风险企业集成设施。二是撤销。在振兴文化产业设施未达到指定要求的情况下，文化观光部部长可按照《总统法》的有关规定对其进行撤销。三是集成化。为了振兴文化产业，在文化观光部部长及各省市长认为必要及得到许可的情况下，可集中地将振兴文化产业设施安置在文化产业园等地，并且将原有的建筑物也作为振兴文化产业设施的一部分，鼓励在其中安置支援设施；为了民间实体更加便捷地设立振兴设施，政府可提供必要的支持。

第七，文化产业园及其扶持。一是成立。国家及各地方自治团体为了更为有效的振兴文化产业，可成立文化产业园，但应遵循《产业布局及开发相关法律》对国家产业园区及地方产业园区指定开发步骤的相关规定。二是成立计划的确立。为了促进文化产业园的成立，文化观光部部长在认为必要且得到许可的情况下，可制订文化产业园成立计划，听取管辖相关区域省市长的意见，向建设交通部部长提请对指定文化产业园的申报。地方自治团体的领导可依照《总统法》的有关规定，向文化观光部部长提交成立文化产业园的申请。有关文化产业园成立计划的相关必要事项由《总统法》规定。三是对成立文化产业园的扶持。国家及各地方自治团体在必要的情况下，可向项目执行者提供有关成立文化产业园的相关扶持。四是对各项收费的免除。法律规定，对文化产业园的项目执行者可免除根据《山林法》、《农地法》和《草地法》规定的代替造林费、造田费和代替植草费；对文化产业园内的各项振兴文化产业设施，也可免除根据《城市交通整顿促进法》第十八条规定的诱发交通负担费。五是赋予其他有关法律规定的权利。法律规定，被指定为文化产业园项目执行者的实体亦可得到其他九个相关法律的许可及认可。

第八，对国有公有财产的借贷及使用。为了振兴文化产业设施的扩充及文化产业园的成立运营，法律规定，国家及各地方自治团体在必要及获得许可的情况下，可不顾《国有财产法》及《地方财政法》的有关规定，通过随意契约的形式对国有公有财产进行借贷、使用、收益及出售。

第九，税制扶持。为了振兴文化产业，根据新法的规定，政府可向投资振兴文化产业设施及文化产业园的各制作商、投资公司及投资合资实体，以及扶持创业者进行创业的各实体提供税制上的各项扶持；对振兴文化产业设施及成立运营文化产业园所需装备、设施及零件等，政府可根据《关税法》的有关规定对其进行必要的减免。

第十，成立韩国文化内容振兴院，以有效地对文化产业的振兴及发展进行扶持。

网络数字内容产业基本法的促进措施包括三个层面：一是宏观层面上所构建的"推进体系"（本文前面已作介绍）；二是促进网络数字内容产业的基础形成；三是网络数字内容制作者的保护措施。

关于网络数字内容产业的基础形成，法律规定的促进措施包括如下几个方面：第一，制订创业支援计划，并提供投资等必要支援。第二，指定网络内容产业关联研究所、机构或团体为专业人才培育机构，并提供必要的预算支援。第三，促进技术开发，对有关技术水平的调查、技术研究开发或产业化、技术合作与技术转移、技术信息的顺畅传播及其他技术开发必要的事项，提供全部或部分所需资金。第四，推进关于数字内容标准的制定、修改、废止与普及，以及国内外标准的调查、研究与开发等其他必要事项。第五，通过交易认证和品质认证等措施，促进流通。第六，通过对内容产业关联技术和人才的国际交流、国际标准化活动和国际共同研究开发事业给予必要的预算支援，促进国际合作和海外进出。第七，为了有效率地促进网络数字内容产业的发展，信息通信部部长委托韩国软件振兴院具体负责网络数字内容产业发展的政策和制度的研究、调查、规划，必要技术及标准化研究，促进流通和创业等必要事宜。第八，采取给予租税减免、金融或其他行政上的必要措施。第九，促进政府机关应该公开的公共信息为网络内容事业者充分利用。第十，保护内容消费者权益。第十一，制作者必须将制作日期、制作者、内容使用条件等信息在内容或其包装上标示。

关于数字内容制作者的保护措施，主要规定了两种禁止行为、对违反行为的损害赔偿及其该法与著作权法、计算机程序保护法的适用优先顺序等事项。

（三）经验与启示

作为国际上第一部文化产业促进法，应该说，韩国的文化产业促进法具有较强的示范价值。1999 年以来，韩国文化产业发展的骄人业绩固然不能说完全是这部促进法的功劳，但是，从1999 年到2006 年底，短短7 年的时间，韩国相继出台了五部（见表8）旨在促进文化产业发展的法律，这充分表明韩国政府对文化产业促进法所具有的、促进文化产业发展的价值的高度认可和重视。积极迅速地构筑文化产业发展的法律基础和环境，发挥法律在促进文化产业发展中的作用，是韩国文化产业促进法给我们的最为重要的经验和启示。

表 8　韩国促进文化产业发展的法律一览

法律名称	法律编号	国会通过日期
《文化产业振兴基本法》	法律第 5927 号	1999 年 2 月 8 日
《网络数字内容产业发展法》	法律第 6603 号	2002 年 1 月 14 日
《关于游戏产业振兴的法律》	法律第 7941 号	2006 年 4 月 28 日
《关于音乐产业振兴的法律》	法律第 7942 号	2006 年 4 月 28 日
《关于电影和录像产业振兴的法律》	法律第 7943 号	2006 年 4 月 28 日

韩国文化产业促进法本身也给我们提供了许多有益的立法经验和启示。在我们看来，主要的经验和启示可能有以下几点：

第一，好高而务实。所谓好高而务实，指的是从文化产业发展的长远目标着眼，却从文化产业发展的基础入手。好高，从韩国文化产业发展的战略目标上来看，明确提出要成为世界第五大文化产业发展国家，2010 年要成为世界第三大游戏强国。这个战略目标反映到文化产业促进法上，就是将提高文化产业的竞争力作为立法目的之一。务实，指的是以提高竞争力为目标，功夫却下在夯实基础上。在法律上的表现就是将构筑产业发展的基础作为核心促进事项。

第二，稳定而开放。根据法律本身的特点，不成熟的领域是不立法的，但文化产业又亟需法律促进。如何平衡法律的稳定性和产业的变动性，就成为一个重要课题。韩国的经验就是稳定而开放。所谓稳定而开放，指的是考虑到法律的稳定性，但不拘泥于这种稳定性，而始终保持开放的态度。稳定，指的是法律规范的稳定，如文化产业的内涵和外延、促进体制和促进措施等要保持相对稳定。开放，指的是法律要适应文化产业本身的高度开放性，也就是说，应根据文化产业发展的新形势、新特点和新要求，及时调整法律。《文化产业振兴基本法》于 1999 年制定，不到 1 年就进行了部分修订，不到 3 年就进行了全文修订。当数字内容产业的重要性显示出来时，为了提升数字内容产业的核心地位，根据需要制定了新的法律。

第三，重规范更重执行。法律规范的强制性特点，要求在立法时，要将功夫更多地倾注在规范的制定上。但是，如果只有明确而清晰的规范，而没有可执行性，就不能说是一部好的法律。韩国的经验就是重规范更重执行。重规范，指的是对法律规定的事项表述得准确、清楚、明白，避免产生歧义。更重执行，指的是着重构建了促进体制，清楚地指明了促进的主体和促进的具体措施，构建了促进机制，规定了处罚措施。如在促进的具体主体上，将职责赋予了文化观光部，文化观光部部长任文化振兴委员会委员长，负责制定文化产业政策，其他相关政府部门处于辅助和配合的地位。这一点对我国可能尤其具有启发意义，也就是说，宏观文化管理体制是否理顺，并不是制定和出台文化产业促进法的必要条件。

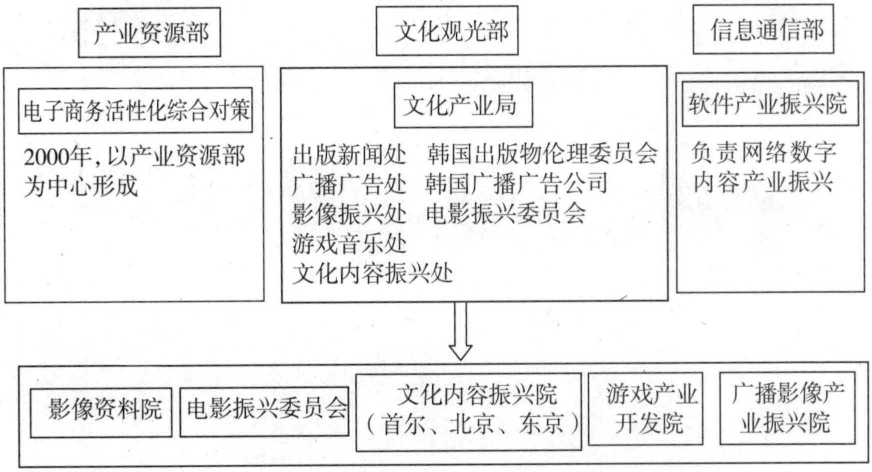

图 15 韩国文化产业政策的行政体制

资料来源：日本经济产业省商务信息政策局作成资料。

课题组成员名单

课题负责人：

贾旭东

科技发展与文化产业成长周期规律研究

上海交通大学国家文化产业创新与发展研究基地

引 言

文化产业作为文化发展到工业文明阶段而产生的一种全新的文化成长形态和发展方式，从一产生，就与科学技术结下了不解之缘。综观近年来的学术界，关于科学技术与文化产业关系的研究并不少见，且形成了以走技术路线为主的美国学派，以德国法兰克福学派的批判为主的文化批评学派，还有近年来涌现的以马歇尔·麦克卢汉为代表的关注高新技术与文化传播关系的媒介环境学派。

国际学术界的研究思路也深刻影响了国内学术界，已有的文献遵循并形成了三个主要研究范式：

范式之一：着力科技与艺术实践关系的哲学研究。从事这方面研究的往往是科学家，他们特别强调科学与艺术的互相依存与相互促进关系，如钱学森著有《科学的艺术与艺术的科学》，李政道主编了《科学与艺术》大型画册，北大院士吴全德著有《科学人类谈美和文化》等。

这一范式的研究成果对于艺术实践的认识还限定在文化领域，艺术是文化的构成；艺术实践的产品在研究者的观念中并不是归属文化产业领域的艺术商品，因而，这类研究为我们研究科技发展与艺术生产力关系提供了哲学方法论的指导。但是，对于研究科学技术发展与文化产业周期性规律，还需要我们转变观念，站在产业发展的角度，梳理与回顾科学技术发展史和文化产业发展史，从中归纳与分析出科技发展的周期性规律和产业成长周期性规律，以及两者之间的关系。

范式之二：从事艺术学研究的学者对科技与艺术关系的文化研究。研究者对技术往往充满恐惧，自觉延续法兰克福学派的批判思想，表达了对技术统治的否定思想。冯黎明的《技术文明语境中的现代主义艺术》就是一部讨论工业革命以后科学技术的大发展带来的社会变革，并促进艺术产生深刻变革的文化理论著作。

法兰克福学派的文化批判思想，对过于强调技术主导发展的文化思潮具有积极的现实意义。但是，当前我们的文化产业发展需要解决的主要矛盾是：如何把握产业和技术发展的规律，提高文化生产的自主创新能力。批判是重要的，但把握规律的发展在目前或许显得更重要。

范式之三：延续国际研究的技术路线，对科学技术发展的文化创造的应用研究。即在创意产业唱响全国，尤其是新媒体技术在文化生产与传播领域的广泛应用，如何“运用高新技术创新文化生产方式，培育新的文化业态，加快构建传输快捷、覆盖广泛的文化传播体系”，以实现党中央提出的文化大繁荣大发展任务。于是，人们纷纷将目光投向高新技术对文化产业推动与发展的研究上。清华大学国家文化产业研究中心于2007年岁末完成的《高新技术与文化产业——从新媒体技术的视角》就是这样一个课题。

回顾国际与国内学界的研究历史，将科技发展与文化产业两者放在一起研究，这本身就是一个全新的突破。

在1939年熊彼特提出技术作为产业生长的内生理论之前，已经有对经济波动考察的经济周期波动理论，著名的有“尤格拉周期”、“基钦周期”和“康德拉季耶夫周期理论”。其中，康德拉季耶夫周期理论观察到的周期比别的经济波动周期明显要长，所以也被叫做长波或者长周期。而熊彼特则是第一个对技术创新的生命周期进行研究的经济学家，他所提出的技术长波理论，是用以解释创新生命周期长期波动的理论。到20世纪七八十年代，荷兰戴尔福特管理研究生院经济学教授雅各布·范·杜因提出了基本技术创新的集群是导致经济长波的主要力量的杜因长波理论。同时期的英国苏塞克斯大学的克里斯托夫·弗里曼以熊彼特技术长波论为基础，从技术创新与劳工就业关系角度研究长波。也就是说，以往的生命周期理论，主要是集中于科技创新与经济发展关系的研究，探讨经济及劳工就业等经济问题与技术创新、技术创新集群的关系。

2006年，克里斯·安德森的《长尾理论》在创意产业日益走红的时刻被隆重推出。从长波到长尾，对周期生命研究发生了根本性的转换。尽管文化产业成长的周期性规律不是长尾理论关注的焦点，但是，它却在无意间描述了文化产品在科技快速更替时代的生存状态与利润产生空间。长尾理论在描述文化产业经济增长的利润曲线分布的同时，也触摸到科学技术的发展对文化产业成长生态和文化存在方式的影响，以及伴随文化生态——生产与销售方式——的变化而出现的文化产业经济增长方式的根本性改变。因此，文化产业成长周期性规律也必然随之发生一种根本性的改变。所以说，安德森的著述聚焦于文化产业与经济的关系。

将科技发展与文化产业生长周期性规律联系起来进行开创性研究的，就笔者所见，最初见于2007 年《上海交通大学学报》（哲学社会科学版）第四期，它同时推出三篇与科学技术发展和文化产业成长周期相关的论文：胡惠林的《论文化产业的属性与运动规律》、解学芳的《论科技创新主导的文化产业演化规律》以及尤芬、胡惠林的《论技术长波理论与文化产业成长周期》。这三篇论文是首次将经济生命周期理论移用于文化产业发展的运动规律的开创性研究，成功地从文化研究的意识形态思维框架中突破，从文化产业运动的特殊规律着眼，打通了科技、文化与政治、经济的关系，并在系统的运动关系中探讨了科技与文化产业成长周期的问题。

胡惠林的《论文化产业的属性与运动规律》为科学技术发展与文化产业运动研究提供了全新的视角。他所提供的探寻产业运动规律的技术路线与分析框架，不仅为政府决策的前瞻性与科学性奠定了基础，并且提供了方法论的创新。他的关乎现实发展的政策与战略研究，理论联系实际、静态与动态结合、历史与逻辑兼顾，这一切正是启发本课题深入思考的直接动因。

当前，我们对产业政策的思考，往往从文化产业普遍运动出发，而对于文化产业独特的运动性规律，尤其是在与其他经济运行因素的相互作用中显现怎样的运动性规律，并对文化产业发展产生怎样的影响的研究或许更少些。

本课题将在学术界已有研究成果的基础上，从已有关于科学技术发展与文化产业运动规律研究的新视角进入，在科学发展与文化艺术关系探讨不断推进深入的背景下，于新媒体技术对文化产业推动主导研究成果纷纷涌现的现实中，考察科学技术发展与文化产业成长周期性规律的关系。一方面，为实现十七大提出的文化大发展大繁荣目标，最终推动文化产业大发展，即对国家相关部门作出科学正确的决策、文化企业理性地把握发展机遇、文化产业的健康发展，提供联系历史发展实际的理论支持；另一方面，为在文化产业于信息社会顺应历史潮流进一步密切与科学技术的关系，如何更有效地遵循发展演化的内在规律，加快实现自主创新的科学发展，实现发展的文化战略转换提供基础性研究成果。

在有关科技发展与文化产业成长周期性规律研究中，还需要说明的几点：

第一，人们对科学技术的生长规律的概括，往往以发明时间的统计为依据；对文化产业成长规律的探寻，往往会依据文化产品的生产时间。因而，科技发展与文化产业生长时间既是明晰的，又是模糊的。明晰，是因为这些时间很多是人为确定的，虽然因不同的史料来源会有些出入，却不影响研究根本。所以，本论文对科技创新与文化产业演化的时间统计主要采用之前的成果：一是采用解学芳论文中表 1 和表 2 的成果，二是采用尤芬论文中图 6 的成果。模糊，是因为影响科技与文化产业生长的文化生产力的演化往往需要经历一个孕育期，很难明晰确定它们的萌生、成长，包括产业成长的发展方向。而且，新旧之间有个互补共存及转换的时期。从技术进步着眼，尽管可以用 S 曲线理论描述，不过关注的重点应该在于这种转换引发的变化。因为不同的文化产业形态、文化生态与文化存在的生长对整个人类的生存方式、思维模式及社会价值会产生不同影响，从而对未来科技发展又会产生意识偏向的作用，但是，这种作用需要经历深远而久长的沉淀才能日渐明晰。此外，由于科技发展加速，文化生产与传播介质变换，使得科技发展与文化产业成长周期显现明显差异，由线性向交叉立体的网状发展。

第二，文化产业生长规律在遵循与科技演化相同的普遍规律的同时，又有它自身生长的特殊规律，那么，文化产业生长规律是什么呢？在与科技演化和文化产业生长的相互作用中，又显现怎样特殊的运动性规律，并对文化产业生长产生怎样的影响呢？针对这些变动规律与可能的影响方式，又可以产生怎样的预见且制订些什么对策以推动文化建设呢？

第三，无论从科学技术发展与文化产业成长规律着眼，还是从当前信息网络时代给文化产业生产传播带来的根本性变化切入，文化对科技发展的潜在规制与影响作用日益凸现。对二者运动的关注视线不能偏废，包含有双重内容：

首先是不能单方延续科技主导发展的思维来探讨问题，必须从科技创新与文化产业发展的内在互动关系着眼，关注科技发展与文化产业成长规律；其次是时间维度的限定。因为不同历史时段由于核心技术或者说传播介质的差异带来了不同的文化形态与文化生态，因而，无论对科技还是对文化产业周期性规律的考察，都必须关注这种时代介质的差异性。语言印刷时代与视觉信息时代文化产业的文化形态、文化生态与文化存在方式都存在根本的不同，即使是同为视觉文化时代的文化产业：

电影与电视，尽管它们彼此之间存在诸多共同的东西，都是“集声像于一体的媒介，主要用于提供娱乐和信息，都沿用叙事性故事的习惯方式”等，但是，它们无论是从内容生产、表现形式与收看方式、声画质量、对时空的调度与表达，还是从作用于观众的方式以及各自生存的空间等，都存在明显差异。因而，不只是文化产业，还包括不同媒介的文化产业，因介质的差异性既改变了文化本身，也改变了人们观察世界、接受文化的方式。

介质差异带来的是文化的根本性改变，这是怎样一种根本性改变呢？这种根本性改变发生之前，文化产业的成长形态与周期性规律的显现是怎样的呢？这种根本性改变发生之后，文化产业成长的周期又发生了怎样的变化？呈现出怎样的规律？在文化产业新的成长与发展中，科学技术又将扮演怎样的角色并产生怎样的影响？文化产业成长发展的路径与趋向的改变，又将对科学技术的发展产生怎样的影响？并将促使科学技术发展发生怎样的变化？等等。时代给我们提出了一系列的问题。

题　记

在一个与现代完全不同的时代里，那些对物和环境施加的影响比我们现在小得多的人创立了美的艺术，确定了美的艺术的不同种类。然而，我们的手段于其所达到的适应能力和精确性中正经历的惊人的增长使我们看到，古代的美的艺术即将发生深刻的变化。在所有艺术中都存在着一种已不再能像以前那样去观赏和对待的物质成分，因为这种物质成分也不能不受制于现代科学和现代实践。近20年来，无论是物质还是时间和空间，都不再是自古以来那个样子了。人们必须估计到，伟大的革新会改变艺术的全部技巧，由此必将影响到艺术创作本身，最终或许还会导致以最迷人的方式改变艺术概念本身。

——保罗·瓦莱里

正　文

科技成为社会发展主导力量的思潮，萌生于文艺复兴，鼎盛于19世纪，也就是我们的手段于其所达到的适应能力和精确性中开始步入惊人的增长时期。现代意义上的文化产业正是“在文化发展到工业文明阶段而产生的一种全新的文化成长形态和发展方式”，① 科技发展与文化产业生长正是那一历史时期关系密切的一对范畴，它们互相促进，互相影响；科技发展将影响文化产业的成长与发展，文化产业成长的方向将潜引与规范科技发展的轨道。这也意味着科技发展与文化产业成长周期规律在历史发展的不同阶段是存在差异的。在文艺复兴之前，科技作为社会发展的生产力，它的作用还没有充分显现出来，包括人们对它的态度也与之后的时代完全不同。自耕自足的农业文明千年不变的稳定发展状态，使得这一个时间相对静止、发展匀速缓慢的过程中，人们感受不到科技的作用与力量。在文化艺术领域，主导人们观念的是作为艺术发展生产力的技艺与技巧，是文化艺术生产的附庸。美的艺术一旦作为一种文化

---

① 胡惠林：《文化产业学》，高等教育出版社2006年版，第73页。

产品，它们就仅仅是提供娱乐休闲的消遣品，与社会主流所倡导的肩负“修身、齐家、治国、平天下”的文化艺术相比，两者完全是两个层面的东西。人们对当时的文化艺术的技术关注，也仅仅局限在对文化产品本身的声音、意义和结构的关注上，而且，这种技术关注也是在工业文明初始阶段，把技艺、技巧作为艺术发展生产力的时候才产生的。文化艺术与现代科学和现代实践之间的联系是极其薄弱的，互相间在一定程度上是相对独立的，美的艺术是生长在一个与现代完全不同的时代里的。对前文化产业发展的周期可以忽略不计，不只因为雕版印刷与古登堡铅活字印刷久远，[①] 更因为那样的时代变化实在太小，如果用图形描述，那条曲线会因为时间的久远而显现为近于一条直线。伴随工业文明的产生，文化艺术不只深深烙有现代社会发展的印记，而且它与经济科技等发生着越来越紧密的关系，也包括它的规模化和产业化。此前研究表明：“文化产业长波周期总是介于两个经济长波之间，与前一轮的长波相比具有滞后性，与后一轮长波相比又具有一定的超前性。”“从表象上看，文化产业发展长波周期经受经济长波推动形成，从根本上来说，受科学技术的推动形成。也就是说，科技不仅推动经济波动起伏，同时也推动了文化产业的波动起伏发展。”[②] 在这一历史发展过程中，科技创新主导文化产业演化的思想得到充分凸现。基于文化产业的发展生态与存在，即它的演化再次遭遇或者说经历一个与之前完全不同的时代时，本文拟就立足在这样一个文化产业生产生态与存在现实，即由规模化标准化工业生产向信息化知识化转型的现实，考察文化产业生产的演化规律将发生怎样的变化，以及科技创新在文化产业演化规律转变期间将担负的角色与产生的作用。

一、文化发展的生命周期呈现为显在与隐在两种形态

生命周期是一个生物学概念，这个概念的企业移用，比喻一个企业就像一个生命体，必将经历萌芽、成长、成熟与衰亡这样一个过程，即存在一定的生命周期。当然，不同企业的生命与不同人的生命一样是不

---

① 尤芬、胡惠林：《论技术长波理论与文化产业成长周期》，《上海交通大学学报》（哲学社会科学版）2007 年第 4 期，第 68 页。

② 尤芬、胡惠林：《论技术长波理论与文化产业成长周期》，《上海交通大学学报》（哲学社会科学版）2007 年第 4 期，第 68 页。

同的，有的长有的短。周期性概念的文化产业移用，不由让人联想到类比迁移。在这种研究的期待视野作用下，文化产业也就与企业一样成了一个生命体，显在地呈现出人们之前研究所得到的种种结论：诸如文化产业演化周期短期化，长波周期中的短波周期。但是，文化有它自身的特征，它的累积性与再生性，又使得文化产业呈现出另一种隐在的周期。因为文化产业是文化资源的再生工作母机，作为意义再生产的文化产业，它的产品与思想不像物质产品在消费过程中被一再消耗；它的生命又是如缕不绝的；它式微的过程也就是结晶的过程，潜沉在思想之海的深处，在茫茫的寰宇间等待着有一天“采珠员”来到身边，也就是与各自的知音相识相知与相交，进而作为文化再生的资源以思想碎片的形式再次浮出水面；这些文化资源由时代提供的给养滋养，在重生中延续产业的生命。

文化艺术的显在与隐在的这两种生命周期是共存于世的。马克思、恩格斯对古代神话产生以及消亡历史的阐述，恰恰说明了作为一种文体的神话，它有过它的生命历程和辉煌。基于人的有限性，对外在神秘力量的需求永远存在，而作为命运的神话，它的生命或许在避雷针产生的时代就已经结束了。但是，在不同的历史发展时期，神话在不同的生态环境中以别样的形态存在，即使在科学发达的今天，科幻产品——一种新形态的神话，它的身影依然活跃在历史的天空。

文化产业隐在的生命周期特性，提醒人们在文化产业生长演化中，牢固竖立起对文化资源的生态保护意识，既关注打捞潜沉历史深海中的思想碎片，更寻求时代给养给予思想以给养。这样不只延长产业的生命周期，而且在新的产业生产渠道与手段拓展的今天，使内容的供给绵延不绝。不再只为眼前的利益消耗文化的资源，而应该注重在消耗的同时，探寻以新的结晶形式和形状让思想与资源潜沉。这也就是为什么“在其他因素不变的情况下，越是取决于技术创新决定的文化产业，其生命周期越短……越是由内容决定的文化产业形态，其生命周期越长，波动形态越长”,[①] 文化产业生命显在周期的长短，很大程度上取决于隐在文化内容的再生性能力，而再生性能力的提升取决于人们对待文化资源的态度。

---

① 胡惠林：《文化产业学》，高等教育出版社2006年版，第76页。

将传统文化迅速衰落的原因归结为科技创新，这是不公平的。根源在于对待文化资源的观念意识：是资源消耗还是生态保护。对文化产业生产的特殊性规律的把握，文化生产不能成为一种单纯的适应消费社会的商品生产。文化产业的这种再生性能力的生长，文化产业的经济溢出效应，很多时候是通过社会效益产生符号经济，或者是通过培养社会共同体对文化传统资源的想象产生象征经济。

笔者曾经对李向民将文化产业泛化表示异议，而现在突然觉得他突破政治以及朝代更替的时间边界，从文化本身的生长变化规律着眼，谈论前文化产业时期文化的交易特性的方式方法有着特别的启示。通过文化的非经济的交易考察文化产业的特性，这较单纯从经济角度对待文化，更抓住了文化作为产业的特性，也更贴近文化的生命特色。以中国文化的体裁更替为例，我们知道，似乎一个时代一种体裁，汉赋、唐诗、宋词、元曲、明清小说，对于文学艺术的这些称呼仅仅表明这些体裁在那样一个时代达到了自身发展的顶峰，如果用曲线表示，也就是某一体裁样式的曲线驼峰，在那个时代达到了发展的顶点；文化的意义生产与一般生物生命终结的差异在于走下峰顶后的曲线呈现出长尾的特征，即它作为一种体裁样式不会真正终结，而是以不同的形态方式不断延伸并延续。

同样的文化符号的累积，为什么对于某些人来说是文化再生的资源，对某些人而言却是无用的历史沉积与负担？如何改变这种状态，在文艺学的文化研究转向的今天，文化政策应该重新关注对艺术创新的鼓励，以及对文化原创及人才培养的重视。

二、科技创新主导向文化产业生长交融汇流

从印刷术的出现到计算机的发明，科技主导文化产业发展的力量日益突现，文化的发展开始以产业的形态出现。之前与之后由于文化生长生态的不同，因而显现的特征与规律不尽相同。印刷术产生之前，无论是科技创新还是文化生长，都是在各自的领域展开，科技的归科技，文化的归文化。这是一种线性的发展。到印刷术产生之后，文化的发展不只以产业形态出现，并且日益成为这个时期文化生长的典型形态；科技创新对文化产业的生长作用日益明显；已有的、为数不多的对文化产业

生命周期特性的研究，由于研究者关注的角度的差异，得出的结论不尽相同：

从文化产业运动的层面切入，科技具有先导作用，科技的增长周期波动呈现出以下特色。一方面，文化生产技术在关键性领域的突破成为推动文化产业革命和新文化变革的主导力量。另一方面，文化产业运动规律是由内部规律与外部规律构成的。外部规律更多地表现为文化产业与社会发展各个领域和方面的关系……内部规律是文化产业内部联系所造成的矛盾运动的表象形态……外因通过内因而起作用，但是构成外因的政治、经济和文化的任何变化，都会造成文化产业自身更大的变化。①

从科技创新与文化产业内在发展的互动关系着眼，文化产业的演化规律可以归纳为：一方面，是科技创新主导文化产业发展演化。这种主导演化体现为，对传统文化产业的发展演化的推动；催生现代文化产业形态；科技创新主导下的未来：文化产业数字化。另一方面，一是科技创新与文化产业演化间的内在矛盾运动的表象形态，体现为文化产业演化周期短期化。二是科技创新与文化产业发展之间形成一种相互影响、相互作用的网络式、反馈式关系，形成了双向的互动循环式协同创新过程；文化产业演化受到科技创新正负双重效应的影响。这些论点是建立在对“科技创新与文化产业演化的历史轨迹”的统计描述基础之上的。②这一轨迹描述也为本文的深入分析提供了珍贵的统计资料。

从经济长波理论视角切入文化产业成长周期规律性研究可以归纳为：

第一，文化产业发展长波周期从根本上来说，受科技的推动形成。科技不仅推动经济波动起伏发展，同时也推动了文化产业的波动起伏发展。

第二，基于“文化产业是在文化发展到工业文明阶段而产生的一种全新的文化成长形态和发展方式”这样一种认识，将 1877 年爱迪生发明留声机以及音像唱片业的诞生作为文化产业发展周期的起始时间，截至 2005 年，将文化产业发展周期分为两个时期：第一个发展周期为 1877—1940 年，历时 63 年；第二个发展周期为 1941—2005 年，历时 64 年。

第三，由于市场创新和企业组织形式创新，以及“社会上对于某些

① 胡惠林：《文化产业学》，高等教育出版社 2006 年版，第 73 ~ 78 页。

② 解学芳：《论科技创新主导的文化产业演化规律》，《上海交通大学学报》（哲学社会科学版）2007 年第 4 期，第 58 ~ 65 页。

根本上是新的和未试验过的事物的各种各样的反抗”一定程度被克服之后，同一科技创新在不同方向上的空间得到极大拓展，于是就出现了产业创新的“蜂聚”现象。

第四，文化产业发展长波周期中的短波周期。①

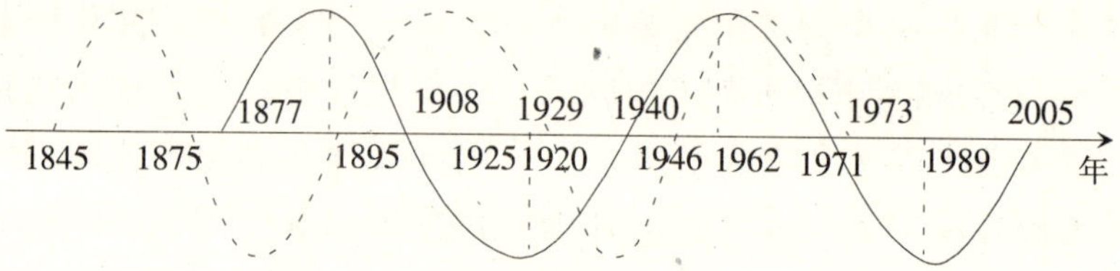

图1　经济长波与文化产业周期波动的对应关系示意图②

注：——为文化产业发展长线　---------为冯·丹因划定的经济长线

在科技发展与文化产业成长生命周期的规律性研究中，尽管差异纷呈，但可以从上述研究成果中归纳出以下内容：

第一，文化产业增长周期的曲线运动并不是由单纯的科技生命周期所主导的。但是，在工业革命时代，科技创新与文化产业生长的矛盾运动的典型表现是科技作为文化产业发展的先导力量，它的作用日益凸现；科技创新作为文化产业发展的先导，不仅推动传统文化产业的发展演化，还将催生现代文化产业的形态。一种技术的生命周期成为决定一种文化产业形态生命周期的重要因素；文化产业发展长波周期从根本上来说，受科技的推动形成。文化生产技术在关键性领域的突破，成为推动文化产业革命和新文化变革的主导力量。

第二，文化产业演化周期短期化。这是科技创新与文化产业演化间的内在矛盾运动的表象形态，而与演化周期短期化相应的是出现产业创新的“蜂聚”现象。

第三，科技创新与文化产业演化间的内在矛盾运动，体现为一种相互影响、相互作用的网络式、反馈式关系，形成了双向的互动循环式协同创新过程。

第四，数字化是文化产业可见的未来。

① 尤芬、胡惠林：《论技术长波理论与文化产业成长周期》，《上海交通大学学报》（哲学社会科学版）2007年第4期，第66~73页。

② 尤芬、胡惠林：《论技术长波理论与文化产业成长周期》，《上海交通大学学报》（哲学社会科学版）2007年第4期，第68页。

计算机的出现，文化产业数字化、信息化和全球化趋势将再次促使整个世界文化发展发生革命性变化。传统意义上的文化形态、文化生态和文化存在都将在这个过程中转型，并获得较之前不同的全新生命形态；人类社会关于世界的价值观念及其价值系统，也都将在这个过程中完成历史的必然要求所带来的全面革命。

数字化带动的是产业融合，致使产业生产运动的形态发生变化。科技创新与文化产业成长的生命周期在延续以往的交替式更替的同时，又显现为错综式的“核”变。文化产业生长周期呈现出不依线性序列展开，而以不确定的方式发散性伸展，即曲线呈现为由核心科技向八方发散并汇集于核心的运动状态。这种产业运动，在现实层面就显现为产业创新的“蜂聚”，从而致使文化产业形态的多样性以及文化产品生产的多元化。文化产业生态的多样性，“为社会文化消费方式的变化、交流方式的变化、个性表达的多样性、生存状态、生活态度、社会分层提供了前所未有的社会生态学基础”。[①] 科技创新对文化产业运动的主导作用伴随以向电和电子为能源的工业时代华丽转身，知识和文化为发展核心的信息化时代的到来，二者的关系由科技创新主导开始向二者汇流交融转变。正如在二元分立的世界，科学与技术的世界边界是清晰的一样，研究—发展（R & D）这对概念也把人们对其关系的认知作概括，科学知识首先是作为科学知识得以发展，随后才被加以应用。科学是第一位的，技术是第二位的，科学决定技术。事实上，彼此间并不是截然不同的，而是互相影响、互相作用与互相依存的。科学和技术发展到今天，可以发现众多的研究—发展计划，尤其是与化学和空间有关的计划，往往是某一特定技术发展的需要为科学知识的发展指明方向，从而决定了未来几年的研究计划。原本作为文化产业发展外在因素的文化，在知识经济时代已然转换成为产业发展的内在动因，也就是科技创新与文化产业演化的矛盾运动的内外动因的合二为一，至此，科技创新与文化产业成长运动很难说谁主导谁了。文化产业新形态成长的趋向，将转化为科技创新的内生力量。科技创新的内在偏向部分将是由文化产业发展的趋向所牵引，尤其是对文化产业建设，从产业形态、组织方式到文化产品的完善改良性的渐进科技创新。文化产业价值拓展与产品功能改善的需求促成

---

① 胡惠林：《文化产业学》，高等教育出版社2006年版，第87页。

改进性科技创新，而科技创新的成果往往就是文化产业生长的趋向性成果。

三、科技汇流致使文化产业周期由树冠状向立体交叉的网络化发展

与技术成长的阶段理论相应的是文化产业门类的增加。技术的成长阶段经历了一个“技术不连续”的时期，在这个时期，新旧技术出现重叠。在重叠期，新旧技术会产生直接冲突，已经掌握原有旧技术的人员会竭力维护自己在原有组织内的知识力量，与那些提出用新技术代替旧技术的人员进行斗争。而且这种斗争在历史上是比较常见的，几乎没有例外，斗争的结果往往是以新技术的胜利而告终。这种新旧交替的斗争，也因为参与竞争人员的生命周期的影响而使技术的运用呈现出一定的周期性，也就是托马斯·库恩所概括的科学范式转换：一般呈现出 18 年至 30 年的周期。即使在科学技术发展速度加快的时代，依然保持了这样的转换周期。一方面，它本身经历阶段理论所描述的“S”形曲线过程，即经历技术引入、扩展、控制、集成四个阶段；另一方面，在新旧交替的“无止境变革”的过程中，它往往是从战胜旧科技的一方转而成为被战胜的旧科技力量一方的代表。

自动化数据处理技术，自 1960 年开始到 2000 年间经历了三个时代：1960 年至 1980 年进入数据处理时代，1980 年至 1995 年进入微机时代，1995 年至 2010 年进入网络时代，每个时代的“S”形曲线持续时间都在 15 年或 20 年间。科技发展周期的缩短，而人们对技术的使用或者说技术的周期转换持续时间依然在研究者预见的周期内，也就是科技发展的速度与科技转换的速度间存在着矛盾。科技创新的周期，一方面依然体现为“技术不连续”时期的重叠，另一方面则表现为以满足多样化需求的方式实现过剩创新的大众化应用。

以往，科技创新的周期更替，更明显地体现为纵向单一的形态；而今，则由纵向发展向横向拓展。在多样化的横向拓展中，纵向主导的线索依然明晰，诚如不同时代能源驱动具有明晰差异一样，由于横向周期的介入，纵向的主干往往不如之前的明晰。

以往各个时代的“S”形曲线在“技术的不连续”时期出现重叠，表明以往的这种影响是纵向而单一的；而今，由于科技创新的过剩，一

方面，纵向单一的影响依然保持，另一方面，又向多元的横向的方向拓展。科技创新与人类学家阿尔弗雷德·克虏伯所描绘的人造物的“系谱树形图”极为相似，创新方向开始横向交错叠加发展。

人类学家阿尔弗雷德·克虏伯描绘了两幅“系谱树形图”来解释有机体与人造物之间的关键性区别：一幅是有机物的，另一幅是文化制品的。[①] 克虏伯的有机物生命的树形图是由分叉而构成新物种的独立枝条构成的。各枝条是彼此独立的；它们从不变弯曲而与旁枝（物种）勾连产生新生命形式。到了计算机网络时代，这些独立的冠状伸展枝条开始交融在一起产生新的类型，甚至还与第三根第四根，乃至更多的枝条交会在一道，通过新的组合产生立体交叉的网络化新实体。

可见信息时代科技及产业的全面发展特色不像工业时代产业发展的功能定位的单一性与恒久性。如汽车作为人们的代步工具，其社会功用自诞生之日至今一个多世纪来，没有发生本质上的变化。而计算机从最初的科学计算发展为今天的全方位的信息处理，其功用已发生了翻天覆地的改变，基于满足人们对计算机各不相同的功能的要求，计算机企业不断开拓创新，从文字影像处理、游戏娱乐到提高生产力以及网上浏览，通过持续不断的创新使得计算机性能不断增强，应用范围不断扩大。

以计算机艺术在绘画中的应用所经历的发展为例。1952 年美国贝尔电话实验室的研究员拉波斯基的作品《波形》，可以说是最早的计算机绘画艺术作品，而当时的作品是在打印机和绘图仪上产生的。到 20 世纪 60 年代末，才真正出现利用计算机显示点阵的特性，通过精心设计图案来进行计算机艺术创造的活动，其间，第一部计算机动画作品问世，“计算机艺术”这个词也于 1968 年出现。从 20 世纪 80 年代至今，计算机艺术发展速度远远超过人们的想象。计算机绘画、计算机音乐、计算机动画、计算机影视特技制作、计算机电影、虚拟现实等艺术的数字化，可以与印刷术的发明和字母表的诞生相提并论。从它出现的那一刻起，人们不再借助光线来制作图像，而是用思想的光线生产艺术，它不仅仅是在传统产业上叠加一个“计算机”的名称！在根本改变艺术生产方式的同时，计算机创新现实的触角正伸向生活和世界的各个方面，“虚拟的图像是行

---

① 〔美〕乔治·巴萨拉：《技术发展简史》，周光发译，复旦大学出版社 2000 年版，第 150 页。

动的图像”！①

四、科技发展与文化产业成长周期波动是短化与长化的同步

网络时代或者说信息经济时代，科技发展与文化产业成长这一周期是依然保持工业革命时期的长度呢？还是大大缩短了呢？基于以往研究对文化产业所作的两个周期的划分，从中可以发现一个与当前经验及研究相悖的结论：文化产业运动的生命周期所显现的长波并没有缩短，即文化产业演化周期并没有出现短期化规律。相反，两个周期时长依然“都约为一个康德拉季耶夫周期”，而且几乎精确到 63～64 年！这也就是说，文化产业周期的长波并没有缩短。那么，科技发展与文化产业成长周期规律究竟是缩短还是延长了？如何解释这之间存在的矛盾呢？事实应该是怎样的？周期短期化的有效性范围是什么？周期短期化对文化产业生长会产生怎样的影响，带来怎样的变化？

认为技术创新的周期缩短，这样的表述过于笼统。一方面，许多复杂的关键性技术创新的周期不但依然保持那样的长度，或许还更长久。另一方面，在这一发展过程中的改善性创新的周期则明显缩短了。

架构性的技术与组织演化，生命周期非但没有缩短而是加长了。以电话和计算机的出现来划分产业形态所发生的革命性变化，可以说，文化产业生长的波动曲线非但没有缩短，相反正逐步拉长，比一个康德拉季耶夫周期还要长些！从 1877 年电话的发明到 1946 年晶体管的出现，这两项架构性关键技术作为划分的创新，经历了整整 68 年；如果以电报产生为界的话，期间相隔的时间更为久远，整整 102 年。同样，从以蒸汽和机械力为能源的印刷文明到以电为能源、真空管为核心元件的电子时代，如果以真空电子管的出现为界，经历已达 850 年；而以晶体管的出现为界，经历的时间就更长远了，超过 900 年。

当然，改进性与革命性创新的界定，往往具有相对性。与电影产业（1895 年）的产生相距 30 年的电视（1925 年），基于科技的意识形态偏向，与电视与电影相伴生的两种产业文化也是不同的。只是相对电影与计算机所催生的文化相比，计算机产业的文化是一种更具差异的文化。贝尔实验室 1946 年晶体管的发明，成为“全世界范围内计算机技术的力

① 〔法〕舍普等著：《技术帝国》，刘莉译，生活·读书·新知三联书店 1999 年版，第 104 页。

量之源”,[1] 进而影响了随后许多关键的改进性创新，并对除计算机行业外的许多领域都产生了意义深远的影响。因而，可以将两者作为更持久的影响、更深远的决裂性创新看待。也就是将晶体管的产生看做是真正与真空管世界彻底决裂的科技创新，它再度开启了技术向接受新观念的新标准方向发展的路径与通道。

决裂性创新的确定，根本还在于创新为发展提供的可能空间的多少。将电话而不是出现在前的电报界定为产业决裂性革命的生命周期的开始，是因为电话除了具有电报的通讯交流功能之外，它的自然与即时功能为科技与产业的进一步创新，至少在观念层面创新上留有了更广阔的空间。电话不只使通讯变得和说话一样简单，使人可以用最自然的、人性化的方式进行人际交流，而且信息时代技术和组织架构的演变也是从电话开始的。正是基于电话而展开的新的运营技术和新的组织架构的开发和改进，从而一点一滴地累积起即将到来的信息时代的基础与技术能力。

从文化产业的产业关联角度着眼，现代文化产业发展周期进入了一个较以往更长的时期。现代文化产业已经发展到一个无法脱离其他产业而独立发展的新时期。由美国经济学家赫希曼在他的《经济发展战略》中所概括的产业关联形式，又有了进一步的发展，即在线性的后向关联与前向关联基础上向立体交叉的网络化关联发展。文化产业的发展在这样的网络关联中，需要从其他产业获取的投入品以及可能获得的投入品间所形成的关系，较以往复杂多了，产业的关联越来越具有多项循环关联性。此外，以知识为基础的创新，与以往创新的不同在于，它不是利用某个已经发生的变化去满足一个已经存在的需求；它本身就会引起变化，并旨在创造一种需求，它的产品的接受性与生命成长成为一种赌博性行为。基于产业与产品的创新和产品价值关联越来越长，产业未来发展方向与空间的不确定，因而产业与产品的生命周期也相对更长些。

对于文化产业周期短期化的理解，必须挣脱以往的线性理解。在架构性的技术与组织演化之间，涌现出众多完善或者开拓新方向的创新。这类以满足人的官能全面需求的科技创新的产业化与商业化正在变得日益同步，使得文化产品的频繁更新给人以周期短期化的感受。短周期的

---

① 〔美〕阿尔弗雷德·D. 钱德勒、詹姆斯·W. 科塔达编：《信息改变了美国——驱动国家转型的力量》，万岩、邱艳娟译，上海远东出版社2008年版，第285页。

产业创新的“蜂聚”现象纷纷涌现，是因为原本处于自然选择和淘汰的过剩创新，基于当代对创新的组织与管理的完善，同一科技创新在不同方向上的发展成为可能。

萌生于工业革命时期的电子产品，作为人际传播与接受的点对点的电子媒介，自1836年电报的发明，1844年出现第一份电报开始到1953年彩色电视机出现。我们依据胡绳主编的《当代信息技术产业化与技术进步》中提供的电子设备创新时间表[①]画了一张“电子产品创新走向分布”图（见图2）。从中可以看出，期间的创新是围绕着声音与图像的远程传播与沟通展开的，并且随着电子技术的现实应用而有了原理的完善与萌生。当时，围绕声音展开的创新相应的比较密集，视频的创新也在进行，创新的速度相较声音一极的创新比较缓慢与疏散。声音与图像方面的技术探索，产生了众多的电子产品；随着真空管、晶体管以及半导体等材质的改变，电子产品创新向灵巧袖珍的方向迈进。

比较声音与图像两极的创新主轴，科技创新的周期间隔依然是比较长的。正是围绕着声音与图像不同极的创新，尤其是声音极呈现不同向度的纷繁多样化，从唱机、录音机到收音机等，不一而足，且改进性创新频率频繁。正是相对寿命比较短的电子产品的频繁更迭，给人感觉技术创新的周期在缩短。

产业生长中的“蜂聚”创新所形成的长短不一的波动曲线，构成了文化产业的多层次周期，即长波周期中的短波周期。文化产业中的中短波周期，不完全与经济波动中存在中短波周期即朱格拉周期与基钦周期相当。就技术层面着眼，由科技先导的文化产业，它的产品完善以及相应市场创新的完成，中间需要经历多次的改进性创新。创新初期不只目标难以定义和难以确定，产品性能要求和设计准则也常常扩散，相对重要性与排序十分不稳定，但也恰恰是在这种模糊状态下，却为创新提供了多种发展的方向。信息技术在这方面表现得尤为突出。2000年互联网遭遇冰点后，中国知识经济领域的产业热点并没有停息。2001年数码热，2002年手机热，2003年短信和网络游戏热，2004年即时通讯热。这一拨拨产业热恰好是围绕核心技术多种可能发展方向探寻的成果，与此相应的是推进了从生产到市场的全面探索与改善创新。

① 胡绳主编：《当代信息技术产业化与技术进步》，经济管理出版社1997年版，第214页。

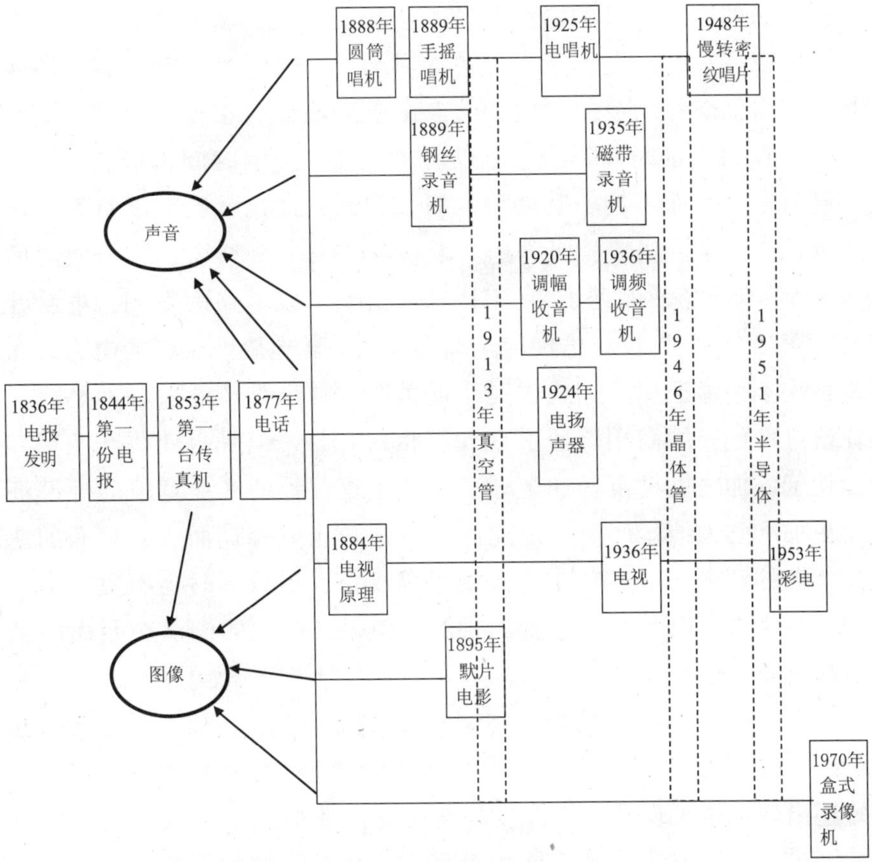

图2 电子产品创新走向分布

产生文化产业生命周期的缩短，还与批量生产技术生产相关，原因是完善的批量生产技术鼓励对个别人造物的抛弃。生存还是死亡，这是一个问题，并且不是一个简单的技术问题，亦不是一个选择问题，还涉及文化问题和经济问题。文化产品生命周期的延长与缩短，与文化相关。在前工业社会中，社会中物品保留率很高，物品的使用寿命与周期也往往很长，这不是说人们没有创造力，而是人们往往不愿意与旧物分离。此外，人们接受现存事物比革新要远远好得多，而与现代工业社会中产生的批量复制的生产技术相应而产生的是一种抛弃文化，原因是完善的批量生产与复制技术鼓励对个别人造物的抛弃，而且代替整类物品。它有能力在批量生产中很快用一种物品代替另一种物品，并且复制它们。

另外，文化产业生命周期短期化与技术商用时间的短期化相关。由于产业关联的立体交叉的网络系统的产生，科技创新的产业转换变得非常容易。以往总是站在创新者一边的时间，即能够给予创新者一段不受干扰、独自创新并创业的时间，而今由于产业关联密度的增强，新兴产业开放“窗口”的时间和给予创新者进入新产业的时间都极其短暂。如果创新者尽其力而不能毕其功于一役，那么，往往就已经没有第二次机会进入该产业了。机遇稍纵即逝。电脑业的第一个“窗口”开放时间是1949 年到 1955 年，而到了 70 年代末，由于集成电路的发明，电脑业又打开了第二个“窗口”，这使得全球参与第一轮电脑业生产的电力设备公司都怏怏不快地退出了。成也是产业关联，败也是产业关联。是产业关联让改进性创新的商用价值实现变得相对容易，但是也使得产业更替速度加快了。加之世界市场和全球通讯的出现，致使产业竞争的外部环境变得更加严酷无情，产业开放期间会有无数企业蜂拥而入，从而加速产业淘汰期的到来。70 年代末打开的电脑窗口，尽管同时还引发了文字处理机、微型电脑以及个人电脑的生产。但是，产业的淘汰在距离电脑业第二次打开“窗口”只有短短的五六年时间就已经开始了。

产业生命周期的缩短往往产生于改进性创造环节，而在产业创新“蜂聚”两端的决裂性创新，由它们主导的产业生命周期的生长非但没有缩短还出现了拉长现象。科技发展与文化产业成长周期规律是短化与长化的同步。我们应该关注的是如何平衡长波与短波的创新，从而为人类的可持续发展和人与自然的和谐发展营造环境。

五、文化产业的生命周期由鼎盛的短波与余绪的长波共同构成

与科技发展和文化产业成长周期规律短化与长化同步相应的，是文化产业的生命周期由鼎盛的短波与余绪的长波共同构成。

科技成长与文化产业发展如同经济运行一样存在波浪式前行规律，有其内在的生命周期。科技的基础性创新以长波的方式呈现，而改进性创新则以短波的方式展开；科技波动的曲线与产业周期由长短曲线构成，是长波统摄下行业的短波交替。长波中交织的是短波，而短波与短波的交替，时间相隔往往是 15 ~ 30 年，与托马斯·库恩所说的范式转换时间相当。短波的生命周期形态不全然是曲线的。

科技创新进步理论的研究中，有一种 S 曲线理论，不否认改进性创

新呈现出有规律的间隔15~30年之间的更替，使科技创新与产业生长曲线呈S曲线所描述的形态，如继互联网2001年遭遇寒流后，产业又再次遭遇发展的寒流。从技术生长转换的规律着眼，这也恰恰是产业出现拐点，产业内部正在孕育并涌动新的发展机遇的时刻，由技术进化的S曲线描述，是曲线下端正萌生新的技术与新的产业。第二次互联网冬天的来临同时意味着第三次互联网热潮正在被酝酿，因此，即使我们身处冬天，但是，一些新的迹象已经开始显露：电子商务、移动互联网和Web 2.0等正处于第三次浪潮前的热身阶段。当然，文化产业成长周期的特殊性显现，衰退后的波动以低振幅长波动形态存在，不像更替性科技创新S曲线明晰而典型。从图3“各文化产业重大技术发明数量历史轨迹”中可以看到，印刷业与电视业的曲线就比较明显地体现出文化产业的每一个行业在创生之初，都需要完善改进性技术的密集以及新市场的开拓，而曲线的峰值特征明显之后，每次新技术引进都会引起一定程度的波动，但是总体走势渐趋平缓。

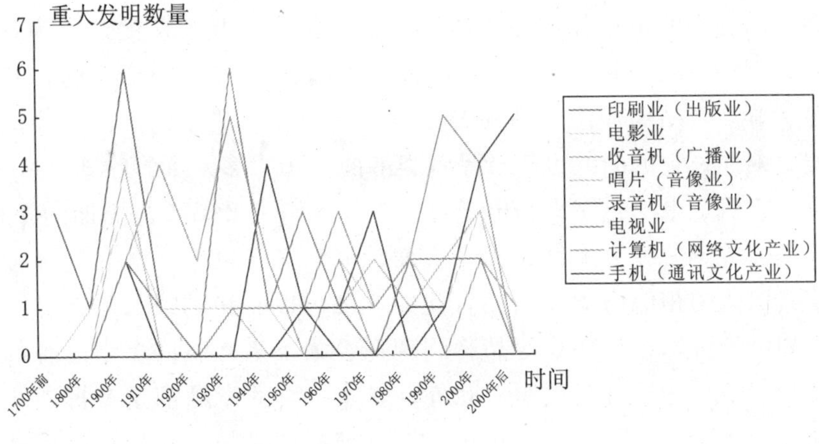

图3　各文化产业重大技术发明数量历史轨迹

文化产业的生命周期的特殊性，不仅在于其生命周期曲线不全是呈现S形的，而且还在于它存有四种特殊的产品生命周期曲线，它们分别是风格型产品生命周期、时尚型产品生命周期、热潮型产品生命周期、扇贝形产品生命周期。

在这四种特殊的产品生命周期中，风格型产品的生命周期曲线呈间断性。间断的起止是与人们对它的兴趣的生灭起伏一致，在循环再循环的模式中展开，峰谷与峰谷间是不连贯的。这类产品的一时衰退并不表示其无法再生，在被岁月淹没的某一时刻，由于人们的关注，它又出现在人们的视野里，再度复兴，如唐装。时尚（fashion）和热潮（fad）产品的生命周期是以一次的峰谷方式完成使命，而后伴随时尚与热潮的衰退便退出历史的舞台。它们之间的曲线差异，时尚的峰谷线较热潮的要更延展平缓，而热潮的生命曲线更陡峭。它们更多的只是满足人类一时的好奇心或需求。扇贝型产品生命周期主要指产品生命周期不断地延伸再延伸，原因往往是产品创新或不时发现新的用途。这类产品的生命曲线呈现扇贝形。如果说风格型产品的生命周期是在时间轴上展开的，那么，扇贝形产品的生命轴线则是在空间中拓展。在新生的文化产业生长生态中，这四种产业生命周期的显现频度日益频繁。

准备采用产品生命周期概念的，必须将概念限定在本行业范畴中，并认真审查产品不同阶段的正常演进和各个阶段的平均持续时间。不同范畴生命周期持续长短是不一样的，而产品种类具有最长的生命周期。许多产品种类的销售在成熟阶段持续的时间是极其长久的，因为它们往往是人们物质或精神生活所必需的，像报纸、咖啡、电影、传真机、无线电话等。产品形式比产品种类更能准确地体现典型的产品生命周期的历史，因而，它的曲线也较产品各类的曲线短得多，如打字机。一方面，手动打字机、电动打字机与电子打字机都经历了产品生命周期的介绍期、成长期、成熟期和衰退期；另一方面，电动打字机目前正在演绎被电子打字机取代的相似历史。而品牌化的产品可以有短的或长的产品生命周期，如可口可乐、雅马哈等品牌到现在经久不衰，但许多新品牌的生命大约是三年，并且可能更短。此外，并非所有的产品都呈S形曲线产品生命周期。只有在限定的范畴里，深刻理解产品的变化历史，摸清产业的生命周期规律，才能为不同行业不同阶段的发展作决策。市场营销观念与技术是构成特定产品生命周期的主要因素。

之前所言的架构性或者说基础性创新，即改变世界、社会文化和人们思维的创造性发明。科技的引入，引发的是与原有世界的决裂。对产业的影响深远，构成产业的长波与长尾。基础性创新往往是观念创新，相关的理论观念早就出现，只是技术转化成现实的条件不具备，如彩色电视机是由美国无线电公司于1953年推出的，而关于电子彩色电视的原理1925年就为人们所知，或因为外在因素如战争的干扰而推迟等。一旦科技的商用实现，波动曲线的振幅在短时间内就将达到驼峰，等到下一轮的完善性创新出现，这往往需要15~30年时间，余绪波动的曲线走势才能趋于平缓。改进性创新是以产品功能的完善为目标的，往往替代性特征明显，因而产品波长较短，波动曲线特征明显。

从新兴文化产业的理念生成到产品转换，经历的周期相对比较长些，尤其是文化产业的形态系统、生态系统和文化存在的网络系统建立之前。从1884年电视原理的被发现到1936年英国第一次正式电视系统的公开广播共经历52年，即使是距1925年的黑白电视产生也相距41年。但是，文化产业的同一行业的科技创新更替的时隔，在工业时代往往在15~30年，反映在图2，即不同行业科技创新几经起落的峰尖之间相距的距离几乎很平均：第一部无声电影（1895年）到第一部有声电影（1927年）相距32年；第一次正式电视系统的公开广播（1936年）距离1962年的电视卫星的产生，期间经历26年；而黑白电视（1900年）与彩色电视（1953年）之间也相距53年；晶体管（1947年）的出现较1913年真空管的产生相距33年；数字手机（1995年）与手机（1973年）之间相距22年，距手机电视相距27年；电视卫星与数字电视间相隔28年；第一个微处理器（1971年）到第一款笔记本电脑（1985年）相距14年；第一部移动通信电话（1946年）到第一部手机（1973年）之间相距27年，等等。这也就是基于电和电子的基础设施的创造和应用所催生的文化产业形态的变更在初始的时候所需要的时间，与托马斯·库恩对社会科学范式转换所概括的周期惊人的一致：15~30年。

文化产业的生命周期由鼎盛的短波与余绪的长波构成特征，在文化产品的经济销售领域也有一定的体现，而且在网络销售中体现得尤为明显。传统的产业领域，产品的利润生产遵循帕累托的经济原理，即利润产生于20%的产品中，其余80%的产品是没有利润生长空间的，它们的利润是可以忽略不计的。在向互联网社会转型的过渡时期，文化产业生产，一方面依然延续并遵循原有的经济规则；另一方面，借助网络，原本可以忽略不计利润的80%的产品市场被拓展到全世界。因而，每一项产品不只是它们各自微薄利润的集聚甚至可以与此同时以往热销的20%的产品平分市场利润秋色，而且，更为重要的是延长了每一项产品的生命周期。

每项冷销产品的利润空间或许依然无法与热销产品相比较，可它持续长久的生命周期和全球的市场空间，同样会给它带来可观的利润；而冷销产品的利润汇集更构成了可观的利润，毫不逊色于热销产品在热销期间所获取的利润。热销产品的利润波动幅度，在短时期内相较冷销产品的要大得多，也就是它的利润空间将在这一时段得到集中反映，它的经济波长的大波动就反映了这一变动现实。一般而言，热销产品的经济波长较冷销产品要短，但是，它的波峰与波谷间的跨度较冷销产品要大得多，也标示着利润空间大。随着产品由热趋冷，波长的振幅下降，波长的长度将拉长。文化产品的波长由短波向长波转变，利润获取由集中向分散的集中转变，产品的生命周期由热短期向冷长期发展，这也充分体现了文化产品累积性的特征。这不是技术的替代性转换，而是文化的冷热性更替。在网络世界里，文化产品的利润生产空间得到了极大拓展。

而今，由于产业关联间的立体交叉的网络系统的出现（参见图 2），“蜂聚”时间集中在 20 世纪 60 年代中期与 80 年代中期以及进入 21 世纪的最初 5 年，波动的曲线呈现出由早期的线条明晰的曲线向立体交叉的网络化发展，技术转换与产业生长之间的时隔不似之前那么有规律。以多媒体技术和以互联网技术为核心的文化科技革命，正在把人类数千年创造的和正在创造的文化成果进行重新整合并转化，不只利用科技批量生产并广为传播的文化产品，同时还催生了层出不穷的新兴文化产业门类。人们对文化的产业形态的认知，由波形的起伏曲线向经济的长尾转变，而长尾说到底依然是线性思维的延展。这说明了文化生产形态的变化，正在线性伸展的轴线上再次出现突变。

生物遗传的差异、突变在产业生长与发展过程中，由于时差的缩短将被更清晰地观察到。这次的突变可能是围绕产业三百六十度全方位展开的，而原本在时间轴上顺感官的视听展开的创新，今天以满足感官的各种官能需求同时展开，从而呈现为蓬松发散的尾巴形状。

长尾理论的形象启示，也表明作者安德烈感受到产业形态在技术成熟的驼峰过去后，产业的演化与技术进化相类，级数增长的累积井喷，致使演化开始呈现枝叶横生的树冠形态或类似松鼠的尾巴形态。技术进化与产业演化都不仅仅是如树冠状结构那样呈发散性的线性状，它的不同层次树节之间又是相互联系与相互影响的。技术的呈级数增长，发明的累积将激励更多的发明。这一过程，既显现了技术创新伸展的多种可能性，又满足了文化产品需求的多样丰富性，同时更加快了技术更新的速度与多元化。散射与汇聚致使新产品层出不穷。

信息时代与工业时代的差异，基于信息时代文化出现“反哺”现象，新的文化产品为更年轻的一代所掌握，可替代的文化产品由于技术的快速满足而产生“蜂聚”与瞬时“更替”，产品的社会消费呈现出功能的多样满足并存与文化产品推陈出新步伐的加快。基于产业产品使用者生理的限制，尤其是科技含量成分增加的产品使用，需要创造一个接受的生态，“反哺”作为未来的文化教育形态正在萌生，如北欧一些国家开始实行每周一天的“小手牵大手”活动，就是让年长的一代能快捷适应更年轻的产品而进行的使用技术培训。再就业培训则是工作领域对不适应生产发展快速变化现实的年长者的培训；在文化消费领域，建议展开并提供为年长一代人使用新产品的生活服务，正如生产分工复杂与专业增加了生产服务一样；文化生活消费产品的多样与多功能，需要社会提供生活服务。这既是创造公共市场，也是为创造节约能源，以鼓励人们有更多的精力，转而寻求全面发展节省时间成本，还为产品的代际更替及未来产业的方向投石问路。

六、潜引科技创新与文化产业生长发展方向的驱动

潜引科技创新与文化产业生长发展方向的驱动，是从创新者对技术与文化的梦想开始的。这种梦想早期围绕人类的视听功能展开，当代则是为满足人的官能及精神的全面需求伸展的。

人的感官获取外界信息的能力是有明显差异的，尽管各有专长，但是，一些感官较别的感官有更强大的获取信息功能，如视听。因为视听感官有充分的机会施展感官的功能，因而具有别的感官所不具备的能力。

作为人的功能延伸的技术发明与人的感官获取外界信息的能力成正相关关系，即人们对技术的关注以及可能投入的研发精力与财力是不同的。越贴近感觉功能强大的技术将越早地得到人类的关注，并在人类历史长河中较早地产生，而且，一旦出现，它可持续的时间与影响的时间也越久远。人类80%的知识由眼睛获取，因而，人类想看得越清晰、越久远的愿望也越强烈。文字的产生，不只是满足了人们清晰地看到，也满足人们更久远地看到的愿望，这个久远既是空间的，更是时间的。这

也是四大发明中，造纸与印刷术率先出现的缘由之一。因为，它们可以将信息更清晰、更大量、更久远地传播与保存。之后，满足人们听觉的更久远的同时又是即时的时空交流需求，于是，有了电报与电话的发明。移动通信也依然是这个愿望的延伸。而且，从人类更久远的发明历史的文明形态转换，由印刷文明向视觉文明过渡着眼，不正是围绕视觉的“看”而展开的吗！

从局部的技术开发与文化产业的生长考察，行业内产品的更替排序，往往与人感知世界时器官所能发挥的重要性程度成正比，由视觉到听觉，依次展开。以电影为例，由无声到有声，从有声到彩色，由彩色到宽银幕，由宽银幕到立体电影，由立体到全息直至球幕电影，即从可见到可听，再到可见的丰富与清晰，之后是全方位调动感官感知电影的创新，以至于让观众置身其中的努力。

创新的驱动根本上是围绕文化产业为人生产，满足人的生命的多样需求而展开的。科技创新的驱动与文化产业生命周期的长短，不仅仅受科技的影响，尤其是产业生命，更多时候也与人的代际更替息息相关。一代人有一代人的文化需求，一代人有一代人的文化生存生态，它往往主导一代人的文化趣味与欣赏习惯。

从文化产业的实践着眼，最能说明这一观点的典型案例是日本社会的“国家2007年”问题。日本社会的“国家2007年”表明日本漫画这一文化样式的兴衰与时代的紧密关联。看漫画的这一代人是战后出生的一代。日本二战后很穷，战后出生的一代看不起美国电影，就只好看漫画直到长大。他们在2007年都60岁左右了，都开始退休。漫画是他们的主要文化消费形式，漫画生产也随着他们的渐行渐远，日本车站的漫画销售量大幅下降，于是就产生了“国家2007年”问题。日本战后长大的这一代人，尽管他们的孩子有了电子游戏机，但是就像很多人不玩电脑一样，他们也不会去玩电子游戏机，只会继续看漫画；虽然他们的孩子受他们的影响也还在看漫画，但是，他们的孩子更倾向于玩电子游戏机。日本漫画这一文化产业的生命周期的长波，与人的生命可以消费文化的周期相接近，60年一个甲子；而它的黄金时代主要持续有15～30年。

从理论层面着眼，托马斯·库恩对科学发展的周期性规律的探讨，或者说社会科学的范式转变的总结，对时间的限定是15～30年；对照彼得·德鲁克管理学对科技转换周期的总结，也是15～30年的时间。这或许与一代人的生命周期相关。15～30年，是每个个体生命最富创造力的年代，也恰恰是一个适合未来一代年青人成长的文化在旧的文化中萌生需要的时隔。同时，这一代年青人创造了一种适合他们生长的文化，而等到下一代的出现，又从这一代萌生另一种新的文化生态。

产业生命周期的长短取决于很多因素。一般为人们所认同的观点，是经济驱动或者说消费者需求驱动。其实，经济的驱动是在商品的效益产生后才显现出来；消费者的需求很多是创新者所创造的。产业的生命周期往往是从创新者对技术的梦想开始萌生的，在问题的解决过程或者是想象的现实化过程中生长，在商业的规模利润实现中达到生命周期的驼峰。

技术演化的横生枝叶，它横生的方向往往是与人们关注的热点或者说意欲发展的方向相关。欧洲科学家和技术专家在1947年发明的无线电，美国的科学家与工程师关注的是晶体管及它对计算机成长、太空计划和军事计划所需要的高技术市场提供服务，日本则为电子消费品产业生产出可以与真空管器件竞争的晶体管器件，从而在半导体发展史上的关键阶段自由地步入这一行业，执商业开发半导体技术之牛耳，领导世界电子消费品生产和发明的潮流。尽管在20世纪40年代末日本的技术远不足以发明晶体管，但却拥有了晶体管商业化的战略眼光。这一切表明：产品的生命周期始于对世界科技路径与方式的改变，萌生于首创者意想不到的方向。

今天的互联网文化为每一个个体参与创新和表达思想提供了技术与文化的支撑。当越来越多的互联网应用采取与用户互动的方式，越来越多的内容是由用户产生，越来越多的用户参与到互联网创造的过程中的时候，其实它代表了一种新的思潮：科技就是文化。Web 2.0不仅仅是一个技术性的概念，更是一个历史学的概念，它是对Web发展历史断代的成果。这个概念向我们显现的正是互联网正在建构的技术与文化。Web 1.0是一个个的超文本链接，是针对个体阅读的发布平台；在Web 2.0阶段，Web成为一个可编程可执行的平台，也就是成了一个交互的场所和开发的环境。借助Web服务提供的编程接口，网站成了软件构件。Web Service的目标是，信息孤岛通过这些Web Service进行对话，能够适合不同个体的梦想进行自由建构。

现代科学技术已越来越广泛地渗透到文化领域，文化产品和文化服务的科技含量也越来越高。新的高科技的文化娱乐方式不断创生，同时，文化也全面渗透到高科技产品之中。一切高科技产品归根结底都是为人服务的，它们都离不开文化，离不开文化所昭示的生存的意义、意味和人的生命的本质。高科技产品也只有最终依赖人们对文化服务的越来越广泛全面的需要而获得日益广阔的市场。一种无关人和人的文化的高科技既没有必要发展，也不可能发展起来。当然，满足人的需要不只是当下的与产品的，更是满足未来的与人的全面解放。为此，处理好版权文化与共享文化间的平衡关系，找寻机遇并有克制地开辟方向实现跨越式发展，有利于环境保护与可持续发展前提下的创新。

七、结　语

（一）处理好版权文化与共享文化间的平衡关系

在一般人的观念中，专利是激励发明创造和确保工业进步的重要手段。事实上，专利法规的建立是 19 世纪某个时候的事情，而且即使在那个时候，荷兰与瑞士两国也长期不设专利，最后是迫于工业国大家庭的道义压力和政治压力，才分别于 1912 年与 1907 年设立专利制。在一个倡导分享文明成果、追求和谐发展的文化生态中，处理好版权文化与共享文化间的平衡关系，可以兼顾文化的当前发展与未来发展。

工业复制时代的产业产出依靠的是版权，而数字虚拟时代的创造依靠的是分享。这实际上表明文化产业的生存生态发生了改变，重要的不是对这一不符合原有文化生产生态的现象以原有的价值标准加以指责，这仅仅是无益的理论错位；重要的是如何面对这一改变的现实，创造出适应这种改变的文化对策，也就是创造适应技术创新变化的新文化。面对自制技术带来的非法生产和非法经营文化产品的现象，一方面，技术创新催生的问题，当然，还是需要技术来解决；另一方面，更为根本的应该是由文化来解决，这也是文化存在的价值与魅力所在。

数字音乐的版权保护问题，苹果通过技术创制了通过数字版权保护销售音乐的模式。自 2003 年 4 月开始，苹果公司推出了 iTunes 网上音乐商店，在线销售数字版权保护（DRM）音乐。苹果公司此举成功开创了在线音乐的赢利模式，并在数字音乐零售市场获取了垄断地位。但是，这一解决问题的方式是对传统营销模式的延续，唱片公司是力挺 DRM

的，因为这是公司目前唯一控制唱片业获利的法宝，当然不肯轻易放弃给公司带来真金白银的版权保护。自 2008 年开始，全球四大唱片公司——环球、索尼 BMG、华纳和百代都频频主动与网络公司接洽，达成销售不采用 DRM（数字版权保护）音乐的协议。到 2008 年年初，iTunes 一半以上的歌曲会提供非 DRM 版本。为什么唱片公司主动消除下载音乐销售的一个主要障碍呢？用华纳唱片公司 CEO 埃德加·布隆夫曼的话说："销售没有数字版权保护措施的下载音乐，将有助于促进新形态的在线音乐应用。"技术的问题仅靠技术的方式是不足以解决的，新技术的产生也呼唤与之相适应的新文化的创造。其实，数字音乐领域赢利模式的困惑，也不同程度地出现在其他文化产业的赢利模式中。数字音乐的版权保护问题，其根本是应该开创一种新的对话交流与沟通的文化。

（二）找寻机遇，有克制地开辟方向，实现跨越式发展

当以知识为基础的经济时代到来时，就开始了以智慧为驱动"头脑"国家和以资源为驱动的"躯体"国家出现的时代，寻找出不同历史时期和不同地域间技术转化或者说产品周期长短差异产生的缘由，为周期缩短或者更有效改进创造条件，以缩短彼此间的差异。此外，产业生产的生命周期的长短，不只与技术相关，还与产业发展相关的许多其他因素相关，是种种相关力量汇聚、共同作用、相互影响的结果。如何中断线性发展的惯性，当同一科技创新在不同方向上的发展成为可能的今天，一方面应以首创者意想不到的方式进行革新、改进和利用原物；努力在多向度的创新因素中，寻求具有决裂性的创新，将每种发明所提供的范围极其广阔的机会充分挖掘出来，从而实现跨越式发展。像爱迪生 1877 年发明的会说话的机器——留声机，最后成为纪录与播放音乐的娱乐设备，"第一种用途并不总是这项发明最终得以出名的用途"。同样，日本在晶体管研究领域的作为表明跨越式发展的可能。美国对晶体管的研究朝向计算机成长、太空计划和军事计划方向发展，日本东京电信的井深大于 1954 年买下晶体管专营权，并开辟了晶体管发展的另一方向：朝向电子消费品产业生产方向发展，致使日本一跃成为当今世界范围内消费电子产业领域的三巨头之一。因为现代科技产品的开发和商业化，完全可能由一个比创造了该产品的国家的科学基础更薄弱的社会所完成。我们必须实施我国当代文化的创新发展工程，以推动我国当代文化的更新

发展、创新扩容，转换生成为与当代高新技术时代相适应的新文化、新艺术。另一方面，在实施除旧布新的文化创新发展工程时，不仅仅要着眼提高文化产业中的高科技含量，更重要的是在文化领域的各个方面从观念、形式、体制、管理到操作实践全面实施文化创新时，延续并弘扬隐在文化的优秀传统与精华，留旧续新。

一般人的观念中，数字技术和网络技术引发的产业重组最显著的特征就是传媒汇流导致的传媒手段过剩、内容不足。深入考察可以发现，这里所说的内容，其实至少应该包括两种内容，一种是信息内容，一种是信息指称的现实内容。而且，作为信息的内容也需要具体分析。传媒汇流集聚大量内容，尤其是网络汇流入原有各种传媒，导致的并不是内容缺乏，而是内容过剩；要不我们怎么说网络充塞垃圾？也就是说，我们缺乏的是好的内容。此外，由于信息符号传送的虚拟内容与现实可以提供的内容不相匹配，即虚拟内容与现实内容不相称，虚拟的内容是可以无限提供的，而现实可提供的内容是有限的，也就是说，我们缺乏的是与虚拟内容相匹配的现实内容。好的内容与现实的内容源自何处？

文化发展中的“隐在”内容，既是民族精神的凝聚，又凝聚民族的精神。它的生命是民族精神的凝聚，即在与一代代当下鲜活思想的滋养下生生不息；它又是凝聚民族精神的力量，它如缕不绝的生命，是当代文化取之不绝、用之不尽的源泉。作为民族文化的核心或者说人类精神的财富，它是不同文化形态和文化生态发展的源泉力量。无论是日本的动漫、美国的好莱坞，抑或内行中国的韩流，这些文化产业的成功经营，关键在于使用适当的方式激活了传统文化的精华。日本漫画值得中国漫画借鉴的重要一点就是内容，在日本，没有“动漫”这个词，只有“漫画”一词。漫画是动画产业链得以拓展的源泉，产业链的长短是以漫画的质量为先决的。日本动画是以漫画为龙头，日本影视动漫作品是从每年一万多种的漫画作品中挑选出来的。而且，日本动漫的模式是从杂志文本开始的，之后出漫画单行本，然后出系列，最后再开发周边产品及动画片和音像产品等，是由小到大、有铺垫的。

好莱坞则是对全球传统文化资源的深度开掘，将文化创作元素进行合乎人情人性的改编，对素材实行民族化与非民族化的平衡，同时把想象力发挥到极致。这样，不仅可延长文化产品的生命周期，还将激活传统文化元素的生命，接续传统文化的生命，使得传统文化重新焕发生命的光彩。中国的很多动画片如《铁扇公主》、《大闹天宫》、《宝莲灯》、《红孩儿大话火焰山》等，既是源自《西游记》，又是对《西游记》的现代传播与弘扬；而好莱坞的《宝莲灯》、《花木兰》与《功夫熊猫》，都是对中国文化元素成功的美国改造。韩国电影的选题具有浓郁的亚太文化气息，深刻触及儒家伦理文化的精髓。它最根本的东西不在于故事性而在于文化的伦理性。

文化产品生命周期的延长与缩短，不只与技术相关，还与文化相关。在前工业社会中，社会中物品保留率很高，物品的使用寿命与周期也往往很长，这不能说人们没有创造力，只是整个社会生态与条件限制了创造的发展，以及由此培养的人们不愿意与旧物分离的怀旧文化。此外，人们接受现存事物比革新要远远好得多，而与现代工业社会中产生的批量复制的生产技术相应而产生的是一种抛弃文化，原因是完善的批量生产与复制技术鼓励对个别人造物的抛弃，而且代替整类物品。它有能力在批量生产中很快用一种物品代替另一种物品，并且复制它们。

在同一科技创新在不同方向上的发展成为可能的今天，有克制地选择开辟方向是文化创新工程应有的内涵。全面实施最终要以实现物质与精神、科技与文化以及今天与未来的和谐发展为目标。克制与选择的标准是以有利于人类环境保护与可持续发展作为先决的。

（三）有利于环境保护与可持续发展前提下的创新

改进性科技创新的变化周期缩短，相应的文化产品生产周期更替速度加快，过渡期可更替产品层出不穷。

熊彼特提出创造性破坏，意味着技术与文化这种更替性变换的特征已经能为有限的人类所意识和感觉了。科技发展的结果，对人类而言，是既给予也索取。

这是一个充斥着各种令人眼花缭乱的新技术、新产品与新观念的时代，技术的变更似一股奔涌的大潮，裹挟着人类不停地向前奔腾。人类就像穿上了红舞鞋，骑上了旋转木马，已经没有时间去理解、品味、消化和吸收发生的一切。在这样的文化生态中，人类只能追求“不求天长地久，只求一朝拥有”的生存。

人类形成初始的文化种子，受到技术意识形态偏向的潜引，某些方面得到放大发展，某些方面遭遇冷落，是以此消彼长的方式展开；波斯曼对科技与文化两种力量的现实消长的分析，对比的结果是工业革命强化了科技主导的作用，社会出现的是技术垄断。切断这样的一种发展大潮，必须平衡与科技发展相应的文化发展。

文化的演化有它自身的独特性。一方面，不同时代社会生产力发展水平的不同，文化所由生产的生态存在明显的差异，文化产业呈现出明显不同的特性，尤其是在工业革命时期，由于科技创新的主导，更强化了这种特性；当一种与新的时代科技相应的新的文化生态形成时，原有的文化被边缘化，新文化萌生于与新技术相应的新文化生态中。另一方面，文化的发展是以文化累积的方式展开的。即使与一定时代科技相应的文化发展经历由盛而衰，原有的文化形态会以各种方式在被边缘化的历史过程中，以差异、变异、突变与再生等方式找寻并延续自身的生存可能。这种资源累积性与思想非更替式的强劲生存意志，在启发未来的创新发展中，在多向度的创新因素中寻求发展机会时，是树立起充分保护资源的再生产，而不应津津乐道于破坏性创造。

未来产业发展中，应特别注意削减对地球不可再生资源的消耗，努力将消耗降低到最低限度。保护地球有限的资源，在电子产品层出不穷的更替中，应特别注意前后科技产品的兼容性，在改进单位产品的性能与减少能耗的同时，平衡由于技术能力和生产能力的提高，以及由此带来的对资源和能源总量消耗加剧的问题。技术政策层面，应该鼓励兼容性产品的生产，基础设施建设的配套与连贯性；生产政策层面，不应该只看到单位生产能耗成本降低问题，还必须限制生产总量的消耗问题，鼓励回收资源的再设计与再利用等。未来的创新发展，建立在能源再生、技术兼容和生态保护基础之上。

主要参考文献

[1]〔美〕约瑟夫·熊彼特：《经济发展理论》，何畏译，商务印书馆 1990 年版。

[2] 胡惠林：《文化产业学》，高等教育出版社 2006 年版。

[3] 解学芳：《论科技创新主导的文化产业演化规律》，《上海交通大学学报》2007 年第 4 期。

[4] 尤芬、胡惠林：《论技术长波理论与文化产业成长周期》，《上

海交通大学学报》2007 年第 4 期。

[5]〔美〕克里斯·安德森:《长尾理论》,中信出版社 2006 年版。

[6]〔德〕尤尔根·哈贝马斯:《作为“意识形态”的技术与科学》,学林出版社 1999 年版。

[7] 赵涛:《经济长波论》,中国人民大学出版社 1988 年版。

[8] 朱丽·汤普森·克莱恩:《跨越边界——知识 学科 学科互涉》,南京大学出版社 2005 年版。

[9]〔英〕克里斯托夫·弗里曼:《光阴似箭——从工业革命到信息革命》,中国人民大学出版社 2007 年版。

[10]〔美〕麦克卢汉:《麦克卢汉精粹》,南京大学出版社 2000 年。

[11]〔美〕尼尔·波斯曼:《技术垄断——文化向技术投降》,何道宽译,北京大学出版社。

[12]〔美〕保罗·莱文森:《思想无羁——技术时代的认识论》,南京大学出版社 2003 年版。

[13] 罗杰·费德勒:《媒介形态变化》,华夏出版社 2000 年版。

[14] 赵中建选编:《创新引领世界——美国创新和竞争力战略》,华东师范大学出版社 2007 年版。

[15]〔美〕保罗·利文森:《软边缘——信息革命的历史与未来》,熊澄宇译,清华大学出版社 2008 年版。

[16] 杜骏飞:《弥漫的传播》,中国社会科学出版社 2002 年版。

[17]〔美〕托马斯·鲍德温等:《大汇流——整合媒介信息与传播》,龙耘、官希明译,华夏出版社 2000 年版。

[18]〔加〕哈利·希尔曼·沙特朗:《论美国的艺术产业》,张文镝编译,《马克思主义与现实》2004 年第 1 期。

[19]〔美〕尼尔·波兹曼:《娱乐至死》,章艳译,广西师范大学出版社 2004 年版。

[20]〔美〕保罗·莱文森:《手机:挡不住的呼唤》,何道宽译,中国人民大学出版 2004 年版。

[21] 伊查克·麦迪思著:《企业生命周期》,赵睿等译,中国社会科学出版社 1997 年版。

[22] 让·拉特利尔:《科学和技术对文化的挑战》,吕乃基、王卓君、林啸宇译,商务印书馆 1997 年版。

［23］金周英：《软技术：创新的空间与实质——回到柏拉图的技术原点》，新华出版社 2002 年版。

［24］〔美〕戴安娜·兰克：《文化生产：媒体与都市艺术》，赵新国译，译林出版社 2001 年版。

［25］〔荷〕范·杜因：《经济长波与创新》，刘守英、罗靖译，上海译文出版社 1993 年版。

［26］〔美〕理查德·莱斯特、迈克尔·皮奥雷：《破译创新的前端——构建创新的解释性维度》，寿涌毅、郑刚译，知识产权出版社 2006 年版。

［27］托马斯·库恩：《科学革命的结构》，金吾伦、胡新和译，北京大学出版社 2003 年版。

［28］〔美〕乔治·巴萨拉：《技术发展简史》，周光发译，复旦大学出版社 2000 年版。

［29］〔美〕阿尔弗雷德·D. 钱德勒、詹姆斯·W. 科塔达编：《信息改变了美国——驱动国家转型的力量》，万岩、邱艳娟译，上海远东出版社 2008 年版。

［30］〔美〕布罗诺斯基：《科学进化史》，李斯译，海南出版社 2002 年版。

［31］〔美〕丹·斯坦克博克：《移动革命》，岳蕾、周兆鑫译，电子工业出版社 2006 年版。

［32］王建国：《IP 理论——网状经济时代的全新商业模式》，北京大学出版社 2007 年版。

［33］〔美〕卡尔·夏皮罗、哈尔·瓦里安：《信息规则——网络经济的策略指导》，张帆译，中国人民大学出版社 2000 年版。

［34］拿雅克、凯林汉：《创意成真——14 种成功商品的故事》，谭家瑜译，天下文化出版股份有限公司 1995 年版。

［35］江晓原主编：《科学史十五讲》，北京大学出版社 2006 年版。

［36］柳卸林：《技术创新经济学》，中国经济出版社 1993 年版。

［37］刘倩如：《企业技术进步方法与手段》，天津科技翻译出版公司 1992 年版。

［38］《科学是一种文化过程》，李黎、郭官义译，学林出版社 2002 年版。

［39］乔治·巴萨拉著：《技术发展简史》，周光发译，复旦大学出版社 2000 年版。

［40］〔法〕R. 舍普等著：《技术帝国》，刘莉译，生活·读书·新知三联书店 1999 年版。

［41］胡绳主编，金建著：《当代信息技术产业化与技术进步》，经济局工业出版社 1997 年版。

［42］周振华：《信息化与产业融合》，上海三联书店、上海人民出版社 2003 年版。

［43］胡永刚：《当代西方经济周期理论》，上海财政大学出版社 2002 年版。

［44］罗伯特·伯格曼等：《技术与创新的战略管理》，陈劲、王毅译，机械工业出版社 2004 年版。

［45］〔法〕让－诺埃尔·让纳内：《西方媒介史》，段慧敏译，广西师范大学出版社 2005 年版。

课题组成员名单

课题负责人：

朱宁嘉　上海交通大学国家文化产业创新与发展研究基地创意产业中心主任、博士

课题组成员：

凌金铸　上海交通大学副教授、博士

张培奇　上海交通大学硕士研究生

尤　芬　上海交通大学硕士研究生

蒋威宁　上海交通大学硕士研究生

刘素华　上海交通大学硕士研究生

政府在推动文化产业发展中的角色定位及其工作方式研究

北京大学国家文化产业创新与发展研究基地

一、背景分析

随着我国政府对文化产业的重视，中国文化产业发展已经从自发增长时期转入自主发展时期。当前，由于文化产业的核心资源（如媒体等）仍然掌握在政府或者行政垄断性文化企事业单位手中，因此，政府在推动文化产业发展中的角色定位及工作方式已经成为决定文化产业发展的关键因素。探讨政府如何转变角色以及如何改进工作方式，对于有效促进文化产业的自主发展具有重要的理论意义和实践意义。

（一）文化产业成为综合国力的重要内容

文化产业不仅是一国的绿色产业，而且也是促进文化与经济相互渗透、提升各个产业文化含量的先导型产业。在经济全球化时期，文化交流与竞争、文化产业发展也越来越趋于全球化，以文化产业发展促进文化竞争力提升为主要内容的"文化软实力"建设已经成为综合国力竞争的重要因素。

随着知识经济时代数字化、信息化、网络化等高科技的发展及其对于文化传播形态的强有力影响，文化产业越来越呈现出日新月异的发展态势，成为推动各国经济发展的新的增长点，并且通过特殊的文化经济形态成为提升国际竞争力的有力杠杆。因此，高度重视和大力发展文化产业就成为增强综合国力的重要组成部分。

（二）转型时期文化产业发展面临的体制性问题

近几年来，我国刚刚步入文化产业的自主发展阶段。作为我国经济领域中的一种新兴产业，我国的文化产业总体上仍处于幼稚产业或弱小产业的阶段，与发达国家相比较，在企业规模与资金实力、产品的科技含量与制造技术水平、创新能力与市场竞争能力等方面仍然存在着较大的差距。这些差距的存在，既有我国现实文化生产力滞后的直接影响，更有观念上和体制上的深层次制约。

当前，我国的文化产业发展面临着诸多结构性矛盾和体制性障碍。其一，事业与产业不分的情形还比较严重。一些电视机构不仅兼有事业与产业的双重身份，而且高度垄断了电视媒体资源。而实际上，电视媒体在文化产业发展中具有举足轻重的地位。其二，市场化进程刚刚开始，尚未形成竞争为主导的市场化体系。一方面，从产权结构看，主要文化产业资源至今仍是国有企业一统天下，国家最重要的投入基本上还没有进入市场；另一方面，从市场机制看，部门垄断、行业垄断和地区垄断现象依然相当严重，文化市场的规则远远滞后于市场的发展，没有形成统一开放、竞争有序的市场体系。其三，管理上存在“围棋棋盘状”格局，严重妨碍企业的跨媒体发展和产业链经营。其四，从政府运作看，政府职能转变还不到位，对微观经济运行干预过多，软环境建设和公共服务仍比较薄弱。具体反映在政府对文化产业管理上，表现为政府角色的越位、缺位和错位等现象普遍存在，党政不分、政企不分、管办不分、条块分割、多头管理、效率低下、设租寻租等问题相当突出，这些都从根本上制约着文化产业又好又快发展。

（三）十七大关于文化产业的纲领和政府改革的部署

实现文化产业又好又快发展，必须深化文化体制改革。十七大报告从实现“文化大发展大繁荣”宏伟目标提出“深化文化体制改革、大力发展文化产业”的战略部署。“深化文化体制改革，完善扶持公益性文化事业、发展文化产业、鼓励文化创新的政策，营造有利于出精品、出人才、出效益的环境。”“大力发展文化产业，实施重大文化产业项目带动战略，加快文化产业基地和区域性特色文化产业群建设，培育文化产业骨干企业和战略投资者，繁荣文化市场，增强国际竞争力。”①深化文化体制改革，大力发展文化产业，突出的是加快推进文化产业行政管理领域由计划经济向市场经济的转型，即资源配置由以行政配置为基础转向以市场配置为基础，这种转型客观上要求政府必须从根本上转变职能，转换角色，调整工作方式。

文化体制改革与行政管理体制改革是密不可分的。党的十七大提出的政府改革目标是，加快行政管理体制改革，建设服务型政府。十七届二中全会进一步把服务型政府建设细化为“按照建设服务政府、责任政府、法治政府和廉洁政府的要求，着力转变职能、理顺关系、优化结构、提高效能，做到权责一致、分工合理、决策科学、执行顺畅、监督有力”。②服务型政府的主要职能是维护公民的基本权利、提供公共产品和服

---

① 《高举中国特色社会主义伟大旗帜，为夺取全面建设小康社会新胜利而奋斗》，人民出版社2007年版，第36页。

② 《关于深化行政管理体制改革的意见》，2008年2月27日十七届二中全会通过。

务、创造良好的市场环境。由此，政府应当从市场中的利益主体逐步变成公共服务主体，把公共资源、公共产品公平地向公众开放，创造一个有利于各市场主体公平竞争的市场环境。把不该由政府管理的事项转移出去，把该由政府管理的事项切实管好，从制度上解决政府角色的越位、缺位和错位等现象，更好地发挥市场在资源配置中的基础性作用，更好地发挥公民社会及市场中介组织在公共事务管理中的作用，更加有效地提供公共产品和服务。

（四）政府的角色定位及工作方式转变的基本思路

实现管理方式向反向问责制的转变，消除政府在推动文化产业发展中的角色越位、缺位、错位等行政弊病，调整政府对文化产业管理中存在的条块分割、多头管理的工作方式，是政府在推动文化产业发展中的基本要求。

1. 进一步转变观念

尽管文化部文化产业司等专业性管理指导机构已经按照文化产业的特性实施文化产业指导性管理，但是在许多政府部门中，仍然存在着将文化产业等同于历史文化保护和文化事业的片面或错误认识。因而，转变观念是转变角色的关键。

文化产业是以部分文化内容为载体的一种新经济产业形态，对文化产业的管理必须符合经济自身发展的内在规律。同时，文化产业有其自身的特殊性，在发展文化产业时要通过政策上的引导促进文化产品符合社会价值的要求。可以说，文化产业既关系国家经济命脉，又有文化方面的属性，是比较敏感的一个特殊产业。但是，简单认为文化产业“必须优先考虑社会效益”的主张是武断的、不合时宜的。合理的观念是，在发展文化产业中必须重视经济效益和社会效益的统一。

既然文化产业是以文化内容为载体的一种新经济产业形态，它本质上属于经济领域，就必然要求政府必须遵循经济规律的要求办事，按照市场运行的法则来推动文化产业的发展，以最大限度地解放和发展文化生产力。与此同时，考虑到文化产业与文化内容相关，就需要确定内容产品的政策标准，改“评价性标准”为“限定性标准”。

2. 管理角色与推动角色

在明确文化产业的本质属性的基础上，根据我国国情，政府在推动文化产业发展中的角色应当区分为管理角色和推动角色两个方面。

政府管理文化产业的角色定位应当是：其一，文化产业发展战略和政策法规的制定者，即建立健全文化产业发展的政策法规，引导和调控产业发展格局与发展方向，建立文化产业发展的政策支撑体系和法律保障体系。其二，文化管理体制改革的实践者，即推进党政分开、政企分开、政事分开、管办分开、政府与市场中介组织分开，从根本上转变政府职能，把文化管理体制改革纳入政治、经济体制改革的整体格局，革除一切阻碍文化产业发展的体制性障碍。其三，文化产品市场及要素市场的培育者和监督者，即通过开放市场、建立或完善游戏规则，强化文化企业的市场主体地位和社会责任意识，营造有利于文化产业发展的公平竞争的市场环境，形成统一开放、竞争有序的文化市场体系；同时依法严格保护知识产权，对文化产品质量进行有效监管，适度引导社会文化消费，清除不利于民众身心健康的文化污染。① 其四，公共产品和服务的提供者，即为公众提供公共文化产品和服务，提供良好的市场监管。

政府推动文化产业的角色定位应当是：其一，利用公共财政提供产业咨询和产业信息，特别是国际贸易的信息。其二，完善教育体系，培养文化产业发展所需的高级人才，或者资助人才培养。其三，促进投融资领域的机制创新，创造文化产品生产经营的良好硬件、软件环境。其四，扶持优秀，积极培育具有品牌效应和市场影响力的文化企业集团，实施文化产业走出去战略，增强本国文化产业在国际市场上的竞争力。其五，将行业协会剥离出行政管理体系，加强行业协会等市场中介机构建设，为企业提供专业化、社会化服务，不断提高文化产业的市场化程度。

3. 政府工作方式的转变

根据上述角色定位，政府工作方式需要从控制式的管理转向支持服务式的管理，并进行如下的方法转变。其一，必须由权力行使转为责任服务，即政府不是采取管控的方式，而是采取为市场主体提供服务的方式，并且这种服务不是收费的服务而是公益性的服务，不是施惠式的服务而是反向问责式的服务，即服务的目标和效率交由服务对象来评价。其二，政府必须实现管理政策上与行政作为上的决策、执行与监督的分

① 丹增：《文化产业发展论》，人民出版社 2005 年版，第 87 页。

离与制衡，并且在各个环节领域都加强民间的参与，提供公开化、透明化的决策，促进社会各界对政府工作方式的监督。其三，政府扶持市场主体的方式不是保护垄断，而是反垄断，是促进民营企业国民待遇的实现，促进资源的效率化目标的实现，体现效率与公平的统一。由此，政府在扶持国有大型文化企业的同时，应当扶持中小型民营文化企业的发展，为民营文化企业排忧解难。其四，在具体扶持文化产业发展方面不是采取行政拨款的方式，而是采取优胜劣汰、奖励优秀的方式。在具体引导政策的制定和实施等做法上，需要制定严谨的效率目标和标准。其五，不同行政管理部门对于扶持文化产业的做法应当体现专业化和特色化，而不是采取一刀切的做法。例如，应当改变不同的行政部门都去建设动漫基地的做法，而是各自突出专业化产业集聚，并在此基础上促进产业链的延伸。其六，在总体的市场上，各个专业部委应当成为市场的指导性单位而不是干预性单位，文化与传媒市场的监管应当由工商管理部门统一管理。

二、政府的基本角色

政府的角色应当根据其目标来定位。在社会主义市场经济条件下，政府在文化产业发展中的角色定位，应当正确处理意识形态属性与产业属性、政府与文化企业、文化市场的关系，坚持文化市场最大化、文化垄断领域最小化的原则，充分发挥市场在资源配置中的基础性作用，营造公平竞争的文化市场环境。

（一）推进“文化软实力”建设

以推动文化产业发展来促进软实力建设是政府的目标和基本角色。“软实力”（soft power）是能够影响人们意愿和行为的无形精神力量，包括文化的感染力、价值观的感召力、政治制度的吸引力等。其中，文化是构成软实力的最基本的要素和最深刻的源泉。

当前我国文化软实力建设远远滞后于我国经济的发展。具体表现在：其一，我们没有成功地将中国特有的文化资源提升为国家在全球舞台上的有力象征，也鲜有影视作品进入世界的视野。其二，对外文化交流方面，处于严重逆差状态。例如，多年来，中国图书进出口贸易存在巨大逆差，出口的图书主要到亚洲国家和中国港澳台地区，而对欧美的逆差更是不可同日而语。其三，我国虽然已制定国家文化发展纲要，但缺乏通过文化产业予以落实的具体策略。

政府围绕推进我国文化软实力建设，必须注重战略与策略两个方面，把发展文化产业提升到国家发展战略的高度，制定相应的基本政策和实施方法，特别是应当最大限度地解放和发展文化生产力。同时，在政策的制定上应当鼓励优秀的内容产品和提升对外文化竞争力，在具体的实施步骤上促进全国不同区域形成合理的产业布局和角色分工。由此，政府不仅需要推动内容产品的繁荣，也需要限定并清除危害社会核心价值的产品。

（二）加强市场整体制度建设

加强文化产业市场的整体制度建设，是政府的职能要求。首先要重新定位政府与文化企业、文化市场之间的关系。有专家认为，所有影响文化产业发展的因素可以归纳为两大系统，一个是市场系统，一个是政府系统，[①] 而这两大系统共同作用的对象是文化企业。不过，政府的作用之所以那么大，不是积极意义上的作用，而是消极意义上的作用，即政府应当尽可能减少行政干预，充分发挥市场配置资源的基础作用。既然如此，市场整体制度建设就是政府的政策要务。

简而言之，政府充当的角色是自我权力的削弱，通过制度建设以发挥企业的主体作用。政府必须坚持政企分开、退出市场的原则，不断完善市场体系、健全市场机制，充分发挥各类文化企业和市场机制的作用，并通过制定法规、政策和发展规划等，依法管理，为文化产业的发展营造良好的制度环境，鼓励更多文化企业作为投资主体和经营主体在规划和政策引导下自主经营发展。

目前，行业和区域分割阻碍了市场的一体化，因此政府通过市场整体制度建设来实现文化产业资源的整合是当务之急。一方面通过产业政策调整促进公共资源的有效利用。例如，在三网（电信网、广播电视网和互联网）合一的过程中，就涉及电信与广电的运营平台的协调和网络资源的统一配置问题。另一方面，引入竞争是实现资源优化配置的最佳方法。打破围棋盘状条块分割的局面，重点需要打破以行业壁垒、部门壁垒、地方壁垒等为主要形式的行政垄断，形成开放竞争的市场结构，

---

① 胡惠林：《文化产业学》，高等教育出版社2006年版，第361页。

推进管理体制和产业化的改革。例如，在电信增值内容和广电领域，可以成立若干个国家级的国有全资的传媒集团来经营广播影视等内容产业，包括可以同时经营广播、电视、网络影视、手机影视等，实现核心传媒部门领域的跨行业、跨媒体经营和全国性竞争。通过有限的竞争和不同行业主体之间在不同行业的进入、竞争与并购，实现规模化发展和提高产品质量，并提高其在国际上的竞争力。①

（三）抓好文化产业立法与相关政策的制定

以上所涉及的市场整体制度建设要求政府承担立法和政策制定的角色。其一，确定文化事业与文化产业之间的明确界限，是文化产业立法首先要解决的基本问题。文化产业既关系国家经济命脉，又有某种文化属性，是非常重要又非常敏感的特殊产业。在充分考虑文化产业的意识形态属性和社会效益的基础上，以意识形态原则和可商品化程度原则作为划分文化事业和文化产业的界限，形成不同领域的立法及其政策制定。其二，从立法上解决政府职能、角色及工作方式的统一。政府的基本职能是政策调节、市场监管、社会管理和公共服务，因而需要解决公共权力的使用边界问题。其三，对现存相关文化产业的法律法规作系统全面的清理，特别是系统修订由行业主管部门自行起草的旨在保护部门权力和既得利益的旧法，重新审查并通过严格法律程序修改宪法有关文化方面的条款，制定《文化发展基本法》、《文化产业促进法》等上位法，修订完善《版权法》、《专利法》、《广播电影电视法》、《新闻出版法》、《行政许可法》、《反垄断法》、《反不正当竞争法》、《文化市场管理法》、《文化产品质量标准法》等，形成立体多维的文化产业发展的法律保障体系。其四，其他相关政策的制定。文化产业发展的相关政策的基点有两个，即“以市场为基础，以政策为导向”。② 政府通过制定和完善政策，建立起公开、透明、非歧视的文化市场准入机制和公平竞争的文化产业生态环境。为此，政策制定必须重点考虑和解决好以下问题：（1）从根本上改变国企、民企的二元结构，确保国民待遇的平等实现；（2）真正确立文化企业的市场主体地位，创造公平竞争的市场环境；（3）确保文化产业政策的前瞻性、系统性和连续性，促进可持续发展，避免政府和

---

① 陈少峰：《从竞争机制看文化管理体制改革》，《北京观察》2007 年第 1 期。
② 胡惠林：《文化产业学》，高等教育出版社 2006 年版，第 343 页。

文化企业的短期行为。政策制定的核心是消除市场禁入、创造公平竞争的市场环境。而创造公平竞争的市场环境关键是以市场惯例和基本商业道德为基础，完善包括市场准入规则、竞争规则和交易规则在内的文化市场规则。

此外，为了改变以管意识形态的方法来管文化产业的问题，需要制定一个基本的限定性的内容产品管理的政策，其主要标准是禁止性的，包括知识产权保护、维护核心价值、尊重民俗和习惯以及维护国家利益等。只要产品没有明显的负面社会影响，它就符合限定性标准。限定性标准必须具体确定，避免用“格调不高”等不符合法度的标准。①

立法与相关政策制定的首要作用是确定公共权力的边界、约束“政府对经济活动的任意干预”。② 考虑到政府可能会出于自身管理的方便，在制定政策时倾向于管理者自身的利益，因此，有关法律和政策的制定需要公众广泛参与，特别是市场主体企业界人士和立场客观的有关专家的参与。

（四）推进文化管理体制改革

以推进文化体制改革促进文化产业发展，是一项长期任务。文化管理体制改革需要解决几个重点问题：公益性文化事业与经营性文化产业的严格分界和不同管理方法的实施；巩固文化体制改革以来的成果，继续深化改革；进一步确定政府在管理文化产业中的角色与方法；促进配套制度建设，如人才培养、融资、激励等制度的完善。

其一，在推进文化产业发展过程中，政府应当主要弥补市场失灵和提供公共产品，履行好政策调节、市场监管、社会管理和公共服务的基本职能。市场失灵现象基本上界定了政府活动的范围。由市场失灵决定的政府的角色，主要是遏制文化市场竞争走向垄断，划定文化市场主体的产权边界和利益边界，提供公共产品和服务等。因此，需要按照政事分开、事企分开和管办分离的原则，对现有文化单位分三类进行改革：对于承担行政职能的，逐步转为行政机构或将行政职能划归行政机构；对于从事生产经营活动的，逐步转为企业；对于改革以后保留的公共财政投资的事业单位，强化公益属性，整合资源，需要采取目标管理和绩

---

① 陈少峰：《文化产业战略与商业模式》，湖南文艺出版社 2006 年版，第 33～34 页。
② 钱颖一：《市场与法治》，《经济社会体制比较》2000 年第 3 期。

效考核管理的制度。此外，需要针对不同性质、不同类别的文化企业实行分类管理。例如，根据其与意识形态的关联度和可产业化程度，把文化企业分为两大类：A 类，即关系国家安全、意识形态强、需要国家重点掌控的文化企业，如人民日报、新华社、央视新闻频道等，可以采取国有全资的企业形式，部分新闻非盈利业务采取部分补贴的方式。B 类，包括与国家安全、意识形态关系不大、经营实力强、可投入市场的文化企业，如出版社、报社、杂志社等文化企业；经营难度大、具有挑战性的文化企业，如影视集团、文艺院团、影剧院等；以及规模小、经营难度不大的其他中小文化企业。①

其二，继续深化体制改革，巩固体制改革成果。例如，我国在报刊出版业改革和院团改革方面取得了积极进展，需要总结经验，并且将这些经验推广到广电传媒产业领域。对于一些如广播电视等垄断性的半企业、半事业的混合体，需要重新认定它们的“身份问题”。这种混合体可以分为两类来处理，“一类采取像中央指定报刊和市场化报刊的区别对待的做法，对不同的电视台和电视频道进行划分，剥离出商业电视台或商业频道。另一类是由国家成立专门的事业电视台，其他电视台可以作为商业性的电视台，与电信中的无线运营商一样，引入竞争体制，对平台和内容分别进行管理，归属不同的管理主体”。② 同时，需要继续清除那些强迫性订阅的地方和行业报刊等。一些地方强迫征订报刊不仅造成了基层行政机构极大的财政负担，也严重扭曲了报刊市场的自主竞争格局。

其三，从转变角色和工作方式的角度来看文化管理体制改革，那么，政府的主要职能应当是政策引导、平台建设、激励和监管等服务性方面的。政府部门需要设立文化产业的专门机构开展专业化的管理和资源整合。政府应当坚决确立文化企业的市场主体地位，提供专业性服务和市场监管。文化管理体制改革的任务，不仅是要减少和消除对资源配置和价格形成的行政干预，使市场机制发挥基础性作用，更重要的是创造一个能够为市场机制提供支持的法治环境，或者说，建设法治的市场经济，在此基础上提供支持性服务。当然，各个区域面临的文化体制改革的特点不同，因而具体对策也要因地制宜。

① 有专家将企业分为四类，在后三类（即我们认为的 B 类）文化企业中可以实行“纵向控制、横向牵连”的组织模式。参阅陆祖鹤《文化产业发展方略》，社会科学文献出版社 2006 年版，第 68 页。

② 陈少峰：《从竞争机制看文化管理体制改革》，《北京观察》2007 年第 1 期。

其四，政府应当努力促进其他配套制度建设，如人才培养、融资、鼓励竞争的激励机制等制度的完善。人才培养首先需要建立文化产业管理的学科体系，确立人才培养的层次性，转变人才培养的方式尤其是创造人才培养的模式。其他配套措施如融资体系的完善、税收政策的制定等都是很重要的举措。例如，我国正在制定的有关促进中小企业融资的特殊优惠政策，就是一个好的做法。

（五）促进软环境建设

文化产业属于第三产业（综合服务业），其能否快速健康发展，关键在于有没有一个包括制度的稳定性、知识产权的有效保护以及重视道德风险和道德责任转嫁等在内的软环境来保障。

文化产业发展特别需要稳定的制度环境。文化产业受到意识形态等因素的影响，对制度环境敏感度很高。例如，在文化产业的产品开发中，可能涉及一些文化主题，需要制度政策保持其稳定性才能保障产品开发的可持续性和产业链建设。

政府最主要的角色之一是提供知识产权保护。文化产业发展的生命力在于对于知识产权的有效保护。文化产业是内容产业，同时也是高新技术产业，是高文化与高技术联姻的产物。知识产权（特别是版权）是文化产业的核心概念。文化产业作为一种知识密集型产业，其主要特征是：研究和开发原创性作品（如图书、音乐、电影电视等作品）非常困难、成本很高，但生产和制作这种作品的成本却非常低廉。一个文化企业的经营成本主要表现在研究和开发创意产品上。所以，文化产业特别强调知识产权保护，知识产权的核心是对版权即复制权（copyright）的保护。从事文化创造性劳动的人，通过版权来获得回报；没有版权，就不能刺激他们从事创造性劳动的热情，也就没有创造性的成果产生，整个文化产业将不复存在。政府有效的知识产权保护政策，有利于吸引和留住专业人才，有利于催生文化创新和产业创新，促进文化产业的发展。政府应当进一步完善有关知识产权保护和资助制度，加大对自主知识产权的保护力度；建立产权交易平台和完善产权交易体系，构筑产权流转顺畅和交易自由的平台，为企业投融资和产权交易提供高效、便捷和规范的服务。知识产权的竞争优势，取决于合理的文化产业的人力资源开发。政府应当大力支持文化创新，鼓励广大文化工作者创造和拥有更多的知识产权，大幅度提高我国自主知识产权的数量和质量，培育和发展国家文化产业核心竞争能力。严厉查处和制裁盗版盗印、非法出版、非法营销等各种侵犯知识产权的行为，保护知识产权权利人的合法利益。

政府还需要以立法的形式来促进企业和个人遵守诚信道德与职业道德，避免转嫁道德风险。例如，一些国有文化企业和名人开发的产品可能包含色情、暴力、凶杀等因素，需要严格监管，否则就会转嫁道德风险。一些玩具等制造企业制造劣质产品，损害国内外消费者并由此转嫁道德责任给国家和公民，需要采取严格的质量检查制度。同时，应当严格打击网络等领域的内容暴力和舆论暴力，营造良好的舆论环境，合法保护明星及其个人隐私。

（六）增强和改善市场监管

政府开放市场、逐步从市场退出的过程，也是不断增强和改善市场监管的过程。从市场准入监管、价格监管、数量监管转向产品质量监管，从直接的市场准入审批和价格管制转向管理竞争者资质、依法监督行为，政府转向没有所有权歧视的文化企业的资质管理、牌照管理和行为监督。培育多种非政府管制的控制机制，包括竞争者的互相监督、行业自律、消费者及其组织的监督、舆论监督等。改变现有监管体制的弊端，真正实现有效监管，建立一个依法行政、协调高效、权责一致、问责明晰的监管体制。

政府监管要通过合乎道德规范的措施实现法治化。公平是评估政府角色及工作方式可行性的核心准则。规制行政垄断、加强市场监管逻辑上要求立法者和执行者必须是一个超然于市场经济之外的不偏不倚的旁观者，行政垄断却往往使政府集规则制定者、执行者和裁判者于一体，与旁观者的角色存在深层矛盾和冲突。因此，作为文化市场的管理者，政府要明确“监管员”的角色定位，避免充当市场这个赛场的“运动员”或“裁判员”。特别是避免半官方性质的行业协会或者部委的下属研究中心成为既是“裁判员”又是“运动员”的监管机构。

另外，要专门在工商管理部门设立全方位的市场管理机构，加强文化市场执法机构和执法队伍管理，理顺各级执法机构间的关系，理顺市场监管体制，整合执法监管力量，解决多头执法、重复执法问题，提高执法水平。

（七）国外借鉴：韩国“文化立国”的战略

韩国把发展文化产业提升到国家发展战略的高度，制定了相应的基本政策推动文化产业发展，迅速成为文化产业强国。1998 年，韩国正式提出“文化立国”的战略，先后制定《文化产业振兴基本法》、《文化产业发展五年计划》等法律和相关政策，并加大投资预算。在文化产业发展初期，政府从国家战略的高度加以扶持，成立韩国文化观光部和文化产业振兴院，作为文化产业的主要职能和行业部门，在文化产业的发展过程中，政府干预的重点主要放在相关基础设施的开发上，为有创造力的文化企业提供发展的平台，以推动文化产业的整体发展。政府对文化产业发展主要关注并解决如下问题：第一，法律制度建设；第二，社会认识的提高；第三，创造性内容的开发；第四，专门人才的培养；第五，市场的培育；第六，信息平台建设；第七，地区文化产业发展和进入外国市场进行国际合作。韩国政府采取的对文化产业的服务式管理和促进措施对我国政府在文化产业发展中的角色定位具有一定的启发意义。

三、政府的基本工作方式

政府角色的转变与工作方式的调整是一体两面的关系。在推动文化产业发展中，政府的工作方式应当围绕“服务产业，促进竞争，突出重点，与时俱进”这条主线，从反向问责，决策、执行、监督三权分开等方面实现根本性转变。

（一）服务型政府的反向问责制

政府在管理中不仅要通过转变角色提供服务，而且必须通过反向问责的方式来保证把服务落到实处，并实现服务的公平与效率目标。

既往的政府的权力型角色导致了一种控制型的管理，使服务对象（公众）处于被动的弱势地位。我们知道，政府及其工作人员在履行职责时必须拥有公共权力。这种公共权力，就其来源上说都是公众赋予或授权的，并且只有在为公众服务时行使这种公共权力才是合法的。既然公共权力源于公众，政府及其工作人员就必须主动为公众提供公共服务，假如没有主动提供有效的公共服务，就应当本着对公众负责的原则，接受公众的评价乃至责任追究。这是服务型政府反向问责制的基本含义。

一般政府问责制是自上而下进行的，[①] 而反向问责制首先是自下而上进行的，由服务对象对提供公共服务者问责，它有时可能也要经过自上而下的程序，但问责在本质上是自下而上，主要通过被问责者汇报并且接受评价等实现的。一般性地提倡服务型政府是远远不够的，它既缺乏动力也缺乏真正的绩效考核，只有实行反向问责制，才能从法律上保证服务型政府的建设真正到位。

在建设合理的行政工作制度时，应该就权力的行使方式进行必要的改革。其一，权力与责任对应。必须明确具体部门和行政管理者个人的职责，使工作责任考核能够到位。其二，避免公共权力私人化。削弱个人行使权力的权力，扩大具体管理事项中的集体性决策或者参与者的权力。其三，使政府中的每个具体工作人员成为一个始终被要求和被监督的对象。只有限制公共权力，不让民众处处求于政府，并且把民众向政府提出的各种合理要求作为政府服务的目标，才能从根本上解决服务型政府建设这个重大难题。如果仅靠少数人对少数人进行监督，就很容易发生官官相护的合谋勾结，致使与建设服务型政府的指向背道而驰。其四，实现透明化与公开化管理。对于任何评选、竞争的干预必须实现设立利益相关者普遍化参与的程序并向利益相关者公开结果及其依据。

总之，需要将权力转变为责任，并且由政府的服务对象来评估责任履行的具体结果，假如存在瑕疵，就应当及时改进。

（二）决策、执行与监督等职能分开

文化产业的管理要秉承“决策 、执行、监督”三个环节权力归属相对分开的原则，通过完善民主管理机制，合理配置权力并实现对权力的有效制衡。建立决策、执行、监督相对分开的行政管理体制，做到决策与执行分开、执行与监督分开，从而保证政府活动的公开、公正和权力的责任化。

决策、执行与监督既必须分属不同主体，职能分开，又不能让三者脱节。具体而言，政府的具体部门分别作为决策者、执行者和监督者的主要角色，各自在其他两个领域要削弱权限，使决策权、执行权、监督

① 一般的政府问责制都是自上而下进行的，它是一级政府对所属各工作部门和下级政府主要负责人在所管辖的部门和工作范围内由于故意或者过失，不履行或者不正确履行法定职责，以致影响行政秩序和行政效率，贻误行政工作，或者损害行政管理相对人的合法权益，给行政机关造成不良影响和后果的行为，进行内部监督和责任追究。

权相对独立，确保决策合理、执行有力、监督有效。例如，国家体育总局下属的球类管理中心作为决策者，就不能举办营利性的赛事，必须把营利性赛事交给具体的协会和企业去执行，而市场的监督必须交给工商管理部门去负责。由此推而广之，任何政府部门都不能具体举办营利性活动。

当然，这里需要审慎思考各个角色在行使权力时的科学性、效率化和公平问题。例如，决策是否科学取决于决策者是否深入调研市场和产业结构，不能仅仅靠主观的臆想。同时，假如执行的某些权力存在于决策部门，就需要引进利益相关者参与执行。例如，地方政府成立文化产业专项扶持基金，那么，基金的发放必须聘请利益中立的第三方参与执行和监督，并且保障利益相关者的广泛参与。因而，对于决策、执行的评估与监督必须结合起来。这里就需要进行三种监督：一是责任考核，一是来自服务对象的角度，一是第三方评估机构的评估性监督。三种监督中的第一种包含着对于决策和执行的监督。

从以上分开行使职能并完善权力制衡的角度来看，政府应当稳步促进民主管理并发挥各界人力资源的作用。政府在各个领域的工作都需要着力结合各个专业领域的特点，吸收专家的研究成果和企业界的需求来提升管理水平。

（三）党政一体及其分工

当前我国一定程度上存在党政职能不分或者工作方式不能衔接的问题，需要结合角色定位来转变工作方式。在角色定位上，执政党必须与政府联合制定文化产业发展的相关政策，避免各自为政，或者执政党具体部门过多干涉政府管理文化产业的问题。要解决这个问题，需要从总体上改变目前二者的关系结构。其一，为了保障在文化产业发展中符合意识形态导向的要求和促进文化软实力建设的需要，有必要在国务院设立“国家教科文发展与改革委员会”，负责统筹各个领域的整体协调和规划发展协调，对应中宣部的决策。所谓对应就是共同制定文化产业的相关政策和确立国家战略。其二，由中宣部、教科文委确立各个部委的具体决策范围，实现各个领域决策的有机衔接和一体化。其三，在文化产业相关各个部委成立该领域的文化产业管理机构如媒体产业管理局等，负责具体产业发展决策事项。其四，建议在地级市及其以下的行政机构中实施部门合并，将文化、广电、新闻整合为一个部门，侧重于事业管理，并分拆产业化功能作为独立单位如成立政府的文化产业发展局，二者同时对应于本地的党的宣传部门。

目前我国在与新闻相关的领域存在产业与事业不分的情形，建议严格区分产业和事业。例如，电视台以中央电视台和各省电视台的新闻频道作为事业单位（中央电视台非营利的有关频道一并作为事业单位）。同样，在报纸管理方面，一省以一份党报作为事业单位，其余作为商业电视台和商业性报纸进行重组，各地级市和县市的电视台和报纸作为商业报纸，禁止其摊派。事业性单位作为党的宣传部门直接管理的机构，其他单位交由各个部委和各级政府的文化产业管理局管理。商业性电视台在同一个层级的行政区域必须具有国有全资的竞争者。

通过决策上的对应一体化和事业与产业管理的分工来转变工作方式是很必要的，否则，就存在着党的宣传部门直接管产业或者宣传部门替营利性传媒单位促销的不利局面（如下订阅报纸指标，使各地财政负担加大）。此外，传媒的产业化还将极大地促进社会就业，为解决民生问题作出更大的贡献。

实施党政决策角色一体化和事业产业决策分工，将极大地促进合理的行政结构改革，推动转变工作方式。

（四）突出重点

推动文化产业发展的目标是实现产业规模化发展和产业创新，因此，在政府推动文化产业发展的进程中，政府的工作方式应当突出重点，解决产业化进程中的障碍、促进提高效率和创新发展。

目前我国文化产业制造业比较发达，内容产业比较滞后，这就需要通过政策性引导和在激励机制设计中不断有效地促进产业结构调整，重点围绕内容产业和知识产权、自主创新领域进行资源整合、人才培养和创新体系建设。各级政府应当结合区域经济、社会、人力资源、旅游资源和产业布局，规划发展优势产业，总结提升最适合自身特点和优势的商业模式，避免跟风。

在政府参与推动文化产业发展的不同时期，应当突出工作重点。例如，在今后一段时期内，应当解决体制机制完善、市场规范化建设和开放促进竞争与扩大就业等事项，并且落实在具体的环节如解决国民待遇、内容产品质量标准、投融资体系等问题。

不同行政层级和行业管理的政府的工作重点应当具有一致性和独特性，即在总体上解决核心任务一致性的同时，根据自身行政管理的范围和职能，体现“抓重点、促整体”的行政理念。

突出重点和重视大型企业不意味着政府仅仅关注国有文化企业，或者让国有文化企业垄断核心资源，而是应当根据不同阶段繁荣文化市场的要求，在今后一段时期内积极促进中小文化企业的快速发展壮大。

（五）引导、扶持与激励

结合突出重点的要求，应当在引导、扶持和激励方面体现具体化和针对性。

首先是引导创新。创新包括改革文化管理体制中的创新和各个角度的创新。文化产业的发展关键在于不断创新。政府需要通过政策引导并推动企业实施创新。既然重视创新，就要转变教育体制，构建保护知识产权的良好文化氛围。政府应当进一步完善有关知识产权保护和资助（如专利中请费补贴、产业化设施的优先提供等）制度，加大对自主知识产权的保护力度。

其次是扶持。所谓扶持是提供必要的公共财政投入，为企业发展提供必要的资助和帮助，重点应当落实在基础设施建设、各类公共服务平台建设，以及必要的部分税收减免。文化企业应当享受高科技企业的税收和财政政策。

再次是激励。所谓激励，就是在部分扶持政策中包含促进竞争和优胜劣汰的机制，重点在奖励优秀。将有限的扶持资金用以奖励优秀企业和优秀项目，而不是将资金做平均化的分配。

不同层级政府和行业主管部门政府的引导、扶持和激励政策需要在发展战略的框架下制定，根据具体情况作必要的调整。

（六）不同阶段的不同工作方式

政府在文化产业发展的不同阶段的工作方式应当是不一样的，如此才能突出重点。尽管政府工作方式转变的主线是转变职能，减少行政干预，但是并不是一步到位地放任市场竞争，而是需要根据产业发展的特点采取不同的做法来促进产业发展。总体上说，可以把政府具体工作方式分为带动性阶段、引导性阶段、改革性阶段和监管性阶段四个阶段，不同阶段突出相应的重点。

第一，带动性阶段。在带动性阶段，行政力度相对较大，甚至需要成立国有投资企业带动投资与发展。同时，要促进开放市场，形成企业主体的市场机制。由于传统计划经济的实际做法是政府包办新闻出版、广播电影电视、文化艺术服务等关键文化部门的投资和运营，所以在文化产业发展之初要开放这些关键文化产业部门，非由政府来充当第一推动力不可。在带动性阶段，政府推动首要的是开放市场，放宽文化市场准入。打破条块分割，实现文化企业跨媒体、跨行业、跨地区经营。

第二，引导性阶段。在引导性阶段，政府要制定文化产业发展战略和政策法规，引导和调控产业发展格局与发展方向，建立产业发展的政策支撑体系和法律保障体系。该阶段要深入贯彻十七大精神，把握文化产业发展的规律，选择适合我国文化国情和文化产业发展特点的思路、目标和原则，制定促进文化产业的法律和政策，完善文化市场规则体系，使之形成公开透明、可操作性的指导性规则；健全完善引导、奖惩、调节、监督、保障和应对机制。

在引导性阶段要引导文化企业重视内容产业和产业链经营，提高政策对产业推动的效率。引导企业注重国际市场和市场竞争，扶持和奖励优秀企业和优秀产品项目，促进企业重视知识产权积累和知识产权保护。

第三，改革性阶段。改革性阶段的政府工作方式是促进资源的合理配置，提高企业的竞争力。由此，政府要退出市场经营，剥离所有营利性机构，完成由办向管、由微观管理向宏观管理、由主要管理直属单位向管理全社会、由利益主体向服务主体的根本转变。

改变以行业和行政区划组建文化企业集团的做法，转变为以文化资源为基础，以资本为纽带，以市场竞争为平台，将上下游产业链接起来，形成真正的企业集团。积极扶持中小文化企业，引导中小文化企业走“专、尖、特、新”的道路，创造更多的就业机会。在国有垄断行业实现国有企业之间比较充分的竞争。以创新体制、转换机制、面向市场、壮大实力为重点，按照现代企业制度的要求，加快国有文化企业的公司制改造，完善法人治理结构。推进产权制度改革，实行投资主体多元化，使国有和国有控股的文化企业真正成为自主经营、自我约束、自我发展的市场主体。同时，注重培育并完善文化中介组织，充分发挥文化中介的作用。

第四，监管性阶段。随着文化产业经营职能向竞争的经营企业的转移，政府的工作重点转向对企业行为的监督和管理。政府要正确把握监管的方向、力度和节奏，抓住关键，突出重点，区别对待，提高监管的针对性和有效性。对文化产业所有权监管，涉及国家安全、信息安全的核心文化产业部门实行刚性控制；对内容进行监管，强化对文化市场的综合管理和文化污染的防治。由工商管理部门建立全面的系统的市场监管格局。总之，该阶段要靠政策制定、有关立法的完善，来推动行政管理的规范化和程序化。换句话说，该阶段要走向真正的法治，监管的方式是依法管理；政府的角色是“监管员”，而不是“运动员”或“裁判员”。

（七）国外借鉴：美国的管理方式

美国文化产业的管理模式很有特色，它是自由市场经济的典型。其管理方式的背景限制：法治的传统，政府和企业之间关系的清晰界定，产权充分保护。在美国，通过版权产业的概念来表述商业和法律意义上的文化产业。在美国，版权产业尤其是核心版权产业，已经成为国民经济的支柱产业和美国经济增长的主要动力。在行政体制上，美国没有文化部；在文化政策方面，美国至今没有一项官方特殊的文化政策。

美国采用自由市场竞争为主要发展动力的管理方式有如下的特点：政府依法管理，创造宽松的外部环境。首先是美国政府注重通过法律加强对版权的保护。美国国会先后通过了《版权法》、《半导体芯片保护法》、《跨世纪数字版权法》、《电子盗版禁止法》、《伪造访问设备和计算机欺骗滥用法》等一系列有关版权保护的法律法规，为版权产业的繁荣和发展提供了法律保障。在美国，政府机构中保护版权产业的机构很健全。政府机构中设有版权办公室，隶属于国会图书馆，主要负责版权的登记、申请、审核等工作，以及为国会等部门提供版权咨询；美国贸易代表署负责知识产权方面的国际贸易谈判；海关主要负责涉及知识产权产品的进出口审核等相关工作；商务部国际贸易局、科技局和版权税审查庭等负责知识产权版税的审核和监督。此外，随着版权产业的需要，美国政府还成立了一些直属政府部门的工作小组，加强对版权的监督和保护，如克林顿政府设立了美国国家信息基础设施顾问委员会、信息政策委员会等机构。各州政府和市政府等各级政府都十分重视文化产业。

其次是发挥人力资源和企业的作用。再次是重视科技在文化产业中的作用。美国文化产业的成功，并能引导全球文化产业发展，在经济和政治因素促成的基础上，科技含量高是其重要原因。尤其是在大众传播媒介领域，印刷复制、录音录像、电子排版、网络传输、数字化、地球通信卫星等高新技术的广泛应用，使美国文化产业具备了向全世界扩展的桥梁。美国文化产业的产品，尤其是好莱坞的电影、几大电视网的肥皂剧及娱乐节目、自由的无线广播，在世界各地都形成了这种媒介霸权。最后是重视国际市场，培育国际竞争力。借助贸易自由化潮流，美国文化产业已经取得了向全球输出的主导权，且正在从资金、技术、信息等要素的全球自由流动中受益。特别是在资本方面具有压倒性优势，美国文化产业的投资者，无论是好莱坞的电影制片厂还是流行音乐的唱片公司，其实都是以外来跨国资本为主的。在文化产品制作中，则立足于全球市场需求并引领潮流，牢牢把握海外销售市场，美国的电影产量仅占全球的6%，而市场占有率却高达90%。

四、综合行政政府的角色及其工作方式

综合行政政府，可以分为中央政府（即党中央和国务院）和地方政府。在中央政府和地方政府的行政权力关系上，完全放权和完全集权都不利于文化产业的发展；只有充分下放一般性权力，但同时又将某些统筹性专门权力归属中央，才能充分发挥中央和地方的各自优势和积极性，从而促进文化产业的又好又快的发展。基于既一致又有差别的角色定位，中央政府和地方政府各自的角色及其工作方式也有一致性和差别性。

（一）中央政府的角色及其工作方式

中央政府最重要的角色是提供普遍的规则、公正的执法并制定国家文化产业发展战略，这是地方政府所不能替代的。因此，中央政府应主要围绕制定文化产业发展战略及配套政策法规，逐步推动开放市场，推进文化管理体制改革等关键环节，把工作重点放在统筹、调控与协调上，具体围绕核心任务开展工作。

1. 改革开放与宏观调控

中央政府要从国家发展战略的高度确定促进文化产业发展的大政方针，以改革开放来统领全局。改革即前面论述的文化管理体制改革，其

中既涉及经济体制改革的深入，又关系政治体制改革的攻坚破难，中央政府必须以“闯大关”的非凡政治智慧和魄力来实现改革大业的实质性推进。开放即开放市场，既包括对内开放（对民营企业开放），也包括对外开放（对外资企业开放）。对内开放的程度，应当等于或者高于中国在WTO协议中承诺的对外开放的程度。在主要产业领域进一步降低门槛，鼓励民营和外资经济以技术、品牌、知识产权等生产要素作价参股，或以投资、参股、控股、并购、承包、租赁、托管等多种形式，积极参与转企改制的国有文化单位的资产重组，推动国有文化单位的产权结构调整。在新闻广电领域进一步完善事业与产业的划分，实现产业化企业的组建，建立新的传媒产业管理体系。

在进行文化管理体制改革和促进文化产业对内、对外开放市场的过程中，中央政府要通过货币政策和财政政策来把握宏观调控的方向、力度和节奏，抓住关键，引导和扶持文化企业通过市场竞争做大做强。在宏观调控中，要十分审慎地使用行政手段直接干预文化企业和文化市场的行为。

2. 制定国家文化产业发展规划

中央政府要根据我国文化产业发展现状，充分借鉴国外成功经验，制定《国家文化产业发展战略》和《国家文化产业五年发展规划》作为指导文化产业发展的指导纲领。围绕国家文化产业发展的战略规划，制定或完善促进文化产业发展的相应政策法规。在制定文化产业发展规划的基础上，确定重点发展的行业门类项目。

国家文化产业规划应当注重发展模式的提炼以及与各个区域发展模式、企业商业模式之间的衔接，探索开发战略性资源，将实现发展战略的转变作为重点。在国家文化产业五年规划中，应当着力解决区域、行业、企业战略与模式之间的关系，确定一批重点项目和重点工程，制定财政税收优惠政策并落实到具体的工商管理部门。就是说，在制定国家文化产业发展战略的角色中，应当同时包含着转变工作方式、注重可操作性方案并提出某些关键性的具体的实施细则。

3. 协调行业主管部门综合管理

改革文化管理体制、对内对外开放文化市场、制定和落实国家文化产业规划，是基于中国和世界经济形势发展所作出的战略判断。既然是战略判断，就必须由战略判断来指导战术细节的选择，而不能本末倒置，由具体战术细节来决定战略的选择，特别是要防止各个部门局部的既得利益者以各种形式阻挠大政方针的贯彻和实施。因此，中央政府作为国家整体利益的代理人，必须一切从国家整体利益和民众广泛利益出发作出战略决策，并明确国务院各部委的职能、权限和责任，坚决打破部门保护主义以及由部门利益出发而设置的重重行业壁垒，始终从战略的高度来统筹协调事关文化产业发展的全局。

在转变工作方式上，建议将作协、文联、社科联等的大部分功能转化为同时具有联系群众中介组织功能的协会，促进中介组织的自律，提升中介组织参与推动文化产业发展的作用。例如，画家和作家如果都通过市场化竞争而不是行政养护，就会根据民众需求生产产品和创作作品，并且成为企业的签约人才，为文化产业作出积极贡献。因此，在工作方式上应对社会中介组织实施监管式而非行政式管理。

4. 协调地方共同发展及转移支付

中国是一个幅员辽阔、地区发展极其不平衡的大国，这一基本国情决定了中央政府在协调地区发展方面负有重要的责任。首先，由于长期以来实行的层层行政发包制和近年来片面追求 GDP 的增长的官员考核机制，以维护地方税收、财源等为中心的地方保护主义造就了当今中国市场“围棋棋盘状”的格局，严重阻碍全国统一开放竞争的大市场的形成。为此，中央政府需要在推进行政管理体制改革（特别是政府由利益主体向服务主体转变）的同时，依照《反垄断法》的基本原则坚决打破各种形式的地方保护主义，撤除一切不利于统一开放竞争的大市场形成的地区壁垒，促进文化产品和文化市场要素的自由流动。其次，对于中西部等落后地区和在全国一体化的大市场竞争中处于低级产品供应的地区，中央政府可以通过税收、补贴等财政转移支付的方式，帮助相关地区实现相对均衡的发展。通过财政转移支付，可以解决弱势地区转企改制中所需要的主要经费来源。从中央到地方，应当制定一个统一的、具有连续性的、上下级协调互动的财政转移支付制度，同时应当保障转移支付过程的透明化、制度化，避免滥用各种转移支付经费。再次，从垄断性行业如广电出版行业等收取特许权费，用以解决文化事业单位转企改制中的人员安置、保险和再就业的培训等的经费缺口。

同时，促进区域之间在文化产业领域的合作，包括两岸四地之间的合作。因此需要制定统一市场准入的政策和商业合作扶持激励政策。

5. 完善资本市场，建立融资体系

中央政府要着重制定或完善有利于推动文化产业发展的融资政策。坚持市场化改革的方向，进一步采取有效措施推动我国资本市场的发展，具体措施为：一是推动多层资本市场建设，努力拓展市场的广度和深度，满足不同阶段企业需求，并培育一批具自主创新能力和核心竞争力的文化企业集团。二是抓住机遇，推动更多优秀文化企业的本土上市步伐，提高文化企业的证券化比率。三是鼓励并购重组活动，进一步提高上市文化企业的治理水平和盈利能力。四是大力发展能够真正为中小文化企业服务的银行专项融资体系。

具体工作方式上建议采取以下措施：其一，规定由专业商业银行负责文化产业融资，形成专业化的管理系统。中小文化企业经营规模小，抵抗市场风险和资金经营能力弱，缺乏正常的融资渠道，必须通过发展专门以中小文化企业为融资对象的银行以解决其融资难的问题。当然，银行也需要控制风险。其二，降低文化企业上市门槛，鼓励文化企业上市融资。其三，对文化内容产品出口企业提供低息和税收返还。其四，完善文化企业的并购政策及其立法。

6. 改革教育体系与人才培养模式

文化产业的发展离不开文化产业人才资源开发战略的支撑。培养具有认识、开发、经营文化资源的眼光、魄力、能力的文化产业人才，是发展文化产业的根本保障。文化产业人才，应该具有对文化资源的深入研究能力、对文化产品的文化内涵高度敏感的能力、对文化市场前瞻性把握和运作的能力、对文化创新不断追求和执著探索的能力，以及开拓性的文化创造能力等。文化产业人才资源开发战略的重点是培养产业核心人才和人才的核心竞争力，使其具备创造型、复合型和高素质。培养创造型、复合型和高素质的文化产业人才，需要中央政府从培养“创新型人才”的战略出发，改革现有的应试教育体系，突出学生创造能力和综合素质的培养，为文化产业发展提供具有强大后劲的人力资源库。

在具体措施上，建议设立文化产业管理的一级学科，与工商管理和政府管理并列。同时，由教育部设立文化产业相关学科师资培养资金，对各类学校的师资培训提供资助，并资助部分教师出国深造。

7. 促进对外开放与合作

在当今经济全球化时代，文化产业必须借助国际大舞台才有生存和发展的空间。中央政府要积极制定和实施“走出去”的发展战略，在金融、保险、外汇、财税、人才、法律、信息服务、出入境管理等方面，为文化企业开拓国际市场，扩大市场份额、提高国际竞争力创造必要条件。采取措施，培养扶持有较强创新能力和竞争实力的大型国有文化企业，做大做强一批对外交流的文化品牌，将我国优秀的艺术院团和有品位的艺术展览推介到国际市场。扩大与管理规范、技术先进的国外知名文化集团的合作，把我国的文化产品和文化服务尽快尽多地打入国际市场。

在转变工作方式上，由扶持文化事业单位出国演出转为优秀内容产品出口奖励，资助优秀内容产品的翻译和对外营销。采取互换市场的策略，对外推广优秀内容产品。同时，在一些领域扩大开放，如允许外资控股电影院投资建设等，通过吸引外资来促进文化产业基础设施建设。

8. 规范行业垂直管理部门和地方政府的关系

行业性的垂直管理部门与地方政府之间的关系（“条块关系”），本质上是中央与地方之间行政管理中的权力划分问题。中央政府加强垂直管理的力度有助于破除地方保护主义，保证政令的通畅，有助于避免地方政府的干扰，实现文化产业资源的优化配置，保证国家整体利益受到最大限度的保护。但垂直管理有可能鼓励行业保护主义或部门保护主义，同时会削弱地方政府职能，损害地方的能动性，容易出现各自为政、相互推诿的行政弊端。因此，规范“条块关系”要坚持法治化原则：一是宪政原则。任何规范垂直管理部门和地方政府关系的法律都要在宪法的框架内展开，不能走出宪法框架、偏离了宪法的轨道。二是合理原则。一个行政部门的职权只有具有全国性或跨区域性的特点，才有进行垂直管理的合理性基础。并非所有的权力都是由中央行使更有效果，区域性的职权由地方政府行使的成本更低，收益更高。三是争议协商仲裁原则。设立国务院级别的协商仲裁机制，界定各自的职能，确立长期解决冲突的基本机制。

在具体的工作方式上，需要确定中央政府和各部委决策、地方政府部分决策的范围，并相应确定各自执行的范围，同时建立全国性一体化的市场监管体系，即在监管上采取垂直管理为主的机制。中央政府要调整和完善垂直管理体制，进一步理顺和明确权责关系，增强地方政府提供公共服务的能力，为文化产业发展创造良好的体制环境。

9. 建立和完善新型的市场监管方式

在政府的角色定位上确立依法管理的政策和立法体系，明确决策、执行与监管的分工，将市场监管作为管理的核心。在监管方式上改变既往一时性对违规做法进行罚款的做法，而纳入消费者保护立法政策体系。例如，对于演出中的假唱、假演奏和电视购物中的欺骗现象，不是采取简单的行政罚款的做法，而是通过反欺诈的立法来予以刑事惩罚和民事赔偿，建立消费者权益保护诉讼基金，援助消费者进行赔偿诉讼。由此，需要修订《消费者权益保护法》，对于不合格产品的索赔按照实际伤害和追加恶意欺诈的惩罚性等角度进行赔偿诉讼，而不是限定赔偿上限。

为了解决工作方式上的转变，具体行业主管部门决策单位应与工商管理部门共同制定政策标准，由工商管理部门负责统一协调市场管理，如将文化部市场司和广电新闻等市场监管部门并入国家工商总局，成立“文化传媒市场司”专门负责市场管理。

（二）地方政府的具体角色及其工作方式

地方政府则着力于制定地方文化产业发展战略、文化事业单位转企改制、确立市场主体、官产学合作、公共服务等具体事务。地方政府要结合本地区的实际，创造性地确保中央文化产业发展战略和国家大政方针的有效实施，加强对本地区文化产业的统筹协调，强化执行和执法监管等职责。

1. 制定地方文化产业发展战略规划

地方政府应当在充分研究本地区文化产业发展优势的基础上制定文化产业发展战略规划。一方面该规划需要与国家文化产业规划衔接，另一方面要注重地方战略性资源的特点。由此，地方政府应当根据现有的资源可以发展哪些领域和扶持哪些重点项目，在深入调查研究、充分进行可行性论证的基础上制定文化产业发展战略规划。同时，在制定战略的过程中，应当结合官产学共同制定。

为了保障实现文化产业战略规划的方法可行性和具体规划内容的可操作性，文化产业战略规划应当区别于社会发展与国民经济发展的规划，不能仅仅是一般性建议，而是应当包含“中观”内容和微观领域的指导意见。因此，从转变工作方式上看，地方文化产业规划必须进行深入的资源调查和企业商业模式研究，注重重点产业的扶持政策及其具体化。

2. 推进经营性文化事业单位转制

中央政府角色中的一部分需要依靠地方政府来实施，尤其是文化事业体制改革需要地方政府具体落实。而地方经营性文化单位转企改制是大多数具有经营性基础的行业引入竞争的前提，因此，具有经营性基础的行业，无论是新闻出版还是广播电影电视，都应加快转企改制。例如，广播电影电视系统应当像出版系统一样，首先引入竞争机制，主要的做法包括两个部分：一个是引入2~3个对等的竞争主体，一个是引入资产评估和并购制度。文化产业对其他行业的国有企业应当全面开放，至少是对同一产业性质的国有企业开放。① 例如，电信业、广电业、新闻出版业之间都可以作为投资主体，都可以在企业化改制之后相互投资或并购。

地方政府一方面要规范国有文化单位的转企转制，加强对文化事业单位剥离企业的监管，合理确定产权归属，明确出资人权利，建立资产经营责任制，努力培育一批具有较强自主创新能力和市场竞争能力的文化企业与企业集团；另一方面则要出台财政补贴政策，保障下岗职工的福利和再就业安排。

3. 培育文化产业的主导产业，促进产业集聚

地方政府要坚持“有所为有所不为”的原则，重点培育一批主业突出、具有品牌溢出效应、辐射力强的大型文化流通企业和企业集团，使之成为文化流通领域的主导力量。设立文化产业发展引导基金，鼓励资产质量好、经营规范、成长性强的文化企业上市。集中自身优势，建设一批机制灵活、运作高效的产业化基地，形成优势产业群，发挥产业集聚效应，壮大文化产业规模，增强区域核心竞争力。采取优惠政策吸引国内外知名企业、研发机构落户本地区文化产业集聚园区。要坚持市场主导、政府推动的原则，优先发展跨部门、跨地域的具有产业相关性和共享核心竞争力的多元化集团，打破行业、区域割据的局面，实现产业的统筹安排，通过竞争实现有效的资源配置。鼓励具有竞争优势的文化流通企业通过参股、控股、兼并、收购和特许经营等方式，实现规模扩张。

在具体的工作方式上，地方政府应该逐步从“保护”部分文化企业和大型企业的角色中淡出，转变为在具体工作方式上努力建立公平竞争

---

① 陈少峰：《文化产业战略与商业模式》，湖南文艺出版社2006年版，第40页。

的机制，并且奖励优秀内容产品、企业和有贡献的各界人士。政府应当通过战略性规划促进产业集聚化和产业链经营。当然，政府也应当防止部分文化企业假借各种名义圈地和套取赞助。

4. 促进官产学合作

地方政府应当转变包办角色，将一般性的行政管制转变为引导、扶持和监管。这就需要政府面向市场，发挥官产学合作推进市场的综合资源力量。政府在深化研究方面应当建立健全有利于理论创新的课题规划、成果评介和应用机制。充分发挥政府、大学、科研院所和产业集团的各自优势，形成良性互补的群体合力。建立一套文化产业创新研究的制度机制和风险分担机制。根据国内外经验，建立高校、学术界、政府、产业界多重资源优势的整合与联动，通过制度化操作，形成区域性的文化产业研究思想库与人才战略资源库。

从目前的现状来看，地方政府在具体策略上可以着重解决如下问题：其一，对于相关管理人员和行政人员进行系统化的文化产业培训，并且纳入公务员培训的体系。其二，以人才培养为核心开展官产学合作。其三，在行政涉及企业的评选优秀和激励机制上委托学术界作为第三方。其四，政府提供专项资金保障产业高端人才培训如各类高级设计师的培训。

5. 推动文化产业公共服务平台建设

地方政府作为地方公共部门，为文化产业发展提供公共服务责无旁贷。首先，在推动文化繁荣以促进文化产业发展方面，地方政府应当建立文化基础设施，诸如博物馆、音乐厅、美术馆、大剧院等设施，累积文化存量。同时，促进和扶持文化消费，以催生文化企业。例如，新加坡花费3亿多美元建立表演艺术中心，并建立博物馆群。其次，地方政府推动信息化建设、保护知识产权，加强硬件和软件等基础设施建设，提供涉及全球市场和国内市场的产业咨询和产业信息，建立培养文化产业的人才机制，为文化企业发展创造良好的外部环境。

公共服务平台建设可以突出重点产业和产业集群，特别是建立部分产业集聚及其交易的平台。为了保障文化产业顺利发展，各地需要建设媒体传播平台，扶持部分新媒体企业的发展。

6. 营造公平竞争环境

本着开放市场、加强监管的原则，地方政府需要在建设服务性政府这个大背景下，推动文化企业在权利平等、起点平等、规则平等的基础上开展公平竞争，并配合市场监管部门推进文化市场综合行政执法改革，彻底解决多头执法、重复执法的随意干预问题。积极推进经营性文化生产服务单位的产业化进程，打破行业垄断和地区封锁，建设统一开放、竞争有序的文化市场体系，形成有利于提高资金资源使用效益、提高经营质量和经营效益的企业经营机制，形成有利于企业公平竞争、资源优化配置的市场运行机制。严厉打击盗版，保护知识产权。

在具体策略上，应当取消经营性事业单位的垄断性权利，促进转企改制及其竞争。注重消费者权益保护，通过保护消费者权益促使企业优胜劣汰。

7. 奖励优秀企业与优秀人才

为了激励创新，加强文化产业人才队伍建设，营造“尊重知识、尊重创造”的良好氛围，地方政府可以设立文化产业奖励专项基金，用于奖励对发展文化产业作出突出贡献的优秀文化企业、优秀创意人才以及优秀企业家。

对文化企业吸引境外高端人才提供部分资助。高端人才往往是引领文化产业发展的母机。地方政府要制定吸引境外文化产业高端人才的优惠政策，在待遇补贴、住房、子女入学等方面资助企业引进高端人才，帮助解决高端人才的后顾之忧。

（三）国内借鉴：深圳

深圳市是国内文化产业发展改革的领先城市。目前，深圳市已经逐步建立了党委领导、政府管理、行业自律、企事业单位依法运营的文化宏观管理体制；成立了深圳市促进文化产业发展领导小组，市文化产业发展办公室作为政府主管文化产业的职能部门，制定政策规划、整合行政资源、推进重点项目、实施统一管理、进行行业指导、提供公共服务；各个区县设立文化产业管理的专职机构。

深圳市政府注重开放市场，推进文化投融资体制改革。首先，建立了市场化、多元化、开放型的文化产业投入机制，拓宽文化产业融资管道，鼓励各类民营资本、境外资本进入国家政策允许的文化产业领域，鼓励企业、个人兴办文化企业。强化资本市场对文化产业发展的支持力度，支持有条件的文化企业上市融资。组建文化产业创业投资基金和风险投资基金，成立文化产业投资担保机构，为文化创业投资、项目孵化和产业发展等提供资金支持。其次，扶持重点产业的扩张，培育大型文化企业和集团。以市场为导向，打破部门分割和行业壁垒，培育跨行业经营的、在国内外具有竞争力的文化产业集团，打造一批能带动行业发展的龙头企业。推进报业集团、广电集团和发行集团的改革与发展，以主业扩张实现规模扩张；支持华侨城集团、腾讯、环球数码、A8 音乐集团、华视传媒等基础较好的企业加快发展步伐，拓展发展空间；加大全市演出资源整合力度，组建深圳演艺集团。再次，鼓励、支持和引导中小文化企业发展。发挥中小文化企业在文化产业结构调整和产业发展中的重要作用，实现中小文化企业总体数量和规模的快速增长，形成市场主体相互补充、相互促进的产业发展格局。为中小文化企业营造公平的竞争环境，通过有针对性的文化经济政策帮助其解决发展中面临的难题，降低创业风险和创业成本，提高创业成功率。确保市文化产业发展专项资金每年有一定比例用于支持中小文化企业发展。

在建立公共服务平台方面，深圳市每年举办目前国内规模最大的文化产业博览会，并且逐步提升博览会的国际化水平。在发展文化产业的同时，采取积极措施扶持高雅艺术，对高雅艺术表演进行资助和消费补贴。

深圳在 2005 年将文化产业定为继高新技术、金融、现代物流之后的第四大支柱产业之后，2006 年该市文化产业的增加值达到 381.96 亿元，同比增长 25.9%，占全市 GDP 的比重达 6.7%。深圳市列支了 3 亿元专项资金。2007 年文化产业的增加值达到 465.5 亿元，同比增长 18.2%，占全市 GDP 的比重达 6.88%。2008 年 7 月 22 日，深圳市人大常委会通过了《深圳市文化产业促进条例》，它是我国地方政府促进文化产业发展较早的政策法规。

五、行业主管部门的角色及其工作方式

作为中央政府角色和工作方式转变的一个核心部分，各部委或行业主管部门必须转变角色与工作方式，尤其需要形成一体化的决策主体和解决市场监管专业归属问题。但是，部委等行业主管部门由于多年的行政惯性和既得利益积累，已经逐渐形成开放市场、深化改革的严重障碍。

为此，在开放市场的过程中，政府系统强调政治纪律、强调令行禁止是完全必要的。同时，必须按照政企分开的基本原则，坚决要求一切政府监管部门与所监管行业的任何企业，实行人、财、物的完全脱钩。行业政府部门从一切直接的市场活动中退出，是服务型政府的基本标志，也是消除转型时期寻租腐败的根本措施。

（一）国家利益的专业化管理

行业部委必须转变角色，成为国家利益的代理人而不是下属机构的代言人。在当前新旧体制转型时期，行业主管部门为了获得更大的权力，很容易打着“改革”或“宏观调控”等旗号想方设法维护和扩展本部门的既得利益，形成“行政权力部门化，部门权力利益化，部门利益制度化”的严重部门保护主义，[①] 从而使文化产业发展战略偏离预定的轨道。目前存在的大量由行政权力推动的不合理的审批、认证等行为，就是部门谋利或利益部门化的生动事例。此外，出于各自利益的考虑，一些部委对各个部门之间的协调与合作采取消极的态度，因而难以体现服务型政府的角色。具体的弊端还表现在关心部门系统内人员的利益，特别是通过行业协会、各种研究中心等的资源配置，剥夺外部人员的利益和公平竞争机会，乃至置国家利益和国家战略于不顾，进行公开的、旷日持久的、近似白炽化的部门利益之争。以知识产权保护为例，中国音像著作权协会需要打击盗版，向卡拉 OK 厅收费。对此，国家版权局不应当为其站台，而是要保护所有公民的合法权利，包括一方面坚决打击盗版，另一方面也要制止音像协会的高收费行为。

因此，必须强化国家利益和国家战略高于一切的观念，把行业主管部门融入国家整体体制中，坚持决策、执行和监督相对分离的原则，减少各个部委的行政审批权。在具体的工作方式上，应当首先剥离出下属所有营利性机构和所有行业协会和中介组织，实行人、财、物的彻底脱钩，使所有社会团体归属民政局统一注册管理。同时，在制定行业政策和立法方面要广泛体现公众的参与性。

（二）不同部门的角色定位及存在问题

中央涉及文化产业的行业主管部门主要有：中宣部、发改委、文化

---

① 如体育总局的下属机构既是决策者也是执行者和监管者，往往侧重自身利益并且没有得到有效监督。

部、工业与信息产业部、财政部、商务部、中国人民银行、国家税务总局、国家工商行政管理总局、国家广播电影电视总局、国家新闻出版总署、国家知识产权局、国家体育总局、教育部、公安部、科技部、国家旅游局、文物局以及半官方的行业协会等，它们分别承担着不同的职能。

当前文化产业管理中存在的突出问题是行业主管部门的“多头管理”。“多头管理”具体表现为部门职责交叉和由此带来的权责脱节。“多头管理”，表面看各部门管理的主动性和积极性都很高，而实质上是部门之间的利益博弈，都是一个劲地抢抓本部门的权力和利益，出了问题却互相推诿，没有部门负责。

部门职责交叉，是多年来政府运行中存在的突出矛盾和问题。以网络游戏管理为例，新闻出版总署曾被赋予“负责进口网游审批和国产网游备案”的职责，而文化部则同时被明确“负责进口网游内容审查、各地网吧监管”。这使得不少想进入网络游戏行业的经营者不知所措：不知道应该先找谁审批，到底谁说了算。针对这一突出矛盾，就应理顺有关部门的职责，如明确动漫和网络游戏管理职责统一由文化部承担，电影管理职责统一由广电总局承担，音像制品管理职责统一由新闻出版总署承担。但是，明确了电影、音像制品、动漫和网络游戏各自的管理部门，立即便有人质疑，如果以后拍动漫电影，则又属哪个部门管？这就需要明确一个部门作为责任主体，负责各相关部门的统筹协调，同时部门职责要随市场形势的变化而变化。当然，解决类似问题，还最终应充分发挥市场的基础作用，即按照《公司法》和其他市场法规，将基础产业市场的重组交给市场去解决。

与部门职责交叉问题相对应，另外一个亟待解决的问题是权责脱节。权力与责任相匹配是行政管理的基本要求。长期以来，政府运行中一直存在着一些权责脱节、重权轻责、缺乏监督、有利益的事情争着管、出了问题没人负责的现象，这背后的一个深层次原因就是责任性权力界定不明确，没有真正把责任落实到位。明确和强化部门责任，有利于增强政府部门及其官员的责任意识和服务意识，提高政府的执行力和公信力，同时也为推行行政问责制、加强责任追究提供了必要的依据。

在具体的转变角色和工作方式上，建议采取如下举措：其一，改变过去沿袭下来的行政性文化事业的“多头管理”问题，有必要设立国务院直属的“国家教科文发展与改革委员会”，协调部委决策并对应中宣部决策。其二，各个部委设计相关领域则成立产业司局，如体育总局设立体育产业司。其三，市场监管统一归属工商管理局。其四，各个部委深化本领域的产业化并主动协调跨行业管理。其五，打破垄断，实现企业跨部门跨行业经营。

（三）交叉业务职责界定与主动协调

当前行业主管部门交叉业务的多头管理、互相扯皮、难以协调的问题相当严重。以 IT 领域的管理为例，交叉业务的管理不仅经常难以协调，而且各自抓权，甚至各自订立标准，严重制约了产业的技术创新和发展。对此，必须从管理体制上予以扭转。因此，在赋予部门职能的同时，明确应承担的责任，做到有权必有责、权责对等。而当前管理文化产业的九个主要部委都涉及文化产业领域的直接管理权限，而这些部委之间并没有良好的沟通与合作机制。例如，在文化旅游领域，文化保护部门负责文物保护，而旅游部门负责将文物遗存转化为旅游产品；保护者没有收入，收入者不承担保护之责。再如，在目前互联网管理领域，网络游戏内容归文化部管理，而视频内容归广电总局管理，二者之间缺乏权力和责任的界定和协调。因此，必须理顺部门职责分工，坚持一件事情原则上由一个部门负责，确需多个部门管理的事项，要明确牵头部门，分清主次责任。凡是跨部门管理事务都应当归为一个部门主管。通过法治解决“抢抓权力、推诿责任”的问题，为推行行政问责制、加强责任追究提供必要的依据。

解决交叉管理的问题，需要注重以下事项：其一，改革部委管理机制，推进大部委制，如将旅游、文物、会展、体育等归文化部管理；新闻出版、网络内容和广电则成立广电传媒部，等等。其二，加强对部委行政改革的改革力度，促进部门政府由控制式转向反向问责式管理。其三，部委改革的方向是主动协调交叉领域的管理。

（四）促进行业开放与跨部门竞争

为打破目前文化产业领域存在的“围棋棋盘状”的条块分割的格局，促进产业资源整合和文化企业经营的效率，行业主管部门的协调与行业之间开放市场是当务之急。关键是中央政府通过立法，打破部门垄断、行业垄断、地区垄断等行政垄断形式，消除阻碍开放竞争市场建立的各种体制性障碍，形成公平竞争的市场环境。例如，以传媒为核心的层面，包括传媒、跨媒体集团，以及以传媒为纽带的活动经济和产业链，也包括与传媒相关的产业整合。在以传媒为核心的发展模式上，电视、电影、广播等传媒的作用需要充分的挖掘跨媒体、跨行业、跨地区的资源，通过参股、重组、并购等市场化手段实现资源的优化配置。对于涉及交叉业务（如电信与广电之间）的产业标准的统一及有关产业发展问题，要建立各行业主管部门的协调和配合机制。

在促进转变的过程中，需要改革行政管理体制。其一，减少行政管理机构，为了打破部门保护主义（部门垄断和行业垄断），必须消除部门下属的各种中心、行业协会的行政职能和营利性活动，并且使之与主管部门政府彻底剥离，变成自律性质的社会中介组织。其二，内容业务实现专业化管理，如此，行业主管部门专业化管理将更加突出。例如，视频内容归广电总局管理，但是国有电信企业和其他企业都可以从事电视、手机电视、视频和游戏等内容的经营，而不是独家或者独家行业垄断性经营。再如，中央和各省广播电视台可以设立电视频道，可以设立信息内容经营场所，信息产业领域的企业也可以设立电视台或者开播电视频道。其三，各地都应当有两个以上的视频内容等产业化集团，以便打破寡头利益垄断。

（五）制定和完善行业的产业政策，促进产业结构调整

行业主管部门应在核心文化部门开放市场的基础上，着力制定和完善演出业、影视业、音像业、文化娱乐业、文化旅游业、文化会展业、网络文化业、图书报刊业、文物和艺术品业以及艺术培训业等产业政策，从税收、财政、市场准入各个方面，为行业的发展创造良好的政策环境，在此基础上出台若干配套政策，细化为文化产业政策发展的实施办法，以此促进整个产业结构调整向第三产业倾斜。行业主管部门调整文化市场准入政策，积极发展现代流通形式，加快产业整合步伐，形成结构优化、布局合理的文化产业体系。

在具体方法上，各个行业主管部门制定政策时，应当着重以立法部门、行业专家、企业经营者和其他行业代表为主体，体现产业政策的开放性和公正性。同时，应当及时修订和完善行业的各项政策。

（六）建立专业人才培养体系

发展文化产业，人才最关键。基于中国当前文化产业及其市场的特

殊性，文化产业人才资源开发战略的主要目标是培养两类人才：综合素质类人才和高素质的专业化人才，如策划人才、经营人才和国际化人才等。行业主管部门要发挥自身优势，充分借助大学园区已经累积起的相当雄厚的高等教育资源和人力资源，成立人才管理机构，设立专项扶持基金来培养人才。各个部委应当注重培养产业化的专门人才，如广电系统应当培养跨媒体经营的人才，体育总局应当注重培养体育产业的专门人才。

在转变工作方式上，应当将工作重点由荣誉性的鼓励转向实质性的人才培养。例如，与其设立多个国家级的动漫产业园区，不如成立动漫产业人才基金，培育专业人才和企业家。特别是在中央高度重视动漫产业的环境下，各个部委在涉及自身管理的专业化领域，应当努力促进建立国际合作培养人才机制，并对企业聘请人才予以支持。

（七）促进就业

促进就业是行业主管部门的一项重要责任。促进就业的主要方向和路径是繁荣和发展产业，扩大开放，鼓励和扶持中小企业。文化产业作为中国的一个新兴产业，具有巨大的吸纳就业潜力。一方面，演出业、影视业、音像业、文化娱乐业、文化旅游业、文化会展业、网络文化业、图书报刊业、文物和艺术品业以及艺术培训业等文化产业，可以开辟许多创业机会，实现以创业促就业，成为就业市场的新的增长点。另一方面，发展劳动密集型的中小文化企业，可以吸收大量人员，以最大限度的发挥各种层次人员的聪明才智，促进经济繁荣和社会稳定。因此，行业主管部门应当充分认识文化产业对社会就业的促进作用，积极创造条件开放市场，实现文化产业的规模化发展，使之成为社会就业的巨大吸收器。

在具体的做法上，建议采取以下措施：其一，对传媒核心产业如电视产业等实行国有企业内部的全面竞争。例如，设立三个国家级的电视集团，各个省至少成立两家以上的传媒集团（含电视台）。其二，培育朝阳产业，如国家广电总局应当着重开拓和培育体育市场，发展体育产业。其三，繁荣市场，如会展领域打破行业协会的垄断性和利益独占性限制，全面开放会展业，促进服务业的发展。其四，取消对企业的各类门槛限制，开放各个行业的自主经营。除了特别限制的少数领域以外，企业可以进入任何行业而无须申请经营范围。

（八）国内借鉴：出版行业改革

我国出版行业的改制表明，行业主管部门可以通过剥离经营性资产并促进企业联合并购、资本运作等经营手段获得发展壮大。中国出版业组建集团有三种主要模式：以上海世纪出版集团为代表的以出版内容提供为主、进行资源和业务平台整合的模式；以辽宁、江苏、浙江等出版集团为代表的以省为单位、编印发一体化的省域模式；以中国科学出版集团为代表的专业出版、跨地区联合的专业模式。从主导方式上，出版业集团化的路径可分为联合的横向路径和内生的纵向路径。集团的组建，有利于推动政府实现从办文化向管文化、从管理文化单位向管理文化行业、从微观管理向宏观管理的转变。但还需进一步消除“事业体制、企业经营”的结构性矛盾，真正确立集团的市场主体地位。同时，在市场化程度较高的报纸领域，要通过市场竞争，实现报业的产业化大发展。

六、政府自律

政府的自律和管理人员的自律特别是职业道德的促进是政府角色和工作方式转变的基础。一方面，政府层面的自律是增强服务性责任，可以建立各个行业的伦理委员会和行业协会的职业道德委员会来实施自纠；另一方面，公务员在管理中需要采取利益回避机制、廉洁奉公、公正监管等做法以体现职业道德的行为。

（一）促进市场化，逐步减少行政干预

在推动文化产业发展中，体现政府角色及其工作方式的重点是应当遵循渐进式市场化及其改善市场监管力度的改革路径。改革既要有路线图，又要有时间表，各个领域的政府部门要抓紧制定分步推进改革的具体规划，明确工作进度，细化目标任务和实施步骤，把原则要求转化为实实在在的工作措施。明确政府退出市场的顺序：（1）政府作为开放市场的第一推动力，实行政企分开，组建数家竞争性公司；（2）从行政定价转向市场定价；（3）进一步开放市场准入，特别是消除市场准入方面的所有制歧视；（4）政府转向无所有权歧视的经营公司的资质管理、牌照管理和行为监督。随着市场的逐步放开，行政干预必须相应弱化。弱化行政干预最主要的是减少或取消各种名目的行政审批。行政审批制度改革必将推动政府从全能型转变为有限型，从权威行政转变为服务行政，从部门性转变为公共性。

因此，政府要严格遵循“政企分开、管办分开”的原则，减少行政审批的范围，坚决剥离一切具有经营性质的中心、议事机构，并使所有行业协会从人、财、物上与政府部门彻底脱钩。同时，保护企业利益，通过立法允许企业向国家请求损害赔偿。

（二）剥离经营性机构

政府提高公务员的正当待遇，堵塞各类行政部门的灰色收入或者来自下属机构的贡送。当前许多行业主管部门都下设服务中心、会议疗养中心以及其他各类营利性实体或者事业机构，这些机构都应当作为实体剥离出直接管理范围。同时，宣传部门应当规范对文化传媒事业的管理，剥离出产业内容交由国有资产管理部门管理。

剥离经营性机构，在具体做法上应采取以下措施：其一，将营利性机构剥离或者禁止相关机构开展营利性活动。其二，部委的疗养院和会议中心、酒店等剥离出去归国资部门统一经营管理。其三，取消行政单位定点消费的做法。其四，应当禁止在职官员在自身所属行业部门管理领域兼职，如教育部官员等不能在大学和科研机构兼职，否则将妨碍科研申报的公正性，而且也可能存在利用自身的权力优势地位获取不正当报酬的情形。因此，禁止在职官员获取兼职和利用职务接受馈赠是一个政府自律的必要举措。

（三）发挥行业协会等社会中介组织的作用

实现政府角色转变的一个重要前提，是建立健全各种行业协会等自律组织。政府职能从管理微观经济事务中解脱出来，一些职能要相应的还给企业或转移给市场、社会，这就需要有相应的行业组织、社会组织来承担。在完善的市场经济体制中，行业组织和社会组织具有行业自律、行业服务、维护公平竞争等功能。因此，为了实现政府职能转变的目标，必须加快建立健全各种市场化的行业协会，通过推进社会中介组织、行业协会建设，向市场、向社会转移政府的社会职能。

行业协会等社会中介组织的本质特征是自治和自律。目前我国的许多行业协会大多带有官方或半官方的性质，它们的组织架构和运作方式也染上了浓厚的行政色彩，依靠政府、借用政府的管理职能去行使行业协会的某种经营职能，一些领域成为官商合作牟利的合法形式，大都不能创造性地开展工作，更不能发挥其应有的行业自律、行业服务、维护公平竞争等作用。如果不对行业协会管理体制进行改革，下放的公共权力就会缺乏良好的受托者，成为新的行政干预的变种。因此，在完善市场组织结构、发挥行业协会作用的过程中，必须消除部门下属的各种中心、行业协会的行政职能，与政府彻底剥离，变成自律性质的社会中介组织。政府要实现与社会中介组织的脱钩，促使社会中介组织依靠信誉和行业自律获得生存空间。行业协会等中介组织与政府彻底脱钩，由政府授权进行行业管理的机构转变为企业自发建立为基础的自治性民间组织，是市场经济发展的必然要求。

在具体领域的自律应当包括以下几个方面：其一，剥离行业协会全部归属民政部管理，取消行业协会的独占性特权。同时，行业协会必须加强对其成员的职业道德考核。其二，加强公务员的福利保障，同时减少并消除行业协会和企业对部委缴纳管理费以及成立营利性机构的做法。其三，在现有行业协会具有利益独占性的阶段，禁止行业主管部门退休干部在退休后担任协会要职。

（四）改革干部政绩考核制度

干部政绩考核是整个政府行政管理的重要组成部分。干部政绩考核应包括业绩考核和干部考核两个方面，二者内容是不一致的。业绩考核的重点是对公职人员进行岗位责任考核，干部考核则重点是对职业道德、领导能力等综合素质的考核。干部考核是为了一个组织的整体目标和整体利益服务的，因此要突出组织的核心价值，注重职业道德和战略业绩的考察。影响业绩考核的一个重要变量是人际关系，要实现业绩考核的客观公正，就必须简化组织内部的人际关系，采取新的考核方式。同时，在政绩考核上应有明确的导向性，不得以 GDP 或者其他数量指标作为唯一评价标准，更不得以“形象工程”、“政绩工程”来评判官员。政府官员的录用、任用、授职、晋升，要依据是否符合国家利益、官员的资格、职业道德和胜任工作的能力和工作成绩等业绩指标来决定。要通过反向问责制，强化官员的民意激励，提高民意监督的整体效能。

在促进政府自律的做法方面，应当增强服务公众的意识，以平等性、公众性的公共服务及其快捷的行政效率作为新的评价标准。

参考文献

［1］傅军、张颖：《反垄断与竞争政策：经济理论、国际经验及对中国的启示》，北京大学出版社 2004 年版。

［2］周其仁：《产权与制度变迁——中国改革的经验研究》，北京大学出版社 2004 年版。

［3］丹增：《文化产业发展论》，人民出版社 2005 年版。

［4］叶取源、王永章、陈昕主编：《中国文化产业评论》（第三卷），世纪出版集团、上海人民出版社 2005 年版。

［5］陈少峰：《文化产业战略与商业模式》，湖南文艺出版社 2006 年版。

［6］张玉国：《文化产业政策导论》，高等教育出版社 2006 年版。

［7］胡惠林：《文化产业学》，高等教育出版社 2006 年版。

［8］陆祖鹤：《文化产业发展方略》，社会科学文献出版社 2006 年版。

［9］〔美〕埃里克·弗鲁博顿、〔德〕鲁道夫·芮切特：《新制度经济学——一个交易费用分析范式》，姜建强、罗长远译，上海人民出版社 2006 年版。

［10］《国家“十一五”时期文化发展规划纲要》，2006 年 9 月。

［11］陈少峰：《从竞争机制看文化管理体制改革》，《北京观察》2007 年第 1 期。

［12］吴敬琏：《呼唤法治的市场经济》，北京三联书店 2007 年版。

［13］张晓明、尹昌龙、李平主编：《国际文化产业发展报告》，社会科学文献出版社 2007 年版。

［14］陈忱主编：《影响中国文化产业发展的重要报告》，群言出版社 2007 年版。

［15］《高举中国特色社会主义伟大旗帜，为夺取全面建设小康社会新胜利而奋斗》，人民出版社 2007 年版。

［16］叶取源、王永章、陈昕主编：《中国文化产业评论》（第七卷），世纪出版集团、上海人民出版社 2008 年版。

［17］《关于深化行政管理体制改革的意见》，2008 年 2 月 27 日十七

届二中全会通过。

［18］邹东涛主编：《中国经济发展和体制改革报告 No. 1 中国改革开放 30 年（1978—2008）》，社会科学文献出版社 2008 年版。

［19］彭立勋主编：《文化软实力与城市竞争力——2008 年深圳文化蓝皮书》，中国社会科学出版社 2008 版。

课题组成员名单

课题负责人：

陈少峰　北京大学国家文化产业创新与发展研究基地副主任，教授、博士生导师

课题组成员：

王筱云　北京大学国家文化产业创新与发展研究基地研究员

花　建　上海社科院文化研究室研究员

向　勇　北京大学国家文化产业创新与发展研究基地副主任，研究员

周城雄　北京大学国家文化产业创新与发展研究基地副研究员

张立波　北京大学哲学系博士

王国华　北京工业大学文化创意产业研究所所长，教授

文化产业项目与产品价值评估体系研究

北京大学国家文化产业创新与发展研究基地

摘要和关键词

摘　要：文化产业项目与文化产品价值评估是影响文化产业发展的核心问题之一。通常认为：文化产品的价值是不确定的，因此文化产业的投资是有风险性的。但是，大量的行业调研并不完全支持文化产业属于高风险产业的观点。本研究在分析国内外文化产业项目与文化产品价值评估方法的基础上，创造性地提出了“文化标准品”的设想，以及三维和五元的价值判断法。三维包括差异性、美感和效用的针对性，五元则在三维的基础上，添加了时间和主流意识形态两个变量。研究认为，文化产业项目和文化产品价值的实现往往是依靠“价值补丁包”逐步完成的。根据以上设想，研究者提出了建立“文化产业项目/文化产品价值实验室”的规划构想。本研究方法在重庆市九龙坡区文化产业发展规划中已经试用，初步收到较好的效果。

关键词：文化标准品　价值分析　价值补丁包　价值实验室

一、问题的提出

今天，人们普遍认为文化产业投资效益具有不确定性，文化产业投资等同于风险投资的看法十分流行。但是，在作者的调研中，却发现了另一种现象，即文化产业投资的效益是可以预期的，因而风险是基本可控的。以中央电视台电影频道《中国电影报道》总编张卫的观点最为典型：张卫以《长江7号》的票房收入预测为例，《中国电影报道》的记者和市场调研团队的预测结果与市场基本吻合。张卫认为文化产业不需要冒险，也用不着特别的坚持和毅力，关键是按行业规律办事；中国国际出版集团新世界出版社社长杨雨前在社内采取模拟出版社与发行公司的管理办法，创造了连续7年利润增长50%的佳绩；杭州金海岸文化发展股份有限公司韩建鸥董事长在中低端演出市场取得了良好的业绩，其连锁剧场被评为国家文化产业示范基地和国家文化出口示范基地；旅美艺术经纪人、前波画廊总经理茅为清先生通过一套较为成熟的挖掘具成长潜力的艺术家的做法，立足于纽约画廊；2008年的金融危机也未能削减一些文化出口企业的业绩，等等。这些都说明一个问题：文化产业的投资风险并非绝对不可控制，虽然2007年深沪两市文化传媒板块上市公司的业绩低于均值，但并没有更准确的研究证明整体文化产业投资的风险高于其他行业。于是，就提出了一个严肃的问题：文化产品及产生文化产品的文化项目价值是否可以预期，转言之是否可以评估？这就是本研究问题提出的动因。

二、文化产业项目与文化产品的关系

设项目的资源总量为 P，项目的终极目标是利润满意化，实现满意化的途径是产品与服务的供给，一个项目可能生成单一产品、若干产品或成产品线（array of products and services）以及产品组合（portfolio of products and services），产品可以简化为 P_1、P_2、P_3、P_n，产品以外的剩余资源为 S，则有：

$$P = \{P_{1-n}, S\} \cdots \quad (1)$$

暂不以 S 作为分析重点，则文化产业项目可以理解为文化产品的集合。分析文化产业项目最后要落实到分析文化产品上，而分析文化产品是分析文化产业项目的根本。由此可以证明：文化产业项目价值评估与文化产品价值评估在原理与实践上并无实质性的不同，从而抓住文化产品与服务的价值评估就把握了文化产业项目与产品价值评估体系的核心与本质。进而可以得出一个重要的结论：以系统论的方法分析整理文化产品的价值，是《文化产业项目与产品价值评估体系》研究的关键路线、关键内容与关键性的研究成果。

系统是一个复杂的体系，鉴于本研究的规模，我们采取有限关键变量研究的方法。至于更为庞大的研究体系，需待日后进行。

三、文化产品价值三维分析模型与“文化标准品”

文化产业项目与文化产品价值和非文化事件与事物的价值构成区别在于前者的知识产权与自然景观（本篇重点讲述知识产权）。知识产权（IPRS）资产经常被描绘为无形资产，它们包括公司的名牌产品、专利原型、研发战略和许可协议。[①]

知识产权的商业核心价值在于差异性（传统产品谓之为稀缺性，新产品谓之为新颖性、创造性、创意、差异性等）、艺术性（美学消费价值，基本美学元素的浓度与结构及一般综合效用）和服务目的的准确性（直观地理解为屏幕影像与期望观看影像的重合度）。价值是一个三维的概念。我们认为，具备差异性、艺术性和服务目的的准确性三大特性的文化产品是有效的文化产品（effective cultural products，含文化服务），也可以说是“文化标准品”（standard cultural commodities，SCC），也即（1）式所说的 P_{1-n} 中的一份。对于“文化标准品”可以进一步研究其价值，下表框定了新创意“文化标准品”的一些特征（将进一步访谈论证）：

① 世界知识产权组织观点：全球财富 500 强公司的 2002 年统计已估算出，不管是什么地方，单个公司的财富中 45% 到 75% 都来自他们的知识产权权利。价值评估咨询公司的创始合伙人 Kelvin King 认为：世界上许多实力强劲的大公司都把智力资本作为最重要的资产，因为这是世界顶级大公司占领市场、保持盈利的基础。这也通常是并购的关键目标。

作品（新产品）创意价值评估要素表

价值结构	特性描述
本体价值	1. 差异性与个性（特色、历史价值、收藏价值）
	2. 目的性（服务目的的准确性与效用提升的概率）
	3. 艺术性（收藏价值、愉悦功能、美学感染力）
衍生品开发价值	—
增值预期	—
总价值	—

从三维象限进行分析，某一产品落到某个象限就决定了它的价值定位。文化产品与服务的设计和规划事先必须预估未来产品可能的位置与位移。

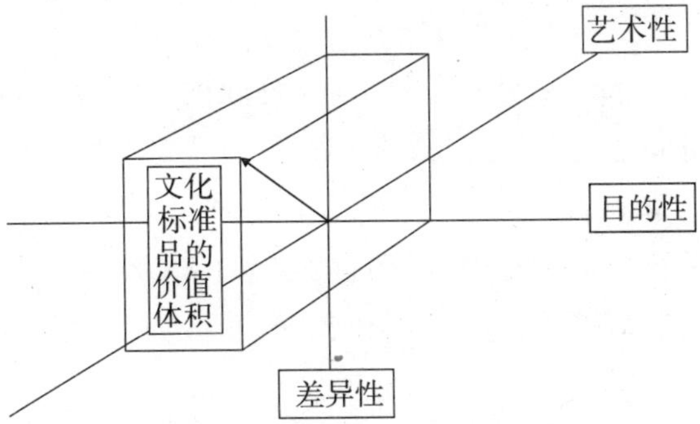

在三维象限中分析“文化标准品”

四、文化产品价值的五元分析——时间价值与主流意识形态价值

借用量子物理世界的位置与动量测不准原理（uncertainly principles，近译为不确定性原理），联系经济变量之间的复杂关系以及统计学的成就，研究者认为单一产品的价值所处的位置与动量（比喻）不能做绝对值的预估，只能做概率建议（甚至不应该为特定产品作出特定的价格建议）。

更形象地，文化产品与服务的价值构成可以分层为两部分：基本价值部分①和不确定性价值部分②。从统计学上讲，充分发育的市场在一个时间点上或许能满足发散的需求并取得利润，但是也可能需要一定的时间跨度（而不是现存市场）才可能销出所有产品，而这个时间跨度可能是10年、20年，这足以令企业破产，或被新进入者所清洗。因此，文化产品价值评估提出了特殊的概念，同一个文化商品也具有类似于量子力学的“波粒二象性”，兼具粒子的特性与波的特性。所以，文化产品的价值评估一定要留有余地，一定要足够地重视例外因素，要给出足够大的标准差。

作为对前述假设的补救，特别需要指出的是，三维的价值判断有时将丢失部分价值，必须加一个时间变量 t。从短效看，时间 t 要求快速反应和准确的市场调研；从中长期看，t 必须适时。否则，时间错位的文化产品与服务价值无从实现。时间价值 t 的地位非常特殊，也非常重要。可以把文化产品价值形象地比喻为时间的函数：

$$P=f(t)\cdots \qquad (2)$$

如果以波粒二象性来分析，则 P、t 之间的关系不能简单地理解为线性，而是不同时间点上文化需求的随机分布状态。从历史的角度讲，是以已实现的需求和产品及服务反推发生的时间，这在考古中经常使用。价值是时间的函数，但不是时间序列的奴隶，这构成了价值预测的困难。我们或许能够估准静态价值（基本价值），但是却无法精确计算未来价值与增值。

研究一国文化产业的竞争力（实际上是研究全国文化产业的资源价值）必然涉及本国文化资源与主流意识形态的结合问题。在本研究中，我们将个别文化企业的微观价值与国家整体文化资源价值统一起来思考，使单个的文化产品在价值实现上作出两个选择：在空间网格上市场细分实现价值（找准细分市场 segment，S。这个问题在前述供需描述方面已经提到）；在社会属性上要添加一个政治价值影响变量 PO③。从营销的角度看，适度地贴上政治价值“补丁”往往更安全，但这个“适度”又带

① 满足人类的基本文化需求，具有连续性或线性，价值容易预测，产品容易设计，形象地称为“事业价值”。

② 满足变化中的群体心理与个体心理，表现出波动性、随机性，价值难于预测，产品难于储备及事先设计，形象地称为“商业价值”。

③ PO虽然是外生变量，但也不可否认是时代的选择，具有本区域国民的可接受性与潜在需求，但过度强化可能导致边际效用与边际价值递减、审美疲劳甚至反感等。

来了价值的不确定性，以及主流意识形态与创作者的双向互动。

总结以上的思考，有：

$$P = \{SPP, t, VUP, PO\} \cdots \quad (3)$$

式（3）将是本次价值分析的焦点思考，但是否是一个价值评估模型（文化产品价值评估模型）的雏形还要在调研中对应。①

五、价值补丁包

如何看待电影海报与财政补贴？由于文化产品价值的测不准原理，文化产品在转化为商品进入市场前面临着惊险的一跃，文化产品的发行广告（包含公共关系与排队、求情等）、政府的补贴、税收返还、其他政策倾斜以及其他社会资源的运用便成为基本手段，资质好的公司还要用品牌价值的积累、既往成就、个人资质等为当期新产品投入一部分价值，以用“价值补丁包”（value update package，VUP）弥补预期的价值结构缺陷，与产品本体一起形成新的价值体，满足消费者的期望。由此足以推论：“价值补丁包”的充分性决定着价格与利润的满意度。

$$P = SCC + VUP \cdots \quad (4)$$

其中，SCC 为静态价值，VUP 为价值补丁包，可理解为$\sum P$。

六、政策支持的取向

虽然自由经济学家包括战略学家波特反对扶持政策，但从短效来看，大量价值“补丁”的使用将使更多的文化作品、文化产品变成文化商品，使文化产业由不成熟到成熟，由此实现的利润在企业、国民与政府间分配形成良性循环，正如拉弗曲线通过减税反而达到增税的目的一样，初期多使用“补丁”可望达到后期少用补丁的目的。我们的观点是：与其通过痛苦的自由让更多处于盈亏平衡点附近的文化企业死亡并丧失产业的时间价值，还不如扶持更多的企业冲破盈亏平衡点赢得时间价值，通过包括金融支持、跨国发展等全方位的价值“补丁”政策，将促进本国文化企业更多更好地为国民提供丰富的文化产品，更快更强地参与国际竞争，并最终成为竞争中的胜者。

---

① Kelvin King，商业价值评估的黄金法则是：不应抽象地描述某个物品的价值，而应该描述，在特定时间、特定地点、特定环境里的价值，重点解决“针对谁”和“什么目的”之类的问题。

如果结合文化产业的本义即经济自由的思想，结合中国的国情，政府对文化产品的价值补丁应该更多地贴在处于盈亏平衡点附近的企业上，而不管这是家什么企业。

机制设计理论①认为：任何机制设计，都不得不考虑激励问题。我们要实现某一个目标，首先，要使这个目标是在技术可行性范围内。其次，我们要使它满足个人理性，即参与性，如果一个人不参与你提供的博弈。是因为他有更好的选择，那么你的机制设计就是虚设的。再次，它要满足激励相容约束，要使个人自利行为自愿实现制度的目标。

七、小　结

本研究成果在重庆市九龙坡区文化创意产业规划研究中已经试用，通过对九龙坡区走马古镇、驿道遗址和周边景区文化价值的分析，在众多的文化元素中抓住了分析的重点，对于产业链的设计与建设提出了有益的建议，获得了当地政府的好评。

根据三维分析法，参与本研究的人员还提出了建立价值分析实验室的设想（附件3）。

总结起来，本研究的创新之处在于：

（1）在研究对象上，首次提出了“文化标准品”的概念与分析范畴。

（2）在研究方法上，提出了针对文化产品内在特征，而不是简单模拟股票指数与资本资产定价模型的价值分析方法，首次提出了文化产品价值的球面观察法（球面结构分析）、矢量分析法（变化动量）、冰山模型（后产品）和方法比较（多种价值评估方法的区别与结合）。

（3）在对价值实现的程序上，提出了“文化价值补丁包”的思路。

（4）在价值影响因素的分析上，设计了包括时间因素和主流意识形态因素等在内的文化产品价值评估模型。

（5）在研究成果的定位上，将微观、中观与宏观结合起来思考，成果的应用可大可小，覆盖面比较广。本次研究的成果包括文化产业项目与文化产品的价值分析的“三维分析法”——差异性、美学感受性和服

---

① Mechanism Design Theory, Leonid Hurwicz, 1917 - ; Roger B. Myerson, 1951 - ; Eric S. Maskin, 1950 - .

务目的的针对性；作为更充分的考虑，结合三维分析和文化项目与产品的时间价值、主流意识形态价值两个价值元素，还产生了五元分析模型。

（6）在研究成果的可信度与质量把握上，采取了大量的文献复习、现实调研及专家群论证相结合的办法，并将待解决的问题缩小在一个相对有限的范畴内。

参考文献

[1] 巴塞尔银行监理委员会：《向七国集团财政部长和中央银行行长就国际会计标准所作的报告》，巴塞尔 2000。网址：http：//www. iasplus. com/resource/basel1. pdf.

[2] Brown S. , Lo K. , Lys T. :《会计学和研究中对 R2 的利用：衡量过去 40 年价值关联性的变化》，《会计经济学》1999 年 28（2）期。

[3] Caninbano L. , Garca-Ayuso M. , Sanchez P. : 《无形资产会计学：文献综述》，《会计文献》2000 年第 19 期。

[4] Carlile R. :《知识产权：管理信息时代最重要的无形资产》。网址：http：//www. jang. com. pk/thenews/investors/may99/temp/temp6. htm.

[5] Elton J. , Shah B. , Voyzey J. :《知识产权：结伴盈利》，《麦肯锡季刊》2002 年 4 月。网址：http：//www. mckinseyquarterly. com/article_ page. asp？ar = 1248&L2 = 21&L3 = 35&srid = 9&gp = 1.

[6] FASB（财务会计标准委员会）:《改进企业报表：深刻理解词汇披露的意义》，企业报表研究项目指导委员会报告，2001 年。网址：http：//www. fasb. org/brrp/brrp2. shtml.

[7] FASB（财务会计标准委员会）:《企业和财务报告，新经济时代的挑战》，特别报告，财务会计系列，2001 年。网址：http：//www. fasb. org/articles&reports/new_ economy. shtml.

[8] FASB（财务会计标准委员会）：总结陈词 Nr. 142，《商誉和无形资产》。网址：http：//www. fasb. org/st/summary/stsum142. shtml.

[9] 国际知识产权学院：《新经济时代的会计标准：关于知识产权价值报告的执行发言》，华盛顿特区，2002 年 5 月 1 日。网址：http：//www. usa-canada. les. org/membersonly/committees/professional/financial/IIP-

IAccounting. pdf.

［10］ Lev B. , Sarath B. , Sougiannis T. :《研发报表的偏见及后果》，纽约大学，1999 年。网址：http://pages. stern. nyu. edu/ ~ blev/research. html.

［11］ Lev B. , Zarowin P. :《财务报表的界限及其突破》，《会计学研究》1999 年 37（3）期。

［12］ SEC（证券交易委员会）:《加强财务市场：投资者得到他们想要的信息了吗?》，SEC 特别工作组报告，2001 年。网址：http://www. mba. yale. edu/news_ events/sec_ exec_ sum. htm.

［13］ Woodward C. :《知识产权会计学》，普华永道国际会计公司（PriceWater houseCoopers），伦敦，2003 年。网址：http://www. pwc. com/gx/eng/ins-sol/publ/ipvalue/pwc_ 2. pdf.

［14］ Bank, W. （2002）. Chapter 5: *Intellectual Property: Balancing Incentives with Competitive Access*, Global Economic Prospects. Washington, DC, World Bank.

［15］ Zvi Bodie, Alex Kane, etal: *investmets*, 4th ed. , Mcgraw-Hill, Boston, Burr Ridge, 1999.

［16］ Franklin Allen, Stewart C. Myers, etal: *principles of corporate finance*, Mcgraw-Hill, Boston, Burr Ridge, 2006.（注：该书第一章专门讲价值 value）

附件 1：价值分析的基本方法

一、资本资产定价模型（CAPM）

资本资产定价模型用不可分散化的方差来度量风险，将风险与预期收益联系起来，任何资产不可分散化的风险都可以用 β 值来描述，并相应地计算出预期收益率。

$$E(\mathrm{R}) = Rf + \beta\,[E(\mathrm{Rm}) - Rf]$$

其中：Rf 为无风险利率；$E(\mathrm{Rm})$ 为市场的预期收益率；投资者所要求的收益率即为贴现率。

二、知识产权、无形资产和信誉的价值

价值概念主要有四种，即业主价值、市场价值、公平价值和税收价值。

1. 业主价值。通常决定着谈判中的价值，业主会以自己“一旦失去这种产权将如何”的态度对价值施加影响。

2. 市场价值。立足于这样的假设：如果某项具有可比性的资产已经达到某一价格水平，那么所要转让的这项资产的价格应该和它相当。

3. 公平价值。概念从本质上讲就是要对双方都公正。它承认所谈的交易并非在公开市场上进行，买主和卖主是以受法律约束的形式坐在一起谈判的。

4. 税收价值。自世纪之交以来，税收价值一直是世界各地案例法的主题，是一个高深莫测的概念。

此外，还有一些与投资价值、债务价值及持续经营价值相关的准价值概念。

三、对无形资产进行价值评估的方法

确定无形资产和知识产权价值的基本方法可粗略分为三类，这就是市场法、成本法和过去及将来经济效益评估法。

1. 市场法。在理想的情况下，一个独立的专家总希望通过相似的市场交易来确定市场价值。由于难以找到确实具有可比性的交易，用这种

方法来评估砖块和泥灰的价值都显不足，将它用于评估知识产权的价值就更不可能了。这不仅因为缺乏可比性，还因为知识产权通常不是用来销售的，许多关于知识产权的买卖只是某宗大型交易的一小部分，而且这种细节也经常属于高度保密的信息。还有其他一些因素也限制着这种方法的应用，比如某一特定的买主、不同的谈判技巧、经济周期处于高峰或低谷时的相应影响等。总的来讲，“市场法就是本行业的基本法则”这种观点有人持反对意见。

2. 成本法，即创造或者代替某一给定价值的成本。这种方法假定成本和价值之间存在某种关系，但是它除了应用起来比较简单之外，实在没有别的优点。这个方法不考虑金钱的时间价值所发生的变化，也不能从长计议。

3. 根据过去和将来的经济收益进行评估的方法（也可称为收入法）可分为四种：

（1）将历史利润转化为资本法。这一方法就是通过评估知识产权的相对优势得出一个倍数，用这个倍数去乘以历史利润的可保续值，从而得出知识产权的价值。尽管这种资本化的方法考虑了一些应该加以考虑的因素，但它的主要缺点是只关注过去的收入能力，对未来几乎不加考虑。

（2）毛利润区分法。通常用于商标及品牌的价值评估，它考量的是根据营销成本进行调整之后的销售价格之间的差别。这种差别指的是品牌产品或专利产品与无品牌的产品或仿制产品之间的差价。用这个公式可以排除现金流，计算出价值。要找到一个专利产品的同类仿制品并确定差价是非常困难的，比找零售的品牌产品的对应产品要难得多。

（3）超额利润法。以纯有形资产目前的价值作为评估利润率的标准，它是为了计算用以吸引投资者向那些纯有形资产进行投资所需的利润。高于为吸引投资所需利润数的部分即可被看做是知识产权所能带来的额外收益。从理论上讲，这种方法以通过使用有形资产而产生的未来经济利润为基础，但是，它很难针对有形资产的其他用途进行调整。

（4）许可使用费替代法。它指的是购买者为了一项相似的知识产权使用许可，能出多少钱，或者愿意出多少钱，然后将连续的许可费换算成资本来反映对这项资产进行投资的风险和利润之间的关系。

四、现金流量折现（DCF）分析法

首先对潜在效益和现金流进行认真分析，再将它们的价值通过某个折现率或某几个折现率再现出来。折现率可以用来计算经济价值，它包括对风险和预期通货膨胀率所作的补偿。

评估者对你的资产进行评估时，可能需要根据资产的运作环境来判断市场效益增长的潜力。对市场效益进行评估是评估过程的关键一步。评估市场效益的潜力，需要借助于资产的持续性和市场销路，不仅要考虑各种支出，还要考虑预期的剩余价值或最终价值，如果有的话。这种方法考虑到了市场状况、可能的业绩和潜力以及金钱的时间价值。不论能否表现出现金流的潜力，这种方法都可用于对产权进行说明，因此广受好评，并在金融界被广泛应用。

适用于现金流的折现率可以用各种模式算出来，包括常识法、积累法、红利增长法以及资本资产定价法等。资本资产定价法衡量的是资本的平均成本，它可能是人们选择较多的一种方法。

上述这些方法只有在投资评鉴和价值评估过程能够对剩余的有用生命周期和衰退率进行量化时，才能派上用场。

必须指出，与其说评估是一门科学，不如说它是一门跨学科的艺术。对知识产权和无形资产进行评估时，背景是评估者对资产进行现实估价所必须考虑的首要因素。

附件2：研究方法

一、球面观察法

梅·摩西指数（Mei-Moses index）的推出只是记录了艺术品的价值发展轨迹，是回顾性分析。[①] 本研究与此不同，我们采用了由三维分析进一步引申的球面观察法，即以价值满意化（最大化）目标为圆心，而将影响价值的元素（SPP，t，VUP，PO）作为球面的面积。很显然，因应于不

---

① 目的是前瞻性。有关评论：在艺术品交易中，影响价格的因素有很多，决不是指数可以涵盖的。指数细分导致指数偏差更大，根本无法据以实现投资回报，http：//www.chinavalue.net/.

同价值最大化需求（同是价值最大化或满意化，内容却不一样）标的的球面元素面积构成是不一样的。这个“影响元素的面积比”决定着中心的满意类型。该推论很重要，说明资源的存量决定着产品的选型，而资源的全面比较可以更准确地进行产品选型，更准确地提升产品的价值。

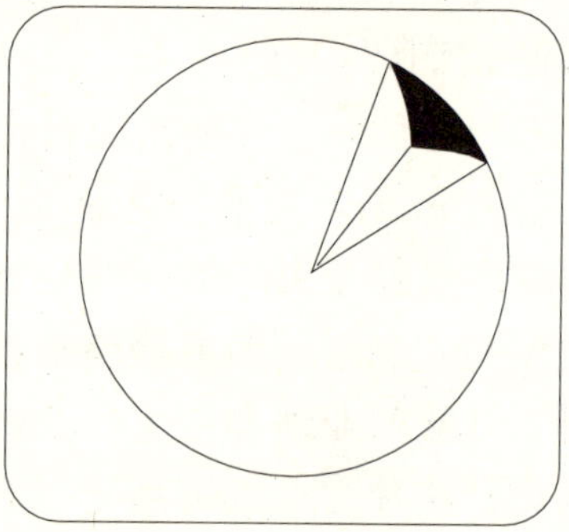

图 1　球面观察法

二、矢量分析法

本研究的难点在于对价值预测可信度的理论论证和实证检验。我们认为，进入市场中的文化产品的价值是矢量（有大小和方向），如时装设计中的流行色就具有鲜明的指向性，景观设计也因应时期（不是时代）而变。我们可以把前文中的时间 t 理解成为“时尚因子”，文化公司资产负债表中的折旧体现了这种变化，用价值变化速度的观点可以对文化资产进行分类分层（德国科隆展览公司干脆将商誉与无形资产放在固定资产栏目中）。这个文化资产价值变化的速度特征我们将从高速变化的时装、广告文本、美展，中高速变化的影视节目，中低速变化的演出曲目以及低速变化的主题公园、博物馆等中分别寻找样本，以说明其角速度特征，并测算时间对价值影响的深度（当然，按测不准原理，这个变化速度的观察值也不尽精确）。

三、冰山模型

银行业在开展版权担保贷款时认为：后产品开发的可能性及其方案是获取贷款的重要参考，这实际上又是一个价值“补丁”。这个价值补丁在人力资源价值模型——冰山模型中已经有说明（但是水面下的体积测算与预测是一个问题）。本研究将访谈成功的卡通产品开发商，借鉴银行业、保险业等开展文化产业和高科技产业的实践经验与研究成果，并将借助“冰山模型”示意图说明文化商品的后产品价值（但是系统的统计工作无法完成）。

图2 冰山模型（Iceberg Competency Model）

四、方法比较

方法比较是特别受关注的现行资产价值评估方法。研究者认为，文化产业体系庞大，也不局限在知识产权评估的方法，更不宜用一种评估办法概括全部，以下这些方法的评估效果都值得关注（与本法比较，这是一个研究重点，比较出真知）：

文化资产类型	可能使用的价值评估工具
视听产品、文化设备设施制造业；网络基础建设	成本法，自由现金流法（根据发展阶段与评估背景）
主题公园，文化场馆等	成本法，自由现金流法（根据发展阶段与评估背景）
内容产品	成本加成；市场法（比价）；现金流量折现法
文化上市企业的股价、期权	B－S公式；Gordon模型等，P0＝NA＋D1/（r－g）
工艺美术品	CAMP法；Mei－Meses艺术指数等
新创意产品	风险价值评估模型法等

附件3：成果的应用——创意价值预估实验室建设规划

一、背景与意义

文化创意产品价值评估是交易的基础，但是很多的新人与新作品、新产品进入不了市场，而且市场也不一定能准确、及时地反映创意成果的价值。因此，根据国家文化及相关产品的分类标准与范畴，建立相对科学的价值评估标准与程序，对进入或未进入市场流通领域的创意作品（产品）的价值进行评估，建立新成果价值评估、发布、发行的直接渠道，对优化中小文化企业、微小型文化企业与文化个体的发展环境十分重要。

二、创意价值预估实验室的功能

1. 本实验室不做作品真伪的鉴定，而侧重作品与产品创意的新颖性（与传统比较的差异性）、功用的准确性与美学价值。

2. 本实验室对文化创意新作品、新产品、新方案、新规划等的特性进行整体与细节描述，对作品与新产品进行展示、公开。

3. 本实验室依靠科学的价值评估模型和统计分析原则、权威的专家团队和公众评判，客观、公正地评估文化创意产品的价值。

4. 本实验室通过推出文化创意产业领域的新人、新作品、新产品、新创意、新规划、新技术和新的经营管理模式等，建立具国家影响的文化创意作品和新产品信息发布与评估平台，参与（或组织）艺术类、创意类奖项的评审。

5. 本实验室作为观察创意进步、进行创意创新研究与教学的窗口。

三、预估品的选取对象

对于创作者的年龄、资历、教育背景、专业与地域等，本实验室不作限定。

列入本实验室预估品的选取对象，可以是新创作尚未公开的作品（新产品），也可以是已经公开展示或应用过的作品（产品），或价值已经评估过的作品（产品）。预估品的选取对象见表1：

表1　预估品的选取对象表

序号	分　类	作品（产品）
1	策划方案类	节庆策划方案；开幕式策划方案；展览策划方案；会议策划方案；旅游项目策划方案；娱乐项目策划方案；传统文化保护与开发策划方案；网络文化项目策划方案；体育赛事活动策划方案；教育培训方案等
2	广告创意类	LOGO文案；广告内容创意文案；广告投放渠道与广告绩效提升策划方案；广告新技术应用方案；广告新媒体开发方案等
3	文学作品与影视、戏剧、美术创作文本类	小说、诗歌、小品、词曲、影视剧、戏剧脚本、舞美设计与美术作品等；广播、电视频道的策划等
4	工艺品与时装设计类	手工艺品设计；家具设计；珠宝设计；时装设计；工业包装设计等
5	建筑、装修设计方案	文化地产开发方案；住宅小区规划；室内装潢设计等
6	区域文化产业发展规划类	区域文化产业发展战略；区域历史与自然文化资源保护与开发规划；区域文化产业链规划；文化产业园区规划方案；区域文化产业集聚区规划；文化一条街规划；区域文化市场规划；区域品牌文化产品创建规划等
7	文化企业管理类	文化企业管理新理念；文化企业管理新技术；文化企业跨行业、跨区域与跨国发展战略；文化企业产品开发计划新产品策略；文化企业市场营销策划；文化企业品牌建设方案；文化企业投融资策略等
8	公共文化服务类	公共文化服务规划；公共文化服务的艺术品；公园、绿地、植物园、动物园和其他文化公园与休闲地带规划与创意；群众文化活动项目；广场演出；公共场所电子显示屏策划等

对于金融机构推出的文化服务产品，本实验室也进行追踪、评估，并发表评价意见。

四、静态价值评估模型

对于作品或新产品的本体价值认识，本实验室采用差异性分析、目的性分析与艺术性分析的三维分析体系。

本实验室的价值评估采用与经典作品特征进行比较研究，以及对新作品或新产品差异性评级的半定量分析方法。

价值评估模型的总体框架见正文“作品（新产品）创意价值评估要素表”。

作品（新产品）创意的新颖性用差异性与个性来测量。表 2“创意新颖性（差异性）分析结果表”，是本实验室衡量创意价值的重要工具之一。

表 2　创意新颖性（差异性）分析结果表

<table>
<tr><td rowspan="2">参照系</td><td colspan="5">正差异性（进步因素）</td><td colspan="5">负差异性（不足之处）</td></tr>
<tr><td colspan="3">分级</td><td colspan="2">得分</td><td colspan="2">分级</td><td colspan="3">得分</td></tr>
<tr><td rowspan="3">与参照物 1
（优势特征比较）</td><td colspan="3">显著</td><td colspan="2">+3</td><td colspan="2">不足</td><td colspan="3">-1</td></tr>
<tr><td colspan="3">明显</td><td colspan="2">+2</td><td colspan="2" rowspan="2">显著不足</td><td colspan="3" rowspan="2">-2</td></tr>
<tr><td colspan="3">近似</td><td colspan="2">+1</td></tr>
<tr><td rowspan="3">与参照物 2
（优势特征比较）</td><td colspan="3">显著</td><td colspan="2">+3</td><td colspan="2">不足</td><td colspan="3">-1</td></tr>
<tr><td colspan="3">明显</td><td colspan="2">+2</td><td colspan="2" rowspan="2">显著不足</td><td colspan="3" rowspan="2">-2</td></tr>
<tr><td colspan="3">近似</td><td colspan="2">+1</td></tr>
<tr><td rowspan="3">与参照物 3
（优势特征比较）</td><td colspan="3">显著</td><td colspan="2">+3</td><td colspan="2">不足</td><td colspan="3">-1</td></tr>
<tr><td colspan="3">明显</td><td colspan="2">+2</td><td colspan="2" rowspan="2">显著不足</td><td colspan="3" rowspan="2">-2</td></tr>
<tr><td colspan="3">近似</td><td colspan="2">+1</td></tr>
<tr><td rowspan="3">与参照物 4
（优势特征比较）</td><td colspan="3">显著</td><td colspan="2">+3</td><td colspan="2">不足</td><td colspan="3">-1</td></tr>
<tr><td colspan="3">明显</td><td colspan="2">+2</td><td colspan="2" rowspan="2">显著不足</td><td colspan="3" rowspan="2">-2</td></tr>
<tr><td colspan="3">近似</td><td colspan="2">+1</td></tr>
<tr><td rowspan="3">与参照物 5
（优势特征比较）</td><td colspan="3">显著</td><td colspan="2">+3</td><td colspan="2">不足</td><td colspan="3">-1</td></tr>
<tr><td colspan="3">明显</td><td colspan="2">+2</td><td colspan="2" rowspan="2">显著不足</td><td colspan="3" rowspan="2">-2</td></tr>
<tr><td colspan="3">近似</td><td colspan="2">+1</td></tr>
<tr><td rowspan="3">与参照物 6
（优势特征比较）</td><td colspan="3">显著</td><td colspan="2">+3</td><td colspan="2">不足</td><td colspan="3">-1</td></tr>
<tr><td colspan="3">明显</td><td colspan="2">+2</td><td colspan="2" rowspan="2">显著不足</td><td colspan="3" rowspan="2">-2</td></tr>
<tr><td colspan="3">近似</td><td colspan="2">+1</td></tr>
<tr><td>平均得分</td><td colspan="7"></td><td colspan="3"></td></tr>
<tr><td>总分（得失分相加）</td><td colspan="10"></td></tr>
<tr><td>创意价值定级</td><td colspan="2">+3</td><td colspan="2">+2</td><td colspan="2">+1</td><td colspan="2">-1</td><td colspan="2">-2</td></tr>
<tr><td>当前推荐价格（市价参考）</td><td colspan="10"></td></tr>
<tr><td>未来升值的可能性（收藏价值）</td><td colspan="10"></td></tr>
</table>

创意准确度分析是创意价值分析的重要组成部分。表3“创意准确度分析结果表”用于测量创意的精确性。

表3　创意准确度分析结果表

创意表达与服务目的的一致性	得　分
高度一致、创意明晰	+3
基本一致、创意明晰	+2
基本一致、创意基本明晰	+1
创意与服务目的各自独立	0
创意与服务目的相悖离	-1

注：“创意明晰”指普通大众能理解作品或新产品的含义，由10位随机抽取的互不相识的各自独立的大众评判员阅读作品与新产品并写出对创意的认识，这些评判员事先并不进行创意目的与表意的告知。然后由研究人员拿出创意者本人的表意和创作目的与大众阅读体验进行对照，检查大众评判员的阅读结论与作品（新产品）创意本意的差异性。

如果比较研究发现：

①大众评判员的认识与作者的创意目的全部是一致的，便被认为是“创意明晰”；

②如果评判员之间的认识有分歧，但6个及以上的判定是肯定的，则被认为是“基本明晰”；

③如果其中有6个以上的大众评判员阅读的结果与创意者本人本欲表达的意思或服务目的关系不大，则被认为是“各自独立的”；

④如果其中有6个以上的大众评判员认为创意有损于服务目的，则被认为是“悖离的”。

表4　创意艺术性分析结果表

序号	艺术性指标	指标构成	评价等级	得分
1	艺术形象	鲜明性	鲜明	+2
			普通	+1
		典型性	典型	+2
			普通	+1

续　表

序号	艺术性指标	指标构成	评价等级	得分
2	艺术情节	生动性	生动	+2
			一般	+1
		曲折性	曲折	+2
			普通	+1
3	艺术结构	严谨性	严谨	+1
			松散	0
		完整性	完整	+1
			不完整	0
4	艺术语言	准确性	准确	+1
			不准确	0
		鲜明性	鲜明	+1
			不鲜明	0
5	艺术手法	精当性	精当	+1
			不精当	0
		多样性	多样	+2
			单一	+1
6	艺术表现	地域特色及民族性	鲜明	+1
			不鲜明	0
		独创性	独创	+2
			略有创新	+1
			雷同	0

艺术性作为对一部艺术作品艺术价值的衡量标准，主要是指在艺术处理、艺术表现方面所达到的完美程度。它一般包括：艺术形象的鲜明具体性和典型性；艺术情节的生动性和曲折性；艺术结构的严谨性和完整性；艺术语言的准确性和鲜明性；艺术手法的精当性和多样性；艺术表现的民族性和独创性等。各门艺术的艺术性的表现是不同的。在造型艺术中，艺术性主要表现在通过线条、色彩、光线效果、布局和对比度

等表现艺术家审美意境所达到的程度；在音乐艺术中，艺术性则主要体现为一系列乐音所构成的旋律、节奏在抒发音乐情思时所具有的表现力。艺术性有高低之分、程度之差、雅俗之别。艺术品的艺术性愈高，其感染力就愈强，也就愈能发挥艺术的社会作用。①

创意艺术性分析需要专家的意见。专家必须具有一定的职称与专业地位。由五位以上相应行业的专家对作品（新产品）的艺术性作出结论并评分，然后根据得分的均数作出艺术性等级定位。艺术性等级根据表4“创意艺术性分析结果表”得分统计进行定位，共分四级（见表5）：

表5 作品（新产品）艺术性评级

得　分	等　级
15 ~ 18	分高艺术性
10 ~ 14	分较高艺术性
5 ~ 9	艺术水平中等
0 ~ 4	艺术性不足

五、价值评估程序与申请表格

1. 填写作品与产品价值预估申请表（格式见附表1）。

2. 提交两份以上同类作品（实样），以便分析创作思路与创意特征；如无成型的作品与产品，可提供创意与大纲。

3. 作品与产品寄送的方式，原则上是先在网上发送照片与资料，如本实验室认为必要，再寄送评估标的物。

4. 本实验室作出评价与不评价的第一结论（不评价的作品或新产品不意味着低价值，只是参照物的选取有困难或其他原因）。对于暂时不便进行价值评估的作品与新产品，本实验室将通知申请人。

5. 对于纳入评估范畴的作品或新产品，根据整体或特征部分评估的需要，选取价值评估的参照物（5件以上）。

6. 本实验室的评估重点在于创意创新与美学功能。创意创新通过与

① http：//baike. baidu. com/view/78869. htm.

传统或典范作品的特征性成就的比较，用半定量化的正负差异性表达（正差异性代表进步，负差异性代表不足）。

7. 依据价值评估模型，确定得分与静态价值（当时价值）与价值升值的预期。

8. 通过媒体公布价值评估结果。

9. 对于价值评估结果的意见或建议，以及作者本人的修改稿，如有必要，再行公布（相当于二次创意）。

10. 评估活动结束后，本实验室颁发《北京大学文化产业研究院创意价值预估实验室文化创意作品与新产品价值预估结果公布表》给申请人。

11. 本实验室价值评估收费根据评估的复杂性决定（部分评估不收费）。

12. 本实验室的评估方法申请专利，受知识产权法保护。

附表 1：北京大学文化产业研究院创意价值预估实验室

文化创意作品与新产品价值预估申请表

申请人姓名__________年龄__________身份证号________________

通信地址________________________邮编________________

电话________________电子邮箱______________________

工作单位__________________在读学校____________________

专业________________________特长________________________

本次提交的作品（新产品）名称________________________________

本作品（新产品）创意特征及意义描述____________________________

____

____

作品（新产品）版权或产权所有人______________________________

本次价值评估的范围：1. 整体评价；2. 局部评价（请注明具体评价要求________

________）；3. 其他评价要求____________________________________

本次价值评估的目的：______________________________________

申请日期__________________申请人签名____________________

六、预估品公开的媒体

本实验室不负责作品的保密与知识产权保护，相反，要对作品与产品进行公开，获取多方面的评价，并将预估作品和产品的信息与评估结果刊载在以下媒体上：

1. 北京大学文化产业研究院网站创意价值预估实验室窗口。
2. 《北京商报》文化创意产业周刊。
3. 北京市发展改革与计划委员会《投资北京》杂志。
4. 本实验室定期出版的专刊。

七、参照系数据库内容规划

根据预估对象的范畴，本实验室计划建立比较完整的经典参照系数据库。原则是采用5∶1的比例，对一类创意事先收集5个以上的同类（近似）经典作品供评审对照之用，重点测度其间的创意差异性，比较其艺术性成就和表意的准确性。

鉴于创意参照系数据库庞大，本实验室将采取与电影资料馆、国家数字图书馆、北京大学图书馆以及各行业图书馆、资料馆、档案馆和博物馆等联网的办法，共享经典资源。

创意参照系数据库内容第一期规划如下：

表6　创意参照系数据库内容第一期规划

序号	分　类	储备的创意经典作品（产品）
1	策划方案类	节庆策划方案；开幕式策划方案；展览策划方案；会议策划方案；旅游项目策划方案；娱乐项目策划方案；传统文化保护与开发策划方案；网络文化项目策划；体育赛事活动策划方案；教育培训方案等
2	广告创意类	LOGO文案；广告内容创意文案；广告投放渠道与广告绩效提升策划方案；广告新技术应用方案；广告新媒体开发方案等
3	文学作品与影视、戏剧、美术创作文本类	小说、诗歌、小品、词曲、影视剧、戏剧脚本、舞美设计与美术作品等；广播、电视频道的策划等
4	工艺品与时装设计类	手工艺品设计；家具设计；珠宝设计；时装设计；工业包装设计等
5	建筑、装修设计方案	文化地产开发方案；住宅小区规划；室内装潢设计等

续　表

序号	分类	储备的创意经典作品（产品）
6	区域文化产业发展规划类	区域文化产业发展战略；区域历史与自然文化资源保护与开发规划；区域文化产业链规划；文化产业园区规划方案；区域文化产业集聚区规划；文化一条街规划；区域文化市场规划；区域品牌文化产品创建规划等
7	文化企业管理类	文化企业管理新理念；文化企业管理新技术；文化企业跨行业、跨区域与跨国发展战略；文化企业产品开发计划新产品策略；文化企业市场营销策划；文化企业品牌建设方案；文化企业投融资策略等
8	公共文化服务类	公共文化服务规划；公共文化服务的艺术品；公园、绿地、植物园、动物园和其他文化公园与休闲地带规划与创意；群众文化活动项目；广场演出；公共场所电子显示屏策划等

八、对于价值评估结果异议的处理

1. 如申请者事先提出保留价值预估结果公布的权利，则本实验室将不公布有关评估结果。

2. 对于价值评估结果的意见与建议（本人或他人），以上媒体公开发表，新的观点可认为是二次创意。

附表2：北京大学文化产业研究院创意价值预估实验室

文化创意作品与新产品价值预估结果公布表

作品（新产品）登记号

申请人姓名________年龄_____身份证号____________________

本次提交的作品（新产品）名称____________________________

评估方选定的参照物的名称 1. _____ 2. _____ 3. _____ 4. _____ 5. _____

作品（新产品）创意价值分析统计结果表

评估指标	得分	价值等级
创意差异性分析结果（满分 +3 分）		
创意准确度分析结果（满分 +3 分）		
创意艺术性分析结果（满分 +18 分）		

本次价值评估的结论。

1. 本体价值＿＿＿＿＿＿＿＿＿＿＿＿＿＿＿＿＿＿＿＿＿＿＿＿＿。

2. 衍生品开发价值＿＿＿＿＿＿＿＿＿＿＿＿＿＿＿＿＿＿＿＿＿＿。

3. 增值预期（收藏价值）：（1）较高；（2）不确定。

4. 总价值：（1）高；（2）较高；（3）一般；（4）不足。

5. 市场推广与投融资建议：

（1）市场参考价：＿＿＿＿＿＿＿＿＿＿＿＿＿＿＿＿＿＿＿＿＿。

（2）投资/融资建议：＿＿＿＿＿＿＿＿＿＿＿＿＿＿＿＿＿＿＿＿。

评估日期

评审负责人签名

课题组成员名单

课题负责人：

向　勇　北京大学国家文化产业创新与发展研究基地副主任，研究员

课题组成员：

周城雄　北京大学国家文化产业创新与发展研究基地副研究员

喻文益　北京大学国家文化产业创新与发展研究基地研究员

周庆山　北京大学国家文化产业创新与发展研究基地研究员

重大文化产业项目带动战略研究

南京大学国家文化产业研究中心

引 言

随着经济全球化、信息化趋势的增强，文化产业正在成为继信息产业之后迅速崛起的“朝阳产业”，具有较快的发展速度和较大的利润空间，其发展水平已成为衡量一个国家或地区综合实力的重要标志。大力发展文化生产力，大力发展文化产业，不仅是满足人民群众日益增长的精神文化需求，落实科学发展观、构建和谐社会的必然要求，而且有利于培育新的经济增长点、提升产业结构和转变增长方式，对于增强城市整体实力和综合竞争力、加快人才培养、构建和谐社会也具有十分重要的战略意义。党的十七大报告提出“大力发展文化产业，实施重大文化产业项目带动战略，加快文化产业基地和区域性特色文化产业群建设，培育文化产业骨干企业和战略投资者，繁荣文化市场，增强国际竞争力”的论断，表明我国的文化产业经过近年来的发展，开始跃升到一个新的发展阶段，同时也为我国今后文化产业的发展提出了具体的指导原则。文化产业发展的关键是如何将地方文化资源转化为文化产业项目，从而实现开发利用。毋庸置疑，文化产业项目，尤其是重大文化产业项目是文化资源与文化产品之间的重要环节。在发展道路上，关键是如何将地方文化资源转化为文化产业项目，从而开发利用。文化产业项目，特别是重大文化产业项目是资源与生产之间的重要一环。通过项目，使文化产业资源转换为文化产业产品；通过重大项目的带动作用，产生扩散力和溢出效应，带动区域文化产业竞争力的提升，实现对特色文化资源的科学、有效、合理配置和开发利用，使之转化为文化产业优势和竞争优势，使文化产业健康、有序、协调发展。通过本课题研究，以期为新的历史时期我国文化产业发展提供有效的参考和政策建议。

一、重大文化产业项目带动战略的研究背景

20世纪70年代后期，文化的产业化发展开始走上世界经济发展的前台。近年来，在党的十六大、十七大精神的指引下，在第二次全国文化系统文化产业工作会议的推动下，各级党委、政府树立起经济、政治、文化、社会和生态文明建设全面协调发展的观念，将文化产业的发展与全面建设小康社会紧密相连，把文化产业发展列入重要议事日程，切实加大工作力度，使得我国文化产业初现蓬勃发展之势。据了解，全国31个省、自治区、直辖市和新疆建设兵团，以及5个计划单列市都把文化产业作为文化建设的重要抓手，其中23个省、市、区设立了文化产业发展专项资金，14个成立了文化产业协会或促进会。根据有中国特色社会主义文化建设的客观要求和市场经济发展的内在规律，我国文化产业工作者正致力于在实践中探寻推动文化产业发展的有效机制和发展路径。近年的发展表明，文化产业项目，特别是具有地方特色的重大文化产业项目，在引导文化产业向集约化与规模化方向发展、提升文化产业结构以及提高地区文化产业竞争力等方面发挥了重要作用。

（一）重大文化产业项目带动战略的意义

文化产业是全球经济新的战略增长点，是21世纪中国经济最大增量空间。美国的文化产业在国民经济所占比率超过24%，日本高达72%，而我国文化产业所占比例不到5%，未来发展空间巨大。重大文化产业项目通过其对相关产业的溢出效应、辐射效应、集聚效应，不仅将有效提高我国文化产业在国民经济中所占比率，而且是现阶段我国文化产业发展的迫切需求。实施重大项目带动战略主要体现在推介一批重大文化产业项目，确定一批重大文化基础设施建设项目，扶持一批重大新兴业态文化产业项目。大力发展文化产业园区，应提高文化产业的规模化、集约化、专业化水平，加强产业园区和产业集群配套体系建设，优先发展科技含量高、附加值高的新兴文化产业，积极开发数字音乐、网络书刊、互联网服务、电子商务、数字出版和数字教育等新兴业态。

1. 发展重大文化产业项目是落实科学发展观的内在需求

坚持以人为本，全面协调可持续的科学发展观，高度概括和总结了国内外的发展经验，揭示了经济社会发展的客观规律，反映了我们党对

发展问题的最新认识，是我国经济社会发展的重要指导方针，是发展中国特色社会主义必须坚持和贯彻的重大战略思想。科学发展观的提出，从一个新的角度强调了发展文化产业的意义。没有文化的发展，就没有人的全面发展，就没有社会的全面、协调、可持续发展。当代人类社会的发展，不仅是经济的发展，而且是社会的全面进步，其中，文化发展越来越成为社会进步的重要标志，成为国家综合国力的重要组成部分。我们必须在落实科学发展观的基础上，把文化产业发展注入经济社会发展的各个领域，贯穿于现代化建设的全过程，使之成为增强我国文化竞争力和综合国力的重要途径。

2. 实施重大文化产业项目带动战略是提高国家文化软实力的现实需要

十七大报告指出："提高国家文化软实力，使人民基本文化权益得到更好保障，使社会文化生活更加丰富多彩，使人民精神风貌更加昂扬向上。"文化软实力作为现代社会发展的精神动力、智力支持和思想保证，越来越成为民族凝聚力和创造力的重要源泉，越来越成为综合国力竞争的重要因素。在以市场化手段提供主要文化产品和服务的社会主义市场经济条件下，发展文化产业是提升文化软实力的基本途径。从国际经验看，经济发达国家都十分重视把文化产业作为增强文化软实力最重要的途径。美国、英国、韩国等多个国家都通过政府的计划来推动重大文化产业项目的形成和实施。以文化产业作为支柱产业的美国，在文化产业的各个领域都具有全球领先地位。电影、图书、音乐、动画、游戏、体育、主题公园和其他衍生产品的开发与销售，成为美国力量的象征，不仅为其带来巨大的经济效益，更展示了其渗透力极强的软实力；英国的文化产业在英国国内通称创意工业，其增长速度比其经济增长速度快约两倍，每年可带来约 600 亿英镑的营业额和 80 亿英镑的出口额；1998 年韩国提出"文化立国"战略，先后颁布了《国民政府新文化政策》、《文化产业推进计划》等十几部法律、法规，并成立了韩国文化产业振兴院，到 2007 年年底，韩国文化产品的出口额预计将达到 100 亿美元，一跃进入世界文化产业前五强。

3. 重大文化产业项目建设是积极促进文化产业跨越式发展的重要推手

重大文化产业项目因其特有的协调效应、示范效应、集聚效应，使其成为文化产业跨越式发展的主要力量。重大文化产业项目的规划和实施是一个系统工程，往往涉及若干地区文化资源的配置以及不同部门之间利益分配问题，项目的规划和实施有助于不同部门不同地区之间利益的快速协调，主要从以下三方面实现：第一，重大文化产业项目有助于实现文化产业跨地区战略重组，培育形成全国区域性大型文化产业骨干企业，增强参与国际竞争能力；第二，重大文化产业项目的跨地区合作有助于打破行政区划限制，建立全国统一、开放、竞争、有序的文化产业市场体系，推动我国文化产业的跨越式发展；第三，重大文化产业项目的建设有利于通过市场机制对跨地区同质资产实现有效配置，有助于节约成本，实现互利共赢。

强大的市场主体是产业发展的制高点，而项目建设是文化产业发展的根本，抓住了项目，就抓住了文化产业跨越发展的突破口。重大文化产业项目具有示范效应、集聚效应，其能带动招商引资、聚集发展要素、扩大产业规模，为文化产业发展积蓄力量。

（二）重大文化产业项目发展概况

2004 年以来，文化部先后命名了三批 137 个国家文化产业示范基地，并制定下发了《国家文化产业示范基地评选命名管理办法》。全国 22 个省、市、自治区先后制定了《文化产业示范基地评选命名管理办法》，共评出 429 个省级文化产业示范基地。这一系列重要举措有效地培育了市场主体，使一批有较强实力、竞争力、影响力和自主创新能力的文化企业和企业集团迅速崛起。为更好的发挥文化产业的集聚效应，引导文化产业向集约化、规模化发展，2007 年 6 月和 2008 年 5 月，文化部先后命名西安曲江新区和华侨城集团公司、曲阜新区文化产业园和沈阳棋盘山开发区为第一批和第二批国家级文化产业示范园区。在“首届全国文化企业 30 强”评选活动中，文化艺术类的前 10 强企业都是文化部命名的国家文化产业示范基地，国家、省级文化产业示范基地和国家级文化产业示范园区都有效发挥了协调、示范、集聚、辐射和带动作用，成为文化产业的知名品牌，产生了较好的文化效应、经济效应和社会效应，推动了各省、市、自治区文化产业的跨越式发展。

陕西省充分挖掘和整合陕西、西安的历史文化资源，将文艺演出、文化旅游、民间艺术品等作为文化产业领域的发展重点，降低门槛，简化手续，大力支持民营文化企业发展文化产业。其中，西安市曲江新区以“200 亿打造西部第一文化品牌”为目标，以盛唐文化为品牌，以资源整合为手段，坚持“国家化、市场化、人文化、生态化”的发展理念，策划并实施了大雁塔北广场、大唐芙蓉园等一批重大文化项目，促进了区域和产业的发展。此外，曲江新区成功组建和运营了曲江演出集团、影视集团等六大文化产业集团，实现文化产业和资本市场的对接，全面促进文化产业跨越式发展。

江苏文化产业项目带动战略成效显著，全省 2007 年共申报项目 362 个，通过审查，初步确定的文化产业项目共有 262 个，其中动漫和网络文化类 73 个、文化艺术服务类 53 个、广播影视类 48 个、出版发行和版权服务类 54 个、文化产业园区类 32 个，所有通过审查的项目总投资额为 216.3 亿元。目前已确定对五大类、83 个重点文化产业项目进行资金扶持，扶持金额在 1.2 亿元以上。文化产业引导资金的设立和运用，有力地促进了重大文化产业项目的建设。同时，句容秦淮花灯、南京云锦等部分项目推动了非物质文化遗产的传承和保护。此外，江苏正加快文化产业示范基地建设，期望进一步发挥园区对文化产业发展的集聚和带动作用。

山东省为实施重大文化产业项目带动战略，一是组织开展了文化产业 2008 重点投融资项目征集活动，将征集到的 50 余个重点投融资项目纳入国家文化产业项目资源库。二是开展了全省文化艺术节庆活动专项调查。截至 2007 年底，共征集各地文化艺术节庆活动项目 123 个，用以建立山东省文化艺术节庆活动资源库。三是集中推介全省文化产业项目，打造文化产品和服务的展示、交易、合作平台，为各类资本投资山东文化产业提供全面、便捷、有效的服务。

湖南省在积极开展了文化产业项目招商引资的同时，加强了对文化产业开发项目的跟踪管理，以引导金融机构加大对文化产业基地和龙头骨干企业的信贷支持力度，切实解决融资瓶颈问题。进一步整合了宏梦卡通、三辰卡通和金鹰卡通频道三家动漫企业资源，积极运作上市，以壮大发展全省动漫产业。此外，该省还以演艺业为核心，组建了湖湘文化产业集团，成为文化产业发展的生力军。

安徽省把发展动漫产业和动漫产业群作为重大的文化项目来建设。动漫产业的发展是文化产业的一个重要内容，以此来推进未成年人思想道德建设，满足人民群众日益增长的精神文化需求，促进社会主义先进文化的繁荣发展，改变经济增长方式，培育出新的经济增长点。在美国、日本等国外动漫一统天下的情况下，安徽省发展民族动漫，让优秀的文化通过动漫这个载体武装下一代。安徽省委、省政府重视文化产业发展，提出从文化大省向文化强省跨越的发展战略，把动漫在内的文化产业列入了“十一五”重大项目中，而且“861”项目中也有不少重点文化项目。省委、省政府出台了一系列的配套政策，包括产业、投资融资、科技研发、创新、基础硬件建设等方面的扶持性政策等，要把安徽省打造成全国重要的动漫基地。

云南省实施重大文化产业项目带动战略，鼓励社会资本进入文化产业发展领域，促进文化产业多元化发展，加大招商引资力度，以项目建设和项目运作的方式开发民族文化资源。云南省先后到上海、深圳、香港、北京等地宣传推介。目前，全省文化产业项目库已收集到文化产业项目1 259 个，拟投资总额达1 364 亿元，截至2006 年已签约项目283 个，实际实施268 个，实际到位资金99. 09 亿元，一批重点项目正在建设或已建成。经国家广电总局批准，全国最大规模的“东方影城”落户昆明，投资16 亿元的中国禄丰世界恐龙谷于今年4 月开业。这些大项目的建设和实施整体上带动了全省文化产业的发展。同时，坚持“社会资本投入、政府引导扶持、企业经营运作”的发展思路，使社会资本在文化产业投资领域充分涌流。从2004 年到现在，云南省已经实施的文化产业项目达77 个，投资总额累计达131 亿多元。社会资本引入给云南省文化产业带来勃勃的生机和旺盛的生命力，尤其是民营文化企业的发展显示出旺盛的活力。如以演艺为主的云南吉鑫集团股份有限公司已发展成为云南省文化产品跨度最广的民营文化企业，且其正努力打造成为我国最大的民间演艺集团。

党的十七大以来，为推动文化大发展大繁荣，全国各地高度重视文化产业发展，设立文化产业专项资金，保障文化产业投融资渠道通畅。各省市积极实施重大文化产业项目带动战略，紧紧依托本地文化资源，努力将资源优势转化为产业优势，推动文化产业的发展。尽管如此，各地区还存在一定的同质竞争问题，缺乏互补性和错位发展的远见，造成了资源浪费和恶性竞争，因此需要高起点规划引领，明确各省市重大文化产业项目带动战略的发展脉络。

二、重大文化产业项目带动战略的研究

自 20 世纪 90 年代以来，文化产业以其独特的魅力和惊人的成长性吸引了全球的目光。越来越多的国家开始将文化产业视为一种战略产业加以谋划和推动。时至今日，文化产业在一些发达国家已经成为一项重要的支柱产业，不仅推动着本国经济的发展，而且提升了国家参与世界竞争的“软实力”。从前景来看，文化产业具有广阔的发展空间，有着“无烟产业”、“朝阳产业”的美誉。大力发展文化产业，已经成为全球方兴未艾的大趋势。

（一）重大文化产业项目带动战略的实施背景

文化产业是生产文化产品、提供文化服务的同类或具有密切替代关系的产品、服务的企业的集合。文化产业渗透性强，具有很强的外溢效应，在转变经济增长方式、实现产业结构优化、扩大就业等方面发挥着巨大作用。文化产业作为一种国家文化的基本形态，不仅是提升国家参与世界竞争的“软实力”之一，而且越来越成为一种强大的产业实体。

世界范围的产业结构调整和经济全球化浪潮中，发达国家依仗自身雄厚的经济实力，通过掌握文化产业的话语权和规则制定权，逐步推动全球文化产业向垄断化、规模化和高投入、高科技化发展，从而更加巩固了发达国家在文化产业方面的垄断地位。目前，美国在线—时代华纳、迪斯尼、贝塔斯曼、新闻集团、索尼等九大巨头已成为世界文化产业格局中的“第一世界”，九巨头中五家是美国公司。美国传媒业控制了世界 75% 的电视节目和 60% 的广播节目的生产与制作，美国片源在许多第三世界国家的电视节目中高达 60% 至 80%。美国利用其在文化产业方面的垄断地位，通过在全球推行新自由主义来兜售本国的文化制品，贩卖其生活形态。

借助 PEST 模型（图 1）总结文化产业基本现状：文化产业在政策（policy）层面上已经得到足够的重视，这对文化产业的持续发展发挥着有利的作用；整体社会经济（economics）发展的良好态势也给文化产业的发展带来了机遇；社会（social）对于文化产业及产品的认知度逐步提高；企业对科研的投入和研究成果，使得高新技术带动文化产业的发展成为可能。

西方发达国家在工业化相当发达的基础上，第三产业所占的比重越来越大，文化产业正在创造巨大的经济效益，并成为一国经济发展的新

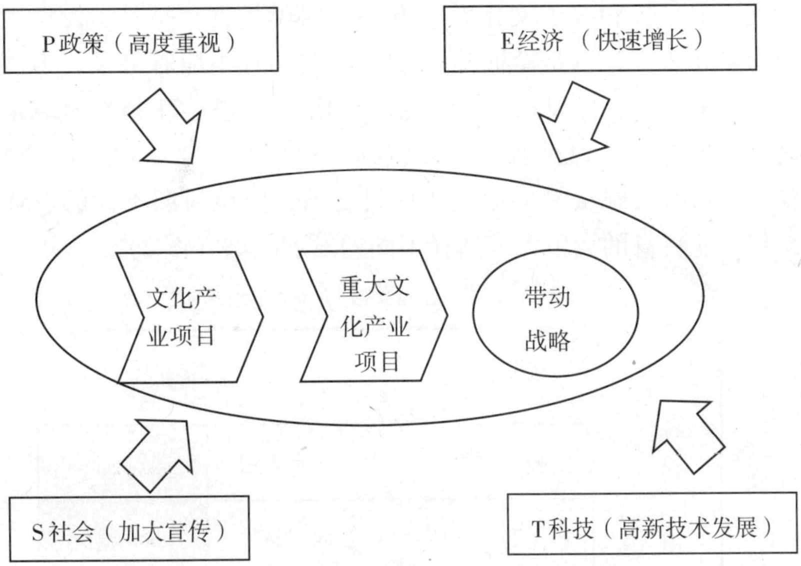

图1　文化产业PEST模型分析

引擎。以美国为首的西方国家率先将文化产业作为推动经济发展的战略性产业。在美国的城市中，从事文化产业相关工作的人数达到1 700万，而英国城市文化产业的平均发展速度是经济增长的两倍，目前城市文化产业年产值接近600亿英镑。面对激烈的市场竞争，在经济全球化过程中，文化产业的发展必将成为各国参与竞争的利器之一。

近年来，我国政府也日益重视文化产业的发展，并力图使其成为未来中国经济新的增长点。并且，加大了对文化产业的投入力度，出台了文化产业发展的相关政策文件，为文化企业的发展注入了新的活力。但就整体而言，我国的文化产业发展仍处于起步阶段，还存在着许多体制、观念上的制约，文化产品、服务的供给相对不足，不能满足人们日益增长的文化消费需求。总之，我国文化产业还有着巨大的发展空间。

（二）重大文化产业项目的战略选择

文化是民族的血脉和灵魂，是国家繁荣振兴的力量源泉。当今世界，文化越来越与经济、政治相互融合，成为反映一个国家核心竞争力的重要因素，成为代表一个社会文明程度的显著标志，成为衡量一个地区人民生活质量的主要内容。党的十七大作出的兴起社会主义文化建设新高潮、推动社会主义文化大发展大繁荣的重大战略部署，充分反映了我们党对时代发展趋势和我国文化发展方位的科学把握，是科学发展观在文化领域的生动体现，也是全面建设小康社会的题中应有之义，为当前和今后一个时期的文化建设指明了方向。文化产业将是 21 世纪全球最大的产业之一，也将成为 21 世纪中国经济的支柱产业。

各个省市在实施重大文化产业项目之前，应该对照不同的产业吸引力和文化企业自身的竞争力来选择不同的发展战略（图 2）。

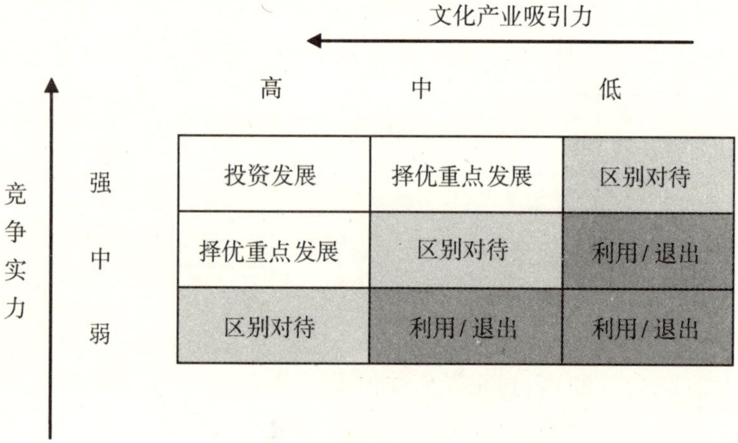

图 2　文化产业的战略选择

文化产业吸引力取决于外部环境因素，如市场容量、市场增长率、行业竞争结构、进入壁垒、行业盈利能力等；竞争能力取决于企业内部的各项可控因素，如市场占有率、制造和营销力量、研究与开发力量、财力、质量与管理素质等。

基于不同的文化资源和战略分析结果（见下表），如果该文化产业项目属于扩张类即该项目具有较强的竞争地位和较为广阔的发展前途，则应该重点发展；如果产业吸引力和竞争力属于中等水平，该项目的竞争地位和行业前景都处于中间状态，则采用维持战略；如果两个指标偏弱，该项目行业吸引力和竞争力都偏低，最好退出该行业，进行重新的资源整合。

文化产业项目的战略类型选择

扩张类	具有较强的竞争地位，所处行业也很有发展前途，应采取扩张战略。（白色区域）
维持类	竞争地位和行业前景处于中间状态，宜采取维持战略。（灰度区域）
回收类	行业吸引力和竞争能力都很低，应采取回收战略。（深灰色区域）

文化产业的特性决定了一个地区文化产业的发达程度与文化消费水平并不必然和当地的经济发展水准成正比，一个卓有成效的文化产业项目可以成为当地经济发展的重大契机。例如，浙江横店是一个自然资源匮乏、交通闭塞的山村小镇，十年前还默默无闻，但如今已被成功改造成国内最大的影片生产基地和亚洲规划最大的影视剧拍摄基地，被称为“中国好莱坞”。这样一个完全不具备先天文化资源优势的小镇，发展成为一个集影视创作、拍摄、制作、发行、交易于一体的中国影视产业集群区，为我国各地发展文化产业提供了借鉴、应用和推广的价值。

（三）重大文化产业项目的实施框架

重大文化产业项目的发展是基于三个层面的共同作用，它们分别是：第一，令人满意的生活质量；第二，有效的产业集群；第三，优良的商业环境支撑。三者互相联系，缺一不可（图3）。有效的产业集群应该体现重大文化产业项目的发展具有集聚效应、分工协作效应、竞争自强效应、协调效应、网络效应和区域品牌效应；而良好的商业环境则包含人力资源的充足性、技术的接近性、法律法规的完善性、财务资金的可得性和基础设施的先进性。

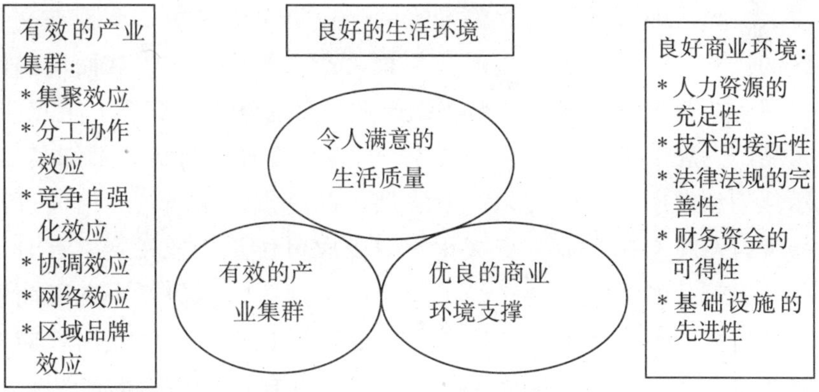

图3　文化产业项目发展框架

当今世界，全球化发展已成为一种重要趋势，这给文化产业发展带来了重大而深刻的影响，而且国外文化资本和先进技术的涌入为推动我国文化产业的蓬勃发展提供了良好的发展环境。加之我国有着历史悠久、底蕴深厚的传统文化和丰富的人文、自然资源，是我国文化产业发展取之不尽的宝库。据预测，截至 2007 年底，我国文化产业的潜在消费能力将达到 8 500 亿元。我国有 13 亿人口，随着改革开放和现代化建设目标的逐步实现，文化消费将成倍增长，文化市场有着巨大的发展潜力，我国文化产业所具有的这些优势为其自身的发展奠定了良好的基础。我们有理由坚信，通过我国文化的大发展，我国的文化产业必将走向世界，必将成为我国国民经济的又一个新经济增长点，必将成为创造社会财富的又一个新源泉。

三、重大文化产业项目带动战略的九大效应

发展文化产业，是繁荣先进文化、建设和谐文化、满足人民群众精神文化需求的重要途径。同时，发展文化产业，促进文化与经济相互融合，也是调整经济结构、转变增长方式的必然选择，是抢占制高点、增强国际竞争力的迫切要求。推动重大文化产业项目的带动战略是发展文化产业的重要思路和途径，重大文化产业项目带动战略包含九大效应：产业集聚效应、品牌效应、示范效应、会展经济效应、价值溢出效应、和谐文化效应、人才高地构建效应、内容为核效应和外向带动效应。

重大文化产业项目带动战略带来的产业集聚效应主要体现在文化产业园区的设立上，它能够促进产业集聚，产生集聚效应，从而增进区域经济发展；示范效应体现在重大文化产业项目能够集中资源，重点突破，打造精品，发展一批优势产业、扶持一批龙头企业、打造一批知名品牌，形成示范带动效应，抢占文化产业发展的制高点；品牌效应指通过打造文化品牌，发展文化产业，把文化资源变成可传承、能发展、有时代气息、有经济效益的产业；会展经济效应指发挥区位优势，实现以商引资会友，促进会展经济发展，培育文化产业新增长点；价值溢出效应体现在文化产业的经济意义以及对社会生产发展的推动作用变得越来越突出，成为带动一国经济发展的重要原动力；人才高地构建效应指重大文化产业项目的实施能够促进文化人才培养，实现人才的区域性聚集；内容为核效应是重大文化产业发展的未来方向和趋势；外向带动战略是文化产业持续发展的必然道路。

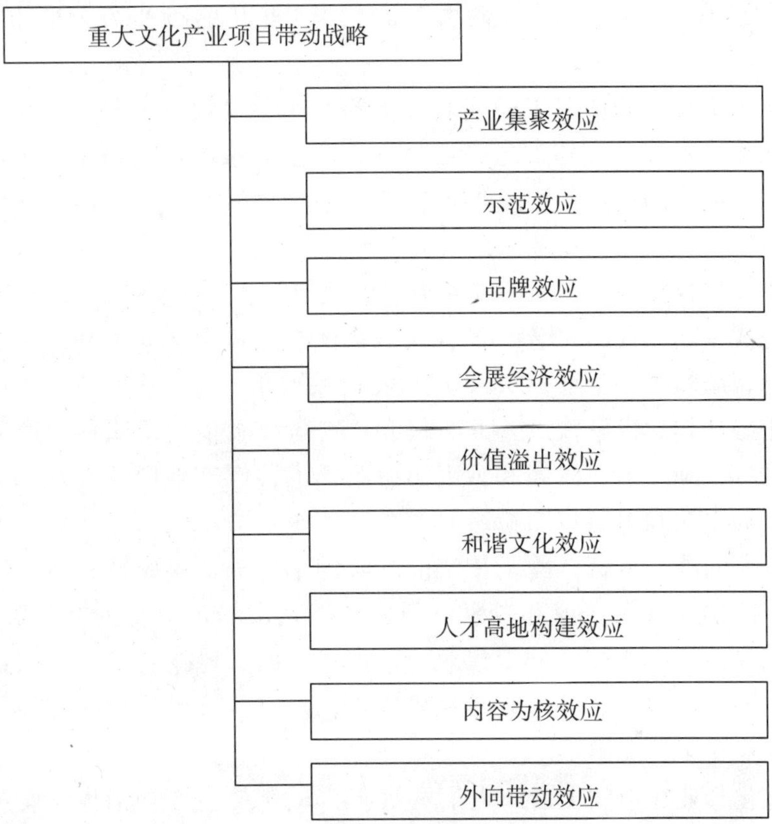

图4　重大文化产业项目带动战略的效应

（一）重大文化产业项目的产业集聚效应

产业集聚战略要求引导要素产业和相关产业向文化产业聚集，着力培育一批各具特色的产业集群，构建配套完善的综合产业体系，实现资源共享、设施共用、信息互通、功能互补，放大聚集效应，推动文化产业的协调互动发展。

我国文化产业集群化发展趋势日益明显，产业集聚效应初步显现。2007年首批命名“国家级文化产业示范园区”的西安曲江新区管委会，在挖掘历史文化资源、打造中国最大的唐文化展示区上优势明显。另一个命名“国家级文化产业示范园区”的华侨城集团公司，从在深圳兴建中国第一个主题公园——锦绣中华微缩景区起步，相继建成锦绣中华、中国民俗文化村、世界之窗、欢乐谷等主题公园，形成了一个集文化、旅游、娱乐、休闲、体育、购物于一体的，面积近15平方公里的国家级文化产业示范园区。

重大文化产业项目带动战略带来的产业集聚效应主要体现在文化产业园区的设立，它能够促进产业集聚，产生集聚效应，带来资金流、信息流、人才流的迅速集中。2008年是出版产业基地、产业园区建设的新高潮时期。山西出版产业园总投资3.5亿元，计划在2008年完成一期工程建设；总投资达6亿元的湖北长江出版传媒集团生产流通基地2008年计划完成一期工程的60%；浙江出版集团投资近9亿元的浙江义务教育教材综合出版生产基地2008年成为建设关键年；重庆出版集团出版传媒创意中心计划总投资大约为6.5亿元；安徽出版集团出版传媒产业园也已经挂牌；湖南出版集团和云南出版集团的传媒产业园正在规划中。在以图书为主业和出版集团纷纷向“出版传媒”方向转型的当下，要实现做强做大的战略目标，除了传统的品牌图书之外，还要拥有最尖端的东西，即能带来巨大产值和较强竞争力、巨大市场占有率的文化类产品。这就需要通过产业园区的聚集效应，把优秀的、科技含量高的项目引入园区，带动出版文化类企业的强势成长，增加其抗风险的能力和与国外同类企业竞争的能力。

文化产业在空间上会产生集聚效应。Scott从生产和销售角度进行了分析文化产业在空间上出现集聚的趋势。从生产角度来看，文化产业有五个主要的技术组织上的特征：对大量有技巧劳动力的需求；生产的组织总是通过强烈相互依赖的中小尺度公司形成的浓密网络来进行；众多形成网络的公司因其多方面的产业内容，激发了对多种人才的需求；众多公司形成的产业联合体有许多外来经济的参与；联合体也依赖于一系列制度体制的成功运行，如提供企业一般管理费，支持信息流动，促进生产者之间的信任和合作，等等。由于这五个方面的特征，企业间表现出强烈的相互联结性，结果导致产业集聚成团。从销售角度来看，当地小生产者网络更愿意加入到那些被巨大的文化媒体团块控制的全球销售网络中，结果文化产业延伸形成一个地方和全球密切联系的有影响的区域。因此，文化产业通常表现为在特定的城市空间形成高度的集聚成团倾向，而且这种空间集聚特征日益明显，许多文化产业园区由此产生。作为重大项目代表的文化产业园区，由于具备有外部经济效应、交易成本降低效应，从而可以进一步促进产业集聚，成为推动地方经济发展的“加速器”。

文化产业园区作为文化产业集聚区，其形成机制中外部经济效应也是其重要机理之一。主要体现为：第一，外部规模经济效应。在文化产业园区内，由于外部服务容易得到，交易成本低，因此大量的文化企业可集中实行专业化。它们可以共享当地的辅助性工业提供的专业化服务、共同的基础设施以及劳动力供给和培训所带来的成本节约。第二，外部范围经济效应。文化产业园区内大量的企业组成一条完整的生产链，而企业又大都分布在其中的某一个生产功能区，企业可通过垂直联系及时获得与供应商、客户之间的业务联系，通过水平联系可以借助分包商的生产能力，控制分包商的产品质量。

文化产业集聚形成的另一个重要机制来自于交易成本降低，主要体现为：第一，文化产业园区降低了交易伙伴之间的不确定性，从而降低了交易成本。文化产业供应商、生产商和销售商都聚集于同一空间，可以有效地降低文化生产者与供应商或销售商之间市场信息或生产信息不对称的程度。此外，园区的固定性和长期性便于交易者相互之间进行了解和进行行为预期；园区内提供的中介服务，使交易者通过中介可以更快地了解交易伙伴；园区公示的制度、规范和园区文化等可以增强交易者对园区环境的了解，等等。这些因素的影响都减少了交易伙伴及环境的不确定性，从而降低了交易成本。第二，文化产业园区能减少交易者的专用性资产，从而降低交易成本。例如，某电影制片商为了拍某部影片而专门投资建立的场景基地，是一项专用性资产。如果该电影制片商进入一家电影产业集聚区，那么就可能不必投资建立这项专用性资产。因为集聚区能提供可改建的场景基地出租服务，而且园区能提供资产转让平台，使得交易者可以提供资产转让收回或部分地收回沉没的专用性资产。由此，文化产业园区能通过减少交易者的专用性资产降低交易成本。

文化产业的特性决定了一个地区文化产业的发达程度与文化消费水平并不必然和当地的经济发展水准成正比，一个卓有成效的文化产业项目可以成为当地经济发展的重大契机。

（二）重大文化产业项目的示范效应

文化产业虽属于“朝阳产业”，但具有投入周期长、产出效应滞后的特点。在政府财力有限、资本渠道狭窄的初期，政府扶持不可能面面俱到，而重大文化产业项目能够集中资源，重点突破，打造精品，发展一批优势产业、扶持一批龙头企业、打造一批知名品牌，形成示范带动效应，抢占文化产业发展的制高点。

随着城市富裕阶层及中产阶层的出现，产生对娱乐、休闲等设施与产品服务的需求，促进了休闲场馆与体育中心等大型工程项目的发展。1984 年美国洛杉矶奥运会就是文体赛会项目的典型范例。此外，世博会则一直被誉为“经济、文化、科技领域的奥运会”和推动经济社会发展的“加速器”。很多国家在经济高速增长期，均先后举办过奥运会和世博会，国家、地区竞争力借此迈上新台阶。改革开放以来中国经济持续快速发展。举办大型文体、会展等项目成为区域发展的直接动力，不仅增强了城市及相关地区经济实力，而且对地区的经济增长作出了重要的贡献。重大项目在政府主导下，成为地区跃升发展和建构和谐城市的重要载体，不仅极大促进了地区功能定位和要素合理流动，实现了经济价值理念时空平台转换和区域经济活动平台转换，而且愈来愈显示出在全面推进城市发展进程和调整发展格局中的牵引作用，是提升地区整体价值和综合能力的基础。

1.《丽水金沙》和“印象”系列的示范效应

近年来，各种具有地方特色的演出不断涌现。云南省丽江市的《丽水金沙》至今已演出 2 600 多场，收入 2 亿多元。广西壮族自治区阳朔精心创作的大型山水实景演出《印象·刘三姐》，给观众带来艺术享受的同时，开创了一种新的表演艺术产业化模式，创造了良好的经济效益。截至 2007 年底，该剧已演出 1 430 场，观众达 260 万人次，票房收入 5.2 亿多元，年创利润 3 000 多万元，年均上缴税金 250 多万元。《丽水金沙》和“印象”系列这种立足于本地实际，因地制宜发展具有地方特色的重大文化产业项目在全国范围产生了巨大的示范作用。上海的《时空之旅》、北京的《蝶》、西安的《长恨歌》、云南的《印象·丽江》、杭州的《印象·西湖》、成都的《金沙》以及海南的《印象·海南岛》等，都是这种发展模式的典范。

2. 文化产业项目示范效应的思考

文化产业与其他产业的融合成为当今世界的一种客观趋势，并以无可辩驳的事实展示了其强大的活力和发展后劲。以韩国为例，韩国影视产品走出国门的突出特点之一是，影视产业与其他产业形成了共栖、融合和衍生的互动关系，其连带和波及效益是无法用销售额来估价的。由韩国最知名的影视剧制作公司MBC制作的《冬季恋歌》、《大长今》、《蓝色生死恋》等电视连续剧，在发挥“影星效应”的同时，充分吸收和演绎了时装、美容、美食等文化元素，从而推动了这些行业在海外的发展，形成了韩国“时装热”、“美容热”以及“美食热”。仅2004年一年，就有71万人次的海外游客是直接或间接受到韩国影视剧的影响赴韩国旅游的，这些“影迷”给韩国带去了7.8亿美元的收入。2007年，韩国文化产品的出口额超过100亿美元，占世界文化市场5%的份额。

文化产业在西方国家迅速崛起，并已经成为带动国民经济与区域经济发展的主导产业，产业的轻型化与软化趋势促进了相关国家、相关区域产业结构的优化与升级。我国区域经济发展中的结构性矛盾突出，区域发展不平衡，区际差距继续拉大。在缓解结构性矛盾和缩小地区差距中，开发利用地方特色文化资源，发展文化产业以及其他相关产业，是一些欠发达地区因地制宜实施跨越式发展战略的成功举措。

（三）重大文化产业项目的品牌效应

品牌既是无形资产，也是一笔巨大的财富。它包含着知识产权、企业文化，以及由此形成的商品和信誉。一般来说，有了品牌也就容易塑造企业的形象，反过来说，即如果在品牌的基础上进一步推行企业的整体形象战略，就更有利于品牌的扩展和延伸。在城市化发展进程中，以历史文化资源为载体，通过规模化开发、空间化集聚的形式，为区域经济发展模式、区域社会发展模式、区域文化发展模式找到一条全新的发展道路。重大文化产业项目的品牌效应应该是，通过打造文化品牌，发展文化产业，把文化资源变成可传承、能发展、有时代气息、有经济效益的产业。

1. 孔子文化品牌

山东曲阜以孔子文化品牌为基础，确立以文化引领产业发展，把曲阜打造成“国家历史文化名城、现代化经济强市、国际著名文化旅游胜地、世界儒学研究交流中心”的发展目标。曲阜儒家文化产业园以明代故城1.6平方公里的区域为主，规划发展六大文化品牌产业：孔子文化旅游产业、孔子书画产业、孔子书业、孔府古董工艺品业、孔府餐饮业和博物馆展览业。实施孔子文化品牌带动战略，一是办大办好“孔子文化节”和省文博会，打造经典文化品牌。“国际孔子文化节”在海内外具有广泛的影响，世界范围内的“孔子热”蓬勃兴起，国外孔子学院目前近200所，遍布全球60多个国家。因此，要抓住孔子文化节升格举办的重大历史机遇，扩大规模，丰富活动内容，办大办好，提升开放性和文化品位，将国际孔子文化节办成东方文化的盛典、国际交流会。同时，要转变办节理念，增加市场运作成分，实现“名、利”双收，将文化节和文博会办成文化对外开放的平台，全力打造“经典文化品牌”。

2. 曲江品牌

西安曲江新区以盛唐文化为核心，以资源整合为手段，大融资、大投入、大策划，将唐文化、佛文化、民俗文化、园林建筑文化熔于一炉，构成了独特的曲江文化品牌。继大雁塔周边园林景区、大唐芙蓉园、曲江海洋世界和曲江国际会展中心建成之后，大唐不夜城、曲江池遗址公园、唐城墙遗址公园等30多个文化项目的建设与招商也陆续全面展开。曲江论坛、唐人文化周、《盛典西安》、曲江文化大讲堂、曲江电影论坛、曲江电影双新展等系列重大文化活动进一步丰富了曲江新区的文化内涵。同时，借助曲江品牌，曲江开发建设团队还参与了法门寺佛文化景区、楼观台道文化景区和唐大明宫国家遗址公园的策划与建设，拓展了曲江文化产业发展的空间。

随着曲江新区文化旅游环境的改善和人气的快速上升，大雁塔景区和大唐不夜城等旅游、商贸、休闲文化商业圈逐渐成熟，“文化＋旅游＋商业”的产业格局基本形成。曲江新区的发展前景被国内外人士看好，其品牌和城市资产大幅度升值，成为西安城市文化经济的新增长点。文化产业的发展促进了城市资源的迅速升值，而城市资源的升值又为文化产业的发展奠定了良好的经济基础。

从区域整体发展的情况来看，曲江新区充分发挥了政府公共资源配置和城市规划管理职能，运用城市经营手段，规划和建设起功能完善、具有国际水准的城市基础设施，促进了城市资源的第一次价值提升，从而解决了区域发展的资金瓶颈。在此基础上，曲江新区又依托本区优越的历史文化资源和良好的区位条件，规划建设了一批文化特色鲜明、市场前景广阔的文化旅游项目，以促进城市资源价值的第二次提升。在发展壮大文化旅游业的同时，又通过资本运作等市场化手段，对西安和陕西的优势文化产业资源进行整合，积极拓展文化产业门类，初步形成了相互依托、相互促进的多门类文化产业体系。

3. 凤凰文化品牌

经过连续多年的精心打造，湖南凤凰县的文化产业开始显现出强劲的“品牌效应”。据统计，该县目前共有各类文化经营企业、经营户220家，文化产业直接和间接从业人员达2.5万人，一批文化产业项目成功进入市场，以文化旅游业为主的第三产业增加值已连续4年占GDP的55%以上。凤凰县启动实施了“文笔凤凰、画笔凤凰、影像凤凰、音乐凤凰”系列工程，通过举办中国凤凰“四月八”民族艺术节、从文文化节、民族民间文化传承世家大奖赛、苗族银饰文化节、南方长城中韩围棋赛等活动，打造出了旅游市场上的“凤凰文化品牌”。

“凤凰文化品牌”使文化产业成为投资引进的热点，仅近两年中，便有凤凰大剧场、天下凤凰篝火堂等十二个文化产业项目进入县重点建设项目，总投资达2.2亿元，引资建设的古城博物馆、万寿宫等一批文化产业项目相继建成并投入营运。一些民族民间工艺传人也主动与市场对接，创立了“大炮蓝印蜡染”、“聂氏纸扎”、“水云织锦”等知名民间工艺品牌，并打入国际市场。品牌效应也激发了乡村文化的活力，全县形成了六个民间艺术保护基地和两个民俗风情保护带，成为中国县域旅游品牌十强县。

4. 品牌战略实施路径和框架

以文化产业为主导的发展方向，确定了“两个体系共建”、“两种路径并行”和“三个框架同时构建”的跨越式发展路径。

“两个体系共建”是指公共文化设施体系和文化产业体系共建共荣的发展路径。不断加大对区域公共文化设施和文化产业体系建设的投入力度，积极借鉴国际经验，探索公共文化设施建设和公共文化服务运营的新型投资机制和运营机制，率先实行公共文化服务项目承包运营和外包经营的方式，运用多种投融资方式和财税优惠政策，吸引社会资本向公共文化服务领域合理流动。通过公共文化设施的不断完善和一批文化产业项目的建成运营，有效地发挥了资源整合与集聚效应，形成了良好的文化产业支撑体系和发展平台。在快速发展中，初步形成了公共文化设施体系和文化产业体系两翼齐飞的格局。

“两种路径并行”是指文化产业集团化建设与基地型集聚同时并行的

发展路径。一方面，立足自身的文化品牌优势，依托一批有实力的文化企业，以市场为导向，以资本和项目为纽带，积极探索，运用联合、重组、兼并等方式，整合优势文化产业资源，重点发展已具备一定优势条件和文化创新能力、主业突出、核心竞争力强的行业集团。另一方面，制定了一系列优惠政策并采取有力措施，加快文化产业的空间集聚。文化产业核心区以及全国的文化产业示范区体现了文化产业的集聚效应，这不仅有利于多种文化产业资源的优势集中，同时还有利于众多中小文化企业的快速成长，从而形成文化产业可持续发展的科学机制。

“三个框架同时构建”是指基础设施框架、基础产业框架和文化产业体系框架同时构建的跨越式发展路径（图 5）。

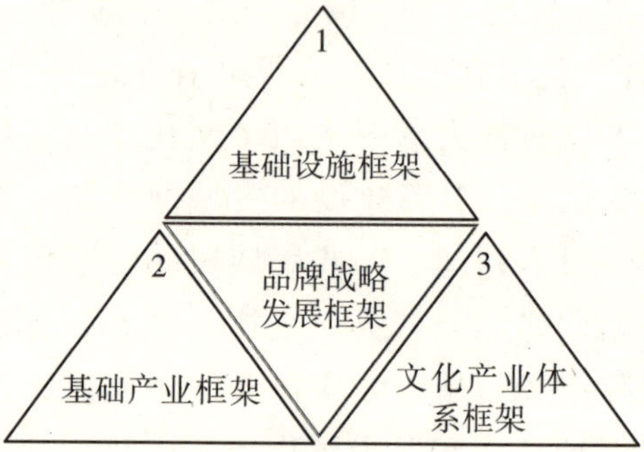

图 5　品牌战略发展框架

在城市基础设施框架形成的同时，加快推动第三产业和服务业设施的建设，使基础产业发展与旅游、会展、影视、演艺等文化产业互相促进，相互融合，协调发展。文化、商贸、旅游与房地产业的有机结合，形成了良性发展的态势。同时，区域文化产业体系建设也及时跟进，培育出知名文化旅游品牌、文化活动品牌和文化产业品牌。

品牌发展战略是指以需求为导向，以资源为依托，通过对资源的深层开发和创新，优化产品结构，形成内涵丰富的文化产品，构建重大文化产业项目，增强参与市场竞争的实力，从而带动整个文化产业发展的战略。文化品牌战略更具有前瞻性和全局性，需要将精品意识贯穿于文化产业发展的每一环节，注重于文化产业整体竞争力的提高，是重大文化产业项目内涵的体现。

（四）重大文化产业项目的会展经济效应

美国一位著名的学者说过，在一个城市举办会展就相当于开着一架飞机在这个城市的上空撒钱。会展经济是通过举办各种形式的会议和展览、展销，带来直接或间接经济效益和社会效益的一种经济现象和经济行为。会展经济一般被认为是高收入、高赢利的行业。会展经济可分为："政府推动型"（如德国和新加坡）、"市场主导型"（如法国、瑞士和中国香港）、"协会推动型"（如加拿大和澳大利亚）、"政府市场结合型"（如美国）四大模式。发挥区位优势，实现以商引资会友，促进会展经济发展，培育文化产业新增长点，从而实现重大文化产业项目带动战略的会展经济效应。目前，国内一些城市通过构建会展品牌，使会展成为城市的一张文化名片，为当地的文化产业发展提供了机遇，比如深圳的文博会。2004 年，深圳成功举办了第一个国家级文化产业博览会，它展现出一个全国性、综合性的文化产品、文化技术和文化资本交易平台。

1. 文化产业的会展经济效应

文化产业的会展活动不仅本身能够创造巨大的经济效益，而且还可以带动交通、旅游、餐饮、住宿、通信、广告等相关产业的发展。据专家测算，国际展览业的产业带动系数大约为1∶9，即展览场馆的收入如果是1，相关的产业收入则为9。在市场竞争日益激烈的情况下，企业都想寻找机会搜集市场信息、促进产品销售，而参加会展无疑是一个契机。一方面，文化企业通过参加会议和展览，可以及时、准确、低成本地获取各种有效的信息，然后根据这些信息，实施恰当的市场营销组合策略。另一方面，文化企业在展览会上通过产品尤其是新产品展示，可以诱导甚至创造消费者的需求。

此外，文化产业的会展还能够促进城市的发展，提高城市的知名度和美誉度。例如，2006 年 4 月 7 ~ 9 日，首次举办的义乌文化产品交易会，三天时间总成交额为13.6 亿元，其中外贸交易额为7.36 亿元，形成了国际文化产业经贸合作新平台、全省区域合作交流新平台。义乌已经远不止是一个小商品批发中心，正逐步成为一个国际性商贸城市，而引领义乌走向世界的，是在小商品贸易基础上发展起来的会展经济。2006 年6 月，浙江省文化产业促进会成立，目前会员单位已达93 家，形成了促进文化单位发展创新、凝聚社会力量、加快文化产业发展的中介服务平台。

2. 重大文化产业项目的带动作用

以大型文体、会展为代表的重大文化产业项目直接推动了城市发展的转型。重大文化产业项目的作用主要体现在以下几个方面：

（1）资源聚集。重大文化产业项目是地区某一发展阶段的中心议题。它能在短期形成资源集中，吸引外部的物质和人力资源，为地区调整和提升发展价值，提高经济社会发展实力提供重要契机。

（2）产业拉动。重大文化产业项目与城市建设、经贸、投资、旅游等产业相关，对经济增长以及产业结构调整的带动作用明显。从日本历届世博会来看，这类重大项目对产业的拉动系数达到 3，对地区经济增长起到重要的助推作用。

（3）经济辐射。城市以不同强度、非均衡地在空间上分布。文体、会展等重大项目把有限资源集中到发展潜力大、投资经济效益明显的少数部门或区位，强化了城市增长极能量。市场的传导媒介力量则将发展能量辐射到区域经济社会体系中，形成周边地区发展的重要辐射源。1970 年的大阪世博会，就从“关西经济带”兴起，进而成为推动关西地区乃至全日本经济发展的动力。

（4）形象传播。重大文化产业项目吸引了区域或全球的注意力，这种注意力经济是推动城市形象传播的重要手段，成为当地发展的宝贵无形资产。1889 年的巴黎世博会，参观人数达到 3 200 万，不仅创造了可观的直接经济效益，而且留下了埃菲尔铁塔，成为巴黎乃至法国的标识。

3. 技术服务平台的作用

整合文化资源，就是要发掘比较优势，发现竞争优势，形成综合的发展优势。首先要搭建整合文化资源的平台，包括总体策划的平台、人才支撑的平台、产业园区的平台。对整合的文化资源进行“元素”提炼和创新，注重文化资源“有用性”、“稀缺性”和“组合性”的元素提炼，形成原创能力强和具备核心竞争力的资源的组合。

在文化产业会展效应显性的同时，要成立技术服务平台（图 6），它所承担的主要任务有：产品检测、新产品研发、提供技术信息、开展产学研活动、培训员工、解决共性技术难题等。在创建技术服务平台的过程中，必须依托产业，必须市场化运作，必须整合社会资源，必须给予必要的扶持，必须注重实效。

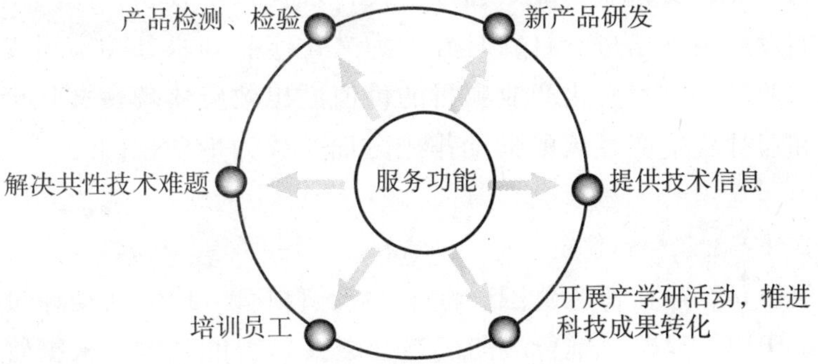

图6 文化产业技术服务平台

比如，文博会的技术服务平台起着重要的作用。在2008年10月11日开幕的第四届中国西部（西安）文化产业博览会上，西部12个省、自治区、直辖市总投资额达2 000多亿元的文化产业项目争相亮相，以寻求洽谈及合作伙伴。在11日举行的第四届中国西部（西安）文博会重点项目推介会上，广西、内蒙古、四川、甘肃、宁夏、青海、重庆、陕西8个省（自治区、直辖市）和西安市代表团分别介绍了本地区文化产业发展的最新成果、文化资源优势及投资环境，推介了41个文化产业项目，投资总额约119.7亿元。据了解，第四届西部文博会组委会已将各代表团选送的全部632个总投资额2 452.8亿元的项目在第四届西部文博会网站、陕西文化信息网、国家文化产业网和国家文化产业项目资源库推出，这些项目包括文化旅游、工艺美术、影视音像、传媒出版、娱乐演艺等多个门类。

文博会经济是知识经济、文化经济。因此，应充分挖掘文博会所蕴涵的知识含量、文化含量，发挥其经济价值；把文博会作为文化产业发展的突破口，拉动文化投资，转变消费观念，刺激文化消费，开拓文化市场，拉长产业链条，培育优质品牌和产业集群，促进文化资源向产业优势、市场优势的转变。

（五）重大文化产业项目的价值溢出效应

文化作为一种产业，本身具有巨大的经济意义。文化的价值，不仅仅表现在意识形态方面，还非常突出地表现在经济方面。文化产业是一个产业关联度很高的产业，其效益产生有两个方面，一是文化产品本身的市场交易；二是文化衍生产品，如文化信息产业、文化制造产业、文化标志物产业、文化服务业。当今时代，现代科学技术，尤其是电子信息技术的发展突飞猛进、日新月异，为文化产品和服务的实现提供了前所未有的便利。重大文化产业项目的价值溢出效应体现在文化产业的经济意义和对社会生产发展的推动作用方面，成为带动一国经济发展的重要原动力。

1. 重大文化产业项目价值链

价值链是企业在特定范围内活动的价值组合。价值活动通过价值链反映组织历史、战略、推行战略的途径以及取得的效益。根据管理大师 Michael Porter 的价值链模型，可对单个文化产业项目运作主体进行分析，如图 7。它是构成地区发展运行的价值环节实现和对其进行分析的基础。

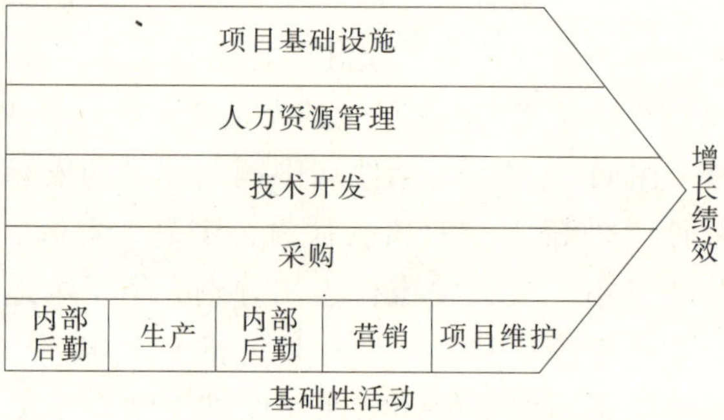

图 7　重大文化产业项目价值链

2. 区域发展价值链

一个地区是有机的价值链系统。在地区发展运行路径下，关注的是一个地区长期价值提升基础上的发展，而不是简单资源竞争模式下的增长。地区持久发展能力源于各价值主体定位和各环节价值行为的流程再造。一个地区的综合优势不仅是形成最优结构的系统形态，也要使城市要素在流动速度中体现出价值转移的辐射度。地区价值增值在以重大项目为代表的城市活动中，依托价值链不断优化、整合和再造。区域发展价值链模型如图 8 所示。

地区的和谐持续发展是各价值环节协调运行的综合效应，这也表现为地区总体价值和发展能力的提升。城市活动包含在日常基础性活动和间或支持性活动之中，而重大项目作为间或性重要支持活动，是城市空间、产业、社会重构的载体，是提升城市发展能级、形成综合竞争力的有力手段。从区域发展战略出发，重大文化产业项目影响着支持性活动

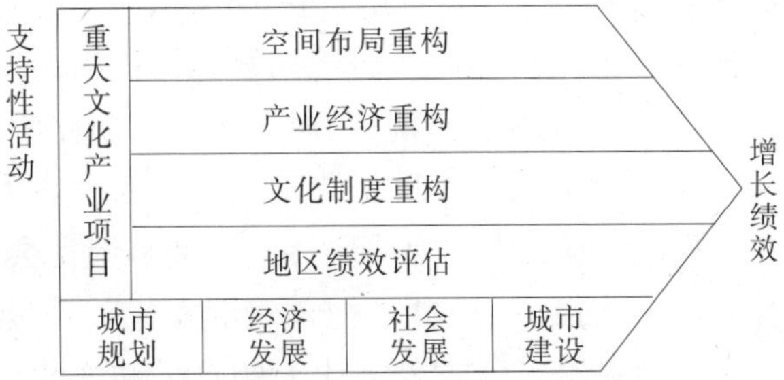

图8 区域发展价值链

和基础性活动，进而形成地区整体价值链。

3. 关于重大文化产业项目的价值思考

当前，文化产业成为国内社会经济发展中一个日益重要的议题和实践领域。全国有十多个省、直辖市提出了“文化兴省”、“文化立市”的战略口号。地方各级政府对于文化产业的发展也越来越重视，纷纷制订了文化产业的发展规划，出台了各种推进地方文化产业发展的政策措施。

文化产业是一个具有独特经济属性和文化特性的新兴产业门类，其价值链的全球化和核心价值的本土化，是文化产业的一种看似悖谬的特殊性。地方发展文化产业，须对文化产业特性有科学认识，有高瞻远瞩的发展思路，有宏阔的产业视野，有对地方文化特色与优势的深刻研究与洞察，这些是对地方文化产业发展进行科学合理规划的前提和基础。但是，地方在发展文化产业的时候，首先须有高立意，要高度重视文化资源的保护，重视文化产业的社会效益和关联效益，切不可急功近利。充分发掘和优化整合具有地方比较优势特色的文化资源，是地方文化产业发展的根本；破除地域行政观念，谋求跨区域合作，是文化资源开发、文化产业发展的重要思路；地方政府必须意识到，文化产业有自身的规律，政府的规划决不能代替文化产业的市场化发展。政府需要做的是完善文化生态，营造优良的产业发展环境，全面提升产业竞争力。

（六）重大文化产业项目的和谐文化效应

1. “和谐文化”的内涵

2006年10月11日，在党的十六届六中全会通过的《中共中央关于构建社会主义和谐社会若干重大问题的决定》中，首次明确提出建设“和谐文化”的重大战略任务。中宣部部长刘云山以《建设和谐文化巩固社会和谐的思想道德基础》为题，进一步论述了和谐文化建设的紧迫性、核心内容以及如何建设等重大理论问题，并指出："提出建设和谐文化，是我们党的一个重大理论创新。"时隔不久，胡锦涛总书记在《在中国文联第八次全国代表大会　中国作协第七次全国代表大会上的讲话》中进一步指出："建设和谐文化，为构建社会主义和谐社会作出贡献，是现阶段我国文化工作的主题。"由此，把"和谐文化"建设提升到了新的高度。"和谐文化"的提出，标志着文化上的自觉和文化战略上的调整，为构建和谐社会、为推动和谐世界提供了理论支撑，具有重大的战略意义和理论意义，是中国共产党在新的历史任务条件下的重大理论创新。

"和谐文化"这一概念具有丰富的内涵，学者们从内容层次、本质特征等不同的角度对和谐文化的内涵进行了深入的阐发。中宣部思想政治工作研究所综合研究部（2006 年）将和谐文化概括为两层含义：一是文化本身所包含的各个内在因素的和谐，也就是物质文化、精神文化等不同文化之间的和谐；二是文化作为社会发展的构成要素，在引导社会经济、政治发展中的和谐。和谐文化的本质就是先进文化，是社会主义精神文明建设的重要组成部分。

2. 重大文化产业项目推进和谐文化建设的路径选择

建设社会主义和谐文化，是现阶段我国文化工作的重要内容。和谐文化重在建设，而实施重大文化产业项目就是建设和谐文化的一个重要且有效的载体。通过重大文化产业项目的实施，可以有效地推进我国的和谐文化建设。

第一，实施重大文化产业项目，继承和弘扬中国传统文化。中国作为世界文明古国，是有悠久历史文明的礼仪之邦。如果说传统文化始终是我们无法摆脱的天然纽带，那么社会主义和谐文化则渊源于优秀的传统文化。中华民族的优秀文化传统，是我们民族赖以生存和发展的根基和血脉。构建和谐社会，需要优秀传统文化的支撑。优秀传统文化作为中华民族智慧的源泉，既是历史发展的内在思想动力，也是我们建设社会主义和谐文化的宝贵资源。

中国传统文化中有许多反映人类发展的共同要求、对于世界的未来发展有积极意义的方面和内容。费孝通先生（2005 年）曾说："在我们的脑筋里一定要认识到，全球一体化的经济发展会给人们带来一种新的生活方式和新的文化观念，但真正传统的好的东西是不会完全走掉的。

我们的任务就是要把这些好的传统从生活中提炼出来，让大家意识到和理解我们有些什么样的、应该保留的优秀传统，并且要努力去发扬它和继承它。”这个“任务”就是重大文化产业项目的任务。重大文化产业项目具有投资力度大、社会影响范围广的特点。通过实施重大文化产业项目，深入挖掘我国传统文化资源，继承和发扬我国传统文化；通过重大文化产业项目的实施，赋予传统文化以时代内涵，将历史传承与现代发展相融合，为现代化建设提供精神支柱；通过重大文化产业项目的示范效应和扩散效应，使全社会形成以和为真、以和为善、以和为美、以和为贵的共识。

第二，实施重大文化产业项目，吸收和借鉴世界优秀文明成果。在人类历史发展过程中，不同国家和不同民族的独特性文化的存在，使世界文化具有丰富多彩的内容。每一个国家和民族的文化千姿百态，但其合理内核往往是相通的，总能为人类所传承。无论是东方国家还是西方国家，在文化发展上都有自己的独到之处，都有追求和谐社会境界的内涵，都对人类文明进步作出了贡献，应该彼此尊重、相互学习和吸收。以宽广的眼界和博大的胸怀，积极借鉴世界各国的文明成果，博采众长，这是建设社会主义和谐文化的一个重要途径。

通过实施重大文化产业项目，将“引进来”与“走出去”有机地结合起来，在保持对中国文化自信的基础上，大胆借鉴和吸收人类文明的一切优秀成果，以开阔的视野走文化综合创新之路，大力弘扬中华民族精神。在各种思想观念、各种文化形态的相互碰撞中，坚持用先进文化丰富人们的精神世界，增强人们的精神力量；以科学理性精神与人文价值精神为支柱构建现代文化精神，确立积极奋进的人生目标；以马克思主义为灵魂，确立正确的理想信念。要在吸收外来文化的同时，保持自己民族文化中的核心价值观，坚决抵制那些不符合国情的和腐朽落后的东西。

第三，实施重大文化产业项目，保持文化产业的可持续发展。在过去的十几年中，中国经济的年增长率保持在10%左右，创造了经济奇迹，但是，自然资源的消耗和环境污染的严重所带来的生态危机制约了可持续发展，经济发展和环境保护的矛盾异常尖锐，同时，由于发展的不同步性和不平衡性，使得城乡之间、区域之间、人与人之间的贫富差距拉大。“和谐文化”为中国的可持续发展提供了新的发展方式。因为“和谐文化”就是“在人与自然、人与社会、人与人以及人的身心之间，追求达到和谐的状态”。这种新的发展方式就是和谐的发展方式。

实施重大文化产业项目，就是要实行和谐的发展方式。在处理人与自然的关系上，强调人与自然的和谐发展，走一条生态与经济“双赢”的道路；在处理人与人的关系上，强调共同发展，提倡宽容协作、平等竞争；在处理城乡、区域之间的关系上，强调协调发展、统筹兼顾。实施重大文化产业项目，要以和谐为价值取向，尊重差异、承认矛盾，着眼于发展，致力于和谐，在实施过程中，用和谐的思维去认识问题，用和谐的态度去对待问题，用和谐的方式去处理问题，最大限度地增加和谐因素，最大限度地减少不和谐因素，保持文化产业的可持续发展。

第四，实施重大文化产业项目，抵御外来文化冲击，保障文化安全。和谐文化，在全球范畴上表现为各种文化、各种文明和谐共处、平等交流和沟通。然而，事实表明，西方文化霸权正在侵入我国，我国的文化安全正面临重大挑战。北京大学哲学系教授、《现代化忧思》的作者吴国盛说：“有些霸权不见得就是文化霸权，直接就是政治和经济霸权。当然他们之所以有效是因为文化霸权已经建立，已经被我们接受了。西方文化霸权早就已经来了，而且是在政治和经济霸权发生效力之前就已经来了，就已经被我们接受了。”然而，“并没有那么多人意识到西方文化霸权正在支配着我们”。

（七）重大文化产业项目的人才高地构建效应

文化产业是被实践证明为具有高增长性、可持续发展和裨益国计民生的“朝阳产业”，也是我国在新世纪的支柱产业和着力发展的经济增长点。重大文化产业项目的实施能够促进文化人才培养，构建文化人才高地，是重大文化产业项目带动战略的重要效应。

1. 文化产业发展对人才培养的新要求

拥有丰富的人才是美国能够在文化产业领先的一个重要原因。美国从世界各国搜罗了大量优秀文化产业人才，仅 1990—1991 年间，独联体各国就有 10 万文化界人士外流西方各国，而移居美国的达 3 万多人，其中著名人士达 1 500 人。这些移民对美国文化产业的发展作出了重大贡献。美国对文化产业的研究和文化管理人才的培训也处于领先地位。全美有多所大学开办了艺术管理专业，培养了大量本科生、硕士生和博士生等高质量的文化管理人才。

“文化产业是高技术与高文化高度联姻的领域。”近年来，随着文化产业的不断发展，产业交叉和产业融合趋势渐强，这对我国文化产业人才培养提出了更高的要求：

第一，文化产业对人才文化素养的要求。文化产品是以文化为内涵的产品，具有前瞻性、创新性的特点，这就要求文化产品的生产者自己首先要有较高的文化水平，否则就无法进行文化产品的创造。可以说，文化产业对人才有着最高的文化素质要求。

第二，文化产业对人才文化经营能力的要求。文化作为一种产业是一种市场行为，文化产品的价值实现要依靠成功的市场交换才能完成，因而需要对社会的文化需求进行预测，对文化产品的策划、设计、生产、销售过程进行经营，对生产的投入产出进行计算，对人、财、物进行组织和协调，这就需要文化产业的经营人才的介入。文化产业的经营对文化产业的发展具有关键性的作用，只有通过经营才能把文化产品的生产和销售联系起来。

第三，文化产业对复合型管理人才的要求。文化产业越来越成为高技术与高文化高度关联的领域，对专门人才的知识与能力结构的构成有着特殊的要求。它需要大批既懂文化又懂市场，既有宽广的人文视野，又有精深的产业理念的复合型人才。这是一种战略需求，这种需求能否得到满足已成为夺取文化产业未来制高点的制胜因素。

2. 我国文化产业人才现状

总体来看，目前我国文化产业从业人员整体素质不高，集中体现在高素质的管理人才、经营人才、创意人才等创造性、复合型人才尤为短缺。

第一，缺乏高素质管理人才。我国文化产业从业人员知识结构和能力结构单一的现象比较突出，整体缺乏既懂经济又懂文化的复合型高素质经营管理人才。

第二，缺乏新兴行业的专业人才。文化产业领域有许多新兴行业，如网络游戏业、动画制作业等。在这些新兴行业里，专业人才十分缺乏，已成为影响文化产业持续高速发展的“瓶颈”。

第三，缺乏创意型人才。文化产业是以文化为内容进行生产和服务的，因此，从根本上说，文化产业是极具创造性的产业。我国文化资源丰富多彩，传统文化博大精深，民族文化异彩纷呈，这些丰富的文化资源都需要用超凡、新奇的创意去展示和表现出来，将中华文化的精华呈现给世界。但是，我国文化产业领域具有创造性的创意型人才尤为缺乏。

3. 重大文化产业项目促进人才高地构建

从目前情况看，解决文化产业人才短缺，仅仅依靠正规的高校教育是不够的，必须进一步拓宽人才培养渠道。重大文化产业项目在促进文化产业人才高地构建方面起到了很大的带动作用。

第一，实施重大文化产业项目，更新了文化产业人才观念。通过重大文化产业项目的实施，陆续树立了如下观念：一是树立大人才观，以宽阔的视野定义文化人才。二是树立“以人为本”的理念。三是树立“双赢”理念，即坚持“企业、员工共同发展的双赢”。四是树立现代教育理念，坚持引进与培训相结合，加大教育培训步伐。五是树立平等、公正的用人理念。

第二，实施重大文化产业项目，推进了政府文化产业管理体制创新。一是以开发文化产业人力资源为重心，推动政府管理体制创新。通过实施重大文化产业项目，以培育创新精神、创业能力和经营管理水平为核心，培养造就了一批职业化、国际化的优秀文化企业家，一批政治强、素质高、业务精的经营管理人才，一支具备较高专业素养和较强创新能力的专业技术人才队伍，建立起文化人才的蓄水池。二是深入进行了文化产业人事制度改革，加快人才配置市场化步伐，推动文化产业人才的整体开发。以重大文化产业项目的实施为契机，努力创造优秀人才进得来、留得住、用得上的人事管理体制，建立起有活力的文化产业优秀人才、特殊人才的使用与激励机制。

第三，实施重大文化产业项目，创造了良好的用人环境。通过实施重大文化产业项目，建立了灵活的用人机制，创造了良好的用人环境，建立起开放的、与市场接轨的、能进能出、能上能下的用人机制。

第四，实施重大文化产业项目，创新了育人机制。以实施重大文化产业项目为契机，积极运用市场化、国际化手段，创新育人机制。一方面在高端人才匮乏的情况下，适当引进其他成熟产业的职业经理人；另一方面，采取“短平快”的方式，委托有关院校根据用人需求举办各种类型的在职培训班。同时，引进国外人才培训的先进理念、技术和现代管理手段，加强国际合作培训。

4. 国家文化产业研究中心和基地促进文化人才培养

文化部非常重视文化产业人才培养工作，先后与上海交通大学、北京大学、中国传媒大学、深圳市文化产业研究所、清华大学、南京大学、南京航空航天大学、中国海洋大学、华中师范大学、云南大学合作设立了国家文化产业创新与发展研究基地、国家对外文化贸易理论研究基地以及国家文化产业研究中心十大科研机构。这批研究力量雄厚、创新意识强的高等院校和研究机构活跃于文化产业理论研究的前沿领域。各研究机构在文化部和所在高校的统一领导下，不断提高理论研究能力，造就了一批有较高理论造诣、在国内外有影响的学术带头人，力争办成国家文化产业理论研究中心、人才培训中心、政策咨询中心和学术交流中心。同时，各研究中心在深入开展文化产业理论研究的同时，还要利用自身优势，采取灵活多样的方式，实施“人才兴文”战略，加快培养各类文化产业专门人才，努力为文化产业发展提供必要的人才保证，力求逐步建立一支有文化、懂经济、会管理的文化产业人才队伍。

（八）重大文化产业项目的内容为核效应

发达国家文化产业的发展已经日臻成熟，文化产业的内涵和外延也得到了不断的扩展，从传统的文化产业（如广播、电视、出版、视觉艺术等）发展到今天涵盖了最新内容的文化产业（如互联网和相关的高科技产业）。文化产业在全球化时代已经构成了一个巨大的产业链，而产业链的各个环节又相互交融构成了庞大的文化产业体系。内容为核效应是重大文化产业项目发展的未来方向和趋势。

1. 以内容为核心的重大项目引领完整的产业链条，实现各环节的价值增值

文化产业创意成果有着巨大的经济效益和社会效益，通过将创意成果转化为经营资源，并通过产业链的整合与延伸、产品的深度开发，可以实现整个产业价值链的增值。深圳市龙岗区大芬村是全国最大的油画生产基地，2007 年销售额高达 4 亿元。在占了美国油画市场份额 60% 的中国油画中，“大芬油画”占其中的 80%。“大芬”的成功在于集聚在此的众多中小企业分工协作形成了一条完整的产业链。从事油画创作与生产的龙头企业，专门负责承接订单以及市场营销的经销代理商，以及衍生的艺术教育，国画、版画、漆画、雕刻、刺绣等相关产业，绘画材料、装裱配套产业的发展，形成了一个环环相扣的产、供、销一体化的完整

产业链条。再如纽约百老汇戏剧形成了与演出相关的创意、制作、表演、宣传、售票、融资投资、法律服务、人才培训、行业管理等完整的产业链。目前有许多地区也正在开始有意构筑完整的产业链条。

Pratt将文化产业项目的产业链条的构成分为四个环节，如图9所示：

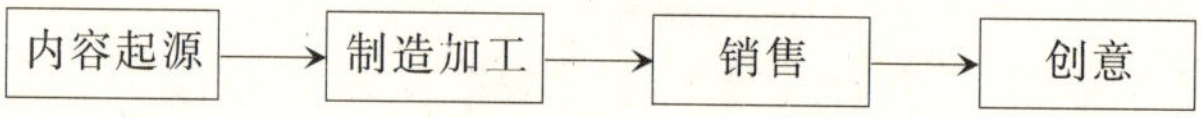

图9 文化产业项目基本价值链

内容起源：指创意原料和智力资产发生的过程，即创意形成环节。这个环节是文化产业项目价值链的核心与引领者，带动着整个产业链的发展。参与的主体是任何能够创造出为文化企业提供内容的文化生产者。

制造加工：这个环节是将内容转化为产品，是文化企业通过技术、工艺等生产流程批量生产文化产品的过程。它不仅涉及"一次性"的制造，或者对原型的复制，而且还涉及特殊商品的生产。

销售：是指引导文化或创意产品和服务进入到最终用户市场相关的活动。"新媒介人"阶层是这一环节的重要参与者，代理商、策划人、经纪人、传媒中介人和制作人等，运用各种营销模式将其价值和使用价值销售让渡给消费者。

交易：这一环节是产业链的末端。它主要体现为会展场所的展示交易活动，包括某些文化产品如书籍光盘和录像带的零售业，也包括非正式的消费和展示场所或某种新型文化特定的场所的消费。

2. 大力推进传播手段创新，加快构建运用高新技术手段的文化传播体系

随着新科技浪潮席卷全球，自动化、数字化、网络化等高新技术已经成为当前文化产业发展的基本走向，其中最主要的就是互联网的发展以及与广电技术的融合。这种融合不仅使技术操作更加简便，提供的服务更加全面，也使不同行业、不同媒体间的业务进行相互合作与新的开发，这给传媒的发展提供了更为广阔的空间。可以预见，今后的5至10年，数字化、网络化将使传媒发展产生更大的变化，成为媒体集团发展的一个最为关键的阶段。

现代科技突飞猛进，信息化、网络化、数字化趋势给文化产业发展带来了革命性变化，为积极推动文化产业与高新技术的结合、改造提升传统文化产业、催生新的文化品种创造了诸多有利条件和空间。2007年，

我国网络游戏市场规模已经突破100亿元，中国网络游戏市场已经成为全球最具发展潜力的市场。近几年，我国国产动画片产量几乎年均翻一番。2003年我国动画片总产量仅为1.2万分钟，2004年达到2.2万分钟，2005年增加到4.3万分钟，2006年达到8.4万分钟，四年间，几乎每年的产量比上年翻一番。2007年我国制作完成动画电影6部，国产动画片186部，共计101 614分钟，出口电视动画片30部2 244集。

随着文化与科技的融合日益加深，现代科技在文化领域得到更加广泛的运用，这就要求我们必须运用高新技术创新文化生产方式。一方面要积极运用高新技术改造传统文化产业，另一方面要大力培育与高新技术密切结合的新的文化业态。高新技术的广泛运用，使文化传播领域发生了革命性的变化。当今信息社会，谁具有先进的传播手段和强大的传播能力，谁的文化就具有广泛的影响力和辐射力。因此，必须把文化传播手段的创新放到更加重要的位置，加快构建传输快捷、覆盖广泛的文化传播体系，努力提高文化传播能力。要切实抓好新闻媒体这一文化传播渠道建设，运用高新技术提高新闻媒体的生产和传播效率。要充分运用先进技术手段改造传统生产经营和传播模式，采用电子出版、数字影视、网络传输等现代技术，推进图书报刊出版、广播影视制作技术升级，增强文化产品的表现力、吸引力和影响力。

（九）重大文化产业项目的外向带动效应

外向带动战略包括企业从观念到市场和生产的各个方面都必须具备国际化的眼光和视角，即观念国际化、产品国际化、技术国际化、市场国际化、机制国际化，等等。广阔内涵决定了外向带动战略将是一个系统工程，其进程将是一个分梯次、有序推进的过程。

外向带动战略的最终目标是为了扩大销售收入和利润，在知识、技术、管理等方面学习并创新。目的之一是经营业绩：增加销售收入；获得较高的利润率；获取规模经济效益；市场规模和范围扩大，使收入更加稳定；在资本市场中获得承认。目的之二是学习与创新：学习国际市场竞争规则；学习世界上先进的技术和管理经验；在技术服务、产品上有创新，提供具有相对比较优势的业务，以此与世界上的先进公司进行竞争。

1. 大力推进文化“外向带动”战略

在经济全球化背景下实现文化大发展大繁荣，必须用好国际国内两种资源，在占领国内市场的同时，积极开拓国际市场，实施文化“外向带动”战略，扩大文化产品和服务的出口。这是文化产业发展的优势所在和必然选择。

积极培育外向型文化企业，大力发展对外文化产业。鼓励多渠道资金投入，促进各类对外文化企业共同发展，尽快培育一批具有较强实力和国际竞争力的外向型文化企业和企业集团。支持动漫、音像、影视制作企业“走出去”，鼓励它们通过合作、合资和代理，扩大在境外发行，拓展国际市场。通过以资本为纽带，与境外文化企业建立战略合作关系，扩大对外交流，增强文化企业在海外的竞争力和影响力。积极发展从事演出展览、广播影视、新闻出版等业务的对外文化中介机构。支持文化企业与国际知名演艺、展览、电影、出版中介机构或经纪人开展合作，向规模化、品牌化方向发展。发挥政府强有力的调控和推动作用。加快建设对外文化贸易的政策法规体系，尽快研究制定更加有利于文化企业“走出去”的经济政策。建立对外文化贸易的统计指标和信息研究系统，为政府政策制定和企业决策提供服务。建立对外文化贸易与政府文化交流工作的协调机制。既要继续由政府组织协调开展对外文化交流，又要充分发挥民间文化资源丰富的优势，充分发挥民间团体和中介组织在对外文化交流中的作用；既要开展作为政府行为的公益性对外文化交流，又要尝试市场化运作开展商业性的对外文化交流。

2. 外向带动战略流程

走外向带动发展的道路，是文化产业长期持续发展的必然趋势。操作中首先要确定国际市场拓展目标，确定国际拓展战略，然后选择国际拓展方式，进行具体操作，最终实现国际拓展目标。（见图 10）

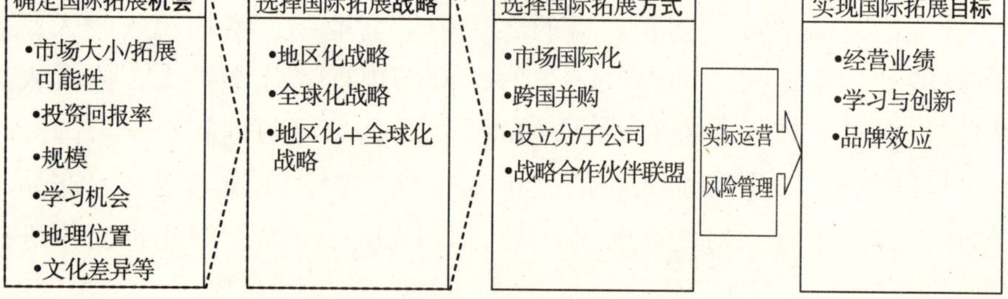

图 10　文化产业外向带动战略流程

实行外向带动战略的国际市场拓展应按照合理步骤开展，从单个国家到重点区域内的重点国家最终到整体扩展（见图 11）。根据研究，我们认为文化产业的向外发展现在应该从立足于单个国家扩展到重点区域内的重点国家。

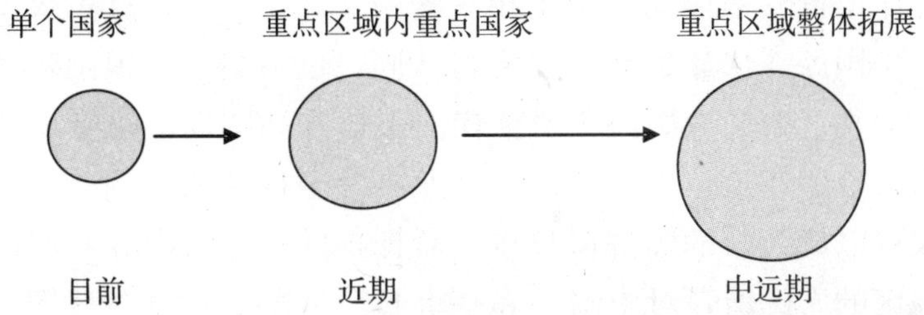

图 11　文化产业外向带动战略区域

我国已经有一批有实力的文化企业把目光投向了国际市场，在积极开拓国际文化市场方面取得了可喜成绩。出口文化产品和服务项目不仅种类日益增多，而且培育推出一批具有民族特色、自主知识产权和原创性的知名文化品牌。境外演出收入大大提高，有的剧目已接近或达到国际演艺产品的价格水平。据相关统计，2007 年共有 12 家网游企业的 28 款自主研发网络游戏进入了海外市场，总收入达到 5 500 万美元，较 2006 年猛增了 175%。

为了鼓励和扶持更多的文化产品和服务走向国际市场，增强中华文化的影响力，文化部通过在深圳文博会设立展台、组织参加海外博览会等方式，向国外推介国家文化出口重点企业、重点项目和优秀出口文化企业、优秀出口文化产品和服务项目，促使我国文化产业的发展跃上了一个新台阶。

3. 外向带动战略的思考

在全球经济一体化的背景下，如何建设中华民族共有的精神家园，大力增强我国文化的软实力，不仅具有深远的历史意义，也具有重大的现实意义。为此，我们有必要从“和平崛起”的国家战略以及调整产业结构、转变我国贸易增长方式、促进文化企业升级转型等层面上，进一步并充分认识中华文化“走出去”的必要性，加快提升我国文化产业的国际竞争力。

应该看到，目前全球经济竞争的重点正从货物贸易转向服务贸易，服务业与服务贸易的发展水平已成为衡量一个国家现代化水平的重要标志之一。传统的自然资源或劳动密集型的服务贸易正逐渐转向知识、智力或资本密集型的新兴服务贸易。我国文化产业作为服务业和服务贸易的一个重要组成部分，目前的弱势地位和软弱的竞争力，难以形成和发挥同我国作为世界第四大经济体相匹配的文化影响力，这不仅不利于国际社会对中国经济快速发展的理解与认同，也不利于我国国际贸易结构的战略性调整。因此，如何从调整我国出口产品结构的角度来认识文化产品出口的价值和地位，从而让整个业界乃至社会认识到，文化产品的出口不仅可以成为新的经济增长点，而且有助于强化世界不同民族国家和不同地区的人民增强对中国“和平崛起”战略的理解与认同，有助于“提高国家文化软实力”。

一个国家竞争力的实现方式，往往是通过企业的竞争力来实现的。为了加快提升我国文化企业的竞争力，有必要继续扩大开放，吸引各种资金，通过诸如产品外包、外资参股、风险投资、人才引进等多种形式参与文化产品开发与制作。与此同时，政府部门应积极制定不同层级不同门类的文化贸易政策，为文化企业赴境外参加各类行业专业会展提供必要的经济支持。这是目前改变我国文化贸易巨大逆差最为有效的手段和办法。为此，我们应当深化文化体制改革，做大做强市场主体。通过企业运作的方式，扩大文化产品的出口贸易，搭建国际化的营销网络和平台，实现经济效益和社会效益的双丰收，扩展和丰富对外文化交流的载体和形式。

四、重大文化产业项目带动战略的制度性思考

（一）依托各地重大文化产业项目，带动当地文化旅游业的发展

我国各省都有很多文化底蕴深厚、旅游资源丰富的大市场，具有丰富的文物、人文、红色旅游等资源。要抓好旅游与文化的融合，谋求共同发展。首先，文化是旅游的灵魂，旅游是文化的载体，要以文化力驱动经济发展，把发展旅游业与文化产业结合起来，带动交通、餐饮、旅游、商业、娱乐等行业的全面发展。其次，加大旅游产品的开发，不断满足消费需求。不断提高旅游的文化含量和品位，以特色文化产业和新型人文经济带动旅游产业的发展，坚持文化发展与旅游资源保护相结合，

与生态建设相结合，与群众增收相结合，高起点、高水平地规划、策划，开发一批文化旅游景区，增强旅游的内涵，增强吸引力，通过艺术的提升和市场运作，创造具有特色的旅游精品，文化品位越高，其经济价值就越高，形成集观光、休闲、度假、娱乐一体的文化旅游产业体系。策划推出一台具有鲜明地方特色、文化底蕴浓厚、表演水平较高，对旅游者有吸引力的大型文化演出，增强旅游文化内涵。积极开发饮食文化、民俗文化、古乐表演等旅游新产品，开发出风格鲜明，品种丰富，具有纪念意义和收藏价值的旅游纪念品。积极推进旅游景区、景点和旅游建设，优化旅游交通线路。

(二) 依托扶持地方特色重大文化项目建设，带动民俗系列文化产业发展

重点扶持较高水准和地方特色的重大文化项目，对特色地方戏进行挖掘、包装、推广，形成文艺演出市场品牌，使其成为一个极具特色的支柱性产业和新的经济增长点。实现民间文化资源的经济价值，挖掘潜在经济资源，有效提高其经济价值。随着市场经济的出现和市场化进程的发展，民间文化资源的价值日益彰显，越独特价值越高。一方面可以从形式上提炼文化品位，另一方面可以从内容上提炼文化品位，创新编排新型的剧目，丰富群众文化活动，积极开展民间艺术评选和文艺节目会演活动，努力挖掘形成一批有影响力的民族民间文化艺术品牌。夯实地方戏种的群众基础，不断整合资源，政府给予财政补助，积极探索和建立一套社会投资办文化的投资法，鼓励企业界和其他组织投资大剧社，形成民间剧社发展的良好的外部环境。同时，积极鼓励其开拓市场，通过多种渠道扶持壮大自身，推进民间文化产业的发展。

(三) 依托文化基础设施和文化市场建设，带动艺术教育培训、公益性文化产业的发展

依托重大文化产业项目，加快文化馆、图书馆、博物馆、文化长廊、乡镇文化服务中心、村级文化大院和村级图书馆的建设。建设文化市场，坚持把社会效益放在首位，实现社会效益、经济效益的统一；大力改善群众文化设施建设，逐步成立以公益性为主的综合性宣传文化教育中心，努力形成以图书馆、文化馆为龙头，多种社会力量联合办馆，各种文化场馆资源互通共享的新格局；利用各种场馆大力发展文化艺术教育，多渠道、多形式开展全民文化艺术教育培训、大众娱乐、文艺演出活动，

提高群众文化艺术素质。

（四）依托重大节会活动，提升节会文化产业的层次，进一步促进和谐文化的繁荣发展

通过举办各种文化活动和展览会是推进文化交流和产业发展最快捷的方式。近年来，兰州以“敦煌、丝路、黄河、多民族”作为文化产业发展的宗旨，通过“兰州黄河之滨”、“敦煌之夏”、“夏河拉卜楞之夜”、“天水伏羲乐舞”等一系列活动以及开发和推广丝绸之路甘肃一线的精品文化资源，向国外展示了民族文化的魅力。而2005年的中法文化年活动、2005年10月肯尼迪表演艺术中心的“中国文化节”以及以阿姆斯特丹音乐厅为首的30家荷兰文化机构联合举办的“中国文化节”等大型活动更是将中国民族文化推向了世界舞台，促进了世界各国人民对中国民族文化的了解，带动了中国民族文化旅游的加速发展，成为中国民族文化产业发展的一大盛事。

此外，尝试运用市场化运作方式，探索政府和社会力量合作举办节会的新思路，不断提高艺术活动的层次和品位。在整合各种节庆活动资源的基础上，策划包装一个集文化旅游功能于一体，包括大型文娱汇演、特色文化旅游、民俗文化展示、工艺美术展览等活动项目在内的大型综合性文化艺术节，形成具有地方特色，辐射面广的大型文化节庆活动品牌，扩大地区影响，促进和谐文化的快速发展。

（五）依托重大文化产业项目，实施“走出去”战略，提升民族文化产业竞争力，实现民族文化产业高级化

作为公共资源和国家战略性资源，文化产业既是可以创造巨大经济效益的产业化资源，同时也是国家经济实力的表征。在世界范围的产业结构调整和经济全球化浪潮中，发达国家逐步推动全球文化产业向垄断化、规模化和高投入、高科技化发展，时代华纳、迪士尼、贝塔斯曼、新闻集团、索尼等九大巨头成为世界文化产业格局中的“第一世界”，正是这种发展趋势的表现。随着我国经济实力的显著增强，我国也应该实施项目建设，借助重大文化产业项目的品牌效应，促使民族文化产业尽快走出国门，走向世界，主动加入到世界文化产业链中，积极分享产业发展的“溢出效应”，学习先进的制作工艺和营销手段，在世界范围内建立分销体系，以促进我国产业结构升级，提升民族文化产业的竞争力，其中较为突出的就是影视业的发展。1999年，美国的一部《泰坦尼克

号》在中国票房总收入达到3.2亿元，约占当年中国总票房收入的四分之一。而到了2004年，中国影片《十面埋伏》以1.53亿元的票房远超出美国大片《指环王》8 600万元的进口片最高票房成绩，夺取了单片最高票房的桂冠。2005年末，不但国产大片票房收入远远高出进口大片票房收入，而且出现了《无极》、《千里走单骑》、《如果·爱》等多部国产大片“百花齐放”的可喜局面。特别是近几年，《卧虎藏龙》、《英雄》、《无极》等华语大片在国外大放异彩，成为我国民族文化“走出去”的典范。

在我国民族文化产业取得可喜成绩的同时，我们应当看到与国外发达国家的差距。我国的文化产业还处在发展的初级阶段，缺乏在国际上知名的文化集团公司。我国的民族文化产业要成为国民经济的支柱产业，要在发达国家垄断的世界文化产业中占有一席之地，就要多投资建设文化产业项目，特别是重大文化产业项目，通过生产、营销等提高民族文化产业的竞争力，使民族文化产业向专业化、纵深化、产业化、高级化发展。

（六）以重大文化产业项目为基础，建立多元化的投融资体制，拓宽融资渠道

投资有助于扩大文化产业的规模，提高文化产业的生产能力，从根本上推动文化产业的发展。首先，逐步完善政府投入与社会投入相结合、内资外资相结合、多渠道多元化的投融资机制。要降低文化市场的进入门槛，放宽市场准入政策，把文化产业的市场逐步向民营资本和外资开放。有计划地鼓励外资进入文化领域，鼓励和支持国内资本，特别是民营资本以独资、合资、合作、联营、参股、特许经营等方式进入文化市场。其次，保证非国有经济投资的文化产业项目和建设的文化场馆，在市场准入、土地使用、信贷、税收、上市融资等方面，享受与国有经济投资的同等待遇；积极吸引外资参与艺术品经营、电影制作、发行以及文化设施的建设、改造和经营。再次，建立文化产业风险投资公司。文化产业是典型的人力资本密集型产业，在将文化资源优势转化成经济价值这一过程中，除了需要艺术家的精心创作外，收益预测比较困难，经营风险也较高；但同时，成功的文化产品，其收益率也较一般产品高出数倍乃至数十倍。文化产业在实际中面临的一些困难，与高科技产业十分类似，因此，文化产业与追逐高风险、高收益的风险投资公司存在着

客观必然的经济联系。通过建立文化产业风险投资公司，合理、客观地评估无形资产，加大投入，将更有效地推进文化产业的发展壮大。最后，成立文化产业发展基金，由文化综合管理部门负责资金的预算和使用。鼓励公司、企业向发展基金进行捐助，多方面拓展基金的来源，同时也可以鼓励有实力的大企业设立自己的文化产业发展基金。

（七）依托重大文化产业项目，发展文化产业集群，打造文化产业园区，实现规模经济和范围经济

纵观西方发达国家城市文化产业的发展历程，一个很明显的特征是：城市文化产业的发展存在产业集群特征，集中表现为空间的集聚性，形成了众多的文化产业园区。这些园区成为文化产业发展的推动力，并带动了整个城市经济的发展，如意大利北部和中部的新工艺产业地区、加拿大魁北克的产业园以及法国的科特拉祖瓦等。

在2008年深圳文博会上，江苏省以“打造文化产业集群 彰显文化强省特色”为主题，以江苏展团的整体形象参加了文博会。在传统产业展区，以江苏爱涛艺术精品有限公司的展品为主，凸显了江苏工艺美术的集群实力。而苏州刺绣、扬州漆器、广陵古籍刻印、扬州迪莎玩具等具有地方特色的工艺精品充分展示了江苏丰厚的文化底蕴和文化产业集群的优势。对文化产业集群而言，大量同质文化企业的空间积聚产生经济的规模化，节约管理成本、组织成本和协调成本；对园区企业个体而言，在享受园区规模经济的同时，由于艺术家之间互相交流而获取对方知识的外溢，这种知识、思维的外部性也促使企业从中获益；对城市发展而言，文化企业的辐射性也将带动相关产业的发展，提升人们的生活品质。

（八）依托重大文化产业项目，整合资源，调整优化结构，实施区位联动发展战略

由于历史原因，我国的文化产业管理呈现出较为明显的条块分割、纵横管理的情况，而文化产业项目，特别是重大文化产业项目大多涉及文化、税务、规划等多个部门，亟需统一协调管理。鉴于此，应借助重大文化产业项目的带动优势，突破行业壁垒，实现跨部门、跨行业、跨地域整合各种生产要素，从而取得综合效益来实现产业的扩张。这不仅是当今世界文化产业发展的成功经验，也是我国民族文化产业发展的大趋势。采取有效的产业组合方式，着力抓好全社会各方面民族文化资源优势的整合，将各行各业、各地蕴藏的文化资源优势和潜力挖掘出来，

形成民族文化产业发展合力。相关领域内两强合并，不仅能实现优势互补，而且可以共享文化资源，降低成本，产生协同效应，避开政府对新文化企业在税收和许可证等方面的限制，从而提高企业整体效益。

整合资源，实施区位联动发展，需要充分发挥政府主导作用，协调好各区位之间的利益关系，选择可以充分发挥综合效应的项目，整合宣传文化和分散的国有资产，文化主管部门之间要沟通顺畅，做好区位之间的桥梁工作。

（九）依托重大文化产业项目，实施科技创新与人才培养战略

以重大文化产业项目为契机，有效完善科技创新机制，加大科技资金的投入，鼓励创造自主知识产权，鼓励和引导运用高科技手段改造与提升传统文化产业，不断提高传统文化产品的科技含量，打造高水平的文化科技业，催生出新需求，拓展出新市场，降低文化产品生产、传播、销售等环节中的成本，充分发挥资源效益，促使文化产业获得可持续发展能力，实现传统文化产业的跨越式发展。

建立科学人才机制，把文化人才的培养纳入人才培养规划，建立科学的人才引进、培养、使用机制。人才培养也要有长远的、战略的眼光，我们要顺应文化产业发展的要求，实施“走出去”和“引进来”的战略，即在引进优秀民族文化人才的同时，也要将本地区的人才送出去交流，取长补短。要加强文化经营、文化管理、文化科技开发等高级人才的培养，特别是在文化产业初步发展的区域需要培养一大批优秀的文化经营策划与中介服务人才，在文化产业有一定发展的区域需要培养一大批优秀的文化资本市场运作和管理人才。

主要参考文献

[1] 顾江：《文化产业经济学》，南京大学出版社 2007 年版。

[2] 顾江：《文化产业研究》（第一辑），南京大学出版社 2006 年版。

[3] 顾江：《文化产业研究》（第二辑），东南大学出版社 2007 年版。

[4] 文化部文化产业司：《探索实践　引领发展》，2008 年 10 月。

[5] 刘云山：《建设和谐文化　巩固社会和谐思想道德基础》，《人民日报》2006 年 10 月 24 日。

［6］吴建有：《落实科学发展观，加快文化产业发展》，《中国经济时报》2007 年 12 月 31 日。

［7］薛璐燕、杜为：《和谐文化的内涵探析》，《经济与社会发展》2006 年第 1 期。

［8］中宣部思想政治工作研究所综合研究部：《构建社会主义和谐社会的文化基础——中国思想政治工作研究会、中宣部思想政治工作研究所举办“建设和谐文化”研讨会综述》，《光明日报》2006 年 6 月 5 日。

［9］李德顺：《用改革和发展打造“和谐文化”》，《思想政治工作研究》2005 年第 9 期。

［10］秦文志：《试论和谐文化建设在构建和谐社会中的地位和作用》，《攀登》2006 年第 1 期。

［11］郭诏彬：《贯彻科学发展观 为构建和谐社会提供理论支持文化支撑——“构建和谐社会 建设和谐文化”理论研讨会综述》，《光明日报》2005 年 12 月 20 日。

［12］梁桂全等：《在实践中推进中国特色社会主义精神文明建设理论的创新和发展》，《广东社会科学》2005 年第 4 期。

［13］代立：《对和谐社会中和谐文化的思考》，《中共乌鲁木齐市委党校学报》2005 年第 1 期。

［14］王伟：《和谐文化：“以人为本”的文化发展战略》，《光明日报》2006 年 1 月 10 日。

［15］张小平：《和谐文化的理论与实践》，人民出版社 2007 年版。

［16］吴宏放：《我国文化产业发展面临的问题及对策探讨》，《中共四川省委党校学报》2006 年第 1 期。

［17］柳敏和、张增根：《关于文化产业发展问题的若干思考》，《石家庄学院学报》2007 年第 2 期。

［18］董为民：《国外文化产业现状、发展措施与经验》，《经济研究参考》2004 年第 10 期。

［19］柯可：《文化产业论》，广东经济出版社 2001 年版。

［20］张济和：《文化产业：结构优化步伐加快　整体实力迅速增强》，《经济日报》2008 年 4 月 15 日。

［21］魏鹏举：《文化特色如何转化为产业优势》，《人民论坛》2007 年第 18 期。

［22］赵鉴光等：《西安曲江：重大文化产业项目带动战略的实践者》，《中国文化报》2007年11月16日。

［23］田丽丽：《借势重大文化产业项目带动战略做大做强》，《中国图书商报》2008年3月18日。

课题组成员名单

课题负责人：

顾　江　南京大学国家文化产业研究中心常务副主任，南京大学经济学院教授、博士生导师

课题组成员：

胡　静　南京大学国家文化产业研究中心博士生
周　锦　南京大学国家文化产业研究中心博士生
赵　凌　南京大学国家文化产业研究中心博士生
昝胜锋　南京大学国家文化产业研究中心博士生
郭新茹　南京大学国家文化产业研究中心博士生
谭　军　南京大学国家文化产业研究中心博士生
梁　君　南京大学国家文化产业研究中心博士生

中国文化产品进出口评价指数体系设计与编制研究

中国传媒大学国家对外文化贸易理论研究基地

一、建立文化产品进出口评价指数体系的意义

（一）文化产品贸易已经成为当前国际贸易的重要组成部分

配第－克拉克定理表明：经济发展与产业结构升级换代同步而行。随着世界经济的发展，第一、二产业在全球经济总量中的比重不断下降，而服务业、文化产业等高端产业则以其环保、高附加值等特点，受到世界各国的青睐，迅速成长为当今世界经济格局中的重要组成部分。在国际贸易中，文化产品贸易总量在不断增加。联合国教科文组织 2005 年 12 月 15 日发布的《1994—2003 年特定文化产品和服务的国际流通》表明：1994 年至 2002 年间，国际文化产品贸易已由 383 亿美元增长到 592 亿美元。随着世界经济的发展，文化产品贸易在全球整体贸易格局中所占的比例将会进一步增加。

（二）文化产品进出口统计框架混乱，难以反映当前国际文化产品贸易的真实情况

由于文化产品的特殊性，建立能够真实反映文化贸易情况的统计框架与评价指标非常困难。正如联合国教科文组织所指出的：“没有任何一种国际分类体系把文化产品或服务作为一种单独的类别。相反，文化产物总是分散在几类项目之下并且经常被列在成为‘其他’或‘附加项目’的普通分组里，真实的在必要的细节水平上区别文化贸易数据成为不可能的事情。”① 对比联合国教科文组织统计研究所和组织文化处发布的两份关于国际文化产品和服务贸易的统计报告，我们可以看出，两份报告所采用的统计框架很不一致，也由此导致了两份报告在统计结果上的巨大差异。

目前，无论是 WTO、UNESCO 等国际组织，还是世界各国，在对文化产品贸易的统计方面采用的统计框架和统计标准都存在巨大差异，这直接导致了相关统计结果之间难以具有可比性。

（三）目前已有部分统计框架将中国置于不利境地

对文化产品的国际贸易而言，产业带动力、文化影响力等“无形”

---

① 联合国教科文组织统计研究所，联合国教科文组织文化处：《1994—2003 年特定文化产品和服务的国际流通》，见张晓明、尹昌龙、李平主编《国际文化产业发展报告（2007）》，社会科学文献出版社 2007 年版，第 12 页。

影响更为重要。然而，目前的很多统计框架只顾及有形文化产品，而版权贸易、后续影响等更为重要的“无形”影响难以纳入其中。对中国而言，还有公司内贸易、加工贸易等因素的影响。这样，类似的统计数据就难以反映中国对外文化贸易的真实情况——甚至，某些统计数据还会对此产生严重的歪曲。

比如，按照联合国教科文组织的数据，美国是文化产品净进口国。在2002年，美国文化产品进口额为137亿美元，而出口额为80亿美元，文化贸易逆差高达57亿美元。① 相反，联合国教科文组织的统计数据却将中国列为文化产品净出口国。按照该报告的统计数据，2003年，中国核心文化产品出口额58亿美元，进口额为13亿美元，文化贸易顺差为45亿美元。② 照此算来，中国不仅不是文化贸易逆差大国，反而成了世界上最大的文化产品出口大国之一。具体到中美文化贸易，中国不但不是贸易逆差，而且在对美文化贸易过程中享有相当大的贸易顺差。按照其统计数据，在美国文化产品进口对象中，中国是其最为主要的来源。2003年，来自中国的文化产品占了美国文化产品进口总额的30.8%。③

统计数据如此，中国文化产品在美国市场是否真的具有如此大的影响力？答案并不尽然。然而，类似数据却时常成为美国逼迫中国开放文化市场的口实所在，将中方置于不利境地。

（四）文化产品的特殊性

文化产品和文化服务具有一般商品和特殊商品的双重属性。文化产品和文化服务对消费者的满足主要是心理的而不是生理的，是精神的而不是物质的，它在具有物质性、形象性的同时，更具有精神性和不可见性。文化产品和文化服务会在消费者心中留下潜移默化的影响，从而对其承载的文化观念产生某种信任感、亲切感乃至依赖感。因此，“一个国家的对外文化贸易，不仅仅具有经济的价值，而且具有外交、外宣功能，

---

① 联合国教科文组织统计研究所，联合国教科文组织文化处：《1994—2003年特定文化产品和服务的国际流通》，见张晓明、尹昌龙、李平主编《国际文化产业发展报告（2007）》，社会科学文献出版社2007年版，第24页。

② 联合国教科文组织统计研究所，联合国教科文组织文化处：《1994—2003年特定文化产品和服务的国际流通》，见张晓明、尹昌龙、李平主编《国际文化产业发展报告（2007）》，社会科学文献出版社2007年版，第26页。

③ 联合国教科文组织统计研究所，联合国教科文组织文化处：《1994—2003年特定文化产品和服务的国际流通》，见张晓明、尹昌龙、李平主编《国际文化产业发展报告（2007）》，社会科学文献出版社2007年版，第25页。

传播了它的意识形态和价值观念”。[①]由于文化亲近感和文化认同感，文化贸易会形成巨大的整合效应和辐射效应，带动一国其他非文化产品的出口贸易，从而对增强一国的整体经济实力起到巨大的推动作用。早在 20 世纪 70 年代，日本学者日下公人就极力主张日本在推行经济立国的时候，应该同时考虑文化立国战略，因为只有“创造文化、输出文化并使世界文明喜爱它”，“才能轻而易举地得到文化鼻祖的利益，确保资源供应和祖国安全”。[②]文化产品具有双重属性，文化出口既能获取巨大的经济效益，也能提升一国的整体形象，增强“软实力”和整体竞争力。

文化产品的全球输出不仅能够扩展经济市场，获得大量的经济利润，同时也可以通过文化媒介承载本国的生活方式和价值观念，通过文化来销售商品，通过商品来宣传文化，文化即商品，商品即文化，文化商品在获得现实利益的同时也在创造广告意义，那些影像、声音、文字、图画、造型都共同开发着一国政治经济的广大市场。正是因为文化产品具有这样一种特殊意义，所以美国等西方国家一直在努力达成文化产业的全球化，特别是被看做最有国际传播效果的电影的全球化。

二、已有文化贸易统计框架概览

（一）联合国教科文组织的统计框架

1. 统计框架

在 2005 年发布的《1994—2003 年特定文化产品和服务的国际流通》中，联合国教科文组织统计研究所和组织文化处将文化产物分为“核心”与“相关”两类，同时将文化产物分为文化产品和文化服务（表 1）。

表 1 文化产物分类

核心文化产品	·视听媒体
·文物产品	——电视游戏
——收集品和珍藏品	——已曝光和已冲洗的摄影和电影胶片
——年代超过 100 年的古董	**核心文化服务**
·图书	·视听及相关服务

① 丁伟：《发展中国对外文化贸易的历史机遇》，《光明日报》2004 年 9 月 22 日。
② 〔日〕日下公人：《新文化产业论》，第 19 页。

续 表

——印刷书籍、小册子、折页等	·版权使用费和许可费
——儿童图书、绘画或涂色书	**相关文化产品**
·报纸和期刊	·设备/辅助材料
——印刷的乐谱	——乐器
——明信片	——放、录音设备和未录音媒体
——图片、设计图样	——电影和摄影器材
·已录制媒体	——电视和收音机
——留声机唱片	·建筑设计和制图贸易以及商业广告品
——仅用于重放声音的激光阅读系统用盘	**相关文化服务**
——磁带（已录制）	·信息服务、通讯社服务
——其他已经录制的媒体	·广告和建筑服务
·视觉艺术	·其他个人、文化和休闲服务
——油画	
——其他视觉艺术（小雕塑、雕刻品、版画等）	

2. 统计数据来源

产品数据来源于联合国日用品贸易数据库；服务数据来源于国际货币基金组织的《国际收支手册》（第5版）。

（二）北美产业分类体系（NAICS CODE）的文化产品统计口径

在NAICS CODE中，广播、电影、电视、图书出版、表演艺术、视觉艺术等主要文化产品分别列入第51类（信息产业）和第71类（艺术、娱乐与休闲产业）中，其中第51类信息产业的定义是："生产、加工和传播信息和文化产品；提供传播手段；进行数据处理。"第71类艺术、娱乐与休闲产业的定义是："制作、推广、参与有公众观看的现场表演、大型活动或展示；保护并展示具有历史、文化、教育意义的物件和地址的机构；提供设施或服务，使消费者参与娱乐、休闲、爱好等活动丰富业余生活的。"同时，按照它对产业的认识，把网络内容服务、电子软件出版、娱乐性体育、博彩等也归入到第51类和第71类之中。

（三）服务贸易总协定（GATS）的文化产品统计口径

在"服务贸易总协定"（GATS）的《国际服务贸易分类表》中，对文化服务作了如下的划分：在商业服务中，有法律服务、软件服务、数据处理和数据库服务、广告服务、摄影服务、包装服务、印刷和出版服务；在视听服务中，有电影和录像的制作和分销服务、电影放映服务、广播和电视服务、录音服务；在娱乐、文化和体育服务（除视听服务外）中，有文娱服务、新闻社服务、图书馆、档案馆和其他文化服务、体育和娱乐服务。此外，近几年涌现出的文化会展服务、文化中介服务、文化咨询服务等新型服务以及相关的文化产品，也属于文化服务的范围。

（四）国际货币基金组织（IMF）的文化产品统计口径

国际货币基金组织（IMF）对国际文化贸易有这样的描述——居民与非居民之间，有关个人、文化和娱乐服务交易，细分为以下两类：一是声像和有关服务，二是其他文化和娱乐服务。第一类包括（影片或录像带形式的）电影、收音机、（实况或提前录制的）电视节目和音乐制品。这里还包括租用费用的支出和收入、演员、导演、制片人等（或编表经济体中非居民）从作品在国外播放而得到的报酬，卖给传播媒介、在指定地点上映次数有限的播映权费。有关戏剧、音乐作品、体育活动、马戏等活动的演员、制片人收到的费用，以及这些活动（电视、收音机等）的放映权费用也包括在内。第二类包括其他文化和娱乐活动，如同博物馆、图书馆及其他文化、体育和娱乐有关的活动。这里还包括国外教师或医生提供的函授课程费用。

三、文化产业范围的界定及统计范围框架设想

通过借鉴和引用联合国教科文组织最新公布的报告和主要发达国家的文化产品的界定，文化产业可以分为文化产品和文化服务两类。其中，文化产品是指具有某种载体的文化实物产品，而文化服务则是隐形或无形的却存在于文化产品中的实实在在的“内容”。这种“内容”具有传播功能、娱乐功能、宣教功能和投资增值功能。无实物形态的文化产品可以通过制作成音像制品而转换成有大量实物形态的文化产品，因而某些文化产品具有价廉、成本低的特点，获利颇为丰厚。由于人们对文化的理解和感受有较强的不确定性和个性化色彩，因此在文化产品的供求关系中非理性成分相对较大。

文化产业范围在我国现行的最新国民经济行业分类中，是一个跨多个行业部门的集合体。虽然产业不等同于行业，但却是行业的延伸。考虑到我国目前统计的体制和现状，进行我国的文化产业统计的基础仍将是分行业统计。我们将所界定的文化产业范围按最新的《国民经济行业

分类 GB/T 4754 - 2002》的标准（这一标准已于 2002 年 10 月正式实施），从文化产品的生产、流通和服务三个环节来构造我国文化产业的行业结构，主要将其分为七大板块：新闻出版业、广电音响业、文化艺术业、文化产品租售、文化产品印刷和记录媒介复制业、文化信息传输服务业和文化社会娱乐服务业。其中，新闻出版、广电音响业和文化产品印刷和记录媒介复制业属于有形的文化产品的范围；文化产品租售业是指有形产品的流通；文化艺术、文化信息传输服务业和文化娱乐服务业是指无形的文化服务的范围。

四、文化产业进出口指标框架

（一）指标体系设计的原则

目前对文化产品的进出口统计仅仅局限于有形文化产品和无形文化产品进出口额的大小，如版权的进出口数量、国外电影的本土票房多少，等等。这很难客观公允的反映一国文化产品进出口的实际情况及其在目标市场中所产生的真正影响。客观公允的指标体系应该对文化产品进出口产生的整体影响（如后续产业链的带动、文化形象提升）有所反映。因此，除有形文化产品的贸易额外，后续产业带动、观念影响等指标的设置也十分重要。

观念影响指标体系设计既要遵循一般指标体系设计的共性原则，又要考虑观念影响这一指标的特殊性，具体为：

1. 以增加值为核心、重点反映文化产业的进出口经营规模、运营效益

增加值是国内生产总值（GDP）的同度量指标，将增加值作为我国文化产业进出口统计核算的核心指标，有助于与国民经济核算体系相接轨，以反映文化产业进出口总量规模、发展水平以及对整个国民经济的贡献力，也有助于与其他产业和文化产业内的各行业进行同度量的对比分析。

2. 完备性原则

完备性原则是指建立的指标体系能够多角度、多层面、全方位地反映文化产业的总貌。它能够对文化产业作出完整的划分和全面的覆盖，包括文化产业的各个行业门类在时间上要作为一个有机整体，对文化产业连续地、动态地进行描述。

3. 统一性原则

统一性原则是指全国各地文化产业统计指标的设置和指标的含义应当一致，以便统计活动有统一的规模和标准，使统计结果在全社会范围内进行汇总并与国内外进行分析比较。

4. 可比性原则

统计指标既要便于纵向比较，也要便于横向比较；既可用于国内区域之间及与其他产业之间、文化企业之间的比较分析，还能与国际惯例接轨，同其他国家的文化产业企业进行对比。

5. 可操作性原则

可操作性原则是指所提出的指标体系具有现实性，对其指标值可以进行测量。这就要求数据资料能够及时、完整、准确地取得，计量评价上要简便易懂。

6. 前瞻性原则

文化产业是新兴产业，尤其是伴随信息技术的高速发展，文化产业必将发生深刻变化，出现新的产业形态。所以，文化产业指标体系要具有开放性和前瞻性，以便适应文化产业的未来发展。

（二）指标体系的设置内容

1. 贸易数据统计指标

（1）文化产品的进口总额。其中主要包括了上述文化产业中有形的文化产品的进口总额，文化产品流通总额的进口数量以及无形的文化服务进口总额。

2002 年，我国核心文化商品的进出口贸易总额达到 63.8 亿美元，居世界第四位。其中，核心文化商品出口额 52.7 亿美元，居世界第四位；核心文化商品进口额 11.1 亿美元，居世界第十五位。然而，这些衡量的指标主要是针对有形文化产品而言，对于影响力日渐增强的无形服务而言，我国的情况并不占优势。

（2）文化产品的出口总额。其中主要包括了上述文化产品中有形的文化产品的出口总额，文化产品流通总额的出口数量以及无形的文化服务出口总额。

2006 年世界贸易进出口总额是 123 800 亿美元，其中中国的贸易总额是 7 916 亿美元，居世界第四位。而将其按行业划分统计其出口总额时，中国在个人、文化和休闲服务这一项中的出口总额仅仅是1.34亿美元，远远落后于美国的70.60亿美元、英国的35.83亿美元，甚至落后于墨西哥、西班牙和土耳其等国。

（3）文化产品的净出口总额。文化产品的净出口总额包括有形文化产品和无形文化服务的出口总额与进口总额的差值。通过计算净出口指标，可以分析出文化产业在国际贸易中处于什么地位并且能衡量出其是顺差还是逆差。

通过比较2006年按行业划分的贸易进出口，可以看到我国仍然在文化休闲服务这一项中处于贸易逆差的位置。

（4）可比净出口指数（Nomalized Trade Balance，NTB）。可比净出口指数是分析产业贸易国际竞争力时常用的指标，它主要用来分析一个地区某个产业或产品的比较优势与国际竞争力。如果将NTB引入文化贸易的话，也可以作为衡量服务行业国际竞争力的指标之一，计算公式是（Xit－Mit）/（Xit＋Mit），即文化产业贸易的净出口总额占进出口总额的比重。

通过可比净出口指数我们可以看到我国文化产业贸易的国际竞争力在世界中的位置，以此来作为指导我们制定贸易政策和确定发展方向的依据。

（5）贸易竞争力指数（Trade Competitive Power Index）。贸易竞争力指数是衡量一国某种产品的国际竞争力时常用的指标，它表示一国进出口贸易的差额占其进出口贸易总额的比重，常用于测定一国某一产业的国际竞争力。该指标作为一个与贸易总额的相对值，剔除了经济膨胀、通货膨胀等宏观方面波动的影响，即无论进出口的绝对量是多少，它均在±1之间。指数值越接近0表示竞争力越接近于平均水平；指数值越接近于1则竞争力越大，等于1时表示该产业只出口不进口；指数值越接近于－1则竞争力越薄弱，等于－1时表示该产业只进口不出口。

把此指标引入文化产品中可以衡量我国文化产品的竞争力，即我国文化产品进出口的差额与进出口贸易的总额的比重，对比上述的参考值，可以衡量出我国的文化产品在世界范围内的竞争力。

（6）显示性比较优势指数（Revealed Compartive Advantage Index），即RCA指数。显示性比较优势指数是美国经济学家贝拉·巴拉萨（Balassa Bela）于1965年测算部分国际贸易比较优势时采用的一种方法，可以反映一个国家（地区）某一产业贸易的比较优势。它通过该产业在该国出口中所占的份额与世界贸易中该产业占世界贸易总额的份额之比来表示，剔除了国家总量波动和世界总量波动的影响，可以较好地反映一个国家某一产业的出口与世界平均出口水平比较来看的相对优势。如果一国 RCA 指数大于2.5，则表明该国该产业具有极强的国际竞争力；RCA 介于1.25～2.5之间，表明该国该产业具有很强的国际竞争力；RCA 介于0.8～1.25之间，表明该国该产业具有较强的国际竞争力；RCA 小于0.8，则表明该国该产业的国际竞争力较弱。

将该指标引入文化贸易中，可以反应我国文化贸易的比较优势，即通过文化产品出口在我国出口中所占的份额与世界贸易中文化产品占世界贸易总额的份额之比来表示。参考上述给的 RCA 的参考指标，我们可以对比我国的文化产业是否具有较强的国际竞争力。

2. 产业带动指标

文化产品的进出口不仅促进了文化产业的发展，也带动了其他产业的发展，并且带动作用明显。因此，本文选取产业影响力系数、产业感应度系数、就业带动系数三个指标来考查文化产品进出口对其他产业的带动作用。

（1）影响力系数。产业影响力系数是反映国民经济某一部门增加一个单位最终使用时，对国民经济各部门所产生的需求波及程度，它表示某产业部门的发展对其他产业的拉动作用，又称为“前向关联系数”。产业影响力系数越大，说明该部门对其他部门的拉动作用越大。当影响力系数大于1时，表示该部门的生产对其他部门所产生的生产波及影响程度超过社会平均影响力水平；反之亦然。影响力系数计算公式为：

$$HL_i = \frac{\sum_{j=1}^{n} b_{ij}}{\frac{1}{n}\sum_{i=1}^{n}\sum_{j=1}^{n} b_{ij}}$$

式中：$\sum_{j=1}^{n} b_{ij}$ 为投入产出列昂惕夫逆矩阵 $D = (I - A)^{-1}$ 的第 j 列之和，它反映了该列所对应的产业部门的影响程度；$\frac{1}{n}\sum_{i=1}^{n}\sum_{j=1}^{n} b_{ij}$ 为列昂惕夫逆矩阵各列之和的平均值，反映了各部门的平均影响程度。

（2）感应度系数。产业感应度系数是反映当国民经济各个部门均增加一个单位最终使用时，某一部门由此而受到的需求感应程度，它表示各产业部门对某产业部门的依赖程度，又称为“后向关联系数”。产业感应度系数越大，表示该部门对国民经济的推动作用越大。当某一部门产业推动系数大于（或小于）1 时，表示该部门的感应程度高于（或低于）社会平均感应度水平。感应度系数计算公式为：

$$HL_i = \frac{\sum_{i=1}^{n} d_{ij}}{\frac{1}{n}\sum_{i=1}^{n}\sum_{j=1}^{n} d_{ij}}$$

式中：HL_i 为产业 i 的推动系数，它反映了该产业受其他产业影响的程度；d_{ij} 为完全需要矩阵 $D=(I-A)^{-1}$ 的元素；$\sum_{j=1}^{n} d_{ij}$ 为投入产出列昂惕夫逆矩阵 $D=(I-A)^{-1}$ 的第 i 行之和，它反映了该行所对应的产业部门的感应程度；$\frac{1}{n}\sum_{i=1}^{n}\sum_{j=1}^{n} d_{ij}$ 为列昂惕夫逆矩阵各列之和的平均值，它反映了各部门的平均感应度水平。

（3）就业带动指数。一个产业对经济的贡献通常通过该产业的就业人数进行衡量。本文将部门的就业带动指数定义为该部门从业人员在全国从业总人数中所占的份额，该指数衡量了文化产业部门对总就业的贡献。就业带动指数计算公式为：

$$E_i = \frac{a_i}{\frac{1}{n}\sum_{i=1}^{n} a_i}$$

式中：a_i 为某文化产业部门就业人数；$\frac{1}{n}\sum_{i=1}^{n} a_i$ 为全社会从业人员数。

3. 观念影响指标体系结构

模糊综合评价原则，是对文化产品进出口观念影响的评价，主要是评价文化产品进出口使消费者对本国文化亲近度、文化认同度，以及对本国文化形象提升方面的影响，这是一个典型的涉及多因素的综合评价问题。由于各个因素的影响程度及评价的合理程度是由人的主观判断确定的，因而必然会导致结论的模糊性。例如，文化亲近度提升程度的评价只能用相应的优劣等级来表示，而不能用数值的高低来判断。因此，通常的统计评价方法对此不适用，而模糊综合评价方法却能够较好地处理多因素、模糊性及主观判断等问题。所以，运用模糊综合评价原则进行评价是综合评价文化产品进出口观念影响指标的一个有效方法。

（1）文化亲近度指标。

第一，文化亲近度指标评价的意义。

衡量文化亲近度具有一定的意义，我们从韩国文化输出带来的“韩流”可以看出文化产品对文化及语言吸引力的影响。韩国文化输出不仅改变了韩国传统农耕国家的形象，培养了大批韩国文化的忠实者，而且在亚洲“韩流”盛行的国家和地区，正在兴起学习韩语的热潮。韩语使用仅名列世界全部语种的第 11 ~ 12 位，在文化市场上无疑是边缘性语种，但是在韩国影视、游戏产品的引领下，全球学韩国语的人数增长较快，并且，自 1997 年开始有“韩语托福”（外国人韩国语能力考试）以来，每年参试人数稳步上升（见表 2）。

表 2　在韩国文化产品的影响下“韩语托福”参考人数逐年增加

年　度	参考人数
1997	2 274
1998	2 663
1999	3 445
2000	4 850
2001	6 049
2002	7 306
2003	10 416
2004	15 279

在旅游方面：韩国观光公社委托韩国学者做的一份《韩流旅游营销效果分析及发展方向调查》表明：2004 年，来自中国大陆、中国台湾以及日本的游客中，有 27.1%（约 71 万人次）是直接或间接受到韩国影视剧的影响而来韩旅游的，这些游客共为韩国带来了 7.8 亿美元的外汇收入。

中国五千年的文化兼容并包，曾经吸引和影响过许多国家。可是，现在除了标有“中国制造”的商品外，大多数外国人对中国的了解却很少。相反，我国很多年轻人中，过“圣诞节”、“情人节”、“愚人节”成为时髦，倒是对清明节、七夕节等传统节日缺乏热情。所以，文化产品出口对文化亲近程度有直接的影响。目前，我国文化产品出口对提升国外消费者对我国文化亲近度的作用还有待加强。这是一个隐性、长期的效应，也是我国文化贸易水平的决定性因素之一。

第二，文化亲近度指标评价设计方法。

首先确定评价文化亲近度因素集U，U＝（u_1：文化吸引力，u_2：旅游吸引力，u_3：语言吸引力，u_4：教育吸引力，u_5：价值观吸引力）。

其次确定评价等级集V，V＝｛v_1，v_2，…v_4｝，简便起见，我们设v_1：优秀，v_2：良好，v_3：中等，v_4：较差。

然后根据专家打分和客户调查数据计算出各基本因素的单因素评价集，构成各因素子集的模糊评价矩阵，根据专家意见确定权重。最后根据最大隶属度原则，得出模糊综合评价的结果。

（2）文化消费依赖度指标。

第一，文化消费依赖度指标评价的意义。

文化产品消费的偏好性，是指人们在消费文化产品时，往往更倾向于那些对其文化内涵、价值观念等方面比较熟悉的产品。消费者在消费某一文化产品的过程中，其“消费资本”会增加，而消费资本的积累可能会导致消费者对某种商品实际需求的变化，即购买行为可能会增加。不同国家之间对外国文化艺术品的消费资本的积累是极不平衡、不对称的。然而，对外国文化艺术的消费资本一旦建立起来，外国文化艺术的殊异感和异域色彩就会越来越淡，最终，文化消费资本积累的效果得到强化，它们会变成民族文化的一部分。

在文化产品消费资本积累这一层面，美国远远走在了世界各国的前面，如美国电影、情景戏剧、摇滚乐已经在世界各国消费者中形成了很高的消费资本积累，消费者已经形成了对美国文化产品这一品牌的消费依赖感。另外，韩剧、日本动画片等在消费者群体中也建立了很高的文化消费资本积累。因此，可以看出，文化产品进出口观念影响指标体系应将文化消费依赖度这一指标纳入其中，因为对这一因素的客观评价可以真实反映一个国家文化产品贸易的竞争力。

第二，文化依赖度指标评价设计方法。

对文化依赖度指标的评价应采用定性分析的方法，通过问卷调查法、专家评定打分来分析进口国消费者对他国文化产品消费的依赖度。首先确定评价文化消费依赖度因素集U，U=（u_1：对某国文化产品的忠诚度，u_2：一定时期内消费行为次数，u_3：相关产品的消费额）。

其次确定评价等级集V，V=｛v_1，v_2，v_3｝，简便起见，我们设v_1：高，v_2：中，v_3：低。然后根据专家打分和客户调查数据计算出各基本因素的单因素评价集，构成各因素子集的模糊评价矩阵，根据专家意见确定权重。最后根据最大隶属度原则，得出模糊综合评价的结果。

五、评价方法

运用系统层级理论，采取主观指标与客观指标相结合、动态指标与静态指标相结合的原则，将文化产业进出口效益状况设计成一个包含若干具体的评价指标模块。分述如下：

首先，确定评价文化产品进出口的集合U。将U划分为十个因素集，可定义为U=｛U_1，U_2，U_3，U_4，U_5，U_6，U_7，U_8，U_9，U_{10}｝。即：U=｛文化产品的出口总额，文化产品的净出口总额，可比净出口指数，贸易竞争力指数，显示性比较优势指数，影响力系数，感应度系数，就业带动指数，文化亲近度指数，文化依赖度指数｝。

其次，确立评价文化产业进出口的评语V。设文化产业进出口评语集V=｛V_1，V_2，V_3，V_4｝，Vi表示评价标准。即：V=｛优，良，中，差｝。

再次，确定各评价指标间的权重分配。运用层次分析法的层级概念与特征向量法，或通过专家咨询意见来分析得到各部门经济效益状况各经济效益指标的权重，即分别得到因素U_1、U_2、U_3、U_4、U_5、U_6、U_7，U_8，U_9，U_{10}的权重：a_1，a_2，…，a_{10}，且$\sum_{i=1}^{10} a_i = 1$。引入U上的一个模糊子集A，称权重分配集，即A=｛a_1，a_2，…，a_{10}｝。本文设各评价指标权重分析为：A=｛0.1，0.1，0.1，0.1，0.1，0.1，0.1，0.1，0.1，0.1｝。

最后，确定从U到V上的模糊关系矩阵R。对文化产业进出口的影响，单就U_i作单因素评价，经V_i=（$V_{i1}+V_{i2}+V_{i3}+V_{i4}$）个专家投票评判，评语中如有$V_{i1}$的优、$V_{i2}$的良、$V_{i3}$的中、$V_{i4}$的差，就可以对此因素的评价记作：$U_i \rightarrow$｛$V_{i1}/V_i$，$V_{i2}/V_i$，$V_{i3}/V_i$，$V_{i4}/V_i$｝，从而得到从U到

V 上的 10 行 4 列模糊矩阵。

六、结 语

随着经济社会的发展，文化产品在国际贸易总量中所占的比重逐渐增加，其影响更是不断扩大，然而，由于文化产品在形态、性质、门类、传播方式、观念影响等方面的特殊性，对于文化产品国际贸易情况的统计仍存在很多困难。目前虽然出现了种种统计框架和统计结果，但是，绝大多数统计框架和统计结果都难以反映文化产品国际贸易的真实情况。

我们认为，文化产品国际贸易的统计不能仅仅以“硬性”数据为准，而应将产业带动、观念影响等方面都考虑其中，因此，在本文中我们将贸易数据、产业带动和观念影响作为 3 个一级指标，在一级指标下设立 11 个二级指标。在衡量方面，我们也应充分考虑贸易数据之外的诸种因素，以形成综合性的评价指标体系。

应该说，文化产品进出口的衡量与评价是一个非常复杂的问题，以至于无论是联合国教科文组织等国际机构还是世界各国，至今都难以制定出具有说服力的相关统计框架。由于水平、时间、数据参照等方面的限制，本课题只是对这一问题进行初步探索。面对这样一个极富挑战性又意义重大的研究课题，今后我们还有很多工作要做。

课题组成员名单

课题负责人：

李怀亮　国家对外文化贸易理论研究基地（北京）负责人，中国传媒大学媒体管理学院院长，教授、博导

课题组成员：

闫玉刚　国家对外文化贸易理论研究基地助理研究员，博士后

万兴伟　中国传媒大学媒体管理学院，博士

赵玉宏　中国传媒大学媒体管理学院，博士

中国特色文化产业发展道路研究

上海交通大学国家文化产业创新与发展研究基地

中国特色文化产业发展道路是中国特色社会主义发展道路在文化产业发展形态上的表现。它既是中国特色文化发展道路选择的一个结果，同时也是中国特色的政治、经济和社会发展道路选择的一个结果。因此，中国特色文化产业发展道路也必然同时是这几个方面特色的集中反映和体现。

中国特色文化产业发展道路是在中国进一步扩大改革开放、进一步融入现代世界体系和建设和谐社会的进程中提出来的，是在中国文化产业作为国家战略进一步参与国际文化战略竞争过程中被提出来的。因此，中国特色文化产业发展道路的选择就不能只有中国特色这一个向度，还必须同时具有国际视野和全球性思维，在全球化的背景下思考中国特色文化产业发展道路的时代性。

中国特色文化产业发展道路终究还是关于文化产业这一具体领域的发展道路选择问题。因此，不能离开文化产业的本质属性来抽象研究关于中国特色的文化产业发展道路问题。

“中国特色”是关于中国文化产业发展生命形态与成长路径的一种历史性规定，包含着对整个中国文化产业秩序结构与制度安排的历史性选择。因此，中国特色文化产业发展道路研究属于战略研究范畴。

结合中国特色社会主义发展道路已经走过的 30 年历程，以及当前中国发展进程中正在遭遇到的一系列“发展的困境”，笔者认为，站在建设中国特色社会主义需求的国家高度，以建设文化生态文明为价值取向的文化产业发展道路为指导，努力建构传统、现代和新兴三位一体的文化产业创新体系，形成东中西部文化产业功能错位、优势互补、联动发展的发展机制，无障碍流通、全流域开放的文化市场体系，法律框架下的科学、优化的文化产业管制制度，应当成为中国特色文化产业发展道路的基本内容。

一、以建设文化生态文明为价值取向的科学的文化产业发展道路选择观

“建设生态文明”，是党的十七大在探索如何建设有中国特色的社会主义和怎样建设有中国特色的社会主义这样的战略高度上做出的一个具有根本战略意义的科学决策。这一伟大战略目标的提出不仅标志着有中国特色的社会主义发展道路进入了一个全新的科学发展时期，而且也为

科学的建设和发展有中国特色的社会主义提出和建立了一个全新的价值标准。这对于指导我国文化产业发展战略和发展模式的价值选择、树立中国文化产业发展的生态文明观具有特别的战略重要性。

文化产业是人类社会发展到工业文明时代和通信时代所创造出来的一种文化资源形态和文化生产力形态，是文化在历史的生态进化过程中所形成的一种重要的文化生态样式，包含着人类社会在文明进步过程中的深刻理解与把握，因而同时是文化生态文明运动的一种结果和产物，并且已经现实地成为我们今天生活的全部生态链接中最重要的生态链。正是由于文化产业已经现实地建构着我们的生活方式和生活环境，现实地成为我们生活的一种生态方式和生态行为，所以我们今天关于社会与世界的参与和表达，有许多是借助于文化产业这样的载体来实现的。这就是文化产业不仅具有文化生态学意义，而且具有最一般的人类生态学和社会生态学意义的原因。因此，这就需要我们对文化产业正在给我们带来的生态影响给予高度的关注。以往我们比较多的是关注文化产业自身的产业链和价值链，却很少去关注文化产业与社会和自然、历史与现实之间的生态链接。无论是对自然和人文景观的开发，还是对历史人文资源的开发，我们比较多的是关注所有这些开发的经济效益及其能在多大程度上成为新的经济增长点，很少把大力发展文化产业作为新的文化增长点。关于文化产业发展价值导向的片面性，必然导致文化产业与文化发展之间、文化产业与社会发展之间的历史对抗性：从而导致文化产业科学发展的不可持续性。

“闯关东”是近代中国史上史无前例的伟大壮举。它不仅是一次伟大的移民运动，更是一次空前的文化迁徙，正是这样的文化迁徙缔造了今天东北的文化生态种群。然而，恰恰是这样一场伟大的文化事件，却在我们的历史典籍和文献记载中留下迄今为止无纪录的缺憾。大型电视连续剧《闯关东》担当起了这一伟大的历史重任，为我们艺术且形象地展现了一个民族曾经有过的那一段历史，从而使没有被遗忘、也没有被连接起来的历史连接起来了，完成了一次卓越的文化生态补偿。这是一次重要的文化生态物种的培育，它使得我们文化资源的种群库中又增添了一个本不应该缺席的新的物种，一个被发现的在历史文化的深厚土壤中被培育出来的新物种。我想这也正是《闯关东》为什么能够赢得舆论普遍赞誉的关键。

人是需要精神的。人的精神需求的满足有着许多途径，但是，毫无疑问，在媒体高度发达的今天，通过视觉文化产品的消费来获得精神需求的满足是人们文化生态存在着的重要方式。《闯关东》以它的高收视率这一市场化方式向人们证明：精神建构性的文化产品是一个国家和民族主流文化产业的发展方向。因为，在这样一种文化产品所提供的精神世界中，每个人都可以从中获得自己所需要的文化养成，找到自己精神生活的所在位置以及最适合自己成长与进步的文化土壤。文化产业应该是这样一种文化源头活水的涵养地和文化种群的种子库与基因库，成为人们的一种生存方式和表现形态，成为人们精神的存在着的一种表达方式。

文化产业是满足人们不断增长的精神文化消费需求的重要途径和方式，大力发展文化产业已成为政府在确保公民文化权益实现方面所必须采取的文化政策和发展政策。也正因为如此，无论是文化商品的生产还是传播，或者是文化服务，都有一个确保公民文化消费安全以及人与自然、人与社会生态安全的责任。正如人们需要物质生产部门必须提供绿色、安全的食品一样，人们也需要精神生产部门提供绿色、安全文化产品，提供绿色的安全的文化生态环境。这同样也是公民的文化权益。因此，大力发展文化产业就不能只有经济效益这一个指标，而且还必须有社会效益的公共文化安全与文化生态安全指标。这就是文化产业发展所应当遵循的文化生态文明的价值取向。由于文化产业的当代发展已经成为文明传承的重要载体和实现方式，因此，文化产业是否或能够在多大程度上实现和推进文明传承的不断发展，也就自然地成为我们发展文化产业的生态指标。

这就需要我们创新文化产业发展路径选择与发展模式、管理思维和方法，把是否形成循环文化经济作为检验文化产业科学发展的新标准。循环文化经济是一种全新的文化生产力形态，是文化产业可持续发展最重要的存在方式。循环文化经济的核心就是在文化产业的发展过程中不断地推进文化资源的积累和再生，以文化资源的不断积累和再生作为文化产业可持续发展的不竭动力。因为，只有这种文化生产力形态的最大限度的产生和形成，文化产业在发展过程中才能有效地克服工业文明所带来的资源消耗型和环境污染型的发展弊端。这就需要我们在文化产业发展模式的创新过程中引进“生态文明”的新观念，树立“文化生态文明”的新文化产业发展观和新文化建设制度观，从而以“建设生态文明”的科学思想为指导，推进文化产业结构、文化经济发展方式和文化消费模式的战略性调整。

生态文明是关于人与自然、人与人、人与社会根本关系的一种文化伦理形态，强调的是和谐共生、良性循环、全面发展、持续繁荣，是人类社会在经历了原始文明、农业文明、工业文明之后，努力追求的一个崭新的文明境界。大力发展文化产业，不是要削弱文化产业在文化资源和文化传统建构方面的能力和职能，而是要在市场经济的条件下建立新的中国文化资源和文化传统的创建方式和新的文明形态。人们之所以对文化产业发展当中的“娱乐选秀”、“恶搞经典”以及对自然遗产和历史文化资源的肆意破坏提出各种各样的批评，其实是在公众集体无意识的背后对中国文化产业发展在民族文化生态的价值取向问题上、对我们这个民族在新的历史时期文明养成的问题上的崇高的文明期待，是一种主动追求文化产业生态文明发展的自觉表现。人们之所以肯定和以一种景仰的心情争说《闯关东》和《集结号》给我们带来的精神关怀，这是肯定和赞许浙江横店的农民在建设横店影视城过程中在贫瘠土地上进行的新文化创造，因为这些文化产品以及由此而形成的文化关怀在滋养着我们的灵魂和心田，在解决“三农”问题的过程中以激情和智慧创造出了全新的生活方式和生活样式，而正是这些构成了今天的文化产业的实践者们贡献给未来的文化资源形态。所有这些，与那些在蹂躏和践踏中国有形的和无形的文化资源、文化遗产相比，在当今中国文化产业的发展进程中，作为现代文化产业的先锋是怎样的给人们带来了新的文化空气呵！

随着现代自然科学和技术的发展，技术和科学本身的性质也发生了重大变化。德国哲学家海德格尔在1950年出版的《技术之追问》中区分出两种技术：一种是“手工技术”，另一种是“现代技术”。前者如荷兰的风车、中国农村里的水车，他们不可能导致对自然的破坏；后者则不但导致了人类对自然的影响，也导致了一部分人对另一部分人的控制。德国哲学家哈贝马斯在1968年出版的《作为“意识形态”的科学技术》一书中强调，现代技术与自然科学不但成了第一生产力，而且也成了意识形态：“作为意识形态，它一方面为新的执行技术使命的、排除实践问题的政治服务；另一方面，它涉及的正是那些可以潜移默化的腐蚀我们所说的制度框架的发展趋势。”[①] 这就是技术和科学在推动人类社会发展进程中的两面性。文化产业的文明发展只有在文化经济的可持续发展的文化生态环境中才是可能的。没有文化产业的文明发展，就没有真正意义上的国家文化软实力。没有文化产业的生态文明存在，也就无所谓我们每一个人生活状态的文明存在。“开发”与“发展”是我国近几年来最重要的文化产业发展形态和发展模式。然而，也恰恰是这两种文化产业发展模式建立起了文化产业与环境和资源的关系。而在现实的文化产业发展的现象世界中，我们常常可以看到两种不同的“开发”与“发展”形式：一种是“破坏性的开发”，即以环境和资源的牺牲为代价的开发，特别是一些所谓的“文化产业园区开发”，为了眼前利益而不惜牺牲子孙后代长远的文化利益；另一种是“保护性的开发”，即以环境和资源的可持续发展为前提的开发，这种开发不仅满足了当代人的目的性的文化生存与发展的需求，而且延续了文化生态的和规律性成长的需求。毫无疑问，后一种文化产业的开发形式才是我们的生活所需要的发展，也是我们所应该留给子孙的，就像我们的前人所留给我们的文化遗产一样。

文化产业不是消耗文化资源的机器，而是文化资源再生的工作母机。民族文化的伟大保护与发展只有在文化资源的不断再生和创造中才能得到伟大的实现。这应当成为中国文化产业发展的新文化发展观和中国文化产业发展的新文化生态文明观。中国文化产业不能走资源消耗性和环境污染性的经济发展模式的老路，实现文化产业发展模式与发展道路的战略性调整，走文化资源再生型与环境友好型相结合的新文化产业发展道路，应当成为中国文化产业发展重要的生态文明选择。

文化软实力是综合国力和国际竞争力的重要组成部分，也是当今世界国家文化战略竞争的最主要的力量形态。我国要在激烈的国际文化战略竞争中赢得主动，就必须在壮大经济实力、科技实力和加强国防力量的同时，极大地提高国家的文化软实力。国家文化软实力的形成是一个文化可持续发展的过程，是文化内涵不断发展、人的文化素养不断提升的过程，是人与自然、人与社会和人与历史不断和谐的过程。任何的人与自然、人与社会和人与历史的紧张关系乃至冲突关系，都不可能有效地形成和提高一个国家的文化软实力。国家文化软实力的提高只有在人

---

① 哈贝马斯：《作为“意识形态”的科学技术》，学林出版社1999年版。

与环境（自然环境与社会环境）发展的友好过程中才能实现。因此，一个国家的文化发展与文化生态环境所达到的有机调适程度，直接规定和影响了一个国家文化软实力内在质量构成的影响力和渗透力程度。而这样一种程度的有效实现只有繁荣、发达和生态的文化产业才是可能的。文化产业是国家文化软实力构成的最重要的组成部分。没有文化产业的高度繁荣和发展，就没有国家文化软实力的市场经济方式的全球化体现。因此，文化产业的中国发展应当是有助于增强国家文化软实力，而不是削弱增强这种软实力的努力。它将集中体现于我们的文化产品所集中展示的中国文化形象。国家文化软实力的核心是：今天的中国应当向世界展示的是一种什么样的东方形象。在这里，中国文化产业的文明发展将肩负着其他产业所不可替代的伟大使命。

文化软实力是需要文化资源的涵养的。在文化的文明发展过程中，文化生态也需要休养生息。过度放牧会造成草原的荒漠化，对文化资源的过度开发和乱砍滥伐，也会造成文化的生态的荒漠化。西方一些发达国家之所以在文化产业发展到后工业文明阶段提出发展创意产业，就是要从文化生态基因库中去寻找发展今天的文化生存所需要的新的基因种群，寻找新的文化发展道路和社会可持续发展模式，以弥补工业文明对文化资源的大规模消耗之后的资源危机，从而拯救处于困境中的文化生态。文化资源再生本质上是一种循环经济形态，是一种文化的可持续发展形态。对人类口头及非物质文化遗产的保护，实际上就是保护人类文化生态多样性的物种基因库，保护文化可持续发展必不可少的文化生态基础。我们要警惕和防止表面的文化产业繁荣，以防止其成为我们的文化开始衰落的标志这样一种生态安全危机。

生态文明是一种建立在先进生产力基础上的文明形态，它是一种让人普遍感到幸福的文明形态，要在确保人民群众基本文化生活的基础上，不断改善民众的文化生活环境和文化生活质量。当今世界已经进入了一个国家文化软实力全面竞争的时代，培育、发展和不断提高文化软实力已经成为最主要的国际战略竞争形态。通过运用国家文化软实力竞争来获取新的国家战略利益，已经成为当今国际战略竞争最主要的竞争领域和竞争方式，正在深刻地影响和改变着世界发展的文化走向与文化力量格局的重组，而文化产业正是这一竞争最集中、最激烈的战略主场。中国要在这场战略竞争中赢得相比较好的战略优势，就必须加强有中国特色的、以“生态文明”为科学理念的文化产业建设，树立中国文化产业发展的生态文明观，在实现经济发展方式的战略性转变的同时，实现文化产业发展方式的战略性转变，实现文化产业发展模式的生态文明转型，以生态文明的新价值取向，构建中国文化产业的科学发展之路。

二、传统、现代和新兴三位一体，三者并举的文化产业创新体系和发展模式

与欧洲等发达国家用了几百年时间实现了从传统社会转变为现代社会进而进入后现代社会不同，当代中国的发展问题，既有从传统社会转变为现代社会的问题，又有从农业社会转变为工业社会的问题，还有从计划经济转变为市场经济、计划经济与市场经济相互兼容的问题，更有从封闭的社会走向开放的问题。中国改革开放和社会发展所面临的是前所未有的、西方发达国家所未曾经历和遭遇过的大汇聚、大冲撞、大融合，传统的、现代的、后现代的这三个不同时代的使命和任务集中并同时的压缩到了一个时空之中。恰如杂技《时空之旅》所表现的那样：既有可能实现相互协调、相互包容、择优综合的目标，又有可能存在相互冲突、相互排斥、相互否定的关系。这就是当代中国社会在融入现代世界体系、参与经济全球化进程之后所产生和形成的“时空压缩”的双重效应。正是这种“时空压缩”的双重效应构成了中国文化产业发展的全部“特色”，左右着我国文化产业发展的基本形式，成为影响我国当前和未来文化产业发展走向的重要因素和条件。一方面，在这一“时空压缩”条件的作用下，中国的文化产业发展同时在三个方面展开，并且试图在不长的时间里完成西方发达国家 200～300 年才能实现的历史任务，实践正在表明中国在文化产业领域里取得了长足的进步；但是，另一方面，中国要在一个比西方发达国家短得多的时间里（20～30 年）达到和实现西方发达国家文化产业发展目标，在国际文化市场上拥有与中国作为一个文化大国相称的文化市场份额，把西方发达国家在 200～300 年文化产业发展中不断出现的、不断解决的矛盾和问题集中到 20 年乃至 30 年的时间里来解决（我们已经确定了时间表），这就使得中国文化产业发展所面临的问题和困难变得异常复杂和艰巨，甚至在某种程度上成为不可能。“时空压缩”这样一个中国文化产业发展的生存特征，使得我们在思考中国文化产业发展道路选择与发展模式的时候，不能不面对这样的所谓

“当下性”，并且从这样一个角度来分析中国文化产业发展的现实国情，思考和选择中国特色文化产业的发展道路与发展模式。

中国文化产业是一个历史性的概念。它不仅有着与西方发达国家不一样的成长历程，而且还有着与西方发达国家文化产业不一样的形态结构。中国特色必然同时包含历史性和当代性两个维度，而历史性又包括古代、近现代和当代三个不同的历史发展阶段，今天中国的文化产业构造体系就是由这三个方面构成的。因此，建设和发展中国特色文化产业不能脱离这一基本文化国情。

传统文化产业、现代文化产业与新兴文化产业三位一体并存是现阶段和今后相当长一个时期内我国文化产业发展的一个基本国情。占全国总人口三分之二的广大农村，不仅是我国非物质文化遗产的最主要空间存在形态，而且也是我国以农耕文化为主要内容形态、以手工业为主要生产特征的传统文化产业的主要空间存在形态。口头及非物质文化遗产的产业化不仅构成了我国现阶段文化产业的主要形态之一，而且还是文化产业满足人们精神文化消费需求多样性的最重要的来源，是体现中华民族共有精神家园和民族文化认同的最主要的载体。比如，河南省三门峡市宝丰县的马街书会，辽宁的二人转，以及中国覆盖面最为广泛、市场基础最为雄厚、产业能力特别巨大、生产和消费人群特别广泛的中国书画业，各种民间演出业和手工艺业等等，构成了当前中国传统文化产业最典型的、最富有市场活力的生命形态。这是最集中体现“中国特色”的文化产业形态，中国特色文化产业发展道路的选择与成功实现不能脱离这个最基本、也是最具有中国特色的基本文化产业国情。在中国，人民大众的主体是农民，在相当长的历史时期内，中国作为“农民大国”的基本状况不会改变，即便当中国人口增长的总量达到 15 亿的最高值时，农民仍占三分之二以上。这就决定了中国文化产业发展的战略性空间的形态特征和消费主体构成特征。一个时期以来，我们大力推动文化产业“走出去”战略，把占领国际文化市场、积极参与国际文化产业的战略竞争作为推动文化产业发展、提高国家文化竞争力、维护国家文化安全的主要工作方向，这无疑是一项发展我国文化产业必须坚定不移地坚持的战略方针。但是，仅有文化产业的“走出去”战略是不够的。拉动文化内需，大力培育和发展中国国内文化市场，是中国特色文化产业发展应该坚持的又一项重要战略方针。中国最大的内需市场就是拥有八九亿人口的广大农村，数以亿计的农民提高了文化消费能力，如果这个全世界最大的文化市场活跃起来了，就能成为我国文化产业持续且又好又快发展的坚强支撑。然而，要激活这个巨大的文化市场，就必须生产与中国农村和农民实际生活相适应的适销对路的文化产品，而不是与此相反的。中共中央十七届三中全会通过的《中共中央关于推进农村改革发展若干重大问题的决定》，抓住了开创中国特色社会主义新局面的关键——农村改革问题。而农村改革问题说到底，就是惠及农民的利益问题。农民利益不仅是政治利益和经济利益问题，而且也是文化利益问题。文化利益问题最集中的就是农民的基本文化权益的维护、落实与实现。这种维护、落实和实现不是从中国农民的基本文化生态之外去维护、落实和实现，而是必须从中国农民基本文化生态之中去维护、落实和实现。这就是对集中体现了中国农民智慧精华的、以传统手工业为主要生产方式的传统文化及其产业形态的尊重。

在中国的四大发明中，有两项在今天看来就属于人类文化产业发展史上最重大的伟大发明：造纸术和印刷术。这两项发明不仅为纸质传媒与文化产业的生命形态奠定了历史性的工具与表达载体基础，而且更重要的是它开创了人类历史上第一个极其重要的文化产业时代：以印刷传媒为核心的纸质文化产业时代。造纸和印刷术的发明，使得此前与此后的一切文化与艺术的表达形式的完形与传播、传承与扩张、成熟与规模成为可能。现今一切文化产业形态在某种意义上来说，都是在此基础上发展起来的。虽然今天的人类社会已经迈入了电子信息时代，但是，它的基本表达形态和表达方式——读、写并没有发生质的变化。变化的只是由原来的纸张、书本换成了电脑显示屏和键盘。因此，从这个意义上来说，由造纸术和印刷术所形成和建构的文化产业集中代表了以农耕文明为基础的传统文化产业的全部合理性及其对于现代文化产业生成不可替代的生态文明基础。正如马克思所揭示的那样：火药、罗盘、印刷术——这是预兆资产阶级社会到来的三项伟大发明。火药把骑士阶层炸得粉碎，罗盘打开了世界市场并建立了殖民地，“而印刷术却变成新教的工具，并且一般地说来变成科学复兴的手段，变成创造精神发展的必要前提的最强大的推动力”。① 然而，恰恰是在这个根本性问题上，文化产业

① 《马克思恩格斯全集》（第三卷），人民出版社 1975 年版，第 321 页。

的现代发展在历史的前行过程中造成了对这一“最强的推动力”的最大破坏。生态链结和生物种群基因的断裂，从而使得传统中国特色文化产业发展成为不可能，而对世界文化消费者有着巨大的无穷魅力的恰恰是中国传统文化产品的内容含量。这不仅从中国图书出版和版权交易的品种以及数量结构中可以看出，而且从中国影视作品的选材中也可以得到印证。尽管，它们在内容上并不在一个可比较的量级层面上，但是却共同地揭示了一个真实的存在。

现代文化产业就是以大规模机械复制为主要特征的文化产业，包括现代出版业、广播电视业、电影业、唱片业、报刊业等，集中体现了工业文明的成果。这一部分构成了现阶段我国文化产业的所谓“核心层”，占据着明显的主导地位，符合文化产业发展到工业文明阶段的所有特征，将长期成为我国文化产业发展最主要的内容和形态，并且制约着我国文化产业发展战略的选择和文化体制改革的命题。然而，当代中国现代文化产业发展所面临的发展“困境”是：由于全球性工业危机的来临，世界已经进入了后工业化时代，能源危机、环境污染以及美国次贷危机引发的全球金融海啸所导致的全球问题的突现以及新的国际机制的形成，中国已经不可能有一场传统意义上的“工业革命”，也不能建立传统意义上的工业化。世界范围内正在发生的新工业革命的兴起，使得中国的现代化目标定位与路径选择的外部环境已经发生了根本性的变化，继续把中国的现代化建设目标及其实现局限于传统的工业化进程，客观上已经成为不可能，否则，中国的发展将严重陷入“现代化陷阱”，造成国民经济和社会发展极大的危机和风险。现代文化产业包括由此而建立起来的一系列制度和发展模式，是工业革命的产物，是以工业革命建立起来的价值观念为基础的，因此，当现代文化产业赖以建立的工业革命体系已经并且正在遭遇到它自身所带来的发展危机的解构，并且在推进新工业革命的时候，继续沿着原有的在工业革命基础上建立起来的文化产业发展道路与发展模式，建立起具有同国际文化产业进行战略竞争的战略竞争能力，显然已经成为不可能。这就需要我们在深刻地认识和高度关注正在发生的工业危机的来临和新工业革命兴起的同时，重新思考中国文化产业的发展道路。否则的话，中国的文化产业发展之路将只能永远步西方文化产业发展的后尘，难以形成自己发展的独特品格。

中国在肩负着完成工业化和城市化历史任务的同时，又面临信息化发展的现实要求，这就规定了中国文化产业发展道路的“双重使命”：既要建构完备的以工业文明为基础的现代文化产业体系，又要迎接信息化发展所带来的后工业化的挑战，大力发展以数字技术为核心手段，以新媒体为主要载体的新兴文化产业形态。虚拟文化经济和实体文化经济的体系性建构同时成为当代中国文化产业发展和文化产业建设的现实命题。正是这样的现实构成了当前中国文化产业发展的矛盾的丰富性。同时，也正是由于缺乏对这样的一种矛盾丰富性的科学认识，并且在对这种矛盾丰富性的科学认识上选择和确立自己的文化产业发展道路和发展模式，导致了文化产业发展在我国还刚刚起步的时候，便出现了“创意产业”、“文化创意产业”、“创意文化产业”等各种各样的新提法。其实，任何一种涉及产业政策和发展战略的新提法和新选择，都有其特定的时代内容和所要解决的具体发展问题。脱离一定的发展阶段和发展实际，不加区分地引进新概念、新理念，盲目跟风，往往容易造成自身发展“特色”的丧失和比较优势的丢失。中国在21世纪上半叶所要解放和发展的生产力，不是仅仅复制“机械文明”那样水准的文化生产力，更不应该是重复旧文化发展方式下那种资本、技术排挤劳动的道路，而应是把文化产业升级、核心技术创新和全民族文化创新活力的解放提升到信息化带动工业化和生态文明的水准和境界，把在资本、技术和劳动更好结合基础上的文化创造活力的解放提升到能够在我们这样十几亿人口大国实现文化大发展大繁荣的应有水准和境界。因此，中国特色文化产业的发展之路不能脱离它的基本文化国情。当前中国所面临的基本文化国情是传统的、现代的和新兴的（即所谓“后现代的”）同时并存，都拥有它的合理性与合法性，对于任何一个方面的偏废，都有可能造成中国文化产业发展的巨大损失。因此，在这样一种背景之下，中国特色文化产业发展道路，应当实行传统的、现代的和新兴的三位一体、三者并举的发展方针，根据不同地区的不同条件和发展文化产业的要素资源禀赋，采取不同的发展方针、选择不同的发展战略。只有这样，中国文化产业的发展才可能避免各地区不加区别地发展任何一种形态的文化产业这样一种弊端。

现有的国家统计局关于“文化及相关产业分类及其统计指标体系”严重混淆了现阶段我国文化产业发展的实际、人们关于文化产业认同的实际和政府部门对于文化管理的实际，造成了社会和政府主管部门在实践上的严重混乱。修订现有的国家统计局关于“文化及相关产业的分类及其统计指标体系”，剥离现有划分体系中的所谓“相关产业”已经成为建设中国特色文化产业体系的当务之急。“相关”是一个模糊的内涵和外延都不确定的概念，它造成了对文化产业政策性理解和监管的混乱。难道农业和文化产业不“相关”吗？因此，有必要重新根据我国文化产业的现状和发展实际，建立文化产业新的科学的分类指标体系，进而以此为基础完善我国的产业体系和政策体系，从而真正地给予我国文化产业发展以科学的指导。某种程度上说，目前我国在文化产业领域里之所以会出现“创意产业”、“文化创意产业”和“创意文化产业”等等“乱象”，与现行文化及相关产业统计指标体系的不科学有着极大的关系。

三、建立东、中、西部文化产业优势互补、错位发展，以大区域文化产业集群功能发展为主要特征的发展机制

推动区域新发展模式与格局，建设功能发展区是今后相当长一个时期我国国民经济和社会发展的一个基本战略思路，也是我国在新的历史发展条件下建立国家新分工体系的重要战略举措。明确不同功能区国民经济和社会发展的定位与方向，促进形成经济增长、社会进步与资源环境协调发展的新格局，将长期影响我国经济结构的战略性调整和转变经济发展方式的价值取向。区域尤其是大区域作为经济共同体将在这个过程中极大地突破现以省、市行政区划为制度安排的经济发展和经济交往模式，区域与区域的竞争将成为不同经济体之间最主要的竞争形态。但是，这种竞争将不再是同质竞争，而是不同功能区域之间优势互补、比较优势之间的竞争。全国共同市场与区域大市场的形成将极大地改变我国现行的资源配置方式，各种形态的资本流将重新界定原有的区域概念。文化产业无论是作为经济形态还是作为文化形态，作为一种全新的资本形态，一种新的生产资源形态和资本力量，由于在经济结构的战略性调整和转变经济发展方式中具有不可替代的作用，都将使得区域文化产业竞争不再是单一主体之间的竞争，而是区域对区域的竞争。因此，在建设我国区域发展战略，建设国家区域发展功能区的时候，通过构建城市群来重构本地区的竞争力量和竞争形态，已经成为中国大地上最令人注目的竞争。在这样的一个大战略态势下，建立以大区域文化中心城市为核心，以区域中心城市为骨架，以中小城市为战略空间的大区域文化产业集群功能发展机制，应当成为中国特色文化产业发展道路的重要内容。

在现阶段，我国的城市规模发展及其规模分布的等级——规模规则规定和制约了城市层级体系的文化产业登记规模发展，即并不是任何一种城市都能够按照自己的意图和目标任意选择和发展任何一种文化产业，并形成和发展任何一种等级形态规模的文化产业的。报业、出版、电影、电视、唱片等等产业，只有在一级中心城市才有可能形成与发展。这不仅是因为一级中心城市往往是一个地区的文化行政中心，集中了该行政管辖范围内最核心的文化产业资源，使得由这样一种文化生产力所形成的文化生产能力的形成成为可能，而且还因为在这样一个中心城市内往往集中了该文化行政区域内可供支配收入最高的人群，天然地构成了文化产业出现和文化产品生产所需要的文化消费群体，以及由这种群体所构成的文化消费能力。这是一个一级文化中心城市的形成所不可缺少的两个起决定性作用的因素。一切关于文化资源与文化财富的再分配、再配置和再分工的政策规则都从这里发出，而其他等级的城市则由于在制度安排上缺乏这样一些资源和权利，因此，在既定的文化权力空间格局没有被打破之前，第二等级的文化产业城市要成为第一等级的文化产业中心城市是不可能的。然而，由于不同等级规模的城市及其文化产业发展需求是不一样的，希望成为更高一个等级的文化产业城市始终是处于相对较低等级城市文化产业发展的冲动与动力。正是这种希望改变现状的冲动性需求，构成了绝大多数城市（在我国主要是省会城市）文化产业发展战略的主要内容，形成了对现行文化产业城市层级体系的挑战，造成了文化产业发展的现代中国运动。当现行体制下既定的文化产业等级规模无法得到有效突破的时候，寻求新的发展路径和发展新的文化产业形态，在新文化产业形态形成过程中主动地占领战略性空间，从而在这个过程中以新文化产业形态的战略性占有改变原有的文化产业等级——规模规则和文化产业城市层级体系，便成为新一轮文化产业城市层级运动与形成的动因。近几年来，长沙于娱乐业、动漫业、图书流通业以及电视产业领域里之所以能够在全国文化产业竞争格局中占有令人瞩目的地位，一个重要的原因就是对原有的文化权利分配机制的不满以及由此而形成的文化资源配置机制的挑战，同时各地持续出现的兴办动漫基地大力发展动漫产业热也是一个重要原因。以上内容说明，新等级文化产业城市层级体系就是在这个过程中演变和形成的。

然而，由于次一等级文化产业城市的作为对现行文化产业城市层级体系的挑战，必然同时构成对区域整体性文化市场潜力的解构，造成区域文化产业发展空间的非均衡性，使得该文化区域范围内文化产业发展的最大化成为不可能，这就需要从城市发展的等级——规模原则出发，从一个新的发展阶段和角度来思考区域或流域文化产业发展的空间形态及其功能结构。

今天，当我们在思考和研究“长江三角洲文化产业协调发展战略”这样的一个关于区域特色文化产业发展命题的时候，我们所面临的实际上包括了两大问题：第一个就是江、浙、沪三大行政区划所形成的“长三角”三大权力中心和国民经济实体；第二个就是在这一行政区划制度下所形成的文化行政架构下的文化产业等级城市层级体系：直辖市、省会城市、计划单列市、省辖市（地级市或县级市）。由于不同的文化行政架构下的文化产业等级层级体系的内部构造及其相互关系是不一样的，其中最关键的就是相互隶属关系问题。江苏和浙江各自都拥有比较完整的文化产业等级层级体系，而上海则没有。因此，这就使得“长三角”文化产业协调发展战略的主体间性是非对称性的。不是城市对应于城市，而是城市对应于非城市形态的“省”这样一种非对称流域关系。在一个行政省辖范围内的等级城市体系，一般来说是受制于“省”这样一个地区最高权力中心的，“省”作为一个文化行政权力机构拥有对本省范围内文化产业等级城市文化产业资源再配置的权利，因此，如何以及能够在多大程度上超越“省”权力中心而与非省同在一个区域内的直辖市建立文化产业关系，就成为一个问题。与此同时，由于在一个区域范围内往往会历史地形成一个文化中心城市，且其历史地拥有对这一地区的文化影响力和文化辐射力，进而建立以其为中心的区域等级文化层级体系与结构。在相当长的一个历史时期内，上海以及以上海为原点所形成的“长三角”城市群就属于这种状况。这是由近代以来上海文化，特别是文化产业发展有着不可挑战和不可比拟的实力和产生的影响决定的。尽管在民国时期南京是民国政府所在地，但是“首都”的地位和身份并不影响上海作为区域文化和区域文化产业中心城市的地位。这就历史地规定了无论是南京还是杭州，作为在整个“长三角”城市层级体系中的次级城市，是无法扮演和承担作为“长三角”功能区的“第一小提琴手”的角色的。南京市虽然具有极力想成为更高等级文化产业城市、挑战上海的冲动和意愿，但由于杭州同样作为省会城市对它的这种战略意图客观上形成的战略制约，使南京的这种冲动成为不可能。然而，问题并不在于南京是否拥有这种冲动，或者说南京的这种战略意图是否可行，而在于上海在多大的程度上能够消除南京的这一战略设想。民国时期，南京是民国政府所在地，具有独特政治优势，但是，南京并没有成为当时中国的文化产业中心城市。上海当时拥有无法挑战的作为文化产业中心城市的绝对优势，而今天的上海，这种优势缺失了。“长三角”作为我国最强大的区域不可一日“无主”，从某种意义上说，是上海的不作为造成了南京挑战上海地位的态势。因此，“长三角”文化产业发展战略的协调发展机制的形成完全取决于上海在多大程度上重新成为在这一区域内的一级文化产业城市的时间表。

文化城市行政的等级差异导致了文化产业城市体向文化产业的城市层级化体系演化，即不同种类、不同规模的城市形成明确的文化产业分工：首都、直辖市、省会城市、地级市和县级市，从而出现“高等级”文化产业城市与“低等级”文化产业城市的文化产业城市体系。一般来说，高等级文化产业城市不仅能够从事低等级文化产业城市所从事的一切文化产业活动，而且还会从事其他更多文化产业活动。根据现阶段我国文化制度的安排，除了计划单列市外，只有省、市（直辖市）、自治区才能拥有出版权（即便是省会城市也不拥有出版权），它们集中了这个省的核心文化产业资源，不仅是这个省的文化行政中枢，而且也是这个省的文化产业心脏。

东中西部文化产业城市布局与城市发展极不平衡。文化资源分布的巨大差异是造成我国文化产业生产力体系和文化产业分工体系的基本国情。不加区分地要求处在不同层级上的城市都去大力发展文化产业，不仅脱离我国文化资源状况构造体系特征和文化分工的实际，而且还会造成对有限文化资源的极大破坏。实现经济结构的战略性调整和转变经济发展方式并不是只有文化产业这“华山一条路”，而且也并不只有大力发展“核心文化产业”这一条路。建立以大区域文化中心城市为核心，以区域中心城市为骨架，以中小城市为战略空间的大区域文化产业集群功能发展机制，就是要克服现阶段我国行政区划管理体制对于发展文化产业所构成的体制性障碍，通过将不同行政区划内的文化产业城市实行按照区域功能发展的战略调整，形成按区域功能化的要求而不是按照行政管辖权力结构布局的新文化产业分工体系，实现文化产业再生产类型的科学转变与合理布局。

四、优化文化产业管制制度，创建无障碍流通、全流域开放的文化市场体系

文化产业是以精神生产为主要内容的产业，是满足人们精神文化多样化消费需求的最主要的形式和渠道。高度创造性的精神生产是影响和规定文化产业能够在多大程度上满足人们精神文化消费需求多样性的关键指标，而如何能够实现这样一种高度创造性精神生产活动，取决于人们能够在多大程度上享有宪法精神下的表达自由和沟通自由。一切文化产业都是表达自由的工具和载体。文化产业的发达性程度与表达自由的实现性程度存在着正相关关系，核心是公民的文化权利关系。表达自由是公民的权利，文化产业是这种权利实现和表达的工具和途径。表达自由的核心是言论自由，出版自由和新闻自由是言论自由最主要的权利实现方式和载体。而出版与新闻作为产业形态同处于文化产业的核心部位，任何关于出版与新闻业的准入限制和规定，都是对表达自由限制的权力延伸。对于表达自由的控制在多大的程度上是合法的，这是表达自由本身内容的重要组成部分，涉及关于表达自由的基本法学原理。没有表达的自由和沟通的自由，就不可能有成熟与发达的现代文化产业。然而不受管制的表达自由是不存在的，区别只是管制对于人们的自由表达的限制性程度。无原则的要求对文化产业的市场准入和表达自由放松管制，不仅在国际上没有先例，而且也是不负责任的。因此，问题并不在要不要文化管制，而在于怎样的文化管制才是科学的和发展文化产业必不可少的。虽然不同的国家以及在不同的人群中有着完全不同的理解，并且有由这种理解所建立起来的标准，但是，从世界绝大多数国家的文化管制制度设计来看，在巨大的差别背后，却有着一条共同的原则，那就是国家文化安全。无论是新闻检查制度，还是电影分级制度，抑或新近颁布的关于网络游戏的分级管理，维护和确保未成年人的精神心理健康和安全，捍卫这个国家最基本的价值观和生活方式是其最基本和最主要的核心内容。这里有两个最基本的维度：未成年人涉及一个国家和民族的未来兴衰存亡，生活方式和价值观涉及一个国家和民族的文化认同。这是世界上绝大多数国家文化检查制度和文化产业管制的共同准则，具有

人类社会繁衍发展最基本的公共准则。只要不违法和不触及这两条生命底线，表达自由就拥有广泛的空间和制度保障。中国文化管制制度的改革与建设，当然要从中国的实际出发，当然要有中国特色。那么，当前中国的文化实际是什么呢？中国特色是什么呢？那就是共同的民族精神。这在四川汶川大地震这一空前的民族灾难面前，中国人，尤其是青年一代表现出了完全出乎人们意料的现象。互联网作为这一代最善于表达自己意见的工具，前所未有地肩负起了凝聚全民族精神力量的重任。表达自由以它从未有过的空间得到了最充分的实现。不仅如此，当奥运火炬传递遭遇到不应有的阻挠的时候，同样是 80 后的新一代，用互联网最充分地表达了自己捍卫国家和民族尊严的自由心声。这不仅展示了中国人在现代社会应有的成熟，而且也给政府监管部门充分的自信和对文化管制内容和安排的全新评估。2008 年 10 月 17 日中国政府颁布《外国常驻新闻机构和外国记者采访条例》（国务院第 47 号令），“将《北京奥运会及其筹备期间外国记者在华采访规定》（国务院令第 477 号）的主要原则和精神以长效的法规固定下来”，① 放宽对外国媒体在华采访的限制。新闻管制是最严格的文化管制制度，在某种程度上说，没有比新闻管制更严格的管制制度了。奥运会帮助我们找到了自信，帮助我们建立起了新的更加自信的新闻管制理念，从而使我们可以树立起优化文化管制制度的新思想、新理论，为中国文化产业繁荣发展创建一个独具中国特色的新文化管制体制，为营造无障碍流通的、全流域开放的文化市场体系提供制度性保障开辟了更加宽广的道路。

现在中国文化产业发展所遭遇到的还不仅仅是国家层面上进一步放松管制和优化文化管制制度，而且在某种程度上说是有垄断的利益集团对文化市场的有意分割，从而形成了一种不是政府管制的新管制形态：集团管制。仅以江苏省图书流通业为例。文化体制改革之前，靠近上海的苏州、无锡等城市的新华书店可以根据本地图书消费市场的需要，从上海的出版社直接采购进所需要的图书品种和数量。这一级城市的新华书店拥有自主“采编权”。而在实行了新华书店发行集团之后，所有这一级城市的新华书店的自主权就被集团收上去了，苏州、无锡的新华书店

① 《外交部举行记者会，就〈外国常驻新闻机构和外国记者采访条例〉作出说明》，《人民日报》2008 年 10 月 18 日。

需要采购某种图书必须报省发行集团，然后由省发行集团通过“物流配送系统”来完成。否则，就要受到处罚。我们可以说，文化行政区划造成了制度性障碍和壁垒，然而，以市场经济的名义所形成的对统一的文化大市场的切割，远甚于计划经济模式下的统分统配。这样的一种所谓产业集中度和优化资源配置，完全取消了文化产业城市等级层级体系，把原来大中小不同等级——规模、梯次分权的文化产业城市层级体系，建构成通过行政权力对文化市场资源再配置的以“省级”集团单一的、集权的文化产业体系，而且还不是城市的。这种状况构成了当前制约我国文化产业大发展大繁荣所必需的无障碍流通的文化市场体系的要求，从而使得文化体制改革的成果被消融和转移成局部的改革利益。表达的自由和沟通的自由由于缺乏必要的和宽松的市场空间，使得“集团性障碍”成为不可能。因此，要是文化产业发展真正进入一个良性的文化生态系统和生态环境，就必须对现阶段这种“集团性障碍”进行深度和重大的改革，还权于地方。这几年我国电影业的繁荣发展以及取得的成绩，与整个电影产业的深度改革和体制与机制的创新密切相关。只要符合国家有关规定，任何投资主体都拥有投资拍摄电影的自主权。放松管制，不等于不要管制，而是要积极借鉴国际社会文化管制的多种经验，充分结合中国文化的国情，以优化管制的新文化管制理论来建构中国特色的文化管制制度。

行政区划所形成的地方保护主义和行政壁垒，是当前严重制约我国文化产业发展的制度性障碍，也是严重阻碍我国实现文化产业战略协调发展的根本性制度原因。然而，问题的要害并不在于行政区划本身的制度设计，而在于这种制度设计与文化产业发展所需要的制度安排之间的关系。这是因为，我们不能设想取消行政区划，这不仅不可能而且危害很大。那么，我们怎样才能既不能不要行政区划，又能够使得文化产业在现行行政区划制度条件下得到它所需要的符合规律性发展的必要机制，从而为文化产业的全流域发展，创建一个无障碍流通的文化市场体系呢？制定全流域统一的文化产业政策，而地方不再独立制定文化产业政策，以促进文化产业发展所需要的全流域无障碍流通的区域文化市场合作机制的形成。这应该成为我国文化产业发展政策的一个重要的改革取向。我国地方政府有独立制定产业政策的职权，这与很多市场经济发达国家的产业政策形成机制不同。在地方无序竞争无法在短期内根除的情况下，地方政府就可能选择相似的产业战略，造成重复建设、产业趋同，进而恶化区域竞争，加剧市场分割和地方保护。因此，要最终实现我国文化产业发展所需要的统一的全国大市场的形成，就必须制定全国统一的文化产业发展政策，使产业转移和产业升级协调进行。

改善文化产业结构，完善文化产业区域分工体系，需要建立以区域功能为主要内容的文化产业差别发展指数。长期以来，在实际的政府工作中形成了“以GDP论英雄”的价值偏向。在为纠正过去“以阶级斗争为纲”的条件下，实现我国工作重心的战略性转移，“以GDP论英雄”帮助我们迅速地获得了经济的高速发展和国民财富的积累。然而，随着经济社会的飞速发展和各种新问题新矛盾的凸现，尤其是当我们付出了巨大的文化资源和文化环境代价的时候，文化产业发展的评价指标体系就必须导向新的科学发展观和价值观。这就需要超越我们已有的关于文化产业管制制度的历史性认识以及由这种认识所形成的历史性局限，把关于文化产业的制度管制从现行的制度体系架构中解放出来，解除对文化产业市场主体的“省级”管理和“省级”垄断，尤其是对原有的“国资”文化企业管辖权利的下放，并且，建立以城市为空间形态而不是以政府行政架构为隶属关系的文化产业新制度安排与文化市场体系，让文化产业脱离现在的国民经济评价指标体系，克服由于国民经济评价指标体系所形成的“政绩观”，以及在这种观念下形成的束缚文化产业“跨境共同体”形成的体制性障碍，使利润的创造成为文化产业的市场主体在法律规范和道德自律下合法性与合理性的自觉追求，实现国民财富的创造性增长，并且在这个过程中，通过健全的税收杠杆实现国民文化财富的再分配，实现文化要素市场的无障碍自由流动，而政府文化行政主管部门应把文化产业发展所需要的无障碍流通和全流域开放的文化市场体系的建立所需要的政策和规章工作做好。根据我国客观存在的不同区域文化产业功能差别的特点，建立文化产业差别发展指数，以及在同一功能区内不同文化产业城市等级间的层级差别评估指标体系，引导处在不同层级上的文化产业城市根据自己的要素禀赋和比较优势走差异化文化产业发展道路，克服现阶段严重困扰我国文化产业发展的“百城大战动漫产业”这一千军万马闯独木桥的“市场发展困境”，让市场的力量而不是仅仅是政府的力量推动以文化产业城市等级规模层级为基础的中国特色的文化产业分工体系，进而在这个基础上实现在不同梯级上的无障碍流通和全流域开放。只有这样，中国特色文化产业发展道路才可能使中国文化产业发展实现目标的最大化。

课题组成员名单

课题负责人：

胡惠林　上海交通大学国家文化产业创新与发展研究基地办公室主任，上海交通大学教授、博士研究生导师

课题组成员：

凌金铸　上海交通大学副教授

谢学芳　上海交通大学博士研究生

我国网络文化管理思路探析

清华大学国家文化产业研究中心

引　言

胡锦涛同志在中国共产党第十七次全国代表大会的报告中指出：“和谐文化是全体人民团结进步的重要精神支撑……加强网络文化建设与管理，营造良好网络环境。”随着我国网民数量迅速攀升至世界第一位，目前互联网在中国的渗透呈现出大中城市普及、农村与低龄网民增长迅猛、网络应用娱乐化倾向明显、网民年龄结构向年轻化和性别结构向男性化倾斜的特征。在这样的背景下，网络文化已经成为我国社会文化的重要形态。可以说，社会文化的基本特征和发展趋向都鲜明地反映在网络文化上，而且越来越多的网络文化事件与网络文化现象正在成为构成公众舆论和当下社会文化的主要成分。

在这样的背景下，网络文化在社会生活中已经开始扮演非常重要的角色，而且表现出与以往不同的特征。例如，时下网络文化越来越体现出其广阔的覆盖面和强大的渗透力，网民关心的议题和社会现象会迅速成为覆盖所有媒体类型的媒体议程，并且成为所有人关注和议论的公众议程，同时这些公众舆论反过来又会通过网络形成对网络文化的动态建构；再如，网络文化越来越体现出其对个体事件的放大作用，并且对社会价值体系产生巨大作用，仅 2007 年、2008 年，就先后有“华南虎照片”、“香港明星不雅照”、“北师大教授博客骂人”等诸多社会事件以互联网为主要载体或者经过互联网的传播成为公众事件，这些事件会对全社会的精神文明建设和价值体系，尤其是青少年的人格塑造与心理健康产生重大的影响。面对这样的现实情境，我国对网络文化的管理明显存在漏洞和不足，因此本研究具有重要的理论与现实意义。

我国目前对于网络文化的管理方式是多部门分工齐抓共管，呈现控制、疏导、监管、惩治多种举措共同实施的方式，尽管多年来已经取得明显效果，但是在现阶段已经体现出对网络文化管理上的不适应和盲点。本研究将结合公共管理学、文化社会学、心理学、行政学、政策学等多学科视角，整合其理论和方法，探索我国对网络文化管理的新思路。

在当前已经形成的“媒体社会”中，我们很容易从身边的各类媒体中看到或听到“有网友反映……”“在网络上激起轩然大波……”一类的表述，在我国网民数量突破2亿、手机用户突破5亿的今天，以互联网为核心形成的各类新媒体应用形式已经成为社会生活的常态，由此改变了社会文化的生产方式、传播机制，并深刻地影响了社会文化的生态。在这样的背景下，本文将就网络文化的定义、特征、表现形态进行界定，并集中探讨网络文化对当前我国社会文化的影响及政府部门的管理思路演进路径。

一、网络文化的内涵及其特征

（一）网络文化的内涵

科幻小说家威廉·吉布森（William Gibson）1984年在小说《神经巫师》（*Neuromancer*）中创造“Cyberspace”（赛博空间）一词，意指先进的共享虚拟现实网络，成功地预言了电子时代的到来。自此，“Cyber -”这一词根被冠以在诸多名词之前，如网络文化（Cyberculture）、赛博朋克（Cyberpunk）等，而网络文化就代表了伴随互联网应用产生的社会亚文化类型。

毫无疑问，在当前这一“不确定的世界”，① “今日的网络，不仅结合了科技，更连接了人类、组织和社会”。② 国内外对于网络文化的定义莫衷一是，不同领域的学者根据各自的研究视角给出了自己的理解。

对于网络文化的研究可分为不同的阶段，这主要是两方面原因。一个原因是随着网络文化赖以依存的物质基础的发展，以及随之带来的用户大量增长，使用日益普及，网络文化的规模也急剧扩大，形式日渐多样，并与传统意义上的文化产生了各种形式的互动等等，导致网络文化不断出现新的问题；另一个原因是网络文化的研究者队伍不断扩大，从最初的极少部分使用者，到社会科学某一领域的专家学者，到目前的政府机构、商业组织、各级高校，研究的方法和研究的领域越发完善。一般看来，对于网络文化的研究大概可分为以下三个阶段：③

描述性研究阶段：20世纪90年代初期。这一阶段为描述性地介绍网

---

① 〔美〕罗伯特·鲁宾著：《在不确定的世界》，李晓岗、王荣军、张凡译，中国社会科学出版社2004年版。

② 唐·泰普斯科特：《数字化成长：网络时代的崛起》，东北财经大学出版社1999版，第56页。

③ 《论西方网络文化的特征》，第1页。

络文化的基本常识，对网络文化的形态、作用等认识模糊。这一阶段大多将网络文化与催生它的载体——互联网——的出现联结起来，认为“网络文化是以计算机技术和通信技术为基础，依靠网络产生、形成或者借助网络得以延伸发展的各种文化现象的综合”，① 并且将“传播、娱乐、工作、商业”等现象都纳入考察（American Heritage Dictionary，2006）。

网络文化研究形成阶段：对网络文化的描述基本成型，认识到其复杂性。采取一分为二的态度，既看到其积极意义，也看到其弊端，多学科学者介入使研究视角得以延伸。这一阶段学者的研究将“文化”概念意指的“物质、精神、制度”三个层面引入网络文化的内涵阐述中，我国学者张革华、魏宏森、刘长洪等的定义都属于这一阶段。这一阶段对网络文化的界定揭示出网络文化产生的原因是由技术变革引发的社会各方面的变革，进而对人类本身的状态和发展产生影响，并形成了一种全新的文化形式。这里更多强调技术、文化以及社会之间的互动关系。

综合性研究阶段：20 世纪 90 年代末，学者们以更宽泛的视野研究网络文化的构成。把网络文化现象放到了更大的语境下，试图在这种环境中发掘更复杂的和有意义的东西。这一阶段注重网络中所发生的社会、文化与经济的互动。研究者开始跳出描述性的阐述，如德里（Mark Dery）从网络文化的内涵与外延方面进行了说明，认为“网络文化是一个分布很广的、松散的、准合法的、选择性的、对立的亚文化复合体”。②

对于网络文化的研究经历了从本体研究到综合研究的过程。当前网络文化被看成是各因素纠合在一起的复杂文化现象，因此要全面考虑，否则无论是研究还是决策都会落后于事态发展，甚至顾此失彼。笔者认为，在当前的信息、传播、媒介逐渐汇流的时代，当前的网络文化在物质载体层面已经超越了互联网，代表了由新媒体的大规模社会应用衍生的社会文化含义。因此，网络文化牵涉到社会基础结构的变迁，由此带来人类生产、生活方式的深刻而永久的变革，并引起的思维方式和观念变革。简言之，网络文化是社会文化在信息化时代产生的亚文化。

严格地说，“网络文化”的概念是不准确的。就像“文化”概念的

---

① David Porter, *Internet Culture*, Routledge, 1997. p. 21.

② Mark Dery, *Cyberculture*, SAQ91 (Summer P. 1992): 509. 转引自《先锋译丛 5——网络幽灵》，天津社会科学院出版社 2000 年版，第 10 页。

纷繁复杂、多种多样一样，网络文化在“文化”这一概念的基础上增加了数字时代的新内涵，但是却无法明确表述“网络”作为技术载体，还是描述亚文化的属性。在国际学术界，一般而言认为互联网包括网络技术和网上内容两个方面，“网络文化”更多地指后者。但是，在本课题中，网络文化的含义比“网上内容”更为丰富和宽泛，具体应包括：

（1）网上内容：指以互联网载体进行传播的文本、音视频等形态的内容信息。

（2）网民的网上行为：文化包括人们的思想观念、行为方式、语言形态等。网民的网上行为体现了网络作为人们交互的平台形成的文化，如网络上语言的使用、社区的建构、人群的聚集、网络的表达方式等。

（3）网民行为与网上内容结合形成的中国特色的网络文化：对本课题而言，管理的对象是我国的网络文化，尽管网络是无国界的，但网民是有国界的，网络信息是由网民建构的。因此，本研究所谈的网络文化建立在中国特色文化的基础上，是由我国网民生产、传播的内容组成，由网民在网络上的行为操作的亚文化，是浸染了中国网民作为中国人固有的思想态度、行为方式、处世哲学、价值观念的文化形态。

（二）当前网络文化的特征：生态视角

既有的对网络文化特征的研究大多从互联网技术带来的制度、精神层面入手，论述网络文化的开放性、互动性、虚拟性、个性化等。[①] 笔者认为，这类研究停留在网络文化的“技术性”上，未能体现网络文化的“文化性”。从网络文化生产、传播、消亡的生态过程来看，当前网络文化的特征包括：

（1）在网络文化的生产上，当前的网络文化体现出强大的用户生产能力，即“使用者创造内容”（User Generated Content，UGC）。它是指由使用者创造的、面向公众开放的多种媒介内容，包括数字视频、博客、播客、新闻、流言、研究、手机照片和维基等。这个概念是在2005年最早通过BBC的报道进入主流话语的，反映了新科技带来的媒介内容扩展。OECD（经济合作与发展组织）将UGC定义为：发表需求（Publication

---

① 詹恂：《网络文化的主要特征研究》，《社会科学研究》2005年第2期，第183~184页。
王栾生：《我国学界对网络文化及其影响研究综述》，《河南师范大学学报》2003年第3期，第124~127页。

requirement）是给他人看，创作尝试（Creative effort）要加入自己的创作，同时不在体制内（Creation outside of professional routines and practices），即在职业创作和市场环境之外的个人表达。此外，它经常和开源、免费软件等相关概念一同出现。

当前在互联网上（这里的互联网包括各种新出现的互联网应用、移动互联网等），网站提供的服务包括为顾客提供交流产品或服务讨论机会、分享个人经历或照片、社会网络（SNS）、顾客点评、讨论社区、新闻、旅游计划、博客、游戏等，体现了“用户自创”的特性，成为当前社会文化最有生命力的生产方式。*Time* 杂志评选的“2006 年度人物”是“你”，意指那些为 Youtube 和 Wikipedia（维基百科）等各类用户自创内容网站作出贡献的草根用户。根据牛津互联网研究所发布的《互联网在英国：2007》报告显示，英国人使用网络的方式中“创造和生产”占 61%，这已经成为与“娱乐休闲”、“信息获取”等传统方式并驾齐驱的重要应用方式之一。在我们生活中的重大事件上，如“周老虎事件”、“范跑跑事件”、“问题奶粉事件”、“神七问天事件”等，网民的力量得到一次次的集中体现和强化。

（2）在网络文化的传播上，出现了人际传播和大众传播整合的趋势。这一点体现了网络文化对于社会交往的深刻影响。以社会性网络软件（也称为社会性网络系统，social networking service，SNS）为例，它是基于互联网所进行的一种人际关系拓展。SNS 提供给每个用户的是建立自己和朋友在网上交流的服务。每个用户都有自己的朋友，都可以利用 SNS 建立自己独特的“朋友圈”，如此自然就形成了一个庞大的联系网络。SNS 建立在人与人彼此了解的基础上，目的就是让用户通过 SNS 邀请其他用户组成自己的独立网络社会。

（3）在网络文化事件的“消亡”过程中，那些不再为我们熟悉或者不再“显著”的网络文化很多并没有离我们远去，而是逐渐被整合进入社会文化的主体，其“网络”标签已经消失不见。例如，曾经沸沸扬扬的“周老虎事件”，自出现之日起就掀起网友的热烈讨论，吸引了其他大众媒体的集中报道，并逐渐形成对公众的“议程设置”。此后，这类网络文化事件往往成为某段时期社会文化的主要“议程”。在形态层面，网络文化的若干形态往往随着用户的选择优胜劣汰，不断改变网络文化的生态格局。例如，在互联网出现初期，新闻应用有非常广泛的使用，随着技术和应用的发展，它的功能逐渐被其他应用方式取代，并退出了历史舞台。

（三）当前网络文化的特征：内容视角

上文从网络文化的生产、传播、消亡的视角探讨了网络文化的特征，从内容层面来看，我国的网络文化体现了以下特征：

1. 网络文化的参与者是建设社会的主力军，言论表达真实性较高

目前，我国网民的主体是年龄处于中青年（18～35岁），受教育程度较高，收入水平一般，以企业职员和学生为主的群体，其中男女比例大约为六比四。[①] 可以说，这部分群体大多数处于人生的上升期和奋斗期，步入社会不久，在生活、工作、学习等方面承受着较大的压力，遇到的现实困难也较多，他们不仅有话要说，而且有较强的表达能力和思考水平。网民在互联网上形成的文化特性较为真实地表达了民意，体现了社会主流文化的真实情况。

2. 网络文化关注社会重大事件，体现公众对自身权利的关注加强

我国网民关注的话题和议论的焦点是围绕政治话题，这也构成了我国网络文化的重要特点。尤其在网络舆论的导向上，网民持续高度关注改革发展形势以及与百姓生活密切相关的话题，主要涉及教育、医疗、住房、收入分配等，往往会形成“集群行为”。集群行为本指那些在相对自发的、无组织的和不稳定的情况下，因为某种普遍的影响和鼓舞而发生的行为。[②] 这类集群行为代表了在共同关注的事件的激发下，公众的思想和行为产生巨大响应，体现了民主意志，公众对公平正义的永恒追求。

“在互联网环境中，公民获取信息的成本大大降低，所获得信息的丰裕程度和即时程度也都有了较大提高。随着知情能力和评论能力的提高，他们对社会生活和社会决策过程的介入程度越来越高，而这种介入程度的提高反过来又促进公民在这方面提出更高的要求。”[③] 公民社会与政府之间是相互制衡、相互影响的关系，“是积极引导、整合公共领域，还是不闻不问任其自生自灭，这是两种截然不同的选择，必然带来截然不同的结果”。[④] 网络文化在生产方式上的特征，配备了“互联网”这一强大

---

① 根据CNNIC（中国互联网络信息中心）每年两次发布的报告总结。
② 波普诺：《社会学》（下册），辽宁人民出版社1988年版，第566～567页。
③ 熊澄宇：《信息社会4.0》，湖南人民出版社2002年版，第11页。
④ 熊澄宇：《信息社会4.0》，湖南人民出版社2002年版，第12页。

的“武器”，体现了公众自身权利以及民主化进程的不断前行。

3. 网络文化的内容存在负面效应

互联网的信息杂陈让各类有害信息有了存身之所，而且给监管带来了非常大的难度。网络文化内容中的信息失真、信息造假、错误信息的泛滥、有害信息的隐秘传播都成为网络内容给社会带来负面影响的源头。

例如，网络舆论经常会成为各类意见和观点交流的“场”。在这里，“场”不仅是舆论形成的条件、空间，而且是推动舆论发展的契机，甚至制约着它的正负方向。[①] 如果意见表达规则不能体现平衡和公正的原则，如果参与者身份不能体现与政策问题相关的社会结构关系，那末，“沉默的螺旋”很可能在“场”的刺激下旋转起来，使某种表面上占优势的话语在“趋同心理”、“从众心理”、“对孤独的恐惧心理”等作用下，改变人们对周围环境的认知，最终促成错误舆论的顷刻爆发，从而严重地影响社会舆论的整体氛围，带来负面作用。

4. 网络文化已经对公共政策产生影响，并引起我国政府的高度关注

2000 年发生在辽宁的“刘涌案”和 2003 年的“孙志刚案”中，人们普遍认为，网上公众舆论发挥了至关重要的作用，并给了人们在网上掀起舆论可以产生实际作用的启发。这一点体现了我国网络文化已经开始对公共政策的制定发挥作用。同时，网络文化也已经得到我国政府的高度关注。从 2003 年防治“非典”开始，我国政府的高级领导人多次表达了对网络文化的重视和认可，从 2005 年开始，新华网等网站在“两会”期间都开设了“向总理提问”等选题，得到了网民的热烈响应，也切实地得到了政府的回应。

（四）网络文化的表现形态

可以看到，网络文化的特征很好地体现了它本源于互联网的开放、交互、平等和多样特性，但又在匿名、实时、符号性上有了更新的变化。在常见的表现形态上，网络文化与普通用户的活动方式密切相关，笔者将其分为以下类型：

欣赏导向型：网络音乐、网络电影……

娱乐导向型：网络游戏……

参与导向型：网络社群、网络论坛……

---

① 刘建明：《舆论传播》，清华大学出版社 2001 年版，第 64 页。

建构导向型：博客、播客、网络文学……

公益导向型：濒危文化保护、人类遗产数字化……

这些网络文化的类型并不冲突或互斥，而是交融和相互转化的，其主体也并不都是用户个体，而包括所有级别的用户（包括政府、企业、组织等）。

二、当前网络文化对社会文化的影响

如上文所述，当前的网络文化已经成为社会文化的重要组成部分，其对社会文化的形成与演变产生着显著的塑造作用。首先，在以互联网为载体的文化现象中，对社会文化影响最大、经常构成社会文化中的重要议程的是网络舆论；其次，网络文化对传统文化、民族文化的传承带来了机遇，也带来了挑战；最后，网络文化对于我国目前正在进行的社会主义核心价值体系的建构也产生了不可忽视的作用。

（一）网络文化对公众舆论的影响

1. 信息发布的可控性降低，社会舆论权利下放

互联网造就的人人参与大众传播将进一步改变舆论格局和新闻传播方式。“每一次媒介革命都使信息覆盖形式、参与程度、传播速度、驻留时间和传播过程发生重大变化，人们通过媒介进行的信息交流活动呈现出不同的特点。”① 互联网为人人参与传播奠定了技术基础和制度条件，改变了舆论的生成、传播机制。扁平化世界使各个角落的个人获得了力量，使他们参与全球的竞争与合作成为可能。在互联网上，大众传播资源从垄断的形式转变为“我们即媒体”，② 话语权得到了下放和分解，权威不再，而且传统意义上传播的“把关人”成为更多地依靠传播者的自律和自我约束。

2. 传统媒体的角色转换，互联网舆论形成重要力量

传统媒体的所有权和使用权合一，媒体所有者可以决定媒体的内容。这使社会信息的多元化程度变得有限，而媒体所有者通过传统媒体对于舆论起到决定性的作用。互联网的普及使话语权分散至每一个网民，打破了传统媒体的话语垄断，在某些问题上甚至对舆论起到决定性的影响。

---

① 曹劲松：《交往公利和谐——信息伦理引论》，江苏人民出版社2006年版，第67页。

② Dan Gillmor, *We the Media: Grassroots Journalism by the people*, for the people, O'Reilly, 2004。

传统媒体依然发挥着不可替代的作用，但角色已经逐渐从决定者转变为参与者。

截至2007 年3 月，全国取得登载新闻信息资质许可的网站有160 多家，包括了我国最有影响力的网站。据估测，这160 多家取得登载新闻信息资质许可的网站吸引了我国90% 以上的互联网流量。这批网站是我国网络媒体的主体，我国网上新闻信息主要由它们提供，它们是形成网络舆论的重要力量。美国学者施密特等人在《美国政府与政治》一书中指出："若个人意见得到了公开发表，并且牵涉到公共问题，它就成了舆论。"① 我国的网上公众舆论不仅越来越强大，而且在整个社会舆论的形成过程中逐步起到主导作用，这已经成为新时期中国社会舆论环境的最鲜明特征，对政治、经济、文化和社会发展产生着不可估量的巨大影响。

3. 网络公众舆论形成了独特的传播规律

互联网恰好为公众舆论的形成提供了一个良好的技术平台，不同的观点、意见在网络上进行博弈、交锋、碰撞，塑造了民众的社会心理，影响了社会结构和社会观念的变化。网络亚文化背景下形成的网络舆论在当前社会中经常可以得到其他大众媒体的极大关注，通过"沉默螺旋"效应和议程设置功能得到放大或压制，这主要是由于互联网的聚集放大和大众媒体的合力推动的关系。

首先，互联网对公众舆论起到了承载、聚集、放大的效应。互联网具备整合其他媒介的功能，可以方便地将事件信息进行充分整合，数以万计网民的信息搜集能力和整合技能绝非传统大众媒体的编辑、记者所能及；这些信息经过网民加入自身意见、进行分析推理、互相辩论驳诘，会形成"观点的市场"，进而通过自然选择产生"滚雪球"效应，形成放大，最后成为不可阻挡的社会舆论。

另外，当前的传统大众媒体，如报纸、电视、广播等都将网络作为主要的信息来源和设置议程的工具，并由此产生了共鸣效应。在社会事件发生后，传统媒体往往会去互联网上寻找公众对事件和处置的看法，这类网上网下的互动从侧面印证了网络公众舆论为社会接受和认可的程度，但传统媒体的做法实际上促使网络公众舆论有了"话题"的继续可能和"二次爆发"的机会。

---

① 〔美〕施密特等：《美国政府与政治》，梅然译，北京大学出版社2005 年版，第136 页。

（二）网络文化对我国传统文化的影响

1. 网络文化的数字性特征对我国传统文化构成冲击

有学者认为，网络文化与传统文化是两种截然不同的文化类型。网络文化是一种彻底理性化的数字文化，对于电脑来说，任何信息只有以数字的形式出现，它才能识别和处理。传统文化若想加盟网络文化，就必须改变自己的既有形态。鲍宗豪教授认为，对于正处于现代化进程中的文化来说，现在的关键不在于要不要转变传统文化的问题，而是如何转变的问题。网络文化应该是扬弃传统文化的产物。

网络文化对中国传统文化的冲击主要表现在：东方传统文化的历史优越性、传承的方式、自我完善与发展的过程（路径）将受到冲击；网络文化浸透着现实世界西方主流价值观的强权，因而与中国现实文化有着必然的冲突；中国现实文化发展的作用力因素也表现出多元的特征，其文化评价的参照系将日益丰富。

2. 网络文化的开放性促使我国传统文化的传承和发扬

在网络文化中，各国文化之间的相互影响无疑将迅速扩大。尤其是对于我国而言，在文化共通性和融合性不断加强的时代，西方文化对我国传统文化的冲击不断加大，如何在新环境下传承和发扬中华传统文化将成为全新的课题。

李贤民教授认为，网络文化不应该也不可能是全球绝对统一的文化，超民族的网络文化是不存在的，具有民族国家内涵的网络文化才是真正的网络文化。我国需要密切思考的是如何在网络文化中继承数千年的文化传统，迎接这场严峻的挑战。

3. 网络文化引导传统文化的发展方向

网络文化代表了当前社会文化的走向和取径，传统文化只有跟上网络文化的形态发展和内涵变迁，才能具有更强的生命力和时代活力。世界文化从来就是多元化的，网络文化也应该是由不同文化共同构筑的有机体。我国的传统文化从来就是具有顽强生命力的文化，具有与时俱进的特性。因此，在网络环境下赋予中国传统文化以时代内涵，创新再生产、传播、扩散的机制则是最为重要的方式。

（三）网络文化影响社会主义核心价值体系建设

1. 网络文化赋予社会主义核心价值体系更多样的表现形式

社会主义核心价值体系的建设并不是理论空谈，而是结合于社会文化建设的具体工作中，这一进程尤其通过各类大众媒体进行。网络文化在建设社会主义核心价值体系的进程中具有丰富的表现形式，可以通过多样的手段进行制作、呈现、传播，由此体现社会主义核心价值体系的丰富内涵。网络的多媒体性能够使得社会主义的核心价值体系摆脱空洞的说教和枯涩的宣传教育，成为可以与广大人民群众互动的鲜活内容，强化学习者的自主性，可以取得更好的效果。

2. 网络文化可以有效地吸引社会青少年群体

网络文化是具有时效性的文化，同时也是覆盖广泛的文化形态。塑造社会主义核心价值体系的关键在于对青少年的教育。网络文化的用户主体是青少年，因此网络文化在我国青少年中有极高的覆盖率。通过网络文化传播的社会主义核心价值体系能够渗透到各个层次、各个领域的青少年群体。例如，2007 年由中央文明办和信息产业部组织发起了手机短信文明公约征集活动，在全国各地征集了上万条手机用户撰写的短信文明公约，最终确定的内容为："拇指传情，礼貌互敬；健康活泼，语言洁净；杜绝骚扰，流言勿信；规范服务，诚信经营；和谐自律，传递文明。"这一短信公约就普通手机用户、信息服务提供商的行为都进行了自律规范，在塑造健康文明的短信文化上发挥了积极的作用。

3. 网络文化同时为社会主义核心价值体系建设带来了巨大挑战

目前，我们正处于一个思想活跃、观念碰撞、文化交融的时代，人们思想活动的独立性、选择性、多变性、差异性明显增强，网络文化的开放性决定了其必然受到文化糟粕的侵蚀，同时也会出现不正当的应用方式，产生不良后果。例如，网络游戏存在使青少年沉迷成瘾、内容不健康、游戏设计导向低俗化、对玩家有不良诱导等问题。再如，网络色情不但表现在各类媒体形式的淫秽色情信息，同时还表现为门户网站的社会新闻格调低下，通过交友网站传播的色情表演，等等。

由以上分析我们可以看出，网络文化对当前社会文化有明确而重要的影响，对网络文化的管理需要根据当前网络文化的特征及其对社会文化产生的影响进行及时的调整和改革。

三、我国网络文化管理的现状及其改革需求

（一）我国当前对网络文化进行管理的基本思路

按照上文对本研究中网络文化的解读，对网络文化的管理涉及三方面的内容，即对网络的内容进行管理、对网络上网民行为的管理和对二者结合后对社会产生的效果进行管理。

从“管理”的内涵来看，我国现行的网络文化管理思路包含两个层面：

其一，网络文化管理的第一要素是建设，这一点我国各个与网络文化相关的部门都可以较好地开展工作，相互之间少有磕碰。网络文化的建设主要包括内容建设，即对网上内容的生产；环境的营造，如对网上内容的生产、对功能的完善、对行为的引导等。这里尽管也涉及不同部门的分工，但总体上各个部门都可以各司其职。因此，从发展的角度来看，网络文化的建设是各个部门工作中衔接较为顺畅、运行较为合理的部分。

其二，网络文化管理必然包含对网络文化的规制。首先，对内容的规制，我国在这方面的规章和规定都较多；其次，对网民网上行为的规制，这部分包含对网民发表言论、信息传播、内容生产等方面的管理规定；最后，对内容与网民行为结合产生的社会效果的规制，这部分与我国的文化传统、行为习惯、道德观念、思想意识等紧密相关，是具有中国特色的管理思路。

综合这两方面来看，我国目前有现行的管理方案，对各个部门的职责进行了说明。但是，这种分工是承认现状前提下的定义，而并不是科学的、发展的定义，又因为网络文化的复杂程度，因此这些分工必然造成交叉和空白的同时存在。此前曾经有人整理过关于互联网的各类法律法规，据不完全统计前后共出台了 200 多个，牵涉部门仅仅部级单位就有 18 个之多。这从侧面说明了我国网络文化管理的现状。

从改革的角度来看，对网络文化的管理分为服务型管理和管制型管理。对网络文化的管理首先是跨国界的，要依靠国际通行的规范和准则，其次是依靠技术协议进行的管理，最后是依据我国自身情况出台的管理制度。因此，我国的网络文化管理思路首先要在国际公认的互联网治理

框架下进行，其次要参考其他国家的做法，最后要根据我国的国情审慎处理。

我国现行的互联网管理思路体现出的问题主要在于：对内容的直接管制较多，对于那些可以依靠技术手段进行管理的手段有所削弱，这就要求研发一系列的技术管理手段；因为现实生活中工作状态下的各部门分工不能与互联网上的情形一一对应，对网上行为的管理存在交叉和空白，这里又涉及对管理机构的重新定位和划分，同时最为重要的是需要设立机构，进行国家层面的协调与安排。

（二）我国网络文化管理思路的改革需求

互联网是需要约束的公共环境。自由从来不是绝对的，任何自由都是相对的，自由本身就是相互妥协的结果，绝对的自由也是无法存在的。我国宪法非常重视保护公民的基本权利，但这些基本权利的行使是有边际的。《宪法》第五十一条规定："中华人民共和国公民在行使自由和权利时，不得损害国家的、社会的、集体的利益和其他公民的合法自由和权利。"互联网构建了新的社会形态，而且不断处于动态发展中。因此，我国对互联网各个方面的管理也都在摸索中。我国对互联网管理的基本方针是：积极发展、加强管理、趋利避害、为我所用，基本原则是：法规规范、政府监管、行业自律、技术保障相结合。

在我国，文化政策决策涉及的部门主要包括中央机关的国务院、中宣部、文化部、广电总局、新闻出版总署、教育部、国家版权局、文物局等，同时还涉及文化领域的各个行业主管和监管部门，等等。我国的网络文化管理思路沿袭着"行政手段，齐抓共管"的思路，在当前体现出了诸多不适应现实要求的情况。例如，网络文化的多样性导致同一问题划归不同部门，如对网络游戏实行管理的就包括文化部、信息产业部、新闻出版总署等部门。这样的情况往往导致管理分散、存在盲区和交叉、容易导致混乱等问题。

以我国出台的"建站牌照资质"制度为例，我国对互联网站的设立和相关业务的开展设立了若干"许可证"制度，大体包含：

- 信息产业部 ICP 备案：主要是针对非经营性网站，任何一个在国内的网站都要备案。审批机构：信息产业部。
- 增值电信业务经营许可证（ICP）：主要是针对经营性互联网信息

服务网站，注册资金要求 100 万 ~ 1 000 万元以上，经营范围为互联网信息服务业务。经营性互联网信息服务（信部政函〔2002〕180 号）是指通过互联网向上网用户有偿提供信息或者网页制作等服务的活动，包括利用互联网站向用户有偿提供特定信息内容、网上广告、制作网页以及其他网上应用服务等。经营性互联网信息服务是以营利为目的的商业活动。审批机构：信息产业部及各省通信管理局。

• 非经营性互联网信息服务（信部政函〔2002〕180 号）：是指通过互联网向上网用户无偿提供具有公开性、共享性信息的服务活动。目前主要包括各级政府部门的网站；新闻机构的电子版报刊；企业、事业单位、教育、科研机构等的各类公益性网站和对本单位产品或业务进行自我宣传的网站等。这些网站不向上网用户收取费用，也不利用互联网站直接进行以营利为目的的商业活动。审批机构：信息产业部及各省通信管理局。

• 电子公告服务电信业务审批：主要是针对设有电子公告服务（bbs）论坛网站。审批机构：各省通信管理局。

• 经营性网站备案，是指经营性网站向工商行政管理机关申请备案，工商行政管理机关在网站的首页上加贴经营性网站备案电子标识，并将备案信息向社会公开。审批机构：各省工商行政管理局。

• 增值电信业务经营许可证（移动网信息服务业务 SP）：主要是针对提供移动网无线增值信息服务业务需要办理的。审批机构：信息产业部及各省通信管理局。

• 互联网新闻信息服务许可证：主要针对从事登载新闻业务的网站。审批机构：国务院新闻办。

• 网络文化经营许可证：主要针对经营互联网文化产品和提供互联网文化产品及其服务的网站，包括：音像制品、游戏产品、演出剧（节）目、动画等其他文化产品。审批机构：文化部。

• 互联网药品信息服务资格证书：主要针对经营互联网药品信息服务的网站。审批机构：国家食品药品监督管理局。

• 互联网出版许可证：主要针对经营互联网出版类电子商务业务的网站。审批机构：新闻出版总署。

• 网络视听节目传播许可证：《信息网络视听节目许可证》由广电总局按照信息网络传播视听节目的业务类别、接收终端、传输网络等项目分类核发。审批机构：广播电影电视总局。

• 互联网卫生信息服务管理：主要针对经营互联网卫生信息服务业务的网站。审批机构：卫生部。

• 电子支付牌照：主要是对电子支付企业实行牌照管理制度。预计在 2008 年第一季度发放，大概包括支付宝在内的 10 家公司可获得牌照。审批机构：中国人民银行。

由此可以看出，网络文化会涉及几乎当前所有的互联网应用形式，与之相应的是，这些内容也分属于我国不同的政府职能部门负责与管理。例如，网络新闻由国务院新闻办主管；网络论坛则归属工业与信息化部（原信息产业部）主管；网络文明建设则牵涉到文化部、团中央、教育部、国务院新闻办、全国青联、全国少工委、中国青少年网络协会等多个部门。附录一已列表简要说明了各个网络文化相关规章制度的决策机构及其基本职能。总的来说，对网络文化的管理制度分为国家制度，包括法律性文件、行政法规、部门规章、规范性文件；行业制度，包括公约、自律等；企业制度，包括生产流程、管理规则等。在附录二中，研究者简单列举了我国现行的涉及网络文化管理的规章制度，从中可以看出我国面临“网络文化”这一新兴的亚文化类型的管理正处于不断的调整和摸索中，存在很多亟待解决的问题。对网络文化进行管理并不是单一部门的工作，而是系统工程，是由不同部门通力合作、协调配合实现的。这需要相关部门对此进行深入的研究与实践。

四、对我国网络文化管理现状的案例分析

对网络文化的管理主要包含建设和规制两个方面。在这一部分，本研究将以网络公众舆论、网络违法与不良信息和网络游戏这三个重要的案例为切入点，分析我国对网络文化管理的现行思路及改革的必要性。

（一）案例分析：网络公众舆论

网络文化管理的第一要素是建设，即以发展的观点看待网络文化中的新形态、新现象，并以保护、支持的态度进行建设。我国对网络公众舆论的管理就经历了一个认识、认可、发展的历程，这里体现了我国对舆论管理思路的调整和转变。

舆论作为国家生活中最重要的公民资源，其概念主要是指见解体系，

即意见。互联网恰好为公众舆论的形成提供了一个良好的技术平台，不同的观点、意见在网络上进行博弈、交锋、碰撞，塑造了民众的社会心理，影响了社会结构和社会观念的变化。网络公众舆论特指借助互联网平台，普通网民通过邮件、论坛帖、个人博客等形式就某个社会公共事件表达个人观点而形成的网络舆论。例如，在黑龙江“宝马撞人案”中，经新浪网转载消息后，从当日上午11时至晚上20时的9个小时内，网民跟帖就突破1万条，到1月10日的7天时间内网民留言总量高达22万条，新浪、搜狐、网易三家网站的相关帖文超过60万条，“天涯社区”、“凯迪网络”等网站论坛中的帖文突破50万条。这样的网上现象也被俗称为“网声”，即指网络公众舆论。

当前我国的网络公众舆论已经形成了显著的规模，产生了巨大的社会效应。对比世界各地的互联网，中国网上的论坛数量首屈一指，粗略估计达130多万个，参与群体非常庞大。以西陆社区、西祠胡同、天涯社区、凯迪网络等为代表的专业网络论坛有大量的网民同时在线并上传信息；另外，由以新浪社区、搜狐社区，新华网“发展论坛”、人民网“强国论坛”为代表的综合性网站的论坛也有相当大的网民访问量和发帖量。这表明，论坛性网站和综合性网站论坛这一公共大平台已成为网民自由言论的重要集散地，也是网上公众舆论形成的主要场所之一。

我国的互联网公众舆论目前已成为影响社会公共领域的主要手段。总结起来，呈现出以下几个特征：（1）网络公众舆论的参与者同时也是建设社会的主力军，言论表达真实性较高。我国目前的网民主体大多数处于人生的上升期和奋斗期，步入社会不久，在生活、工作、学习等方面承受着较大的压力，遇到的现实困难也较多，他们不仅有话要说，而且有较强的表达能力和思考水平。（2）网络公众舆论关注社会与时政类重大事件。在网络公众舆论的导向上，追求公平公正是其核心线索。网民持续高度关注改革发展形势以及与百姓生活密切相关的话题，主要涉及教育、医疗、住房、收入分配等，这类话题占80%以上。这证明了一个判断，“舆论涉及最多的是关于人们切身利益的问题，人们的议论范围和议论内容同利害程度成正比”。[①] 对事关人们切身利益的话题，网民的言论既有对党和政府的赞美，也有对一些地方和部门工作的批评，不乏

① 刘建明：《天理民心：当代中国的社会舆论问题》，当代中国出版社1998年版，第126页。

积极的建议和良好的愿望。这既是我国公民自主意识、民主意识、参政意识不断增强的反映，又是人们对一些社会问题产生惯性思维之后公开表达出来的潜在情绪，是特定条件下潜舆论向显舆论的转化。（3）网络公众舆论已经对公共政策产生影响，并引起我国政府的高度关注。2000 年的“刘涌案”、2003 年的“孙志刚案”被人们普遍认为，“刘涌案”能够被最高人民法院直接提审，“孙志刚案”引起中央的高度重视，网上公众舆论发挥了至关重要的作用，并给了人们在网上掀起舆论可以产生实际作用的启发。网络公众舆论已经得到我国政府的高度关注。从 2003 年防治“非典”开始，我国政府的高级领导人多次表达了对网络公众舆论的重视和认可；从 2005 年开始，新华网等网站在“两会”期间都开设“向总理提问”等议题，得到了网民的热烈响应，也切实地得到了政府的回应。

从上文可以看出，我国政府在面对互联网带来的新变化的时候，也经历了认识、认可到建设的过程。我国一直以来把媒体作为党和政府的喉舌，实行党管媒体的原则，基本上是封闭式的管理。在把握舆论导向的方法上，是采用召开内部会议、下发内部文件、通过内部打招呼等渠道，把党和政府的意志贯彻到媒体。这种方式是国情决定的，是可行的，因为媒体都是党和政府直接主办或政府领导的机构主办的，难以受到外部因素的干扰。但是，对互联网的管理完全不同于传统媒体，在社会办媒体、人人办媒体的情况下，对互联网的管理不再是内部事务，而是公共事务，对公共事务的管理必须依法进行，这既是依法治国的必然要求，也是管理互联网这一公众场所的客观要求。

中国政府对互联网的基本方针是：“积极发展、加强管理、趋利避害、为我所用。”党的十六届四中全会提出：“高度重视互联网等新型传媒对社会舆论的影响，加快建立法律规范、行政监管、行业自律、技术保障相结合的管理体制，加强互联网宣传队伍建设，形成网上正面舆论的强势。”胡锦涛同志在 2007 年 1 月主持中共中央政治局集体学习时发表讲话指出，我国网络文化的快速发展，为传播信息、学习知识、宣传党的理论和方针政策发挥了积极作用，同时也给我国社会主义文化建设提出了新的课题；要加强网上思想舆论阵地建设，掌握网上舆论主导权，提高网上引导水平，讲求引导艺术，积极运用新技术，加大正面宣传力度，形成积极向上的主流舆论。

在对网络舆论的管理中，国务院新闻办和信息产业部2005年9月25日发布了《互联网站从事登载新闻业务管理暂行规定》，新闻出版总署和信息产业部2002年7月22日发布了《互联网出版管理暂行规定》，教育部2000年6月29日发布了《教育网站和网校暂行管理办法》、信息产业部2000年11月7日发布了《互联网电子公告服务管理规定》。对于哪些内容不得在我国境内的互联网上传播，《全国人大常委会关于维护互联网安全的决定》中作了明确规定，主要是九方面的内容，即：违反宪法所确定的基本原则；危害国家安全，泄露国家秘密，煽动颠覆国家政权，破坏国家统一；损害国家的荣誉和利益；煽动民族仇恨、民族歧视，破坏民族团结；破坏国家宗教政策，宣扬邪教，宣扬封建迷信；散布谣言，编造和传播假新闻，扰乱社会秩序，破坏社会稳定；散布淫秽、色情、赌博、暴力、恐怖或者教唆犯罪；侮辱或者诽谤他人，侵害他人合法权益；法律、法规禁止的其他内容。这些法律规定明确了在网络舆论环境中，哪些是“不可为”的，从而为网络公众舆论建设明确了边界条件，促进了网络公众舆论沿着正确的路径发展下去。

“发展是第一要务”，对网络公众舆论的管理需要“建构”新的发展框架，“建构”新的思维模式和管理模式，下文将具体论述对网络公众舆论管理思路的改革建议。

（二）案例分析：网络不良信息

在上文中，本研究阐述了网络文化的三个方面，即网络的内容、网上用户的行为、由网民行为和网络内容结合产生的社会效果。可以说，网上的信息是构成网络文化的主体，用户的行为和社会效果往往通过网上内容体现出来。但是，互联网是一个各类信息杂陈的海洋。一方面，在网络上往往会滋生色情、暴力、反动等危害社会稳定和精神文明建设的内容，这些不良信息对于广大网民，特别对网民主体中的青少年群体，产生了极大的负面影响；另一方面，互联网的信息传播成本极低，往往会造成垃圾信息的泛滥，这也成为困扰广大网民的重要的网络的负效应。针对网络的不良信息，我国政府采用了多种规制策略进行管理。

我国政府对网络色情信息的打击是对网络不良信息进行管理的集中体现。在网络不良信息中，网络色情信息是其中社会危害最为严重、对青少年影响非常恶劣的类型之一，被称为网络文化中的毒瘤。我国政府一贯对网络色情持坚决打击的态度，但是由于网络的传播特性，网络色情往往带有界限模糊、技术监管难度大、传播手段多变等特点。当前普遍认为，网络上的各类色情淫秽信息主要包含色情表演、格调低下的社会新闻等。这也是我国“扫黄打非”的重点对象。近两年，我国对网络色情新出台的管理政策及相关机构工作情况如下：

• 2008 年 7 月，国务院下发了《关于印发〈国家新闻出版总署（国家版权局）主要职责内设机构和人员编制规定〉的通知》，将“扫黄打非”的职能统一到新闻出版行政部门（含地方）。

• 2007 年，全国“扫黄打非”工作小组办公室、新闻出版总署公布了《关于严厉查处网络淫秽色情小说的紧急通知》和《登载淫秽色情小说的境内网站名单》违反了国家法律和《出版管理条例》、《互联网信息服务管理办法》等有关规定。

• 全国“扫黄打非”工作小组办公室成员单位：中共中央宣传部、国务院办公厅、中央政法委、中央编办、教育部、公安部、铁道部、交通部、信息产业部、文化部、海关总署、国家工商行政管理总局、民用航空总局、广电总局、新闻出版总署、民政部、财政部、建设部、监察部、北京市人民政府、解放军总政宣传部。

• 全国“扫黄打非”办负责同志介绍，在针对网络色情的专项查处行动中，各地“扫黄打非”工作领导小组办公室要协调有关部门，按照属地管理和“谁主管、谁负责”的原则，对照本通知公布的《四十部淫秽色情网络小说名单》和《登载淫秽色情小说的境内网站名单》，责令辖区内有关网站立即删除名单中所列淫秽色情小说，禁止任何网站登载、链接、传播相关信息。通知要求各地新闻出版行政部门要加强对本辖区内互联网出版内容的监管，对未按要求执行的网站要依据《出版管理条例》、《互联网出版管理暂行规定》等给予行政处罚，对变更地址逃避监管的网站，一经发现要依法从严查处，必要时将由辖区内公安网监、电信管理部门对网站进行依法关闭。此外，对登载淫秽色情小说、传播淫秽色情信息涉嫌犯罪的案件，各地有关部门将按规定移交公安机关，触犯法律的将依法追究其刑事责任。

• 与此对应，我国的福建省、安徽省、贵州省等省市都出台了针对“禁止网上色情传播”的法律，或者制订了相关的立法规划。

• 2007 年，我国各地“扫黄打非”办共过滤网上有害信息 2 亿多条，封堵网上淫秽色情信息4 000多条，封堵、查禁淫秽电子书刊、手机小说、网络游戏150多部（种）。

• 在应对网络色情的工作中，国务院新闻办的重要职责就是提供一定支持，同时，与公安部等部门建立信息沟通和协查机制，打击有害信息；推进新闻网站自查自纠；对全社会开展网络道德教育，社会监督。信息产业部的职责在于本着“谁主管、谁负责；谁经营、谁负责；谁接入、谁负责”的原则监督接入服务，域名注册，完善追究制度。新闻出版总署的职责在于针对互联网出版物（互联网文学、互联网教育读物、互联网期刊、互联网图书、互联网游戏、互联网音像、互联网电子出版、互联网手机出版）的不良信息进行查处和把关。文化部的职责在于针对互联网文化经营单位的不良纪录吊销其《网络文化经营许可证》。广电总局的职责在于针对互联网视听节目传播，由信息视听节目传播监管中心投入专门力量对色情影片下载、点播，色情聊天、色情表演等网络色情经营服务，视频网站传播色情短片等网上淫秽色情音视频信息进行查找。公安部的职责在于对涉及违法的事件和人员进行侦办公诉，同时设置报警岗亭、虚拟警察。电信部门主要把握源头，对有不良记录的网站关闭业务端口，对其下线所有业务关机拔线。金融机构通过采取协议约束、建立专门联系机制、建立网上支付预警系统等多种措施，以切断淫秽色情网站利用银行结算的渠道。

• 同时，为了杜绝网络色情这类的网络违法与不良信息的传播，2004年6月，由中国互联网协会互联网新闻信息服务工作委员会主办的“违法和不良信息举报中心”网站（net. china. cn）开通，并在网民中引起强烈反响。该网站的宗旨是“举报违法信息，维护公共利益”，为公众监督互联网信息传播提供了直接渠道；被举报内容将直接通知被举报网站（不包括举报人的任何资料）。互联网新闻信息服务工作委员会将及时检查被举报内容的处理情况，对不及时处理的，将予以曝光；有的举报内容将直接曝光。对拒不处理的，将通知国家执法机关依法查处。

• 在2008年初的“艳照门”事件中，有关部门依照2007年建立的多部门、跨系统、打击网络淫秽色情专项行动机制，及时采取有力措施，指导和协调网络媒体加大不良信息清理清查力度，积极引导网民话语，推动网站严格自律，有效遏制了“艳照门”事件对网络道德文明的恶劣影响。另外，这一套管理思路也存在管制程度难以把握、“事件驱动”的应急制、缺乏长效机制等问题。从上文分析可以看出，我国目前对网络色情的管理牵涉到非常多的部门，其间的合作、信息沟通存在较大难度，行政成本也较高。这也说明有必要对我国网络文化的管理思路进行新的探索。

- 事实表明，我国政府采取的发动广大网民监督举报、促进互联网行业自律并举的方式在净化网络环境、营造良好氛围、推动网络文化建设方面取得了良好的社会效益，并为探索健全社会监督机制，完善网络不良信息管理的长效机制方面提供了有益的探索。在此基础上，2007年9月7日，受工业和信息化部（信息产业部）委托，中国互联网协会成立“12321网络不良与垃圾信息举报受理中心”。该中心的成立进一步扩大了对不良信息的受理范围，承担关于互联网、移动电话网、固定电话网等各种形式信息通信网络及电信业务中不良与垃圾信息（包括电信企业向用户发送的虚假宣传信息）的举报受理、调查分析以及查处工作，并且拓展了接受举报的方式，普通用户可以通过电话、手机短信、电子邮件、网站、WAP网站、客户端软件等多种方式对有害信息进行举报。2008年7月，“中国互联网协会反垃圾短信息联盟”成立。

（三）案例分析：网络游戏

网络游戏是通过信息网络传播和实现的互动娱乐形式，是一种网络与文化相结合的产业。[①] 当前我国网络游戏发展中在网络文化层面存在的主要问题在于：容易诱导青少年沉迷成瘾、游戏中存在不健康内容、游戏设计导向低俗化等。我国对网络游戏的基本管理政策及相关机构工作情况如下：

- 市场准入：新闻出版总署是国务院唯一归口管理电子和互联网游戏出版物的行政部门，并依法对出版境外著作权人授权的引进版电子和互联网游戏出版物实行审批。
- 运营监管：文化部（网络文化主管部门）和国新办负责“2008经营性互联网文化活动监管通知单”。
- 防沉迷系统：2007年4月9日，新闻出版总署等八部委联合下发《关于保护未成年人身心健康　实施网络游戏防沉迷系统的通知》，要求国内各网游运营商在7月16日起正式在网络游戏（包括了各种休闲游

① 文化部、信息产业部：《关于网络游戏发展和管理的若干意见》，2005年。

戏）中使用防沉迷系统。这是中国政府管理部门首创的技术保护措施。

• 健康上网倡议：健康游戏忠告。2003 年 9 月 1 日起，新闻出版总署要求游戏开始前于显著位置全文登载。

• 内容审查：文化部“绿色网游”。新闻出版总署音像司成立游戏审读专家委员会，对网络游戏中的所有细节乃至虚拟物品进行检查，确保引进中国的网络游戏没有危害未成年人健康的色情和暴力内容。文化部成立了网络游戏内容审查专家委员会，中国青少年网络协会和中国出版工作者协会游戏工作委员会正在酝酿推出网络游戏分级制度。据称，中消协和软件协会也联合成立了一个为游戏软件分级的工作小组。

• 盗版、外挂：国家版权局、公安部、工业和信息化部负责“2008 年打击网络侵权盗版专项行动实施方案”，2008 年成立“打击网络侵权盗版专项行动办公室”。

• 通信管理部门：应版权和公安执法部门的要求提供查处案件涉及的网站信息，根据执法部门认定的网站违法情况，依法配合实施停止接入、关闭网站等行政处理。

2008 年 7 月，国务院最新通过的决议：原由新闻出版总署负责的动漫和网游的日常监管和规划将被划归文化部管理。2004 年前，网游由新闻出版总署、文化部、信息产业部三家共管，2004 年后统一由新闻出版总署管理。在国务院的“三定方案”中，明确界定了总署与相关部门的分工，完整表述如下：国家新闻出版总署负责在出版环节对动漫进行管理，对游戏出版物的网上出版发行进行前置审批，负责对出版境外著作权人授权的互联网游戏作品进行审批。文化部负责动漫和网络游戏相关产业规划、产业基地、项目建设、会展交易和市场监管。由此看来，网络游戏管理中的“职能交叉”看似得以明确，其实在对网络游戏的管理中，尤其是与“网络文化”关系最为密切的内容审查工作中，仍然需要多个部门的协调与合作，牵涉到多个部门的工作和权力分工。如何进一步明确对网络游戏的管理职责，形成新的管理思路仍然是有必要进行研究的课题。

五、对我国网络文化管理思路的改革建议

（一）我国对网络文化管理思路决策的基础依据

1. 政治、经济基础

毛泽东论述了经济、政治、文化三者之间的关系。他指出："一定的文化（当作观念形态的文化）是一定社会的政治和经济的反映，又给予伟大影响和作用于一定社会的政治和经济；而经济是基础，政治则是经济的集中的表现。"政治、经济的这种发展状况要求建立与之相适应的社会文化。作为我国当代社会文化的有机组成部分，对网络文化的管理思路要符合当前我国的政治、经济基础等代表社会发展水平的重要指标，由此产生的政策和措施才能适应生产力发展的需要，才能推动政治的进步和社会的发展。

2. 文化发展的内在规律

文化的发展是由人民群众的文化生产性和人民群众对文化需要之间的矛盾推动的。文化的生产性决定文化的需求性，生产什么文化，就占有什么文化；生产多少文化，就占有多少文化；而文化的需求性对文化生产性具有反作用，影响和刺激文化生产的发展。现阶段的文化已经不再仅仅是"生产关系和上层建筑"，而且已经具备了"生产力"的属性，体现了社会生产力发展的方向和水平。网络文化在社会文化中是最活跃、最具探索性的部分，对网络文化的管理要充分考虑其特点及其内在的发展规律。

3. 党的文化发展指导思想

我国的文化政策首先是中国共产党集体智慧的结晶。这一点体现在我国文化政策历来都有具备一定程度稳定性的指导思想，是中国共产党通过对现实的经验教训的总结提炼出来的原则和纲领。执政的共产党构建新的文化政策体系，用以指导和统一人们的思想，以解决思想混乱的状况，巩固和加强执政的文化合法性基础。对网络文化的管理要体现中国共产党既定的路线、方针、政策，服务于现阶段社会总体发展目标，并遵循党的社会发展指导思想的引领和指导。

4. 国际环境的驱动

国际环境是相对于国内环境而言的，是指政策在运行时所依据的客

观存在的国际条件、状况以及影响政策过程的各种国际因素的综合。① 国际环境在驱动文化政策变动方面也起了重大的作用。在网络时代这一点体现尤为突出，互联网环境下的世界是一体化的世界，在这样的条件下制定关于网络文化的管理政策不能“关起门来”解决问题，而要以开放的心态和思路分析问题，以敞开的胸怀和视野充分交流，才能形成行之有效、符合我国改革开放格局的网络文化管理思路。

综观我国文化政策的发展历史，可以看到文化作为社会主义建设的一个组成部分，离不开社会的总体发展现状和现实水平。每当党的指导思想正确的时候，就会有科学的文化政策出台，就会带来文化建设的繁荣。文化政策的制定要充分考虑文化的复杂性。从文化自身的结构上来讲，它包含着知识体系、价值体系和意识形态体系的区别。就知识体系而言，它是人类共同的精神财富；就价值体系而言，其中既有阶级性的内容，又有对人类所面临的某些共同问题的探讨；就意识形态体系而言，它与阶级利益和现实政治斗争的联系较为密切。忽视甚至认识不到文化自身结构的这种复杂性，便很容易导致文化建设过程中的泛意识形态化、泛政治化倾向。当然，就某些具体的文化产品而言，其政治立场、价值取向与知识系统往往是纠结在一起的，并非泾渭分明地分成三个部分，这就特别需要有一种客观而科学的提取、剥离与扬弃的态度和方法。②

因此，我们必须在总结历史、研究现状、学习外国的基础上，把建设具有中国特色的社会主义先进文化、先进科学、先进教育的指导思想、方针、政策、方法，写成带有法规性的条例，指导实践，增强自觉性，减少盲目性，避免重犯过去已经犯过的错误。③ 我们在改革网络文化管理政策和思路的时候要处理好指导思想的一元化和文化形态多样性的辩证统一关系；要适应政治、经济发展的水平；要确立文化政策的法制保障；要符合广大人民群众的切身利益；要体现我国未来文化发展的基本取径。网络文化的管理思路要能够体现政策设置的系统性和全局性，有效地实现文化政策的科学性和可持续性。

---

① 刘斌、王春福：《政策科学研究》，人民出版社 2000 年版，第 167 页。
② 杨凤城：《1956—1966 年党的文化政策及其演变》，《教学与研究》1999 年第 7 期，第 24～29 页。
③ 厦杏珍：《试论 20 世纪六七十年代两次文化政策的调整》，《当代中国史研究》2002 年第 6 期，第 66～74 页。

（二）国际对网络文化管理思路给予我国的借鉴意义

研究者针对国际主要国家对网络文化的管理思路进行了梳理和总结。研究发现，世界各国和我国一样，网络文化领域都是在近年来逐渐兴起；尽管由于政治制度的不同和思想观念的差异，在具体的操作层面会有所不同，但总体上讲，世界各国也都在不断地摸索适应网络时代文化管理的新思路和新方法。总体来看，可资我国借鉴的思路有如下几点：

1. 严格区分成年人和未成年人接触网络文化的内容

以美国为例，在对色情信息的处理上，网络服务商对其提供的网络不良内容和服务并不承担责任，政府不能以宣传不良内容为由查禁网站；但是，美国的联邦最高法院力求将控制未成年人接触色情等不良信息的责任放在家庭内，即放在未成年人的父母身上。联邦立法的《1996 年正当通讯法》（简称 CDA，又译为《通讯内容端正法》，后成为《电讯传播法案》的一部分），其主要立法目的是保护未成年人不受色情信息的影响。《正当通讯法》规定以下行为构成犯罪：任何人在对外的或州际的商业活动中，或通过因特网，为销售或分发淫秽资料而故意传送该资料。该法中，有一独立的条款规定：故意向不足 18 岁的人散布上述材料，无论行为人是否实际拨打了电话或发出了信息，都是犯罪。[①] 尽管该法的制定引发了一场“违宪”之争，但法律出台本身却表明了政府对网络淫秽内容的明确立场。此后，美国 1998 年出台《儿童在线隐私保护法》（COPA：Child online Protection Act），范围包括了由服务提供者和电子商务网站提供者从事的在线传输活动。该法规定商业性的色情网站不得对 17 岁以下的未成年人提供“缺乏严肃文学、艺术、政治、科学价值的裸体与性行为影像及文字”等有害身心的网页内容，而色情网站经营者必须通过信用卡付款及账号密码等方式，对于未满 18 岁的青少年实行必要的限制进入措施，以防止其浏览成人网站。

2. 通过技术手段过滤不良信息，媒介素养教育提高网民意识

美国于 2000 年出台《儿童互联网保护法》（Child online Protection Act），要求全国的公共图书馆为联网计算机安装色情过滤系统，否则图书馆将无法获得政府提供的技术补助资金。其他国家，如日本、韩国、法国等也都通过技术手段对网络上的有害信息进行过滤，防止不适合的

---

① 赵丽梅：《网络黄毒治理与未成年人保护》，《青少年犯罪问题》2002 年第 6 期，第 17～22 页。

人群接触这类信息。

在美国，大部分中小学已开设媒体素养课程。美国媒体素养教育自20世纪50年代兴起以来，经过50多年的努力，使得媒体素养教育在全美得以迅速发展并成熟起来。譬如：蒙大拿州采取课程融于艺术课、健康保健课、图书馆媒体学、文学课、阅读课、科学、社会学习、技术、世界语、写作课等。同时，积极探索媒介素养课程标准。2001年，蒙大拿州公共教育办公室（OPI）公布了K12媒体素养课程标准。韩国、日本也都在中小学阶段开设了相关课程，一方面培养学生具备鉴别网络时代的不良信息的能力，另一方面也从小培养公民具备版权意识、正当舆论意识等，培育适应时代需要的网民群体。

3. 形成内容分级制度

美国的游戏分级组织“娱乐软件定级委员会”（Entertainment Software Rating Board，简称ESRB）成立于1994年，主要是对游戏软件、网络游戏、网站等进行审核，根据游戏的内容决定其适合的年龄群体，要求电子、电脑游戏软件包装盒正面要有分级标志，以供父母甄别其中的内容是否适合自己的家庭成员使用。经过ESRB审查的游戏产品，在软件包装盒的正面有ESRB的等级标志，这一标志说明了该游戏所适合的年龄段。

该分级组织将网络游戏分为七级（2005），[①] 包括详细的内容描述，围绕着酒精、血腥、幽默、暴力、侮辱、性、药品、赌博和烟草九个主题进行分类，共有三十二种，用特定的词组描述游戏画面所涉及的内容，如暴力、血腥、饮酒、赌博以及游戏中人物对话是否粗俗等。如对暴力，具体描述是卡通暴力、性暴力、幻想暴力或强烈暴力，因为卡通暴力和性暴力在内容对未成年人的刺激程度上来说，明显属于两个范畴。游戏分级是为了方便家长进行选择，让儿童远离不适合其年龄的游戏。

4. 网络时代的文化政策走向“文化规划”

以英国、法国为代表的欧洲国家将文化领域的政策制定扩大范围，原本只是文化部门用以推进国家/地区艺术文化发展的文化政策开始有了传统部门以外的其他部门（议会政府、规划部门等）的介入和参与，变

① 《出台国家级游戏分级制度成迫切之举》，http：//www. itjj. net/net/game/20080530/299727. html，2008 -05 -30。

成了政府借以推动经济复兴的政策工具。①

在文化政策中，政府的角色一般是从上至下的指令角色，决策的主体是专家、精英或者权力部门，对文化发展的目标设置在有形的文化发展上；在文化规划中，文化体现为一种普通百姓的生活方式，政府的角色调整为从下而上的管治角色，强调公众参与，系统整合所有相关部门工作，其目标在于无形的文化发展，文化的多元和谐，经济、社会、文化、生态的共同进步。② 对我国来说，借鉴这一思路可以使我国更好地确立网络文化管理政策的新思路，纳入政府各部门与网络时代相关的发展思路和既定规划，形成共同发展的整合推力。

（三）我国网络文化管理思路改革的基本原则

从媒介控制的角度来说，互联网第一次使政府对媒介的管治出现了缺口。传统的广播、电视、报纸、期刊等媒介，管理者都可以从入口（媒介机构的准入制度）和出口（对媒介内容的审查）两方面牢牢控制媒介的运行，并可以形成一定地域的封闭空间来进行管理；而互联网的出现使这几方面的情况都发生了变化，打破了原有的平衡，这就要求新的规范制度出现，或对旧进度进行改进。如果还按照此前的管理思路进行，从互联网传输的基础设施上进行“入口”管理，则会显得过于粗暴，其结果必然扼杀了网络的多元性。

本文所指的“管理”，既指政府“治理”（governance），又包括服务提供者内部的“管理”（administration），还包括行业内部的“自律”（self-regulating）和企业的“管理”（management）等内容。一般来说，对于网络文化的管理，主要有四种模式：政府立法管理；技术手段控制；网络行业、用户等自律；市场规律的自行调节。③ 本研究的主要目的是从政府视角出发，探寻对我国网络文化进行管理的改革思路。从政府的层面出发，互联网治理的事宜分为五大类：基础设施和标准化、法律、经济、发展、社会文化。④ 这说明了我国在改革对网络文化的管理思路之时

---

① 转引自李祎、吴义士、王红扬《从“文化政策”到“文化规划”——西方文化规划进展与编制方法研究》，《国际城市规划》2007 年第 5 期，第 75 ~ 80 页。

② 根据 MCPP 会议报告 *Beyond Garrets and Silos*: *Concepts*, Trends and Developments in Cultural Planning. 第 14 页，表格有所更改，www. creativecity. ca.

③ 燕道成：《国外网络舆论管理及启示》，《南通大学学报》2007 年第 2 期。

④ 〔塞〕Jovan Kurbalija，〔英〕Eduardo Gelbstein 著：《互联网治理：问题、角色、分歧》，人民邮电出版社 2005 年版，第 23 页。

需要参照的五个维度。

新制度主义经济学认为：制度是人类创造的约束条件，它们为政治、经济和社会交往提供了结构，这就是“制度结构”。这种结构分为两类，一类是正式的制度或规则，另一类是非正式的规则。正式的制度，包括了宪法、法律、财产权利等规制，有相应的机构如法院和警察来监督相应的社会契约条款的执行，或者有诸如黑帮和外国机构这类“第三方”的利益独立的监督者负责执行这些社会契约条款。非正式制度，包括禁忌、习俗、传统以及社会谴责和行为规范，比如依照惯例的衣着打扮、社交礼仪、洒扫进退、待人接物，等等。

正式制度明文规定，较容易获取，也比较容易分析其所规范的对象、内容，保护了谁的利益，损害了谁的利益，制度由谁制订，由谁执行，制度执行和监督的效果。也可以从制度制定时的社会环境（政治、经济、思想）来分析制度的行动者，并进一步分析他们参与博弈的状况。而非正式制度则比较难把握，因为互联网这种传播形态出现较晚，各方力量对其的关注也不一致，很多方面至今仍未形成正式制度，只有一些约定俗成的“潜规则”或者网络上的社区、博客等形态下通行的“虚拟规则”。

在改革网络文化管理的基本思路时需要注意的是，不仅要关注能够形成规定的正式制度，同时还要关注道德观念、思想态度等非正式制度，只有将二者结合起来，才能构成合理的网络文化管理格局。（如下图所示）

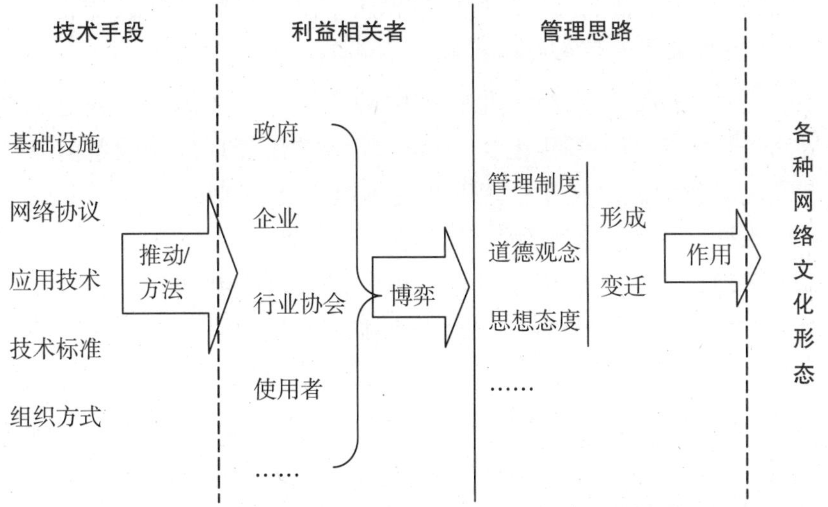

我国网络文化管理思路形成路径

在舆论学中，学界一般认为舆论与政策之间的关联存在以下模式：

共享模式（sharing model）：这一点集中于分析政治代表和选民之间的联系，即决策者与选举他们的选民观点一致，分享完全的政治目标。①

角色扮演模式（role-playing model）：决策者、官员或选民代表等“角色”具有一整套区别于一般民众的权利、义务和行为模式，选民的期待与决策者的自我认知之间存在着双向传播的互动关系。

引爆模式（igniting model）：是指舆论的量度和强度在短时间内迅速增大，形成足以影响政府决策的“舆论边际效应”②。它的形成机制在于：重大突发性舆论事件在舆论量度和舆论强度两个维度上都达到巅峰状态，决策者不能视而不见。“议题显著性和舆论强度是衡量公众意志的重要尺度，政府官员必须以此作为引导多数人和少数人的态度或观点的参照。”③

渐进模式（incremental model）：是指公众意见通过规范化、日常化的表达渠道进入到决策者的视野，平缓地影响政策决定。

参照舆论学的“四模式说”，很明显，当前我国网络文化对政府决策的影响主要是“就事论事”或者“急就章”的方式，而目前需要设定的是将代表社会思潮的网络文化与公共政策制定之间进行关联的理想模式。在现阶段就是向渐进模式演化，重视网络文化的日常状况，针对网络文化的特点探求具备弹性、可持续性的管理机制，促使我国政府形成对网络文化“了解、理解、疏解”的日趋科学的模式。下文将从多个角度出发，针对我国网络文化管理中存在的问题，提出具体的改革建议。

（四）我国网络文化管理思路改革的具体建议

本研究对我国现行网络文化管理中的问题进行了提炼，并对国外的管理思路进行了梳理，基于上文对我国网络文化管理思路改革的基本原则，本研究对我国网络文化管理思路具体提出以下建议：

1. 引入舆论管理思路，对我国网络舆论进行科学管理

舆论管理是美国社会历史机缘与现实需求流变共同作用的结果。在某种意义上，舆论管理是指政府官员如何驾驭舆论，引导舆论的走向，

---

① Robert S. Erikson and Norman R. Luttbeg, *American public opinion: Its Origins, Content, and Impact*, New York: Wiley, 1973. p. 297.

② 舆论边际效应是指舆论的从众人数与舆论强度的乘积，又称舆论指数。参见刘建明《社会舆论原理》，华夏出版社 2002 年版，第 50 ~ 51 页。

③ Leila Sussaman, [book review], *The Health of Nation: Public Opinion and the Making of American and British Health Policy Contemporary Sociology*, Vol. 4, No. 2. (Mar., 1975), p. 122.

为消除社会冲突，实现首脑设置的意识形态框架而形成一呼百应的舆论声势。对于中国而言，舆论管理还是一个新鲜的概念。尽管“管理”一词的内涵在中美不同语境下存在着巨大的差异，但至少舆论管理的理念、手段、方法及制度，既影响了某一具体舆论的传播方式和发展水平，也决定着某一时期的舆论主导形态。

在西方语境下，舆论管理主要是指运用传播策略，在“观点的市场上”积极主动地反映和塑造舆论。[①] 一般地说，舆论管理是指某一组织在特定环境下对其所拥有的舆论资源进行有效的整合、引导、塑造和控制，以实现其舆论目标。政府的舆论管理由权力支撑，在广义上是一种行政管理，但它不能压制舆论歧见或直接干预舆论内容，却可以运用权力策略和技巧，达到树立权威意见并影响公众意识的目的。我国的行政管理体制在基础上与西方有根本的差别，但是其操作层面的内容与目的是一致的。

舆论管理是政府实施整个社会管理的组成部分，具有行政管理的规范性、强制性和权威性，因而在广义上是一种规则管理。之所以把政府的“舆论管理”理解为一种政府规则管理，意在指出这种管理的权力特征，强调对舆论“自在性”的尊重。遵循公众意愿而不是少数人的意志，按照舆论规则和法治边界疏导社会意见，是舆论规则管理的主要目标。

如上文所述，我国的网络公众舆论具有自发性、复杂性、随意性和多样性的特点，代表了普通公民意见的集合。在政府应对重大事件的时候，网络公众舆论更加呈现出泥沙俱下的态势，因此有必要将对网络公众舆论的管理纳入政府管理的范畴。

实际上，公民直接参与的舆论行为，是一种未经过滤的人民的声音。它尽管不完美，但却具有孕育和发现真理的属性。对这种不完美的容忍和保护，正是民主国家中言论和出版自由的目的所在。尽管如此，我们仍可以看到对网络公众舆论进行管理的必要。如美国学者卡普斯（Cupps）所说：“越来越多的统计资料也表明并支持了以下观点，即那些自发的、无意识的、不加限制的、没有充分考虑相关规则的公民参与运动，对于政治和行政体系可能带来功能失调和危险。”[②] 因此，无论网络

① 纪忠慧：《美国政治框架下的舆论策动与操纵——美国政府舆论管理评析》，清华大学博士学位论文，2007 年。

② D. Stephen Cupps, *Emerging Problem of Citizen Participation*, *Public Administration Review*, Vol. 37, No. 5 (Sep., 1977), pp. 478 ~487.

公众舆论的性质如何，都有必要对其进行管理，充分发挥舆论的正性功能，推动社会的发展。

2. 促进互联网法制环境建设，培育积极健康的网络文化

对网络的立法建设主要包括网络运行管理和网上行为管理两方面，这也是各国政府都在思考的新课题。网上行为会涉及公共利益，可能会有不正当的、甚至危害社会的网络文化现象产生，这就要求政府立法对这类网络行为（如上载、传播谣言、有害信息等）予以约束和规制。

立法规制网络行为是世界各国普遍采用的方法，如美国就在几年时间内出台了若干针对未成年人使用网络的法律，有效地防止了有害信息侵染未成年人。对我国来说，对网络文化进行相关立法同样存在诸多难点，如网络设备提供商、内容发布者、网络接入服务提供商、内容服务提供商各方的责任界定，对不同网络形态的监管困难，网络的无疆界性导致司法管辖难以确定，对不正当行为的效果难以衡量，等等。尽管如此，促进互联网法制建设仍是必要的，这可以有效地培育健康积极的网络公众舆论，保护绝大多数网民的利益。

3. 推行网络素养教育，提升网民的自律能力

完善网络传播主体的自律。创建社会性的文明公约，促使网络用户进行伦理道德、社会责任的自律。这需要协调全社会，尤其是家庭和学校的功能，加强对青少年网络使用道德的教育。

我国目前已经是世界网民人口总数第一大国，但网络总体普及率仍有较大提升空间。然而，随着我国网络的普及率逐年增加，新增的网民人口很大比例上会是目前的未成年人。因此，必须从现在起在基础教育阶段加强对未成年人的网络素养教育，提高他们认识、运用、建设、评判互联网及网上内容的能力，使他们形成正确的网络意识和认知。

另外，在人人传播的情况下，网上信息内容的质量和导向与每一个公民素质的关联程度都在提高。从这个意义上讲，公民整体素质决定了网络文化环境。因此，要培育网民的自律性，促使其对自身上网行为进行自我约束和规范，对有害信息进行坚决抵制：不制作、不相信、不传播、不扩散；同时对于网站而言，要针对承载的文化内容进行自觉监督，恪守法律法规和职业道德，同时重视政府的指导。

4. 探索网络游戏和网络视听节目分级制度

国外的实践证明，对电影、电视节目、网络游戏等进行分级具有较

强的操作性，也取得了良好的社会效益。美国的网络游戏将用户年龄分为3岁、6岁、10岁、17岁、成年人等几个关键点，具有明显的指导和规范意义。日本也推行网络游戏的行业自律和分级审查，由“网络共同体特别委员会”完成。针对日益加剧的网络游戏伦理，以及青少年迷恋网络游戏问题，该委员会又派生出相对独立的“电脑娱乐评价机构”，对网络游戏进行分级审查，将其分成适合各种年龄对象的游戏软件。

对于我国而言，互联网的数字化使网络上的文化信息和内容可以从技术上较容易地实现添加属性，同时对网上信息的内容分析也可以通过技术手段辅助实现，这为探索网络游戏和网络音视频等节目的分级制度奠定了基础。建议我国通过政府主导的方式扩大游戏审读专家委员会的权力范围，成立网络内容分级委员会，尤其对网络游戏、网络音视频节目、SNS网站等进行分级管理，给予广大网民，特别是未成年人家长具体的指导。

5. 寻求技术手段监控网络内容的新方法，加大对网络文化的准确把握能力

2003年6月23日，美国最高法院通过投票决定，允许国会要求全国的公共图书馆为联网计算机安装色情过滤系统，否则图书馆将无法获得政府提供的技术补助资金。韩国政府和日本政府目前也都在研发相关软件，对网络上的有害信息进行监控，并且正在研发追踪发布不良信息责任人的软件技术。

在网络时代，我国的技术发展丝毫不逊于世界发达国家，“网络游戏防沉迷系统”的研发就是我国的独创技术。一方面，建议我国在这一基础上继续投入研发力量和资金，重点针对网络有害信息的监管和盗版信息的散布，加大对网络信息的监控；另一方面，建议针对我国网络公众舆论的高涨和复杂情况，研发网络舆情监测系统，实时掌握公众的社会心理动向，寻求舆论和公共政策之间的共享模式。

6. 保障公众的基本文化权益，有效引导网络文化导向

在对网络文化进行管理的同时，需要认识到管理的目的不是“压制”和“堵塞”，而是“规范”和“引导”。在这样的前提下，需要建立有效地保障公众基本的利用互联网、接受网络文化的权益。事实证明，不合理、不恰当的应对网络文化的管理手段往往会带来更大的负面作用，甚至波及其他社会实体。

例如，在“非典”和“问题奶粉”这类公共卫生危机事件处理中，

二者都是地方政府提前就得知了相关的问题信息，但未能及时进行通报和信息发布，也未能就处置此类事件采取有效公开的措施，因而都引起了严重的后果。在这一过程中，网络公众舆论对事件进行铺陈，产生了激烈的情绪，待到地方政府或相关部门对事件进行管理和应对的时候已经陷入被动。

因此，“公众对信息获取的增加导致了公众有更多的权力（与‘权威’相对），这又导致了信息的更多获取”。① 公民社会与政府之间是相互制衡、相互影响的关系。社会越开放、信息渠道越多、自主意识越强，公民对自身权益的主张要求也会越高。政府要有效地利用掌握的大众传播媒体，就公众的议程进行“设置”并引导网络文化的走向。其一，充分利用不同大众媒体之间的共鸣效果，利用政府可以控制的报纸、电视台等媒体设置议程，促成网络公众的关注。其二，促成政府和公众之间的议题互动，政府在日常管理中会产生大量需要与公众进行沟通的信息，政府要注意利用网络媒体直接与网络公众进行互动。政府人员可以到网络媒体进行访谈，直接回答网民关心的问题，还可以通过进行网络调查的方式征求公众的意见以展示尊重民意的形象。其三，利用网络舆论领袖和公众进行互动，政府可以与网络上具有较高威望的网民建立合作，也可以利用为广大网络公众信服的舆论领袖进行对社会文化的引导。

7. 增强网上中华文化传承及独立建设，保护中华文化的活力与信心

此外，在网络时代非常重要的是保持中华文化的传承性和独立性，在对外来文化兼收并蓄的同时要注意去粗取精，传承我国五千年传统文化的信心与活力，对外来文化保持反思和批判。只有这样，才能够在信息时代构建积极、健康的网络文化，促进和谐的社会文化的形成。

中华文化历来是具有相当大的活力和生命力的，尽管目前的网络文化中西方文化占据强势地位，但这并不意味着中华文化没有机会。相反，正如前文所述，中华传统文化在互联网上可以依靠自身的再创造和时代化寻求到新的历史坐标，在网络文化版图中占据更为重要的位势。

8. 将网络文化政策调整作为推进社会形态发展的有机组成部分

在确立了文化生产力属性的今天，证明了文化政策属于生产关系范

---

① 〔美〕约书亚·梅罗维茨：《消失的地域：电子媒介对社会行为的影响》，肖志军译，清华大学出版社2002年版，第157页。

畴。如果文化政策适应了文化生产力的发展方向，就是成功的文化政策，就会推动文化生产力的发展；反之，就是落后的文化政策，就会阻碍文化生产力的发展。因此，文化政策对于社会发展具有重大的推动作用。

1988 年，联合国教科文组织在斯德哥尔摩召开的“文化政策促进发展”政府间会议就指出：“文化政策是发展政策的基本组成部分。”而 1998 年召开的“文化政策促进发展”政府间会议则进一步指出：文化的繁荣是社会发展的最高目标，未来世界的竞争将是文化生产力的竞争，文化政策已经成为一个国家发展政策的基本组成部分。当今世界，文化对经济、政治和社会发展的推动作用越来越明显。建设廉洁高效的政务环境、民主公正的法治环境、公平诚信的市场环境、安全稳定的社会环境、舒适便利的生活环境、健康向上的人文环境、可持续发展的生态环境等，都与文化建设息息相关。在实现中华民族伟大复兴的进程中，先进的文化政策对弘扬和培育民族精神，增强民族凝聚力，使全民族保持良好的精神状态，具有十分重要的作用。在这一进程中，对网络文化政策的调整并不仅仅是文化领域的问题，而且是牵涉到我国和谐社会建设的全局性问题。顺应网络文化发展的管理思路能够实现对网络文化的良好引导和建设，可以有效地推进社会精神文明的提升和健康文化的传播，可以确保中华民族传统文化的传承和发扬，可以切实地推动社会、政治、经济的全面发展。

六、结　语

在新媒体时代，对网络文化的管理考验政府的执政能力和行政管理水平。“如果管理者在公众参与之前就掌握公众对特定问题看法的性质，或者预先勾勒出公民意见的大致轮廓，那么，他们对如何实现公民参与的选择，就变得容易得多了。”[①] 网络文化在现实社会一定程度上代表了普通百姓的选择、意见和社会文化的走向，代表了当前社会思潮的趋势和意识形态层面的认同。网络文化是公众思维的反映，也是思想动态和观点的集合，政府必须对其重视并选择合适的管理思路。

通过本研究的分析可以看出，我国当前对网络文化的管理呈现出制

---

① Victor H. Vroom, Phillip W. Yetton, *Leadership and Decision Making*, Pittsburegh: University of Pittsburgh Press, 1973, pp. 29 ~ 30.

度性不足、灵活性缺失等问题，难以适应网络文化的飞速传播和信息杂芜的特性，因此需要改革对网络文化的管理思路。但是，“互联网治理并不是一件简单的事情，我们不能用数字世界的二元逻辑来讨论互联网治理问题”。据此，本研究提出的若干改革建议可以说是对这一领域的有益探索，是为探讨和解决问题提出可使用的框架和思路。对网络文化的管理要综合运用法律、行政、经济、技术、思想教育和行业自律等多种手段，这将是一个持续下去的重大课题，需要我们不断地关注和投入。我们必须以积极的态度、创新的精神，对网络文化进行科学的管理，营造良好的网络环境，才能推进社会文明程度的提升与和谐文化的建设，实现我国软实力的提升。

附录一：网络文化管理机构及其基本职能

机　构	基本职能	具体职能
国务院	基本立法	
信息产业部（原）、通信管理局	行业部门	互联网行业主管部门，同时也与其他行政管理部门一起，共同担负着网络文化建设和管理的职责
中宣部	意识形态	对互联网意识形态工作进行宏观协调和指导
文化部	—	网络文化市场的主管部门。负责制定互联网文化发展与管理的方针、政策和规划，监督管理全国互联网文化活动；依据有关法律、法规和规章，对经营性互联网文化单位实行监督、管理
国务院新闻办公室网络新闻局（各地政府新闻办）	网络新闻、意识形态	主管全国的互联网新闻信息服务监督管理工作。负责全国互联网站从事登载新闻业务的管理工作，制定互联网新闻事业发展规划，并指导协调互联网新闻报道工作
国家广播电影电视总局	网络视听	互联网视听节目服务的主管部门
工商总局	经营管理	经营单位市场准入、经营行为查处
中央文明办	宣传	—

续 表

机 构	基本职能	具体职能
新闻出版总署	网络信息服务	网络文化信息服务的行业管理部门，网络文化建设和管理，积极创造有利条件，制定相应倾斜政策措施。清除网络文化垃圾
公安部	—	有害信息监管，上网场所审核，违法行为查处
电信运营企业、网络运营商、(网络接入服务商)	—	互联网站登记注册及业务登记
互联网信息服务提供者	—	确保上网内容符合国家法律规定
共青团中央	青少年	引导青少年健康文明上网
中国青少年网络协会	青少年	引导青少年健康文明上网
教育部	青少年、教育资源	—
国家版权局	网络版权	规范网络版权行为并对违规现象进行处罚
中国互联网协会	行业组织	行业自律及对行业进行研究，出台自律规范

附录二：我国现行涉及网络文化管理的规章制度

《维护互联网安全的决定》，2000 年 12 月 28 日九届全国人大常委会第十九次会议通过。

《计算机信息系统安全保护条例》，1994 年 2 月 18 日国务院发布。

《计算机信息网络国际联网管理暂行规定》，1996 年 2 月 1 日国务院发布，1997 年 5 月 20 日修正。

《中国互联网络域名注册暂行管理办法》，1997 年 5 月 30 日国务院信息办发布。

《中国互联网络域名注册实施细则》，1997 年 6 月 15 日中国互联网信息管理中心发布。

续　表

《计算机信息网络国际联网安全保护管理办法》，经国务院批准，1997年12月16日公安部发布。 《关于计算机信息网络国际联网业务实行经营许可证制度有关问题的通知》，1998年9月18日信息产业部通知。 《互联网信息服务管理办法》，2000年9月25日国务院发布。 《中华人民共和国电信条例》，2000年9月25日国务院发布。 《互联网上网服务营业场所管理条例》，2002年9月29日国务院发布。 《中国公用计算机互联网国际联网管理办法》，1996年4月9日邮电部发布。 《计算机信息网络国际联网出入口信道管理办法》，1996年4月9日邮电部发布。 《〈计算机信息网络国际联网管理暂行规定〉实施办法》，1998年2月13日国务院信息化工作领导小组发布。 《计算机信息系统保密管理暂行规定》，1998年2月26日国家保密局发布。 《计算机信息系统国际联网保密管理规定》，2000年1月1日国家保密局发布。 《互联网电子公告服务管理规定》，2000年11月6日信息产业部发布。 《互联网站从事登载新闻业务管理暂行规定》，2000年11月6日国务院新闻办公室、信息产业部联合发布。 《互联网上网服务营业场所管理条例》，2002年11月15日国务院发布。 《中国互联网络信息中心域名争议解决程序规则》，2006年3月9日互联网信息中心制定，2007年9月25日修订。 《信息网络传播权保护条例》国务院第135次常务会议通过，2006年7月1日施行。 《信息产业部关于调整中国互联网络域名体系的公告》，2006年2月27日信息产业部公布。 《中国互联网络信息中心域名争议解决办法》，2006年2月14日互联网信息中心发布。 《互联网新闻信息服务管理规定》，2005年9月27日国务院新闻办公室、信息产业部联合发布。 《互联网著作权行政保护办法》，2005年5月25日国家版权局、信息产业部联合公布。 《电子认证服务管理办法》，2005年2月25日信息产业部第十二次部务会议审议通过。 《互联网IP地址备案管理办法》，2005年2月25日信息产业部第十二部务会议审议通过。 《非经营性互联网信息服务备案管理办法》，2005年2月25日信息产业部第十二部务会议审议通过。 《中国互联网络域名管理办法》，2004年11月5日信息产业部第八部务会议审议通过。

续　表

《信息产业部关于从事域名注册服务经营者应具备条件法律适用解释的通告》，2003 年 11 月 20 日信息产业部公布。 《中华人民共和国信息产业部关于加强我国互联网络域名管理工作的公告》，2003 年 7 月 31 日信息产业部公布。 《中国互联网络信息中心域名争议解决办法程序规则》，2002 年 9 月 30 日互联网络信息中心发布。 《中国互联网络信息中心域名注册实施细则》，2002 年 9 月 25 日互联网络信息中心发布。 《中国互联网络信息中心域名争议解决办法》，2002 年 9 月 25 日互联网络信息中心发布。 《中国互联网络信息中心域名注册服务机构认证办法》，2002 年 9 月 22 日互联网络信息中心发布。 《电信建设管理办法》，2002 年 1 月 4 日信息产业部、国家计委联合发布。 《互联网药品信息服务管理暂行规定》，2001 年 12 月 12 日国家药品监督管理局公布。 《电信业务经营许可证管理办法》，2001 年 12 月 26 日信息产业部令第 19 号。 《电信网间互联争议处理办法》，2001 年 11 月 19 日信息产业部发布。 《“政府财政管理信息系统”网络建设管理暂行办法》，2001 年 10 月 15 日信息产业部发布。 《互联网骨干网间互联管理暂行规定》，2001 年 10 月 8 日信息产业部发布。 《互联网骨干网间互联服务暂行规定》，2001 年 9 月 29 日信息产业部发布。 《网上银行业务管理暂行办法》，2001 年 6 月 29 日中国人民银行发布。 《公用电信网间互联管理规定》，2001 年 5 月 10 日信息产业部令第 9 号。 《互联网上网服务营业场所管理办法》，2001 年 4 月 3 日信息产业部令第 8 号。 《关于进一步做好互联网信息服务电子公告服务审批管理工作的通知》，2001 年 3 月 7 日信息产业部发布。 《互联网医疗卫生信息服务管理办法》，2001 年 1 月 8 日卫生部发布。 《互联网视听节目服务管理规定》，2007 年 12 月 29 日广电总局、信息产业部联合发布。 《中华人民共和国电子签名法》，2004 年 8 月 28 日第十届全国人民代表大会常务委员会第十一次会议通过。 《全国人民代表大会常务委员会关于维护互联网安全的决定》，2000 年 12 月 28 日第九届全国人民代表大会常务委员会第十九次会议通过。 《互联网电子邮件服务管理办法》，2005 年 11 月 7 日信息产业部第十五次部务会议审议通过。 《关于网络游戏发展和管理的若干意见》，2005 年 7 月 12 日文化部、信息产业部发布。

续 表

《最高人民法院、最高人民检察院关于办理利用互联网、移动通讯终端、声讯台制作、复制、出版、贩卖、传播淫秽电子信息刑事案件具体应用法律若干问题的解释》，2004 年 9 月 1 日最高人民法院审判委员会第 1323 次会议，2004 年 9 月 2 日最高人民检察院第十届检察委员会第 26 次会议通过。 《互联网站禁止传播淫秽、色情等不良信息自律规范》，2004 年 6 月 10 日互联网协会、互联网新闻信息服务工作委员会发布。 《最高人民法院关于审理涉及计算机网络著作权纠纷案件适用法律若干问题的解释》，2000 年 11 月 20 日 最高人民法院审判委员会第 1406 次会议通过，2006 年 11 月 22 日发布。 《国务院办公厅关于进一步加强互联网上网服务营业场所管理的通知》，国办发［2001］21 号。 《文化部关于加强网络文化市场管理的通知》，文市发［2002］10 号。 《互联网文化管理暂行规定》，2003 年文化部发布，2005 年修订。 文化部关于实施《互联网文化管理暂行规定》有关问题的通知，文化部令第 27 号。 《文化部、中央文明办、信息产业部、公安部、国家工商行政管理总局关于净化网络游戏工作的通知》，2005 年 6 月 9 日文化部、中央文明办、信息产业部、公安部、国家工商行政管理总局联合发布。 《文化部关于加强网络游戏产品内容审查工作的通知》，2004 年 5 月 14 日文化部发布。 《关于进一步加强网吧及网络游戏管理工作的通知》，文市发［2007］10 号。 《关于保护未成年人身心健康实施网络游戏防沉迷系统的通知》，新出联［2007］5 号。 《公安部、信息产业部、文化部、新闻出版总署关于规范网络游戏经营秩序查禁利用网络游戏赌博的通知》，公通字［2007］3 号。 《2008 年打击网络侵权盗版专项行动实施方案》，国权联［2008］2 号。

课题组成员名单

课题负责人：

熊澄宇　清华大学国家文化产业研究中心主任，教授、博士生导师

课题组成员：

张　铮　清华大学国家文化产业研究中心助理研究员

吕宇翔　清华大学新闻与传播学院博士

毕晓梅　清华大学新闻与传播学院博士

中国文化“走出去”战略研究

南京航空航天大学国家文化产业研究中心

国际文化交流是国际交往的重要组成部分，对于输出国而言，就是文化“走出去”；对于输入国而言，则是文化“引进来”。千百年来，国际文化交流的方式和载体多种多样，主要包括互访、贸易和教育等。总体而言，国际文化交流呈现出强势文化向弱势文化传播的趋势和规律。如在盛唐时期，随着外国“遣唐使”的来来往往，中华文明被传向世界各地，中国的丝绸和瓷器受到西方贵族的争相追逐。到了鸦片战争以后，中国人重新认识世界，西风东渐，至于五四，胡适等人更直接打出“砸烂孔家店，全盘西化”的旗幡，中国的文化交流由“顺差”转为“逆差”。

文化交流中，一国所处的地位，从本质上讲，不是由文化本身决定的，而是由综合国力决定的。文化只有特点，而没有优缺点。强盛的国力孕育了强势的文化，占据国际交流的主导地位。

当今中国，在改革开放 30 年中积累了强大的国力，也使中国的文化交流位势发生重大变化。中国的自信已经不再满足于 GDP、进出口贸易额，也不在乎外汇储备的世界第一，更在乎的是，需要得到世界的认可和赞赏。其中一个重要标志，就是希望在世界上扩大文化影响力，这是中华民族崛起的重要标志。无论是孔子学院的设立，还是北京奥运会的盛大举行，都体现了国家不断提升中华文化影响力的努力。

文化的国际竞争力是一国综合国力的重要组成部分，其突出表现是国家的国际形象和国际地位，以及一国文化产品和服务在国际市场的占有率。因此，文化“走出去”关系到我国文化强国建设的重要战略。

在现代文明中，国际文化交流和文化贸易是一国文化走向世界，并获得国际认同的主要战略途径。中世纪，大量西方传教士来到东方，使基督教广为传播，而随着郑和七次下西洋，中国的瓷器和大国风采又在印度洋沿岸深入人心。

新中国成立以后，由于我们对文化的市场功能认识不足，国际文化交流基本上只有政府友好访问，商业性交流则极度萎缩。改革开放以来，随着民间文化交流的日趋活跃，我国逐步形成了官方文化交流与民间文化贸易相结合的文化“走出去”模式。随着国际文化产业的迅速发展，文化贸易在文化“走出去”战略中扮演着越来越重要的角色。本研究分析了国际文化竞争的新趋势，以及我国当前文化“走出去”的现状、问题和原因，阐述了国际文化贸易和交流中的各种壁垒和障碍，并指出文化“走出去”是包含了国家文化形象系统、媒介传播渠道、文化资源系统、对外文化交流、对外文化贸易、城市文化建设等多层次要素的体系，是“引进来”与“走出去”双向的结合，研究最后提出了文化“走出去”的战略目标和途径。

文化“走出去”所面临的国际环境——国际文化竞争的新格局和新趋势。“软实力”的概念是美国政治学家约瑟夫·奈首先提出来的，其含义是国家的非经济、非军事力量怎样在国际争夺中发挥作用，主要包括文化的吸引力和感染力，对外政策、意识形态和政治价值观的吸引力等。[①]文化竞争力是国家“软实力”最重要的组成部分。美国学者亨廷顿曾指出，21 世纪的竞争将是文化的竞争。20 世纪 90 年代以来，发达国家、新兴工业化国家和地区纷纷调整文化政策，制定国家文化发展战略，展开了新一轮竞争与博弈。

一、对国际话语权的竞争

文化的竞争首先体现在对语言、文字、文化媒介等思想传播载体的竞争，是对国际话语权的竞争。国际话语权是对各种国际标准和游戏规则的制定权，以及国际事务的评议权和裁判权。文化强国可以利用话语权优势，按自己的利益和标准，用自己的“话语系统”定义、制定国际游戏规则，并对事物的是非曲直作解释、评议和裁决，从而获得优势和主动。[②]

国际话语权的争夺首先体现在对语言文字等话语载体和传播媒介的主导权争夺。工业革命以后，西方列强凭借其先进的制造业，以及随之而来的坚船利炮，从文化精神上逐步凌驾于东方文明之上，控制了国际文化交流的话语权。并且在此后三百年中，利用其语言、文字国际通用方面具有得天独厚的优势，形成其对公共事务相关概念、词汇、标准，乃至理论思想的主导权。现有主要国际话语议题的设定和广泛应用的词汇主要源于西方，这一事实本身就反映了西方的国际话语权优势。

因此，中国面临的一个重要问题是中文虽然是世界上使用人数最多

---

① 约瑟夫·奈：《“软实力”使美国难以独步天下》，转引自《参考消息》2002 年 4 月 20 日第 2 版。

② 林利民：《中国如何在 21 世纪国际“话语权”竞争中争取主动》。http：//www. china. com. cn/international/txt/2008 - 08.

的语言，也是联合国工作语言，但实际上也是使用国家最少的语言之一。中文缺乏国际地位，严重地阻碍了中国文化的传播。谈到中国文化，包括文学，西方人知之甚少，极少数人能够看到中国文学，更不用说接触中国人的精神世界。与语言直接相关的是，中国人对世界的看法、对生活的看法也无法通畅地传播。中文成为中国文化传播的最大壁垒。至今为止，尚未有中国人获得诺贝尔文学奖（除了西方人为制造的高行健以外）。这对于具有数千年历史、拥有最多使用人群的汉语来说，无疑是值得思考的。对此，我们不应当采取鸵鸟战术，讳疾忌医，以阿 Q 精神对待，而应当采取系统的措施解决。作为一个不可改变的现实，我们有必要采取切实措施，使中国文学“走出去”。

其次，是对期刊、报纸杂志、广播电视、互联网络等传播媒介的控制。例如，现有评价学术与科研水平的国际学术期刊都为西方主导，特别是在人文社会科学领域，语言优势决定了西方对学术评价的强势，进而决定了西方在学术概念、理论方面的主导权。就大众传播领域，媒介的竞争更加日趋激烈，西方媒介在政府的政策的支持下，通过全球的兼并收购，不断渗透到各个地区。随着信息技术、卫星通讯、网络技术与传播媒体融合趋势的加强，互联网成为网络话语权的竞争焦点。正如阿尔温·托夫勒所说的，世界已经离开了暴力和金钱控制的时代，而未来世界政治的魔方控制在拥有信息强权人的手里，他们会使用手中掌握的网络控制权、信息发布权，利用英语这种强大的文化语言优势，达到暴力、金钱无法征服的目的。①例如，目前网络地址分配的权力掌握在美国人手里，他们占有的资源非常丰富，随着 Internet 上主机数量增加，IP 地址空间危机问题愈来愈突出，原先的43 亿个 IP 地址很快被瓜分干净，而目前大约每 3.5 个中国网民才共用一个 IP 地址，全中国的 IP 地址加起来，还没有美国一所大学的多。下一代互联网更新将从 IPv4 到 IPv6，产业面临新一轮洗牌，这给很多企业以新的机会，有可能打破现有网络经济的格局。在各种应用上，则将会给无数国家及公司更多机会，也必然影响到网络话语权的竞争。

① 阿尔温·托夫勒著：《权力的转移》，中共中央党校出版社 1991 年版。

二、文化资源的竞争

当前文化资源的竞争面临新的态势：

一是外来文化对本土文化资源的冲击，削弱了本土传统文化资源的优势。中国千年沉淀的文化资源正在受到外来文化的影响。由于“洋节日”在年轻人之间的盛行，中国本土节日遭到了冷遇，这样的例子比比皆是。

二是本土文化资源的流失。外国公司不经传统知识和民间文艺来源地国家同意，擅自利用他国的传统知识、传统工艺等，进行工艺、文化产品开发，并申请专利或进行出口，以获得垄断利益等。例如，我国国宝景泰蓝和安徽宣纸的生产工艺就被日本人无偿窃走；近些年来，一些西方医药公司对我国传承千年的中医药稍加研究甚至未作任何改进，就开发出了“新药”，还申请了专利，获利甚巨。我国中药专利在国外的申请量相当少；一些名优中药配方的知识产权已经被韩国、日本等邻国据为己有；另外，由于经济利益的驱动，许多嗅觉敏锐的商人、文人看到了黔东南苗族服饰这块“富矿”的商业价值，采取“低价收购、高价卖出”的手段造成了黔东南苗族服饰工艺的严重流失。1998 年，日本某公司拍摄了一部反映黔东南侗族与森林关系的片子参加日本—中国文化艺术节，该片表现的是制作鼓楼的全过程，结果这部电视片获了奖。这造成了侗族鼓楼建造技术的实质性流失。法国巴黎一家私立民俗博物馆馆长甚至对我国有关民族文化研究专家说：“100 年后，中国人要研究苗族的服饰文化，或许还要到我的博物馆来研究。”

三是与上述流失不同的另一种现象是，很多文化资源未经开发并不能形成文化竞争力，反而容易被人利用。我们曾经一度自诩的非物质文化资源，已经不为我们所有，正在被掠夺。美国迪士尼公司成功地将中国古代民间故事《花木兰》改编成商业动画片，在全球赚取了超过 20 亿美元的票房收入。2008 年，由美国“梦工厂”电影公司制作出品的电影《功夫熊猫》在国内上演，取得了骄人的业绩，成为内地第一部票房过亿的动画片。再如，韩国积极推动申遗工作，除了将“端午祭”申遗成功，将“中医”改头换面为“韩医”的申遗工作也正在开展外，现在甚至提出要废除中国“书法”、日本“书道”等名称，而统一使用韩国的“书艺”，其理由居然是王羲之的《兰亭序》是写在高丽纸上的。

三、城市文化国际竞争力

国际文化竞争的另一个重要载体是以城市为载体的城市文化竞争力的角逐。综观各国城市，罕有完全因工业或农业而跻身名城之列，无论是英国的曼彻斯特，还是美国的底特律，都曾经是经济重镇，却无法成为文化名城。当今世界的一流名城，几乎都无一例外地是文化创新的策源地，是流行文化的发动机。城市因为经济而强，却因为文化而富有魅力。在国际竞争中，城市通过促进文化建设，塑造城市独特魅力，从而在国际竞争凸显区域特色和优势。以城市为载体的文化交流、文化展示，成为国家参与国际文化竞争的主要舞台。城市通过文化节庆、展览、演艺、创意集聚区、文化旅游等，提升城市的品牌和影响力，吸引和集聚资源。①例如，伦敦提出了“世界卓越的创意和文化中心”文化战略；纽约提出的目标是“促进和保持纽约文化的可持续发展，提高对经济活力的贡献度”；新加坡则力争“成为一个充满动感与魅力的世界级艺术城市”；香港提出立足“一本多元，创新求变，在中国文化基础上，开拓国际视野，吸取外国优秀文化，将香港发展成开放多元的国际文化都会”。

四、文化产品和服务的对外贸易

随着经济的全球化，伴随着市场的扩张，文化产业在全球的分工格局和全球文化贸易市场体系逐步形成。国际文化产品和服务的流通规模日益扩大，文化以产品和服务的形态，通过市场贩卖的方式深入到世界各个角落，文化贸易正在成为主导国际文化竞争的主要手段。一方面，我们看到好莱坞电影如同洪水般席卷全球每个角落，动辄创造数以亿计的票房神话，而迪士尼授权的各类儿童用品早就可以让全球每个孩子人手一件；另一方面，文化服务外包又方兴未艾，文化产品生产流通的全球化迅速蔓延。好莱坞的后期电脑制作越来越依赖勤劳、聪明而廉价的中国人，而迪士尼品牌产品几乎没有在美国生产的。在这种合作和分工的体系中，欧美占据了上游和高端，是文化中心和利润中心，而其他国

---

① 李向民、王晨等：《城市文化竞争力测度与评价研究》，文化部课题报告，《中国文化产业评论》（第八卷），2008 年 10 月。

家在提供廉价血汗的同时，也在不自觉地被清洗大脑，从思想到思想的方式，“代沟”掩盖了文化背离的残酷现实。我们出卖了父辈的血汗，也同时出卖了子孙的灵魂。当我们的孩子和朋友大谈“迪士尼历史上 100 个公主”中的洋花木兰故事，我们还怎么能让他们接受“对镜贴花黄”的木兰女？可是，不论我们如何痛心疾首，文化贸易以势不可当之势，成为文化扩张的主要手段，其主要来自几个方面的原因：

第一，经济全球化和全球经济结构的变迁，为文化产业发展创造了空前的机遇，文化得以用产业化的方式运作，文化产业对经济的贡献日益增加。随着收入水平提高、教育改善、人口素质提高，文化娱乐消费需求日益增长，文化产业已经成为满足大众文化消费需求的主要方式。自 2002 年以来，欧美发达国家文化消费支出占总体消费支出的比例超过 15% 以上，文化产业逐步成为支柱产业，文化产品和服务的国际流通在 GDP 总量的比重不断上升。据统计，全球文化产业从 2000 年起一直保持 7% 以上的年复合增长率，高于全球国际贸易总体增长速度。联合国教科文组织根据 1994—2002 年的海关数据统计指出，文化产品贸易额从 1994 年的 383 亿美元增长至 2003 年的 592 亿美元。其中美国、英国等西方发达国家的文化产业发展较快、规模较大，既是国际文化贸易最大的出口国，也是最大的进口国，形成了规模较大的区域文化贸易市场，主导着国际文化产业的发展趋势。比如全球电影交易市场主要集中在美国，艺术品交易市场主要集中在英国。

第二，文化产业的竞争力决定着文化资源要素的流动趋向，决定着产业国际分工格局。文化产业强国一方面凭借自己的产业强势，垄断产业研发和创意开发环节，在全球范围内配置文化资源。他们不但可以对全球文化资源进行开发，同时迫使其他国家成为产业下游的生产制造地和产品销售地。另一方面，这些国家通过文化产业产品和服务的贸易，将文化价值观潜移默化地输出到世界各地，直接影响着人们的思想观念、行为和生活方式。在新的国际形势下，文化贸易直接影响到一国的经济利益和文化安全问题。因此，各国政府都制定了相应的推动文化对外贸易的策略，并将文化产业作为一个战略性的支柱产业加以扶持，从而大大地推动了文化产品和服务的国际流通。

第三，大型跨国文化企业通过跨国经营，在全球范围配置资源，以图在产业分工格局中掌握产业主导权，从而促进文化产品生产价值链条在全球的分工。比如好莱坞将生产制片、后期编辑环节大量转移到海外，以降低电影产品成本，促进剧本原创、生产、发行、融资等环节在全球分工合作的同时，也扩大了各个环节之间的跨国贸易；在电子游戏行业，在加工制造方面的优势使得跨国公司纷纷将游戏机工厂设立在中国沿海城市，中国因而成为游戏机加工出口的大国。

综上所述，一国参与国际文化竞争，势必面临如何应对外来文化竞争的问题。文化“走出去”是参与国际文化竞争的第一步。我们应认识到，文化“走出去”是一个系统工程，不仅仅是如何把我们的文化通过各种交流渠道送出去展示，也不仅仅是将我们的文化产品和服务卖到国外去。

一般来说，文化“走出去”应当有几个层面的问题。一是国家战略定位和民族崛起的需要。二是文化传承、保证民族精神家园的安全。三是将文化与经济相结合，扩大市场空间的同时，扩大文化影响力，提升国际话语权。四是文化与国家形象、国家公关的结合。五是文化产品如何体现国际性。在这些层面上，既有宏观的文化对外交流和文化贸易，也有中观的区域和城市文化竞争，以及微观的文化机构、文化项目和文化企业等因素。同时，在流向方面，还包括“走出去”和引进来的互动关系。因为，文化指向的最终目标是人，所以，我们既可以将文化传播出去或将文化产品销售到国外市场上去，也可以通过我们繁荣的文化市场，将国外文化消费者吸引进来。如文化旅游、会展等可以带来大批的国外游客，并形成对本地工艺品、演艺活动、书画、文博展览、影视副产品等文化产品和服务的消费。据统计，会展经济对城市经济发展的贡献率正常在1:9左右；美国的好莱坞、迪士尼、百老汇每年吸引了世界各地大批的游客。这些文化消费往往因为其消费地在本国，并没有被计入文化出口贸易的范畴。所以，把文化消费者“引进来”在本地消费，对文化“走出去”的带动作用十分巨大。

五、我国文化“走出去”的现状分析

改革开放以来，我国文化事业蓬勃发展，文化对外交流不断扩大和深入，对外文化工作积极配合重大国事活动，进一步彰显了文化外交魅力，推动了中国与世界各国之间的友好与合作，巩固并推广了已有文化交流品牌，着力打造了一批新品牌。党的十六大后，中央提出发展文化产业和深化文化体制改革，文化产业加快，文化对外贸易规模不断扩大，如在游戏业等行业形成了全球出口加工基地。但是，在取得成就的同时，针对国际文化竞争的新形式，我们也应看到，我国文化“走出去”的现状不容乐观。主要表现在以下几个方面：

（一）国际话语权

改革开放以来，中国新闻国际竞争力和对国际舆论的影响力进一步增强。2007 年，新华社海外有效用户增加到 14 500 多家。中央电视台第四、第九和西语、法语频道新增落地项目 10 多项，长城（北美）平台订户数超过 4 万户，成为美国最大的中文卫星直播平台。中国国际广播电台每天累计落地 431 小时，覆盖 60 多个国家和地区。2007 年，中国网拥有 9 种外文语种和 11 个文版，成为中国对外宣传的一个重要窗口；国际在线以 42 种语言、48 种语音上网，数量分别居世界第一位和第二位。

但是，总体上来说，由于改革开放以来中国致力于发展经济，许多人并没有注意到国际话语权的重要性，也没有注意到这种话语权可能给中国发展带来的积极或者消极影响。

一是对国家文化形象系统的定义、开发和宣传不够重视。关于国家形象以及相关文化要素的宣传仍然是随意的、不系统的。例如，对“中国龙”、“中国红”、中国传统节日等关系国家形象的诸多文化元素，从外在标志、形象、内在精神内涵、对外翻译用词和用语，到使用规范等，仍然没有进行系统的整理和界定。其中，对“中国龙”该怎么界定？“dragon”一词在西方代表的是一种恶龙，在西方，恐龙（dinosaur）也不是一个好的象征物。但是自诩为“龙的传人”的我们，长期以来对“龙”的形象和英译用词漠不关心，任凭西方以恶龙的语义来定义“中国龙”，实际上是助长了“中国威胁论”。再如 China 在英文里也是贬义的，中国，乃居中之泱泱大国，应该如何用英文来翻译呢？

二是现代商业媒体的影响力不够。中国是全球 GDP 增长最快的国家，是全世界制造业基地，也是全世界创造财富最多、最快的地方。但是，在国外很难从媒体全面了解中国 30 年来改革开放的经济社会发展成就。在国际上，中国缺少大型、有影响力的商业媒体。我们有“硬实力”，但缺乏“软实力”；我们创造了世界的经济奇迹，但却失去了对经济奇迹的主流话语权。外国人从什么媒体了解中国和认识中国呢？放眼国际，报道和反映中国经济社会发展的主要还是西方媒体，尤其是一些国际大报和大刊。例如，美国的《财富》杂志评价中国公司的竞争力；美国《福布斯》杂志评价中国富人；《金融时报》、道·琼斯、彭博社和路透社评价中国金融市场和商业事件。①中国媒体在国门内如火如荼地竞争，在国际上却没有话语权，这是让我们非常尴尬的困境。

三是争取国际话语权不仅是政府的事情，也包括了一国人民在国际上说话的权利。文化“软实力”本身就包括人民享受文化和参与文化建设的能力与机会。随着国力增强和国际地位不断提高，越来越多的中国人开始自发地关注中国的国家形象。无论是人们在看到西方一些媒体恶意丑化中国后的愤怒反应，还是网民们在互联网上的留言、博客、视频，乃至建立 anti-cnn. com（反 CNN 网站）网站，都意味着中国人正在意识到，文化主权的概念已经超出了传统的地理范畴，在文化主权的捍卫过程中，中国人拥有自己的发言权。因此，在国际文化主导权竞争方面，尤其应重视如何利用网络新兴媒体来扩大中国人在国际事务中的话语权。

（二）文化资源有待保护和合理开发

曾经，我们以为自己物产丰富，现在我们不再这么认为，因为国际能源竞争使我们意识到在人口众多的中国，我们面临资源危机，我们需要可持续发展。直至现在，我们都认为自己拥有光辉灿烂的历史文化，文化资源丰富，我们是文化大国，但终有一天，我们会认识到文化资源大国并不等于文化强国，文化资源也是会被闲置、废弃或者滥开发的。文化资源和自然资源一样，也会贬值、耗竭、流失。远的是清末至民国时期，大量外国收藏家蜂拥而至，淘走了大批中国珍贵文物；近的先是“花木兰”被掠夺了，接着一部电影把“功夫”和“熊猫”都“拿走主义”了，最近《木乃伊3》又将“秦”和“龙”都贬低丑化了，而我们还乐滋滋地掏钱去看，去拍手喝彩。问题的关键在于，非物质的文化资源从物理上不具备独占性，甚至也不能受到传统意义上的著作权保护，它从一方面看是全人类的共同财富，另一方面看也并不能因为我们是中国人，因而就以为自己是中华文化理所当然的传人。比如日本人开发的西游记动漫和韩国人开发的三国电子游戏，他们不需要向中国支付任何

① 牛文文：《打造中国媒体的国际话语权》，《中国报业》2007年第5期，第13～15页。

一分钱，就可以随心所欲地使用甚至篡改这些故事。因此，文化资源如果不能转化为文化产品，就没有经济意义。更为严重的是，当其他国家掠夺式使用中国传统文化资源的同时，也对中国的文化形象和文化主权造成一定冲击。对于其他国家的人来说，他们无法区分什么是真正的中国文化，甚至压根儿就不知道这些资源来自中国。就像许多欧洲人以为汉字是日文，筷子是日本的发明一般。

此外，目前我国文化遗产和资源相关的法律法规不健全，使得文化资源难以受法律保护。诸如传统的戏曲、音乐、史诗、歌舞、曲艺、剪纸、雕刻、刺绣、印染等非物质文化遗产的生存、保护和发展都遇到了很多新情况、新问题，有的已到了濒临消亡的严峻态势。文化“走出去”，不能仅仅依靠政府有限的投入来让这些文化资源苟延残喘。在国际上，保护好中国文化资源除了依靠法律和政治的手段之外，更为重要的是如何提升我国文化产业化的水平，提升营销和包装水平。

（三）城市文化竞争

从城市基础设施建设转向城市文化建设，文化和城市软环境成为城市建设的主题，新一轮的城市建设正在拉出框架，城市发展进入新的阶段。城市文化建设集中表现在对活动、节庆、文化旅游、文化遗产资源开发以及文化公共基础设施的建设。此轮城市文化建设的主要动因来自三个方面：一是不论是中心城市，还是小城镇，都开始意识到活动和节庆对地方宣传和招商的重要作用，借助各类节庆活动开展招商和产品推介等成为普遍模式；二是黄金周休假制度推动旅游业快速发展，地方政府部门在文化旅游资源开发和文化遗产开发方面热情高涨；三是很多城市在会展经济大好前景的诱惑下，大力兴建展览馆和博物馆等文化基础设施。

城市文化建设的直接结果是城市文化基础设施得到改善，很多文化遗产特别是非物质文化遗产的保护受到关注，以及文化旅游业的快速发展带动了对自然景观和文化资源的开发；城市区域的积聚力增强，特别上海、北京等主要中心大城市积聚效应明显，城市的国际竞争力进一步得到提升。

但是，在总体上，城市文化建设主要作用仍然是对本地的经济拉动，其背后往往是经济利益的驱动，而不是文化因素的主导。这种动力驱动模式非常容易造成文化建设背离文化本身规律和偏离城市自身特色，并使城市建设流于模仿，难以建立国际影响力。如各地纷纷举办的各类活动、节庆成为招商的工具，地方文化部门相对经济部门处于弱势地位，文化活动主要服务于经济目标，城市文化建设对文化“走出去”的贡献不明显。

（四）对外文化交流

伴随着我国经济的快速发展，包括文化在内的“软实力”也在不断增强，对外文化交流日趋活跃，成果丰硕。

一是在各国举办的中国文化节庆活动成为中国文化“走出去”的主要平台。诸如“感知中国”、“春节品牌”系列文化活动 、“艺术之旅”、“中国主宾国”、“中国文化节”、“中国艺术节”、“巴黎·中国非物质文化遗产节”、“中国春节庙会”等，一批文化活动已经在各国开花结果。

二是驻外文化中心、孔子学院成为对外文化推广的主要阵地。孔子学院成为推广华语的平台。国外目前大约有 3 000 万人学习汉语，平均每 4 天就有一所孔子学院在海外诞生。

三是各类文艺院团借中国文化节的机会出海，通过参演和巡演等多种方式，全面地展示中国文化，取得了良好的效果。

尽管国外媒体对中国的关注越来越多，但更多的是怀着猎奇的心态，表现的是惊奇，而不是尊重、学习的态度，要让我们的文化真正走入外国人的视野，走近他们的生活，还有很长的一段路要走。在面向世界进行文化输出和文化推广方面，中国所做的工作和取得的成就，与博大精深、丰富多彩的华夏文化遗产不相适应，尚不能满足当前我国国际文化大国形象塑造的需要。

在对外文化交流活动中，我们对西方主要文化消费阵地和消费终端的占有率不高。西方国家具有高度影响力和知名度的大剧院、音乐厅、国家博物馆和大型文化艺术活动，是文化活动的主阵地。我们的各类表演、展览、文化消费品还不能大规模地进入这些主流文化阵地。我们的电影仅仅满足于获奖，没有国际票房，这说明我们送出去的文化直接面对的对象主要是国外的华人，还不能进入外国主流社会。在文化对外交流的各类活动、平台的形式和功能方面，主要还是依赖政府推动，目的主要是将文化送出去展示亮相，基本上是“送出去”和“推出去”，还没有到“请出去”的阶段。在专业领域，文化交流缺乏深入性、缺少中外艺术家直接交流，以及艺术家和观众互动性等方面不够。

不仅如此，和中国以崭新面貌走向世界的形象不相适应，我们“送出去”的文化内容主要集中在戏曲、杂技，我们众多文学、艺术样式和内容，无法走向国际，更不用说能够反映我国当前社会主义文化发展和体现时代特点的文艺精品。中国文化“走出去”已有两个成功典型，一个是《孙子兵法》，一个是香港电影。《孙子兵法》已经被世界军事专家奉为圭臬，西点军校更将其作为学员的必读教材，但这毕竟是古代中国人的思想。近期成功的例证则是香港电影，通过香港电影和李小龙电影展示的中国功夫，使中华武术闻名于世界，也使香港社会为西方所了解。

（五）文化对外贸易

毋庸置疑，我国对外文化贸易存在着严重的逆差，这已经引起政府有关部门的高度重视。近年来，各级政府通过各种鼓励文化产业发展和文化对外贸易的政策，推动我国文化产业发展和扩大对外文化贸易，取得了一定成效。从总量上来看，我国文化贸易的逆差规模在缩小。据联合国教科文组织的统计显示，2003 年，我国在文化产品和服务的出口方面跃居世界第三位，其中游戏、视觉艺术品等部分行业出口增长迅速。虽然逆差规模在缩小，但是应该注意到文化贸易结构性的逆差并没有引起足够重视，我国对外文化贸易正面临新的复杂形势。

一是从行业来看，我国在核心文化产业领域依然处于劣势，逆差明显。如我国出版业的版权贸易存在惊人的逆差，据官方统计，2007 年中国共输出出版物版权 2 593 种，共引进出版物版权 11 101 种，版权贸易逆差为 1∶4. 28。

二是体制和机制上的原因阻碍了我国文化生产力发展和文化对外贸易渠道，文化产品缺乏国际竞争力，文化服务对外贸易落后明显。大部分演艺项目是以文化交流的方式，在国家赞助的形式下“推出去”和“送出去”的，基本没有什么经济效益，而真正能体现中国文化和社会主义现代化建设的文艺精品很少。这当然有语言方面的原因，但是也不排除我们在商业运作模式、文艺生产市场化方面与国际市场通行运作模式的差距明显。

三是伴随着总量逆差的减少，文化贸易结构逆差凸显。随着跨国公司国际直接投资不断扩大，文化贸易结构呈现新的特征。从产业价值链上来看，这种逆差呈现新的不平衡的发展态势。发达国家通过控制文化产业的研发环节，掌握了文化产业的主导权。不仅如此，发达国家巧妙地利用文化产业的衍生性，使得外围的制造业、信息业成为上游内容产业的俘虏。联合国教科文组织关于1994—2003年的统计数据显示，国际视听媒体业贸易额的大幅增长主要是中国游戏产业的快速增长，而中国的游戏业出口占了中国视听业出口总额的99%。这个惊人的数字背后，是中国在游戏行业上根本不占有竞争优势。中国游戏业的出口额，主要是依靠广东和深圳等沿海城市在出口加工业上的优势，出口产品主要是电子游戏机的外来加工产品。而游戏业的主导权一直控制在美国、日本等几家大的游戏厂商手中，他们控制着主流游戏软件的开发和核心技术，这些制造商几乎把他们所有的生产线集中在中国内地，而中国自有品牌的游戏机以及相关核心配件几乎没有。

此外，跨国文化企业不但在全球范围配置资源，而且掩盖了其产品和服务贸易的流向，仅仅从文化贸易的总量上，并不能解释结构上存在的逆差。我们正在走向一个文化产品外包加工的国家，而不是生产创意的国家。在从创意到文化产品的转化中，我们依然处于劣势地位，这必将导致我们在整个文化产业方面竞争力的长期劣势。

不仅如此，即使是在产业下游或者产业外围环节，我们的生产方式也不具备先进性，即产业组织结构或者生产组织方式不合理，导致了一种粗放的生产方式。例如，我国大多数手工艺品粗制滥造、抄袭雷同、品位低俗，沦为低档品，放眼望去，中国工艺美术的许多领域成了制造次品和糟蹋材料的处所。

六、文化“走出去”的主要壁垒和障碍

中国文化要“走出去”，必须正视文化“走出去”过程中存在的各种暗礁险滩。这些文化壁垒和障碍包括“走出去”所面临的外部因素和内部因素两大方面。

（一）外部因素

苏联解体后，冷战结束，但西方国家的冷战思维并没有改变，对中国坚持走有中国特色的社会主义道路仍然耿耿于怀，对中国的和平崛起

心存芥蒂，不愿意看到一个强大的中国，“中国威胁论”甚嚣尘上，因此他们不断给中国制造麻烦，希望遏制中国。北京奥运圣火传递在欧美的遭遇集中反映了这种意识形态上的冲突。

另外，亨廷顿所指出的“文明的冲突”也在加剧，对于伊斯兰文明、东方文明，西方一直持有傲慢与偏见。从好莱坞电影中所反映的中国愚昧、落后与野蛮的一面，深刻体现了早期工业国的优越感。

这种意识形态上的斗争从根本上制约了中国文化“走出去”的外部环境。从具体的文化贸易层面上看，各类经济和超经济的壁垒五花八门。外部因素是文化“走出去”所面临的国际文化竞争壁垒和障碍，包括各国的文化政策、文化经济政策、行业和市场壁垒、文化歧视以及文化差异造成的“文化贴现”等。

第一，行业准入政策，即对本国保护的文化行业实行准入限制，或者限定某些行业中外资企业的投资和所有权的比例。类似行业进入限制的还有配额制度、审查制度，或者规定外国投资者投入某个行业的收益的用途。如一些欧盟成员国通过设立某种标准，规定电影院放映非欧洲本土影片的最高比例，在法国这个标准被定在40%；另外一种方式就是引进较小比例的美国影片以缓和国内电影业和满足消费者的需求。

第二，与行业准入相配合的政策还有对本国文化公司和项目实行补贴，使得本国文化公司在竞争中占绝对优势。

第三，对服务的标准提出过高的要求。虽然，目前世界各国的文化多样性主张主要是针对美国，但是不可忽视，这些措施的根本目的是为了保护并促进本国文化发展，其中一些政策也会影响到其他国家的文化产品进入当地的文化市场。同时，很多文化衍生产品，特别是外围的文化产品制造与销售，打上“中国制造”的字样，对各国都形成了较大的威胁，如通过文化品牌形象许可制造的玩具、文具、家具、服装等外围文化产品，一不小心就会落入倾销的陷阱。2008 年 2 月 22 日，美国玩具产业协会（Toy Industry Association）与美国国家标准协会共同宣布了一项新的玩具测试和安全认证系统计划，其中对玩具设计商和玩具生产商规定了玩具产品安全责任，但未规定对进口商的责任。事实上，玩具生产商往往根据订单要求进行生产，对于进口国国内相关标准的变化很难及时掌握并做出快速调整。此外在认证方面，玩具在中国国内属于法定检验产品。但根据草案规定，即使国内已通过3C 审核和认证，外销仍需要做同样的强制审核和认证，上述做法将造成重复认证和资源浪费，使中国出口企业成本增加。再如，在视听产品领域，世界各国一向关注的目标是美国的影视产品，但是最近联合国的统计中赫然将中国视为最大的视听产品出口国家，其实中国只不过是最大的游戏机加工制造出口基地，而且都是属于外来加工贸易。

第四，比市场壁垒更为严重的是，“文化歧视”和“文化贴现”形成的非市场壁垒。非市场性的壁垒大大地限制了文化产品和文化内容的自主性，以及文化内容在传播过程的可被接受程度。

长期以来的“文化歧视”，造成西方一些国家对中国文化元素的误读和歧视。例如，对中医、中国武术、中国龙文化等的错误认识。以中国目前发展最快的电影业为例，华裔演员进军好莱坞，不能单靠灵活身手、精湛演技和明星魅力，还要在角色上迎合美国人的种族成见，并奉承他们觉得自己高高在上的文化优越感。成龙的《尖峰时刻》系列全球卖座，但在这三套电影里面，他不过是黑人谐星克里斯塔克身边负责提供动作奇观的“中国人搭档”而已。在这个系列里面，英语代表文明和机智，中国功夫象征化外之民的原始力量。美国人说英语是艺术和文化，中国人打功夫不过是杂耍和杂技，这是好莱坞拍的《尖峰时刻》和《赎金之王》系列的真正“潜文本”。①这些歧视的另一种体现方式就是对文化服务产品标准和准入的人为主观偏见，这种限制虽然没有在政策和法律上明确规定，但是其危害更大，排他性更强。比如主要的剧场一般不接受中国的文艺表演节目，宣传媒介对中国文化报道的歪曲，大电影公司和发行公司一般不会考虑对中国电影和反映中国题材的电影进行投资、保险和发行，等等。

阻碍文化“走出去”的另一种非市场壁垒是“文化贴现”。文化贴现也称文化折扣（culture discount），是指文化产品在国际贸易和交流中由于文化差异而产生从一个文化到另一个文化时价值会打折扣。考林·霍斯金斯等学者将“文化贴现”的产生归因为“进口市场的观赏者通常难以认同于其中描述的生活方式、价值观、历史、制度、神话以及物理环境，此外，语言的不同也是文化贴现产生的一个重要原因，因为

① 林沛理：《李连杰与华人演员进军好莱坞之路》，《南方都市报·评论周刊》2008年7月20日。

配音、字幕、不同口音的理解难度等干扰了欣赏”。[1]我国的文化产品由于特定的制度和意识形态、民族风俗、伦理观念等方面与外国存在较大的差异，导致文化贴现率很高，大多数外国消费者由于对中国文化并不了解，或者因语言等方面的障碍，难以认同我国文化产品的核心内容。

（二）内在因素

文化对外贸易和文化对外交流与一国文化体制、文化产业结构、对外贸易政策有着深刻的联系，其根本在于一国文化事业体制和文化产业的产业组织完善程度。

随着我国文化体制改革深入，文化事业和文化产业的分类管理体制逐步建立，政府和民间的多元对外交流渠道形成。国家赞助文化交流方式也应有所改变，目前对于艺术的赞助主要投向国有事业单位，没有针对具体的文化项目、文化产品和艺术家。例如，一些优秀的民间艺术品和艺术家，由于是个体和作坊形式，在自身的宣传、对外交流、产品销售等方面，他们的能力、资金、渠道等都受到很大限制，致使一些工艺已经濒临流失。此外，目前对外交流中，很多国有、地方和民间院团、博物馆在出国演出、巡展中面临资金紧张，对国外的市场也不了解，而国外赞助商也很少愿意为这些表演团体提供全程赞助。没有相应的扶持，这些文化艺术团体很难走出国门。

在文化对外贸易方面，文化生产方式的相对落后，决定了我国文化生产力与发达国家的差距较大。

一是产业结构不合理。以电影产业为例，中国电影市场在全球市场中实际排名已经达到第 11 位。但是，电影产业链没有形成，电影衍生产品开发几乎空白。在西方发达国家，电影票房收入只占全部电影总收入的 20% 以下，制片商 80% 以上的收入来自电影的衍生产品，中国的情况却恰恰相反。而且，由于电影经营风险缺乏评估机制，导致我国电影融资困难。在国际电影市场上，银行贷款是常见的融资形式。从某种意义上说，好莱坞 = 洛杉矶艺人 + 纽约银行家 + 各类中介服务机构。中国缺乏规模大、信用好的电影制片商，而分担电影制片风险的完片保险业务对中国绝大多数电影人和金融机构来说，还是闻所未闻。

二是社会资本进入的障碍较大，文化产业规模过小，金融资本和产

---

① 考林·霍斯金斯等著：《全球电视与电影：产业经济学导论》，新华出版社 2004 年版。

业资本缺少合作，文化企业难以做大。虽然有关鼓励非公有资本进入文化产业的政策已经出台，但是在具体操作环节上不确定因素太多。例如，私人资本参与国有文化企业的投资比例问题，一些私募基金大资本进入后，动辄数亿，可能远远超过国有资本，那么国有资本如何保值？私人资本收益权如何保障？这些在操作环节上都没有说清楚，致使大规模的社会资本还处在外围观望状态。

三是市场主体实力较弱。中国缺乏在国际上有影响的文化企业和文化商人，现有从事文化贸易的企业大多规模偏小，资本在国际市场上所占份额极其有限。2008 年，中国电影的总票房只有 50 亿元人民币，还不如美国一部电影的票房，企业规模可想而知。而由于地区和行业的壁垒，企业整合几无可能，更不用说许多中国文化企业尚处于体制改革过程之中，连现代企业制度都没有完成，还奢谈什么做大做强。

四是运作机制陈旧。中国的文化体制改革本身就远远落后于经济体制改革，从事文化经营的企业往往都对政府有严重的依赖，经营理念落后，至今仍然带有浓厚的计划体制的思维习惯和运作方式。一旦面对具有上百年市场运作经验的欧美文化企业时，就如同当年的义和团遇到洋枪洋炮的八国联军，根本没有招架之力，甚至连对峙的资本都没有。在同国外同行打交道时，我们往往发现，我们的文化企业对国际规则一无所知，还谈什么据理力争。有时出于民族义气和洋人辩论，却往往违背国际惯例而受人奚落。同时，由于对传播对象的不了解，传播什么、如何传播都没有深入研究，常常是事倍功半，甚至是事与愿违。

五是外向型文化经营缺乏。多年来，我们提到文化人才就习惯性地想起画家、演员，殊不知文化“走出去”更需要懂文化、善经营、会外语的外向型人才，比如能直接进行国际对话、熟悉文化产业运作规律的律师、会计师、投资家、经纪人、项目经理、文学翻译，等等。遗憾的是，直到今天，我们一方面口口声声要将文化“走出去”，一方面所有的艺术院校以文化考试分低、外语不及格为文艺人才的特色和标榜，几乎没有任何一所高校培养这些急需人才，完全靠在国际市场上交学费买教训。

七、文化“走出去”的战略定位与战略目标

文化“走出去”的能力和水平，从根本上说，是由国家的综合实力

决定的，也是综合国力的重要方面。将文化软实力与经济、国防硬实力相结合，就能相得益彰。因此，我们决不能将文化“走出去”理解为一两个剧团出演的成功，或者一两个企业的产品能够远销海外，而应当将其作为战略和行动计划体系，通盘考虑。因此，文化“走出去”的目标是一个多元化的战略目标体系，包括政治、经济和社会等多方面的目标。文化“走出去”必须明确战略定位，在此基础上确立战略目标体系和途径。

（一）战略定位

所谓战略定位就是确立文化“走出去”的基本动机和方向问题，就是具体回答为什么“走出去”以及到底走向何处的问题。前面已经提到，应当从国家战略的层面讨论文化“走出去”的问题，它不仅是关系到中国文化的国际传播，也是国家软实力提升的需要。通过文化“走出去”，可以加深国际文化的交流，加深理解、避免误解，可以使中国文化为人类的进步发挥更大的作用。近几十年来，随着后工业社会的到来，传统资本主义工业文明越来越多地受到学者的批判，中国儒家思想中“和为贵”的理念和老子思想中“无为而治”的思想正受到各国的重视。在当前情况下，应当着重宣传中国和平崛起与和谐世界的理念，从道义上争取大多数国家的认可和支持，遏制少数国家挥舞人权大棒对中国的污蔑。

在具体的实施中，文化“走出去”的战略定位可以概括为走向主流、走向产业核心环节和中心市场、走入人心三个方面。

1. 走向主流

一是要走入主流的文化消费人群。文化“走出去”的目的是让中国文化积极地参与国际文化竞争，由于语言、文字的特殊性和文化差异，我国文化“走出去”面临“文化贴现”等障碍。因此，我们在走入主流文化消费人群过程中，需要更为细致的形象包装、更为深入的推广宣传、更为系统的商业运作，才能够进入主流文化对话平台和视野，才能够对西方主流人群的观念、上层的政策制定产生影响力。

2000 年，在美国国会讨论中国最惠国待遇时，克林顿总统曾经要求有关议员到中国访问，实地感受中国的变化和社会的面貌，结果许多议员大开眼界，原来坚持的反华立场也有所改变。这一实例告诉我们，美国的主流社会、包括国会议员这样的政策制定者都对中国不了解，他们在听证会上振振有词的演说往往是靠道听途说来支持的。同时，我们过去一直坚持的寄希望于美国人民的宣传策略并不成功。相比之下，中国台湾一直重视组成院外集团，对美国国会的立法产生影响。其核心无非是通过多种途径，加强与社会上层人士的沟通，争取其对文化和观点的认同与同情，从而获得巨大的战略利益。

从实际情况看，中国文化的传播活动在国外大多还滞留在华人圈，文化传播活动往往成为海外华人寄托思乡之情的平台，而华人在当地社会中一般也很难进入主流社会。文化传播如果只能增强华人的民族自豪感和唐人街的文化生活，是远远不够的。今天，我们完全应当而且有条件调整思路，将交流和传播的重心转向国外的主流社会。

二是要进入主要的展示平台和主流媒介。我们的各类文化活动、文化艺术精品必须要进入各种重大的节庆、主要剧院、展览馆、博物馆和主流媒体，才能为更多的人所认识和接受。文化产品和服务具有正反馈的传播效应，文化内容的影响力取决于文化内容被观赏接受的人数规模和传播范围。规模越大，传播范围越广，越容易进入主流人群，越容易被大众所认可、追从。最高级别的剧场、剧院、展览馆、美术馆、主流媒体等，具备强大的社会影响力，能凝聚高度的社会注意力，可以大大提高文化传播的效率。例如，中演公司就曾有意识地在承办和参与大型国际文化艺术节及重大国际文化活动中，通过大规模的宣传介绍，向国外推广中国京剧。近些年，中国京剧走进了日本、美国、俄罗斯、法国、英国、意大利、奥地利、瑞典、挪威、芬兰、澳大利亚、韩国等国家。除此之外，中国京剧还走上了悉尼歌剧院、罗马歌剧院、佛罗伦萨歌剧院和维罗纳歌剧院等世界著名剧场的舞台，每次演出都受到热烈欢迎。但是，像京剧这样的例子毕竟还寥寥可数，而且属于传统国粹，对于中国目前文化建设和社会发展等信息传播方面作用甚微。事实上，西方主流媒体对中国友好的并不多。在这一点上，我们用不着掩耳盗铃，选一些正面报道剪贴在某些报刊上制造虚假繁荣，我们也不能仅仅满足于在国外落地几个点或者上几套节目简单的数量指标。目前，我们还主要停留在政治宣传的层次，只关注文化的供给一面，不关心国际文化需求一面，对西方受众缺少深入分析，在“走出去”的文化输出中，缺乏商业化运作和文化营销手段。我们应当将国内宣传与研究国际舆情区分开来，对国际媒介渠道策略、国际传媒的市场策略、受众特点进行认真研究，通过有效的信息包装和策划，采取切合当前文化“走出去”需要的国际公共关系策略和市场营销策略，扩大和提升我们的票房、节目收视率、报刊发行量、网络点击率、电台和电视台覆盖率、市场占有率、品牌价值、核心受众影响力等真正能够反映信息传播效率的指标。

2. 走向产业核心环节和中心市场

文化产品和服务“走出去”究竟应该向哪些行业投资？重点向文化产业的什么环节发展？在哪些国家和地区投资？这就是我国文化产业国际化进程中目标市场定位的问题。文化“走出去”应走向国际文化产业发展的重点战略行业，进入产业的核心环节，并在国际中心市场占据有利地位。

文化“走出去”首先需要确定关系到国家经济社会发展的战略性文化行业。其次，进军国际文化市场、国际化发展必然要在相关文化行业的国际市场交易中心占据一席之地。例如，目前我国电影业虽然有了长足发展，但是与国外的差距还很大。电影产业的国际化，除了获得几个奖项外，更重要的是进军好莱坞，能够与美国和欧洲的电影相互竞争。再次，文化对外贸易不仅是要将我国的文化产品“送出去”，而且要通过“走出去”参与国际竞争，促使我国文化企业占据产业的核心环节，主导创意研发和核心技术环节。

3. 走入人心

文化产品和服务要具有特色，能够吸引人，能够让人们喜闻乐见。因此，文化“走出去”是指文化精品和我国文化建设发展的优秀成果走向国际，并为广大国外文化艺术爱好者享受。所以，我们要认真研究国外文化受众和文化市场的消费行为和审美心理，以国际化的标准和通行方式走向国际。虽然，文化本身的个性不可或缺，但对国外文化消费者的习惯、趣味也需要加以研究。只有共性和个性两者很好地结合，以更加丰富多样的表现形式表达文化内容，才能让中国文化更加深入人心，在国外非华人群体中建立中华文化的关注度和认同度。

在国际交流中，还有一个现象值得高度关注，许多非华人的西方人士看到中国的文化活动，都只是以一种猎奇的眼光来对待，就像我们观赏非洲和澳洲原住民的舞蹈、印第安的手工艺品时，只是一时好奇心的满足，弄不好反而会加深对中国文化的东方神秘感，对于其中实质性的内容根本不可能有所接触。因此，我们不应当满足于几部电影像《黄土地》、《大红灯笼高高挂》的国际获奖，以及几台民族歌舞的国际好评。有的作品虽然获奖，但是对西方传达的信息却是旧中国或者几十年前贫瘠、落后的中国，是对中国形象的损害。西方社会主流对中国的认识仍然停留在对这样作品的理解和一些道听途说，即使西方华人社会，很多人也是回国看了之后，才发现中国改革开放以来翻天覆地的变化。所以，文化"走出去"应当重视中华文明精髓的展示，以及当代中国面貌的宣传，真正使优秀而悠久的中华文化在西方深入人心。只有对中国文化了解的人多了、层次高了，中国才能真正树立正面的国际文化形象。

（二）文化"走出去"的战略目标

1. 确立中国的文化强国形象

美国政治学家布丁（Boulding，K. E.）认为：国家形象是一个国家对自己的认知以及国际体系中其他行为体对它的认知的结合；它是一系列信息输入和输出产生的结果，是一个结构十分明确的信息资本。[①]国家形象是社会交往与互动过程中自我认知与国际认知博弈的结果，是通过一系列信息输入与信息输出产生的结果。因此，文化"走出去"的目标是要在国际上树立"文化中国"的文化强国形象。

因此，文化强国形象的目标实现，至少体现在以下几个方面：一是通过中国文化价值观念得到国际普遍的认同。二是以中国价值观念为核心的话语系统和视觉形象系统得到普遍的运用和有效的传播，能够深入人心。三是中国的媒介进入国际主流媒介，以国际化的姿态在市场上占有较多的受众群体，能够对主流人群、主要媒体等产生较大影响。四是我们的文化内容能够以积极地、正面的形象进入剧院、展览、节庆、报刊、电台电视台和门户网站等主流传播平台和渠道。

2. 形成文化多样性和多元化发展的对外交流新格局

要形成文化多样性和多元化发展的对外交流新格局，必须重视以下几个方面：

一是文化对外交流渠道和形式多样化。不断扩大对外交流规模，不断扩大对外交流的范围，并从发展中国家走向发达国家的主流文化群体和媒介。以国家扶持为主，辅以市场运作，逐步增强自身"造血"能力，

---

① Boulding K. E. *National Images and International Systems.* The Journal of Conflict Resolution 3 (Jun. 1959): 120－131.

借助国际中介力量，实现优势互补、共同发展，形成一个以我为主、政府主导，与国家政治外交大政方针相适应、与国家整体经济发展状况和国内社会主义精神文明建设相适应、与对外文化工作自身发展要求相适应，中央与地方相结合、官方与民间相结合的格局。

二是文化内容表现形式的多样化，产品丰富化。进一步扩大和丰富表演艺术、视觉艺术、设计艺术、影视艺术、文学出版等对外文化交流和文化贸易的内容和产品形式。以多样化的表现形式，对外输出一批体现民族特色、反映时代精神、具有国际一流水准的文化艺术精品。

三是扩大与世界各不同文化国家和地区的交流，促进国际文化多样性和多元化发展。在加强中、日、韩的文化交流之外，不断发展东盟和南亚的交流和合作，进一步深化“奥非拉美”等地区的交流，开拓多层面的中美和中欧的文化交往渠道，扩大我国在国际文化领域的发言权和影响力。

3. 打造文化产业的国际竞争力

文化产业的国际竞争力，其实是：

第一，文化企业经营的国际化。通过 5 ~ 10 年时间，按照国际通行的标准和商业运作规范推进企业经营机制的转变，在重点发展的文化产业领域着力打造一批实力雄厚、具备国际竞争力的大型文化企业集团，推动文化企业集团“走出去”。

第二，不断优化产业结构，不断扩大核心文化产业对外贸易和交流的规模，能有效缩小对外贸易逆差。在优先发展的影视、出版、数字内容、演艺、会展等行业，着重优化结构，实施文化精品“走出去”工程；在出版翻译精品工程，有效扩大版权输出规模，特别是扩大对欧美等发达国家的版权贸易规模；在演艺、会展等行业，实现品牌产品输出或项目运作的国际品牌效应，通过对大型对外演出集团扶持，建立国际商演的中介和渠道体系，形成大型跨国演出公司；在新兴的网络文化，包括动漫、游戏、网络传媒等领域，进入产业核心技术竞争环节，扩大自有知识产权和技术的网络文化产品和服务的对外输出。

4. 形成开放的、活跃的区域文化市场

形成开放的活跃的区域文化市场，首先是以城市为文化交流的载体，积极开展对外友好城市的交流，提升城市文化品牌和扩大区域文化市场对外开放。其次是以中心城市圈的文化建设、以区域文化产业积聚区发展为基础，建立区域文化市场中心。逐步形成诸如丽江等民族原生态为特色的民族文化积聚区、以传统历史文化为特色的历史文化积聚区和以北京、上海等中心城市圈为代表的现代文化积聚区，形成各具特色的、多元发展的城市和区域文化市场新格局，吸引全球文化资源、信息和客源的流入，提升城市文化的国际竞争力，促进城市经济文化一体化发展，让世界各地的游客和商务旅客能够领略中国文化建设的成就，消费中国文化产品和服务。

八、文化“走出去”的战略途径

中国文化“走出去”的问题，首先要解决输出什么的问题。过去，我们过多地注重输出艺术，却忽视输出价值观。文化“走出去”，实际上也是民族精神的输出，仅仅用歌舞表演和少数影片是远远不够的。

从“走出去”的方式上，应当注意研究日本动漫和韩国的电视剧。可以说，今天很多 80 后的年轻人都知道《铁臂阿童木》和《聪明的一休》，并从这些卡通片中了解了日本。亚洲金融危机后，韩国的电视剧风靡中国，无论是现代剧《冬日恋歌》，还是历史剧《大长今》，都让众多中国人了解了过去相对封闭的韩国文化，更在年轻人中掀起长久的“韩流”。这样的文化现象不仅是一次成功的文化贸易，更是成功的国家公关。当青少年能够了解日本和韩国时（请注意这里主要是正面信息），他们很容易对这些国家产生好感。当他们长大成人，甚至成为国家栋梁时，就会成为他们对日、对韩友好的中坚。

2000 年，笔者在美国农业部工作时，曾经有一次和一车互不相识的人去纽约开会。路上有人提议唱歌解闷。于是非洲裔、欧洲裔各唱了一些万口相传的歌曲，如英格兰民歌《友谊地久天长》，几个韩国人也唱了一首韩国民歌，我很惊异地发现，居然有许多白人也会跟着一起唱和。而轮到几位华人时，竟然想不出唱什么，不知有谁提议唱了一首《小草》，却终于因为记不得歌词，越唱越稀，最后竟不了了之，更不用说有别人唱和了。这个事情当时就引起我的沉思，什么时候，中国的《茉莉花》、《东方红》也能让西方人朗朗上口？

在中日历史纷争中，西方人所知甚少，也分不清谁是谁非。中国曾经多次拍摄反映南京大屠杀的影片，却都因为拍摄手法落后、观念陈旧而无法走上国际市场，更不用说在国外产生重大影响。真正使南京大屠杀在欧洲产生影响的，还是美籍华人张纯如写的《被遗忘的屠杀——南京浩劫》一书，这本列入《纽约时报》畅销书排行榜的纪实著作引起了主流社会的关注，这一切都为美国国会通过谴责日本大屠杀的决议奠定了重要的基础。

另一个例证是好莱坞对纳粹屠杀犹太人的宣传，其典型代表是《辛德勒名单》，这部获得奥斯卡奖的影片，不仅向世界揭露了那段惨痛历史，也传递了西方主流价值观。

中美合拍影片《南京浩劫》的初衷也是为了借助国际主流文化渠道——好莱坞电影，将中国的历史和价值观传向世界。但是对这样一个具有巨大战略价值的文化输出项目，却在很大程度上被人理解为一般商业项目。这说明我们的文化“走出去”尚缺乏高瞻远瞩的眼光和战略思路。

因此，中国文化“走出去”需要解决几个层面的问题：

一是输出什么。最高级的文化输出是价值观，其次是思想，再次才是才艺。文化“走出去”应当是将这三者有机地结合。在确立我国文化核心价值观念的基础上，以核心价值观念和思想为主旨，确定如何通过文化作品来体现、包装核心价值观念，并通过政府引导和扶持，推动能体现核心价值观念的、高水平才艺、形式丰富多样的文化精品“走出去”。

二是对谁输出。最高目标应当是国际主流社会，尤其是欧美中上层社会，其次是青少年，影响年轻一代可以收到事半功倍的效果。因此，我们应当采取营销和公关策略，对国际主流社会的文化偏好、流行趋势、行为模式进行研究分析，确定我们应当通过什么样的文化样式和表述方式，采取什么样的渠道，有效地将我们的文化传达给目标对象。

三是如何输出。应当借助国际主流平台、采取国际通用的方式行事，而不是将文化“走出去”仅仅看成是换取一点可怜的外汇。文化“走出去”应当大力采取国家公关和政府资助。在输出方式方面，应当建立以政府政策和扶持为引导，从文化生产体制和机制、市场主体、产品、传播渠道和平台、人才等多方面系统地构建，打通文化“走出去”的途径和通道。

为了有效地解决上述三个层面的问题，本文建议从以下七个方面，采取具体的、系统的措施和方式，推动中国文化“走出去”战略的实施。

（一）确立国家文化形象的核心价值观体系

第一，文化“走出去”必须确立国家文化形象的核心价值观念。价值观是文化“走出去”的核心灵魂。至于什么是中华文化核心价值观念的问题，已经超出了本文讨论的范畴。但是，至少中华文化的核心价值观和民族精神应当首先成为我们自身的基因。当我们在世界各地推广的文化正在被我们自己渐渐淡忘的时候，我们又何谈什么“走出去”，又怎么能让这种文化价值观被世界人民接受？此外，还应注意到核心价值观历史传承与先进文化发展的辩证统一和有机结合，对传统文化的简单“回归”或者“重读”，并不能打造文化“软实力”，文化传承是前提，文化创新是目的。我们并不是贩卖祖宗的思想遗产，不论是天人合一，还是以人为本、以和为贵、无为而治这些思想，都需要在新的历史环境下融入新的内容，以新的话语形式加以体现，使其成为我们的治国方针，使其成为民众根深蒂固的信条。

第二，建立和完善国家文化形象话语系统和视觉系统。核心价值观念必须通过相应的载体和外在表现，即话语和视觉系统，成为可以被人感触的事物，才能被传递和接受。因此，对国家文化形象有关信息的界定是否明确、规范和系统，直接关系到国家形象在国际交往互动中的胜败。当前，对关系国家文化形象各种象征和代表物的有关文字、名词、翻译用语、规范进行系统界定，以及对历史遗存、非物质文化遗产的保护等，已经迫在眉睫。应高度重视对代表国家形象的文化要素进行系统梳理、整理，对其内涵加以明确的界定，制定系统的、全面的国家文化形象话语系统和视觉系统，以及相应的规范和保护措施。例如，对“龙”的概念，西方和东方在理解和认识上的差异十分大，用 dragon 来对应中国的龙，实际上是一种刻意的丑化、妖魔化。如果文化是龙，而我们既不关心龙的精神（核心价值观念）是什么，也不对龙的整体形象（外在视觉和话语系统）加以规范和保护，那么我们送出去的只是只鳞片爪，西方了解的也只能是皮毛、骨头和鳞片。笔者曾经提出用“Long”一词取代现行的翻译更为贴切。再如，中华的传统节日，屡屡被韩国抢注。我们的所有传统节日，包括这些节日名称、由来，以及与之相关的文化活动、文化用品等，可以作为一个整体申报世界文化遗产。

（二）国际传播渠道和平台建设

文化核心价值观、视觉系统和话语系统，需要通过平台和渠道传播。

鉴于当前西方国家对社会主义国家的偏见，我们更应当通过各种方式向西方主流社会传达国家文化形象信息，尤其应当扶持和引导民间和企业的活动，巧妙地通过商业媒介、各类非政治倾向性的文化活动开展对外交往，淡化政治宣传色彩。

一是在媒介方面，应大力推动文化传播媒介的国际化，打造国际主流媒体品牌和大型商业媒体，除了不断增强新华社、中国网、中央电视台等官方媒体的竞争力和影响力之外，应培育新的市场主体。

二是在全球范围内合理布局孔子学院、文化中心等文化传播前沿阵地，加强与当地主要文化机构的合作，有计划地、定期地、持久地参与或者开展文化主题节庆活动，并在各类活动中统一、规范地使用国家文化形象的话语系统和视觉系统。整合海外文化中心、孔子学院、各类中国文化节庆活动、国际论坛、各类文化交流项目等文化交流平台和渠道，不断扩大对外交流范围，深化对外交流的内容和层次，持续地、系统地推行华语教育、文化精品展演、中国文化讲坛、信息发布等。同时，积极将优秀的文化精品推介到国外主流的文化节庆活动、文化消费终端。

三是深入调研国外文化市场，对国际文化市场和受众深入研究，建立辅导文化企业"走出去"的信息机构和平台，如出口指导目录、国外市场信息、产业信息咨询等，为广大文化企业提供国际市场文化需求信息和渠道信息。在现有的全国综合性文化产业博览会中，打造1~2个国际性的文化产业博览会品牌，同时要根据核心文化产业的发展战略，有针对性地、有重点地打造专业性的品牌博览会，发挥文博会"引进来"和"走出去"的双重功能，为促进中国文化产品和服务"走出去"发挥好桥梁和纽带作用。

四是大力打造具备国际竞争力的文化营销中介机构，如电影发行公司、演出经纪公司等，为文化"走出去"打通渠道，鼓励国内文化企业与国外大型中介机构的合作，形成国际文化营销网络。

五是规范和引导互联网、移动网络等新兴文化传播渠道。推行中国大型网站的国际化，利用网络扩大对外营销和传播，建立文化产品电子商务平台、文化信息发布平台、开办"网上大讲堂"形式多样的网络文化活动，从不同方面提升网络媒体影响力，以鲜明的中国特色赢得世界的认同。

六是结合城市文化建设和区域文化产业发展，通过政策和资金扶持，努力打造一批具有特色的对外文化贸易的基地，如影视动漫、游戏研发、艺术品、印刷服务外包、国际版权贸易等区域国际文化贸易中心。

（三）地区策略

华语圈与文化相通或相近的国家和地区，由于文化偏好的相近，存在着明显的产业内贸易的趋向，可以大大降低它在别国市场的“文化折扣”。[①]例如，中日韩、南亚和东盟地区在我国对外文化贸易体系的发展中有着独特的价值。这些地区市场具有前景广阔、地理位置接近、国情相似、文化相通等特点，可以“引进来”与“走出去”并举，通过不断扩大产业内贸易形成区域性的文化贸易自由区，提升和增强区域整体在国际文化贸易中的地位和竞争实力。

但是，鉴于当前和今后一个时期全球消费市场核心仍然在欧美发达国家和部分新兴工业国家。根据联合国对美国等西方发达国家的统计数据分析表明，文化强国不但是文化产品主要输出国，也是文化产品的主要进口国，表现为文化市场高度国际化。所以，应当逐步渗透进入发达国家和比较发达的地区发展，进入西方主要的文化市场和市场积聚区域。虽然，我国的文化产品和服务在对美欧等西方国家的贸易中存在较大的“文化贴现”现象，但是，像电影、工艺美术品、动漫等产业，“文化贴现”相对戏曲演出要小，现代题材的“文化贴现”要比传统历史题材小。因而，我们完全可以在某些优先发展和重点发展的文化行业率先寻找突破口。

所以，对于不同的地区，应当采取不同的文化“走出去”策略。对发展中国家和文化相近地区，应当是主张文化多元化，形成区域文化贸易区，谋求共同发展和团结互助的友好关系。对产业内贸易的联盟区域友好国家，大力推动文化的双边和多边交流，促进国家间文化信息的沟通，帮助企业对这些地区市场文化需求的认识和把握，加速文化贸易自由区的形成；对欧美发达国家，应通过非政治化的宣传和文化活动，以及商业化的运作，进入主流平台、主流社会群体，传播“和谐发展”的核心价值观，树立中华民族和平崛起的国家形象。

---

① 所谓产业内贸易，是指产业内国际贸易的简称，是指一个国家或地区，在一段时间内，同一产业部门产品既进口又出口的现象。两个国家的需求结构越相似，这两个国家之间的贸易量就越大。

（四）深化文化体制改革，培育新的主体

文化“走出去”，最终体现在文化精品走出国门，为世界所认同、所喜爱，文化企业走向国际，与国际文化企业PK。而喜闻乐见的文化精品和具备国际竞争力的文化企业，都是在一定的文化体制哺育下生长出来的。所以，我们应当问为什么我们的体制不能孕育出为世界人民广为知晓和喜爱的文艺作品？为什么我们的体制不能培养出与国际文化巨头抗衡的企业？为此，我们当从如下三方面入手，解决文化“走出去”所面临的根本体制问题。

1. 文化领域的开放

一个文化强国从来不畏惧文化领域的开放，如美国始终叫嚣着文化全球化，倡导文化领域的全面开放。法国一度推行的文化保护策略，最终也没有给其文化竞争力带来什么明显的促进作用。文化闭关锁国主义并不能躲避落后挨打。我们所要认清的是如何有序地开放、引进，处理好引进来和“走出去”的辩证关系，以促进我国文化体制深化改革，促进我国文化生产方式和生产技术的根本改变。活跃的文化市场能够有效地促进要素和信息的流通，促进文化创意产生和产业研发能力的提升。因此，一方面，我们需要通过法律和政策等措施进行保护和促进文化产业发展；另一方面，我们也要促进市场逐步开放，通过区域市场积聚化，增强文化企业的国际竞争力。应重点利用主要中心大城市积聚区，形成面向国际的区域文化市场中心，吸引国际文化优势资源进入。对西方国家文化贸易中，由于我们在生产技术、创意开发、商业模式方面存在差距，因此，文化贸易和交流中引进来的重点是能够引进先进的生产方式，通过引进消化，加快我国文化产业技术水平提升和商业模式创新。例如，我国电影产业近年来利用配额等放开了国外大片的引进，在很多电影人都喊“狼来了”的同时，不可否认中国电影产业的快速发展。再如，日本早期的动画大师、《铁臂阿童木》的创作者手冢治虫和《千与千寻》的导演宫崎骏，早年都深受美国卡通影响。正如同美国影响了日本动画一样，作为文化输出，日本动漫影响的是国外青少年一代。

2. 文化生产机制的转变

生产方式上，改变以往政府主办、政府指定、政府评价的方式，实现政府功能转变，以满足广大人民文化消费需求为目的和评价标准，促

进文化生产与国际通行方式接轨。我国文艺作品的各种奖项常以政府的主观意志评价为标准，成为政治宣教的工具而为少数官员、评委和部门所欣赏，却忽视文化消费者的需求，使得文化作品脱离群众和现实，违背了“三贴近”的要求。对于文化“走出去”而言，还要加上“贴近国际市场和受众”。

在政府放手的同时，并不是撒手不管，政府应加强文化相关行业的法制建设，推进文化行业运作规范化和国际化。此外，政府放手也不是说政府不投入，相反还要加大投入，加强“走出去”所急需的公共的基础平台和传播渠道的建设，并通过符合国际规范的文化基金运作方式，大力扶持能够为广大消费者喜爱的文化精品“走出去”，大力扶持有市场竞争力的文化团体和企业“走出去”。

3. 市场主体培育

文化对外贸易，离不开国际化的文化企业。由于我国海外投资在宏观政策方面还不够完善，而且绝大多数文化企业还不具备在国际市场大规模进行投资的实力，我国近期目标应该是用 5 年到 10 年的时间，将我国有实力的文化企业引导到国际市场，开展国际化经营，创立中国文化企业品牌。

文化企业“走出去”，必须具备与国际文化巨头竞争的实力。相对国际文化巨头，我国文化企业大多规模偏小，其主要原因在于大多数文化企业的发展仍然是靠自身资金积累，金融资本和文化资本没有有效地结合。因此，应制定相关政策鼓励金融资本的介入文化产业，为产业金融资本的形成创造有利条件。如在对国有资本保值增值的前提下，可以通过法律和相关政策为金融资本和社会资本进入文化领域和国有文化企业提供利益保障；在投资方式上，应鼓励企业在国际资本市场融资通过兼并和收购实现规模经营。应鼓励企业与国外文化企业合作，在国外开展文化产品策划、研发和生产，如出版社与国外出版社合作直接在海外出版发行、演出公司与海外一流演出机构成立股份制公司、支持广播电视在境外落地、鼓励文化企业在境外购买媒体播出时段和开办广播电视频率和频道，以及鼓励符合条件的文化企业开展对外劳务合作等。

（五）产品策略

在国家“十一五”文化发展纲要中确立的九大重点发展行业中，影视、演艺、出版、发行、数字内容等行业属于文化产业核心层次，是文化“走出去”的重点战略行业。应根据国外大众文化市场的消费需求特征，在这些战略重点行业实施“走出去”的“文化精品”工程。

一是对具备在国际市场竞争的文化精品给予资金和政策扶持，每年重点打造一批具有中国文化要素，又能受国际市场消费者欢迎的影视、演艺、出版、动漫等文化精品。

二是扶持力度上，应完善文化产业对外贸易的资金补助、税收减免、出口奖励等方面的措施，加大扶持力度，并根据产品在国外的票房、演出场次、发行数量等市场占有率指标，确定扶持和奖励力度。

三是在扶持方向上，着重对产品策划、研发、国外商演等环节给予支持。

四是在渠道方面，通过以官方资助的对外文化交流平台和民间商业渠道相结合，开拓灵活多样的“走出去”方式，为文化精品“走出去”铺平道路，有效地降低文化精品“走出去”的前期宣传、市场营销等方面的投入成本。

（六）人才策略

文化“走出去”需要实现文化产品国际化，文化企业国际化和文化人才的国际化，而其中人才的国际化是根本。国际化的文化人才，至少包括掌握外语技能、熟悉国际文化市场运作规律的文化经营人才、文化创作人才和文化专业技术人才，如国际文化产业投融资专家、国际影视制片人、对外文学专业翻译、国际化的文艺创作人才，等等。

我国文化产业发展本来就缺乏文化经营管理人才，而国际化的文化经营管理人才和文化专业人才就更加稀少。培养国际化的文化经营人才已经是我国文化“走出去”战略刻不容缓的一项任务。

当前，作为培养人才的高校，由于学科分割，各学科之间形成院系壁垒，跨学科人才培养成为口号和形式，文化相关人才培养处于与市场需求完全隔离的状态。普通高校培养的经济管理人才不通艺术，难以入行。艺术院校培养的基本是艺术工匠，只满足于创作，文化课和理论课处于边缘化状态，轻视甚至完全放弃教育外语，我国艺术院校学生的录取标准可以概括为“文化素质相对较低（只需达到本科二档录取线60%），外语非常差”。当然，艺术本身有其特殊性，但是这不能成为艺术学生就是“文化低，无须与国际交流，可以闭门造车”的原因。这种人才培养模式，从根本上削弱了我国文化竞争力的基础，势必将对我国文化“走出去”造成极其严重的影响。

因此，应加大国际化文化人才的培养投入，首先是充分发挥高校在文化人才培养方面的优势，适应文化“走出去”的需要，鼓励和支持高校开展文化产业学科和专业建设。其次是通过“官、产、学”联合的方式，建立若干对外文化经营人才和文化艺术人才的培训基地，采取在职培训、继续教育、学历教育等多种形式，对现有人才队伍进行知识和技能更新。

（七）完善文化“走出去”的相关法律

我国已经制定的与对外文化贸易有关的法律有《著作权法》、《商标法》、《专利法》等。它们对于我国对外文化贸易的发展有着重大的影响，发挥着重要的作用。国家中宣部、文化部、商务部、海关总署等也先后发布了一些部门规章。但综观这些法律文件或准法律文件，政出多门的情况也比较严重，与当前我国的文化“走出去”战略不相适应。例如，1996 年，中国出台了《电影管理条例》，但随着电影市场的变化，许多规定已不再符合形势。在扶持国产电影的发展，在电影的投资、引进、分级诸多方面，都需要通过法律来规范。

为此，应在准确解释和熟练适用 WTO 规则的基础上，借鉴西方经济发达国家的立法经验，制定一套符合我国文化产业发展战略的文化对外贸易和对外交流的法律体系，为实施文化“走出去”战略提供法律保障。

一是要建立和保持一套与 WTO 规则相适应的法律法规体系，包括文化贸易的外汇管理、项目审批、产业投融资、产业购并、国有文化资产保护、税收优惠政策、文化遗产保护、版权贸易等。加强政府对文化对外贸易的宏观调控，维护公平、有序的贸易秩序，打击盗版和垄断，防止和减缓进口文化产品的冲击，同时又要充分保障文化企业开展对外贸易和文化艺术人才对外交往的权利，减少和规范行政审批程序，充分体现按照市场经济规律办事的原则。

二是加紧制定出台非物质文化遗产保护法、民族民间传统知识产权保护法，建立起初步完整的文化遗产保护制度。同时，应进一步明确界定国家文化形象相关话语系统规范和视觉系统使用规范。

课题组成员名单

课题负责人：

李向民　教授、博士生导师，南京航空航天大学国家文化产业研究中心主任，南京艺术学院文化产业学院院长，江苏省文化产业集团党组书记、董事长

课题组成员：

成乔明　南京航空航天大学艺术学院讲师

关　波　南京航空航天大学博士生

韩顺法　南京航空航天大学博士生

陈清华　江苏省委宣传部副研究员

钱志中　南京艺术学院讲师

日韩文化产业的最新动向与发展态势研究

中国海洋大学国家文化产业研究中心

文化产业在日本一般被称为“内容产业”（Content industry），“内容”在日本定义为“在多种媒介上流通的‘影像、音乐、游戏、图书’等，并且通过动画、静止画、文字、节目等表现要素构成的‘信息的内容’”。在内容产业中，用数字码形式表现的内容称为“数字内容”。而在韩国，文化产业的定义是：文化商品的开发、制作、生产、流通和消费，以及与此相关的游戏、动画、音乐、卡通、漫画、出版、电影、广播电视等产业。

近年来，日本和韩国的内容（文化）产业持续高速发展的同时，其内容产业的生产结构、流通形式以及消费内容有了较大的变化，如数字内容产业和新媒体快速增长，广播、通信与网络媒介相互融合，等等。随着产业变化的加快，日韩两国在内容产业政策上也不断进行着调整。本研究从战略政策、市场规模、产业结构、产业动态等方面，介绍日韩内容产业出现的新动向，并对其发展趋势作出基本的判断。

第一部分　日本内容产业最新动向与发展态势

一、日本内容产业的战略及政策动向

（一）日本内容产业全球化战略

为应对世界文化产业市场的急剧扩张和技术变革的加速，日本经济产业省在2007年组织了“内容产业全球化战略研究会”，并在2007年7月提出了“内容产业全球化战略”中间报告书。该报告书中详细阐述了日本内容产业的战略目标和具体的政策实施方向。

1. 日本内容产业的发展方向

日本内容产业的发展方向包括：（1）内容产业自身的全球化；（2）人才、技术、资金等资源的积累；（3）将日本内容市场打造成国际中心市场；（4）通过多种业态的共同参与，构建新的价值链和商业模式。

2. 日本内容产业的具体政策措施

具体政策措施包括：（1）加快商业模式的全球化；（2）促进人才的积蓄和国际化；（3）推进融资的扩大和国际化；（4）重视技术革新、加强产、学、研联合；（5）强化适应知识产权国际化的措施。

（二）内容产业技术战略

2008年4月，日本经济产业省公布了“技术战略计划2008”。该计划始于2005年，初期确定的重点技术领域为20个，此次制订的新计划中，共确定了29个技术领域。日本经济产业省着眼于新技术对内容产业的巨大影响，将内容技术作为新的领域纳入其中，使得内容技术上升为国家技术战略中的独立的技术领域。在“技术战略计划2008——内容产业领域”的报告中，将“内容”的范围在传统界定的基础上拓展为“作用于人的感性所感受的信息及系统、服务、环境、空间技术”。

此外，报告还界定了评估内容产业“重要技术”的指标，即：（1）创造力。包括支撑和提高创造者创造力的技术，生产和表现优秀文化、艺术的技术，可视化和形象化技术，评估内容质量的技术。（2）用户沟通。包括可提高内容产业机能和便利性的技术，易于理解和掌握知识的技术，提高安全性的技术。（3）技术的先进性和未来性。包括领先国际的技术，具有高度先进性、进步性和未来性的技术，能够有助于发现新机能和大幅度提高性能的技术。（4）市场影响。包括能够开发和扩大市场的技术，波及多领域的技术，成为内容产业界共同基础的核心技术。

（三）创建亚洲内容共同体战略

作为日本内容产业全球化战略的一环，日本经济产业省在2007年9月发布“内容产业全球化战略”，提出了创建亚洲内容共同体的战略方针。该战略方针的其前提是，首先，认识到亚洲的民族、语言宗教等的多样性，相互尊重，在此基础上在亚洲地区内建立创作人员和消费者的相互联系，能够使内容为更广泛的人群所接受。其次，创建亚洲各国创作人员和消费者共有的价值基础，以人的同感为核心，建立循环良好、能够顺利进行交流的事业环境。

1. 创建“亚洲内容共同体”的三个阶段

第一阶段：内容渗透。

（1）当地用户不了解对方国家内容。

（2）对方国家的企业不了解当地用户。

——这个阶段重在建立与当地用户的联系。

第二阶段：构建商务模式。

（1）当地的创作人员希望制作内容。

（2）当地的企业希望经营对方国家内容。

——这个阶段重在建立与当地客户的商务联系。

第三阶段：完善事业环境。

（1）当地企业发现制度不完善。

（2）当地企业希望建立内容流通的国际标准环境。

——这一阶段建重在立共同的制度联系。

2. 为创建“亚洲内容共同体”实施的具体政策。

（1）利用各国和地区的优势，促进国际共同制作。

（2）完善知识产权保护体制。

（3）举办亚洲商务高峰会议，召集亚洲各国的内容产业相关人士，大力推进商务合作。

（4）通过举办日本国际内容集会，加强亚洲的人才交流。

日本国际内容集会（日本国际文化节 CoFesta）是一个多内容综合集会，它由东京国际电影节、东京游戏展等15个官方活动及9个合作伙伴活动构成，向世界展示日本的游戏、动画、漫画、音乐、广播、电影等内容。2007年日本国际内容集会（2007年9月—10月）吸引了约80万人参加。

（四）内容产业振兴政策——“2008年知识产权战略推进计划”

日本在1995年确立了21世纪的“文化立国”的战略。从2001年开始，日本又确立了打造“知识产权立国”的战略，明确提出10年内把日本建成世界第一的知识产权国。

日本知识产权战略本部于2003年7月8日公布了《有关知识产权创造、保护及其利用的推进计划》（日本知识产权界称之为“知识产权战略推进计划”）。该推进计划由知识产权创造、保护、利用、内容商务、人才培养和提高国民意识等五大部分组成，其中包括270项措施，阐述了知识产权立国这一国家战略提出的背景、知识产权立国要达成的目标，提出了实现知识产权立国的方针和实施体系。

2007年5月31日，日本知识产权战略本部（本部长为当时的日本首相安倍晋三）公布了“2007年知识产权战略推进计划”；2008年6月18日，日本知识产权战略本部（本部长为当时的日本首相福田康夫）公布了“2008 年知识产权战略推进计划”，这是继 2003 年以来实施的第六次推进计划，并且也是自 2006 年以来第三次将振兴内容产业提到国家战略的高度。

1. “2008 知识产权推进计划”第四章中有关内容产业的部分

在这一部分中，共提出了 52 项具体的振兴政策，每一项振兴政策都有具体的中央部门（单独或共同）分工负责，具有很强的务实性和可操作性。这些具体执行振兴政策的部门有：经济产业省、文部科学省、总务省、外务省、警察厅、厚生劳动省、国土交通厅等。它们共同形成了一元化——以首相为本部长的日本知识产权本部为首，以经济通产省为主、其他省厅为辅——的政策制定和执行体制。

（1）主要的振兴政策内容。

第一，扩大与多样化的媒体相对应的内容流通。①完善促进数字内容流通的法律制度；②促进内容的信息集约化。

第二，扶持数字内容方面的新生商务。

第三，完善内容创作的数字、网络环境。

第四，完善支撑数字、网络时代内容产业振兴的知识产权制度。

第五，加大对海外模仿品、盗版的打击力度，强化相关法律政策。①初期目标是签订《防止假冒产品、盗版产品扩散条约》；②强化对发生知识产权侵害事件的国家、地区的对应政策；③强化防止假冒产品、盗版产品扩散的基本政策。

第六，强化海外网络盗版的对策。①支持并推动海外动画共享网站对违法内容的打击；②支援服务提供商和消费者团体共同进行的反盗版活动。

第七，确立海外业务展开的商业模式，确保发行渠道的安全性。

（2）振兴内容产业的目标。

第一，成为数字、网络时代的内容大国。

第二，利用数字、网络环境促进新商务的发展。①支持援助动画配信业务的成长；②解决与新商务发展相关的法律课题；③完善与数字、网络时代相适应的知识产权制度。

第三，支援全球化业务的开展。

第四，促进与多样化的媒体相适应的内容交流。

第五，完善适合世界上所有创作者的创作环境。

二、日本内容产业的整体动向及态势

（一）内容产业的市场规模

表 1　2003—2007 年日本内容产业动向一览①

区分		单位：亿日元						单位:%	
		2003 年	2004 年	2005 年 1 月	2006 年 1 月	2006 年 2 月	2007 年	2007 年 6 月	2007 年 3 月
影像	影像软件销售额	8 183	8 118	7 955	7 061	7 061	6 804	▲3.6	▲16.9
	DVD 销售额	3 266	3 813	3 915	3 184	3 184	3 068	▲3.7	▲6.1
	DVD 出租	796	1 135	2 152	2 858	2 858	3 353	17.3	321.2
	盒式录像机销售	813	549	209	284	284	137	▲51.7	▲83.1
	盒式录像机出租	3 309	2 621	1 680	735	735	246	▲66.5	▲92.6
	互联网传输	147	173	292	338	368	444	20.8	202.1
	手机传输	274	314	589	731	731	1 033	41.2	276.9
	电影总票房收入	2 033	2 109	1 982	2 029	2 029	1 984	▲2.2	▲2.4
	日本本土电影	671	791	818	1 079	1 079	946	▲12.3	41.0
	海外电影	1 361	1 319	1 164	950	950	1 038	9.3	▲23.8
	电视广播、相关服务收入	35 874	37 376	37 907	37 914	38 106	38 198	0.2	6.5
	民放地上波电视营业收入	22 746	23 657	23 673	23 673	23 702	23 702	—	4.2
	民间 BS 放送营业收益	796	985	1 074	1 074	975	975	—	22.4
	CS 放送营业收益	2 199	2 346	2 561	2 561	2 623	2 623	—	19.3
	NHK 经常事业收入	6 803	6 855	6 749	6 756	6 756	6 848	1.4	0.7
	CATV 事业营业收益	3 330	3 533	3 850	3 850	4 050	4 050	—	21.6
	影像合计	46 511	48 091	48 725	48 074	48 295	48 462	0.3	4.2
音乐、语音	音　乐	6 456	6 352	6 141	5 996	5 996	5 662	▲5.6	▲12.3
	CD 销售	5 019	4 954	4 787	4 615	4 615	4 370	▲5.3	▲12.9
	模拟软盘、盒式录音带及其他	150	124	104	89	89	80	▲9.8	▲46.4
	DVD 销售	624	655	633	660	660	598	▲9.4	▲4.0
	磁带及其他	73	18	16	11	11	3	▲70.6	▲95.5
	CD 出租	590	600	600	620	620	610	▲1.6	3.4
	互联网配信	32	50	233	330	357	466	30.6	1 357.6
	音乐配信	17	36	218	310	337	444	31.7	2 512.7
	MIDI、DTM 数据配信	15	14	15	20	20	22	11.3	48.4
	手机配信	1 129	1 368	1 610	1 602	1 602	1 633	1.9	44.6
	卡拉 OK 销售额	7 851	7 466	7 431	7 395	7 395	7 183	▲2.9	▲8.5
	音乐会入场费收入	1 329	1 364	1 429	1 429	1 518	1 518	—	14.2
	音乐小计	16 797	16 599	16 844	16 752	16 868	16 462	▲2.4	▲2.0
	广播放送、相关服务收入	2 279	2 262	2 244	2 244	2 197	2 197	—	▲3.6
	广播营业收入	2 138	2 122	2 104	2 104	1 987	1 987	—	▲7.1
	地方自治团体营业收益	141	140	140	140	211	211	—	49.0
	音乐、语音合计	19 076	18 862	19 088	18 996	19 065	18 659	▲2.1	▲2.2

① 数据来源：日本数码内容协会《数码内容白皮书 2008》，▲表示下降。

续 表

区 分		单位：亿日元					单位：%		
		2003 年	2004 年	2005 年 1 月	2006 年 1 月	2006 年 2 月	2007 年	2007 年 6 月	2007 年 3 月
游戏	游戏软件销售额	3 698	3 771	3 766	4 648	4 614	4 285	▲7.1	15.9
	游戏专用机软件	3 091	3 160	3 141	4 133	4 133	3 823	7.5▲	23.7
	PC 用游戏软件	607	611	624	515	481	462	▲3.9	▲23.9
	网络游戏销售额	129	367	596	737	737	831	12.8	544.6
	手机游戏销售额	270	412	589	748	748	848	13.4	214.1
	销售额	6 377	6 492	6 825	6 825	7 029	7 029	—	10.2
	游戏合计	10 474	11 042	11 776	12 959	13 128	12 994	▲1.0	24.1
图书、报纸、图像、文本	书籍销售	9 056	9 429	9 197	9 326	9 326	9 026	▲3.2	▲0.3
	杂志收入	17 257	16 968	16 712	16 087	16 087	15 714	2.3▲	▲8.9
	杂志销售	13 222	12 998	12 767	12 200	12 200	11 827	▲3.1	▲10.6
	杂志广告	4 035	3 970	3 945	3 887	3 887	3 887	—	▲3.7
	报社总销售额	23 576	23.797	24 189	24 193	23 326	23 326	—	▲1.1
	销售收入	12 640	12 573	12 560	12 562	12 532	12 532	—	▲0.9
	广告收入	7 544	7 550	7 438	7 440	7 074	7 074	—	▲6.2
	其他收入	3 392	3 674	4 191	4 191	3 720	3 720	—	9.7
	包装软件销售额	2 321	2 163	2 175	2 104	2 401	2 392	▲0.4	3.0
	数据集	93	74	77	69	69	63	▲8.7	▲31.9
	教育、学习	73	72	75	74	74	74	0.5	1.8
	家庭、趣味	61	54	57	55	55	53	▲3.1	▲12.6
	电子词典	462	550	600	640	640	650	1.6	40.7
	其 他	1 632	1 414	1 366	1 266	1 563	1 551	▲0.8	▲5.0
	互联网传输销售额	1 649	1 965	2 464	3 211	1 263	1 264	0.1	▲23.4
	数据库服务	1 485	1 784	2 233	2 924	987	952	▲3.5	▲35.9
	电子书籍	17	33	48	81	70	81	15.2	374.2
	其 他	147		183	206	206	231	12.2	57.0
	互联网广告	1 083	1 634	2 520	3 240	3 240	3 970	22.5	266.6
	手机传输销售额	1 085	1 123	1 181	1 311	1 311	1 752	33.6	61.5
	待机图片	350	300	230	—	—	—	—	—
	电子书籍	1	3	16	69	69	221	220.3	44 100.0
	其 他	734	820	935	1 242	1 242	1 531	23.3	108.6
	移动广告	100	180	288	390	390	621	59.2	521.0
	图书、报纸、图像、文本合计	56 127	57 260	58 727	59 861	57 343	58 065	1.3	3.5
	总合计	132 187	135 254	138 316	139 890	137 832	138 180	0.3	4.5
	相对前一年增长率	▲0.4	2.3	2.3	1.1	▲0.3	0.3	—	—

日本内容产业的市场规模分为四个大的领域，分别为电影，音乐、语音，游戏，以及图书、报纸、图像、文本。2007 年日本的内容产业市场规模是 138 180 亿日元（同比增长 0.3%）。

如图 1 所示，在内容产业各个领域所占比重中，以书籍贩卖、杂志收入、报社为主的图书、报纸、图像、文本的市场规模为 58 065 亿日元，占内容产业市场规模的 42%；影像市场规模为 48 462 亿日元，占 35.1%；音乐、语音市场规模为 18 659 亿日元，占 13.5%；游戏市场规模为 12 994 亿日元，占 9.4%。各个领域所占比重的排序同比没有发生变化。

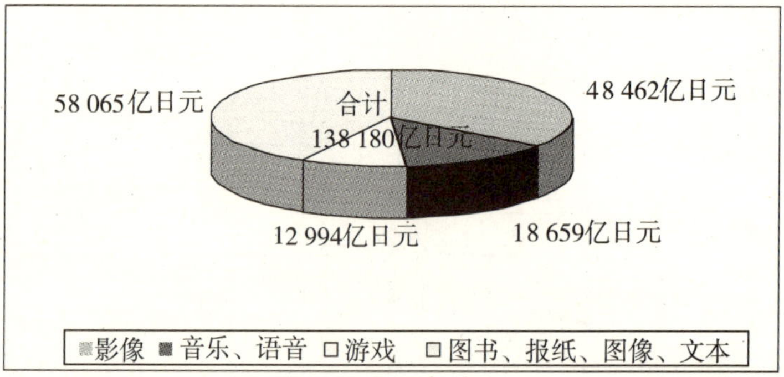

图 1　2007 年日本内容产业市场规模①

如表 2 和图 2 所示，2003—2007 年，影像市场规模分别为 46 511 亿日元、48 091 亿日元、48 725 亿日元、48 295 亿日元、48 462 亿日元，所占内容市场规模的比重分别为 35.2%、35.6%、35.2%、35.0% 和 35.1%；图书、报纸、图像、文本的市场规模分别为 56 127 亿日元、57 260 亿日元、58 727 亿日元、57 343 亿日元、58 065 亿日元，所占内容市场规模的比重分别为 42.5%、42.3%、42.5%、41.6% 和 42.0%；音乐、语音的市场规模分别为 19 076 亿日元、18 862 亿日元、19 088 亿日元、19 065 亿日元、18 659 亿日元，所占内容市场规模的比重分别为 14.4%、13.9%、13.8%、13.8% 和 13.5%；游戏的市场规模分别为 10 474 亿日元、11 042 亿日元、11 776 亿日元、13 128 亿日元、12 994 亿日元，所占内容市场规模的比重分别为 7.9%、8.2%、8.5%、9.5% 和 9.4%。由此可见，图书、报纸、图像、文本，电影，音乐、语音三个领域所占内容市场规模的比重一直处于稳定状态，但游戏产业增长较快，占内容市场规模的比重由 2003 年的 7.9% 上升到了 2007 年的 9.4%，在 2006 年取得了自 2003 年以来的最佳业绩，占据了市场份额的 9.5%。

① 数据来源：日本数码内容协会《数码内容白皮书 2008》。

表 2　内容产业各领域所占比重变化（2003—2007）①

分　类	影　像	音乐、语音	游　戏	图书、报纸、图像、文本	合　计	较上年增长
	亿日元	亿日元	亿日元	亿日元	亿日元	（%）
2003 年	46 511	19 076	10 474	56 127	132 188	—
2004 年	48 091	18 862	11 042	57 260	135 255	2. 3
2005 年	48 725	19 088	11 776	58 727	138 316	2. 3
2006 年	48 295	19 065	13 128	57 343	137 831	-0. 3
2007 年	48 462	18 659	12 994	58 065	138 180	0. 3

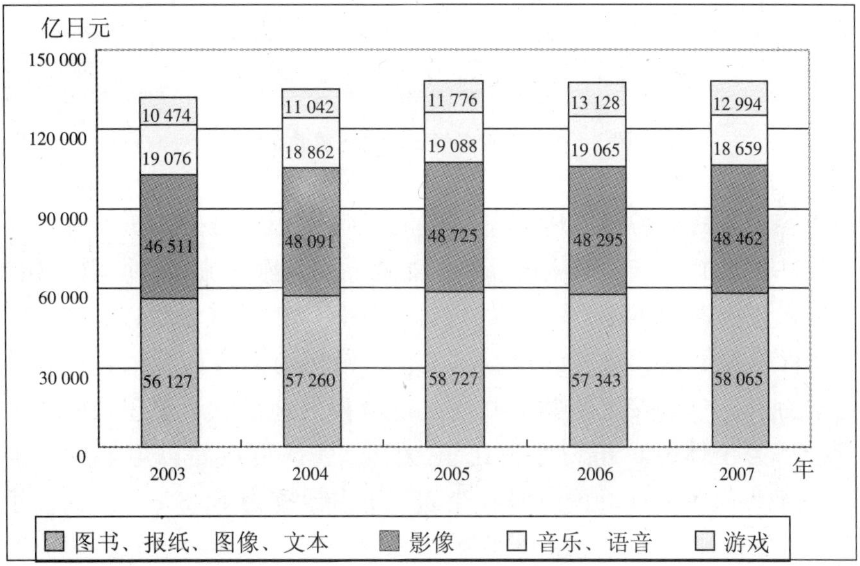

图 2　内容产业各领域内容市场的规模（2003—2007）②

如图 3 所示，图书、报纸、图像、文本内容市场规模和所占内容市场比重占据首位，所占内容市场比重一直高于 40%；影像内容市场规模

① 数据来源：日本数码内容协会《数码内容白皮书 2008》。
② 数据来源：日本数码内容协会《数码内容白皮书 2008》。

和所占内容市场比重占第二位，比重高于35%；音乐、语音占据第三位，所占内容市场的比重在13%到14%之间；游戏居于末位，但发展前景看好，所占内容市场的比重呈上升趋势。

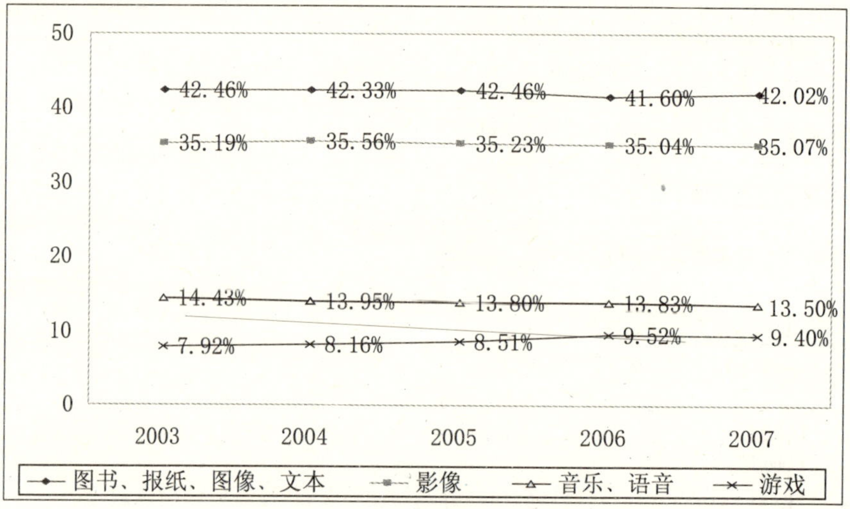

图3　内容产业各领域所占比重的变化①

内容产业的市场规模从纵向（即流通媒体）上可分为五个领域，分别为软件包流通、互联网流通、手机流通、网点服务流通和广电。如表3所示，在2007年不同流通媒体的内容市场规模中，首先是以CD、DVD、游戏软件以及书籍、杂志的出版、发行、销售为主体的软件包流通，所占比重为48.6%，接近半数。其次是以电视的地面波、卫星、有线电视以及广播为主体的广电，所占比重为29.2%。再次是以电影院、卡拉OK、网吧游戏为主体的网点服务流通，所占比重为12.8%。最后，手机流通和互联网流通所占比重分别为4.3%和5.0%，相对于软件包流通和广电来说所占比重较小。

① 数据来源：日本数码内容协会《数码内容白皮书2008》。

表 3　各流通媒体的市场规模和所占比重①

	2003 年		2004 年		2005 年		2006 年		2007 年	
	亿日元	构成(%)	亿日元	构成(%)	亿日元	构成(%)	亿日元	构成(%)	亿日元	构成(%)
软件包流通	70 547	53.4	70 599	52.2	70 136	50.7	68 811	49.9	67 208	48.6
互联网流通	3 040	2.3	4 189	3.1	6 106	4.4	5 965	4.3	6 976	5.0
手机流通	2 858	2.2	3 397	2.5	4 257	3.1	4 782	3.5	5 887	4.3
网点服务流通	17 590	13.3	17 431	12.9	17 666	12.8	17 971	13.0	17 714	12.8
广　电	38 153	28.9	39 638	29.3	40 152	29.0	40 303	29.2	40 395	29.2
合　计	132 187	100.0	135 254	100.0	138 316	100.0	137 832	100.0	138 180	100.0
较前年增长比重(%)	—	—	2.3	—	2.3	—	-0.3		0.3	—

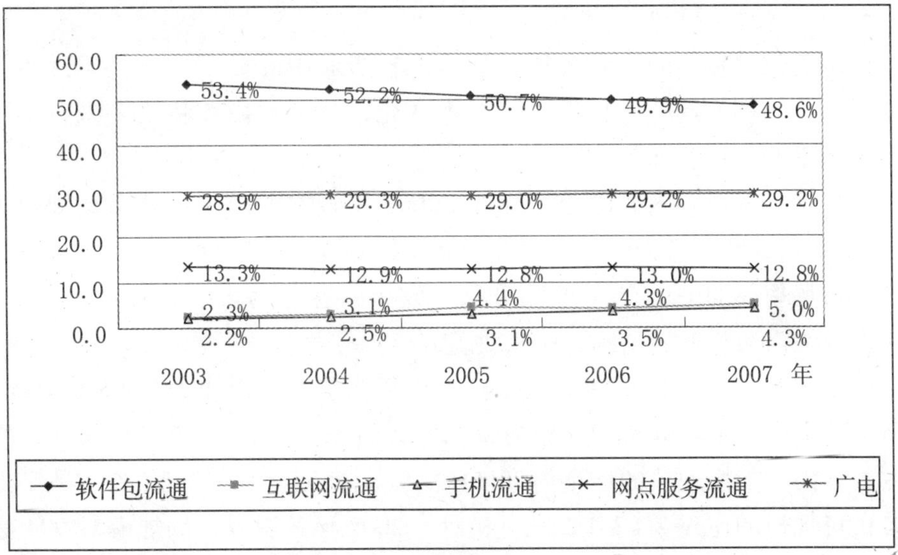

图 4　各流通媒体所占比重②

如表 3 和图 4 所示，2007 年不同流通媒体所占比重的排序和前年（2006 年）相同，并没有发生变化。但是，如果分析不同流通媒体所占比重的历年变化，从 2003—2007 年软件包流通所占内容市场比重分别为 53.4%、52.2%、50.7%、49.9%和 48.6%，网点服务流通所占内容市

① 数据来源：日本数码内容协会《数码内容白皮书 2008》。
② 数据来源：日本数码内容协会《数码内容白皮书 2008》。

场比重分别为 13.3%、12.9%、12.8%、13.0%和 12.8%，就会发现，二者所占比重在逐渐减小。而手机流通所占内容市场比重分别为 2.2%、2.5%、3.1%、3.5 和 4.3%，互联网流通所占内容市场比重分别为 2.3%、3.1%、4.4%、4.3 和 5.0%，二者所占比重逐渐上升。由此可以看出，未来的趋势将是由软件包流通主导的媒介流通逐渐向手机流通和互联网流通转变。

在内容产业总体中，发展最显著的就是手机流通和互联网流通，而移动广告和互联网广告也得到了飞速发展。可以说，移动广告和互联网广告的飞速发展直接得益于手机流通和互联网流通的发展。与此同时，受到日本本土人口减少及老龄化、媒体的多样性等因素的影响，杂志、CD、DVD 的销售自 2003 年以来持续减少。

（二）内容产业结构的变化

随着数字技术的飞跃发展，日本内容产业中的数字内容比重逐年大幅增加，内容产业的结构发生了较大变化，数字化内容将是未来日本内容产业中的重要发展趋势。

根据日本数码内容协会的统计，2007 年日本的内容产业市场规模为 138 180 亿日元，其中，数字内容产业市场规模为 26 947 亿日元，占内容产业市场规模的 19.5%。由此可见，数字内容作为内容产业的一部分，正在成为内容产业发展新的推动力量。

如图 5 所示，2007 年的数字内容市场构造中，影像为 5 408 亿日元，所占数字内容市场规模的比重为 20.1%，音乐、语音为 7677 亿日元，所占数字内容市场规模的比重为 28.5%，游戏为 5 965 亿日元，所占数字内容市场规模的比重为 22.1%——相对于 2007 年的游戏市场规模 12 994 亿日元，占内容市场规模的 9.4%，数字内容市场规模中的游戏所占比重高出很多；图书、报纸、图像、文本为 7 897 亿日元，所占数字内容市场规模的比重为 29.3%。

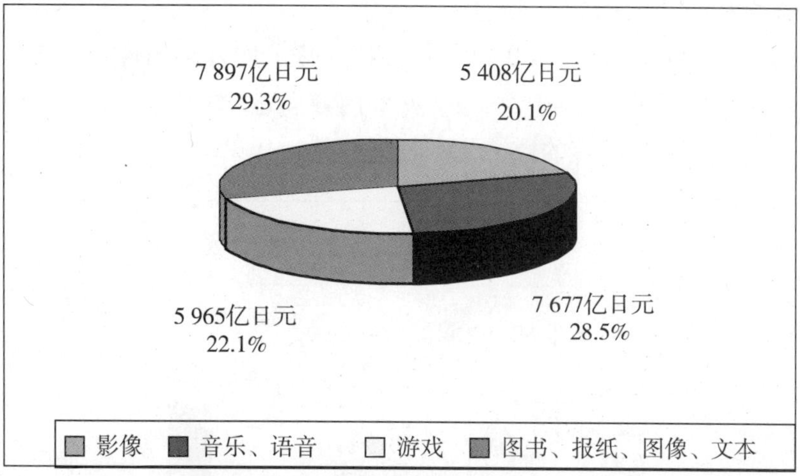

图5　2007 年数字内容市场规模

如图6所示，2003—2007年，数码内容市场规模不断扩大，分别为21 028亿日元、22 865亿日元、25 583亿日元、26 070亿日元和26 947亿日元，所占内容市场的比重持续增长，分别为15.9%、16.9%、18.5%、18.9%和19.5%。数字化成为日本内容市场发展的新趋势。

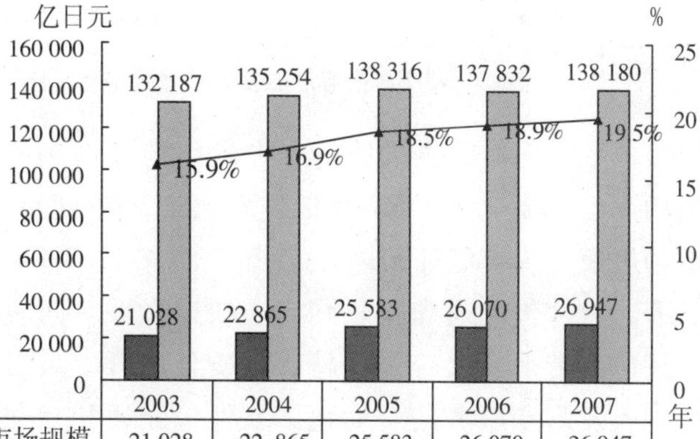

	2003	2004	2005	2006	2007
数码内容市场规模	21 028	22 865	25 583	26 070	26 947
内容市场规模	132 187	135 254	138 316	137 832	138 180
数字化率	15.9%	16.9%	18.5%	18.9%	19.5%

图6　2003—2007 年内容产业数字化率①

如图7所示，随数码技术一起诞生和发展的游戏内容以及较早向数

① 数据来源：日本数码内容协会《数码内容白皮书2008》。

码领域进军的音乐内容，数字化率分别达到了45.9%和41.1%。另外，影像内容的数字化率为16.3%。由于纸质形式具有便利性的特点，以纸质形式出现的图书、报纸、图像、文本内容高达82.8%，从而导致图书、报纸、图像、文本内容的数字化率较低，仅为9.3%。

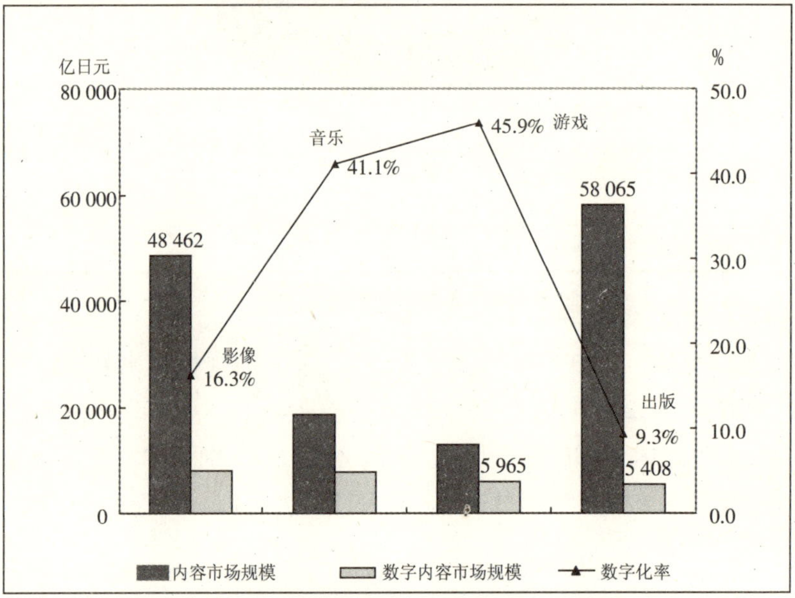

图7 2007年内容产业各个领域数字化率比较①

据日本数码内容协会的统计，在数字内容市场的影像内容中，软件包流通的市场规模达到了6 420亿日元，较2006年增长6.3%；互联网流通的市场规模为444亿日元，较2006年增长41.2%。在宽带和手机普及的背景下，软件包流通和互联网流通快速发展。同时，这也和手机的高性能、高速度带来的大容量、高清画质分不开。可以预测，随着互联网普及的深入及影像服务的全面化，软件包流通和互联网流通在今后必将得到更快的发展。

音乐内容的软件包流通市场规模为5 578亿日元，较2006年下降5.4%；互联网流通的市场规模为466亿日元，较2006年增长30.6%；手机流通的市场规模为1 633亿日元，较2006年增长1.9%。虽然CD和DVD流通有所下降，但互联网流通和手机流通增长顺利，以至于利用互

① 数据来源：日本数码内容协会《数码内容白皮书2008》。

联网和手机下载收费音乐的客户群已经形成。

游戏内容的软件包流通市场规模为 4 285 亿日元，较 2006 年下降 7.1%；网络游戏的市场规模为 831 亿日元，较 2006 年增长 12.8%；面向手机的游戏市场规模为 848 亿日元，较 2006 年增长 13.4%。

图书、报纸、图像、文本的软件包流通市场规模为 2 392 亿日元，较 2006 年下降 0.4%；互联网流通的市场规模为 1 264 亿日元，较 2006 年下降 0.1%；手机流通的市场规模为 1 752 亿日元，较 2006 年增长 33.6%。在日本本土人口减少（尤其是生产年龄人口的减少）、先进通信手段日益普及的背景下，图书、杂志被逐渐淘汰是必然的，而以手机流通和互联网流通为媒介的电子书籍市场成长迅速。电子书籍市场中手机流通的市场规模是 2006 年的 220%，预计未来手机流通将在电子书籍市场中得到更大的发展。

三、日本内容产业主要领域的动向及态势

（一）日本漫画产业

1. 纸质漫画出版市场的衰退

根据日本数码内容协会的统计，2007 年日本漫画销售部数相比 2006 年下降了 1.0%，销售额下降了 1.5%。漫画杂志的销售册数相比 2006 年下降了 3.8%，销售额下降了 3.2%。合计销售册数相比 2006 年下降了 2.6%，销售额下降了 2.3%。所有的数据都显示，漫画市场较 2006 年大幅度缩小。其中，少年杂志和青年杂志的市场缩小尤其突出（2007 年日本漫画市场销售数据见表 4）。

表 4　2007 年日本漫画市场销售数据①

	漫画	漫画杂志	合计
销售部数	51 794 万册	71 718 万册	123 512 万册
销售额	2 495 亿日元	2 204 亿日元	4 699 亿日元

2. 数字漫画市场的兴起

在漫画市场不景气的大背景下，数字漫画一枝独秀，市场规模突破

① 数据来源：日本数码内容协会：《数码内容白皮书 2008》。

了100亿日元大关。据网络媒体综合研究所的《电子商务调查报告书2007》，2006年度数字漫画的市场规模达到了106亿日元，在电子书籍市场规模中的占有率达到60%。

数字漫画是将传统漫画（即以纸质媒体发表的漫画作品）数字化，或者将传统漫画以征订生产的方式出版，它实现了漫画的二次利用。近年日本的原创漫画作品在不断增加，特别值得注意的是，许多杂志连载的作品由于多种原因中断连载，但这种作品的续集会以数字化的形式连载，或者以单行本的方式出版。此外，由于耗资相对较少的网络连载具有很强的可行性，于是在连载杂志上中断的作品开始向网络形式转变。这些条件使得数字漫画具有良好的发展前景。

3. 漫画产业前景预测

向网络数字化方向发展无疑将是日本的纸质媒体向数字媒体转化的必由之路，2007年数字漫画的市场规模突破100亿日元则是日本漫画市场数字化的一个里程碑。在日本，传统漫画形式的主导地位已经被撼动，而纸质杂志在漫画产业中大量存在的必要性正在遭到质疑。受此影响，日本出版社的投资方向已经开始由投资额较大的杂志转向数字网络，同时将不盈利的杂志停刊，将连载漫画以网络数字化的形式表现。漫画向数字化的发展，将使更多的日本优秀漫画与世界范围内的优秀作品相互交流，同时也使得日本漫画在海外的发展更加顺畅。

（二）日本动画产业

1. 基本状况

根据日本动画协会的调查显示，2007年动画业界销售额为2 396.745亿日元。这个数字和2006年的2 588亿日元相比约有7.4%的降幅。根据日本电影制作者联盟的统计，在2007年度票房排行榜中，票房十强影片中只有1部动画电影，日本本土动画《版口袋妖怪》剧场以50.2亿日元的票房成绩位列第6位。如图8所示，2003—2007年动画业界分为电视广播、剧场、录像带销售等领域，总销售额依次为1 674亿日元、2 111亿日元、2 249亿日元、2 588亿日元、2 396亿日元。这说明，2003—2006年动画产业的市场规模一直呈上升趋势，2007年开始有所下降。

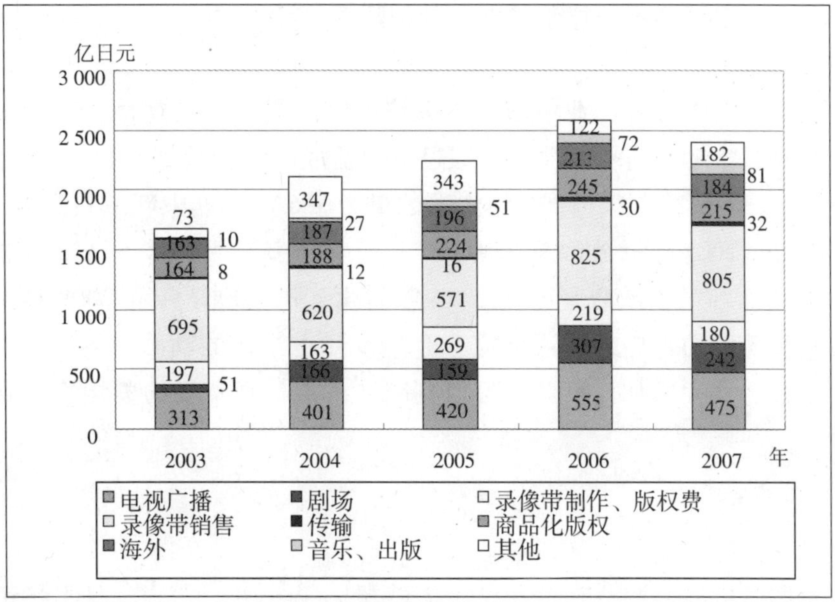

图 8　日本动画产业的销售额（2003—2007）①

2. 市场变化

对于动画产业发展的先决条件，日本的动画产业界有如下共识：第一，动画产业的基础是电视播放和 DVD 销售；第二，动画产业是由中小企业支持的劳动密集型产业；第三，动画产业是对创作者的才能依存度很高的产业。日本动画产业正是因为具备了这些条件，使得日本的动画在其海内外市场具有强大的竞争力。但是，从 2007 年的情况来看，上述条件出现了变化。一方面，2007 年日本国内动画的播出市场缩小，这是持续增长的动画市场出现的下降信号，并且网络传播也日益普及，日本从 2011 年起将全部实现数字广播。另一方面，新的动画制作技术的不断诞生，逐步取代传统的制作模式。迄今为止，日本的动画基本上都是运用 2D 技术制作的，但自 2008 年开始，3D 技术和 Flash 手法进入了动画制作领域，并在动画领域中占据了一定的比重。

更大的变化发生在日本的海外市场。尽管近年来日本动画产业的发展方向大部分放在国外市场的拓展上，但实际上，日本动画的国外市场并没有扩大。而且，由于 DVD 销售市场的缩小以及外国同类企业的竞

① 数据来源：日本数码内容协会《数码内容白皮书 2008》。

争，日本的动画作品正面临着严峻的国际竞争考验。

3. 前景预测

目前，日本动画产业中最令人关注的问题是通过电视播放时间的减少。根据日本动画协会的调查，通过电视播放的动画片部数自 1990 年开始到 2006 年持续增长，2006 年放送数量为 396 部，其中新节目达到 160 部。但是，2007 年播放数量降为 367 部，其中新节目减少至 132 部，而 2008 年上半年的播放数量同比 2007 年继续下降。2007 年和 2008 年动画市场持续萎缩的态势越来越明显，而 2009 年上半年的动画市场继续缩小的可能性也大大增加。因此，可以判断，日本动画市场的萎缩将呈现持续性。

（三）游戏产业

1. 游戏产业现状

日本是世界上游戏软件和掌上游戏机的第一生产大国。日本畅销的家用游戏机有三个机种，即任天堂的 Wii、索尼的 PS3 和微软的 Xbox360，其中任天堂的 Wii 占有绝对的优势，2007 年度任天堂公司的主机、软件的销售量以及企业业绩在日本的游戏界独占鳌头。

从全球销量来看，2007 年度（2007 年 4 月—2008 年 3 月）的合计销售量：任天堂的 Wii 达到 1 861 万台，索尼的 PS3 为 550 万台，而微软的 Xbox360 仅 120 万台。

2007 年日本游戏软件销售居第一位的是“Wii Sports”，去年销售量为 190 万份。任天堂的 DS 掌上游戏机的全球销量则在 2007 年度达到了 3 031 万台。包括软件销售额在内，任天堂的总销售额较 2006 年度增长 16 724 亿日元，增长比重为 73.0%。其中，营业利润较 2006 年度增长 4 872 亿日元，增长率为 115.6%。

2007 年度仅次于任天堂的是索尼的掌上游戏机 PSP 销售量的剧增。

任天堂的 DS 掌上游戏机初期在销量上远远领先于索尼的 PSP，但是到 2007 年下半年，DS 掌上游戏机与 PSP 的差距逐渐缩小，这个趋势在日本较为明显。特别是进入 2008 年以来，相比 DS 掌上游戏机，PSP 销售量大增，周销售量不仅超过 5 万台，最多时每周超过 10 万台。

索尼的 PSP 销售量的剧增不是偶然的。首先其性能非常优越。其次是 PSP 的售后服务健全方便，与之相适应的软件服务为 PSP 的用户提供了安全性能保障。再次是 PSP 与 DS 掌上游戏机不同，PSP 属于记忆媒体，用户不需要购买游戏软件就可以将动画、音乐、照片、游戏等作为售后服务免费使用。

2. 数字游戏

如上所述，2004—2007 年日本内容市场的数字化率分别为 16. 9%、18. 5%、18. 9%、19. 5%。如图 9 所示，2004—2007 年，日本游戏内容的数字化率分别为 41. 2%、42. 0%、46. 5% 和 45. 9%。由此可见，数字游戏在游戏内容中占有很大的比重，同时，游戏市场的数字化率远远高于内容产业整体行业的数字化率。数字化将会为游戏内容注入新的活力，同时也将创造更大的商机。

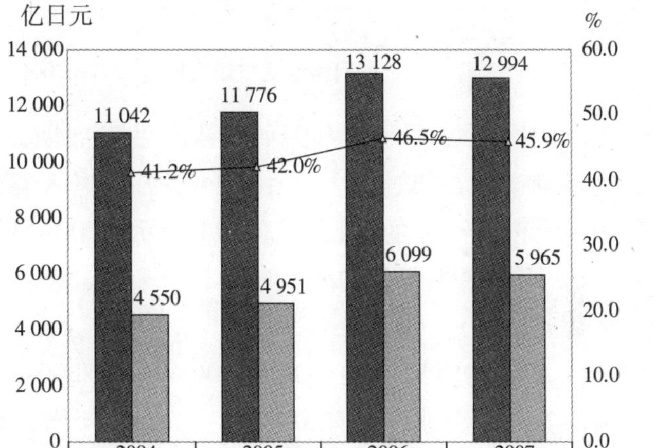

	2004	2005	2006	2007
游戏内容市场规模	11 042	11 776	13 128	12 994
游戏数码内容市场规模所占比率	4 550	4 951	6 099	5 965
所占比率	41.2%	42.0%	46.5%	45.9%

图 9　日本游戏内容数字化率（2004—2007）①

如图 10 所示，2004—2006 年网络游戏的市场规模分别为 579 亿日元、820 亿日元、1 015 亿日元。2007 年，网络游戏的市场规模达到 1 121 亿日元，较前年增长 10%，保持了自 2004 年以来的增长势头。2004—2007 年，日本的网络游戏市场规模每年以两位数增长，领先于内容产业的总体发展速度。

① 数据来源：日本数码内容协会《数码内容白皮书 2008》。

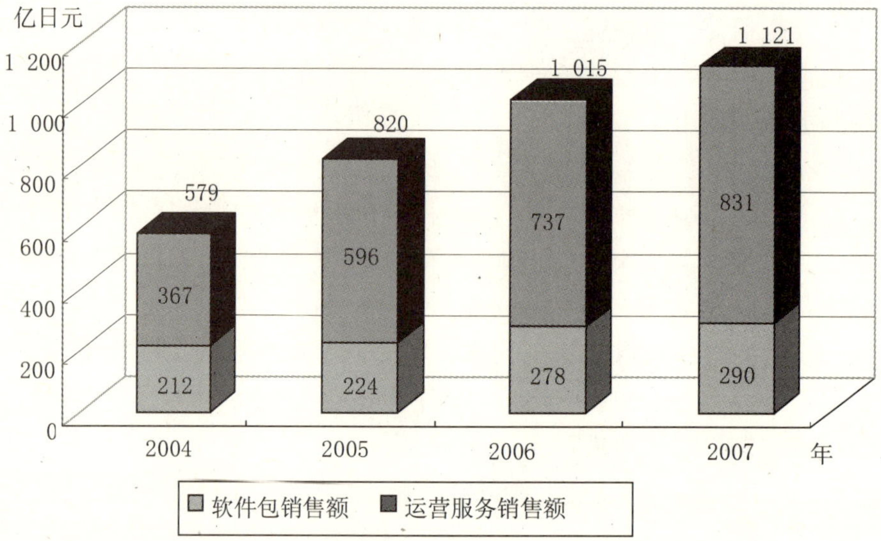

图10　日本网络游戏市场规模（2004—2007）①

日本的网络游戏从2003年开始进入行业发展期，在这一时期，宽带通信作为基础设施在迅速普及，由此网络游戏进入宽带互联网时代，以新的面貌推动内容产业的增长。如图11所示，2004年从事网络游戏的公司有68家，同期提供服务的游戏种类有187种，2004年的游戏市场规模为578亿日元。

2005年从事网络游戏的公司为106家，与2004年相比增长比重为56%，提供服务的游戏种类有314种，比2005年增长68%。2005年的游戏市场规模为820亿日元，较2004年增长42%。

2006年，从事网络游戏的公司为128家，较2005年增长20%，提供服务的游戏种类有474种，比2005年增长51%。2006年游戏市场规模达到1 015亿日元，较2005年增长24%。同时到2006年为止，上市发行股票的株式公司中，从事网络游戏的公司为5家。

从2004年到2006年的市场规模推移来看，提供服务的游戏种类的市场规模在不断扩大，2004年到2005年增长了26%，2005年到2006年增长了27%。以上数据表明，提供服务的游戏种类处于供给过剩状态。

① 数据来源：日本数码内容协会《数码内容白皮书2008》。

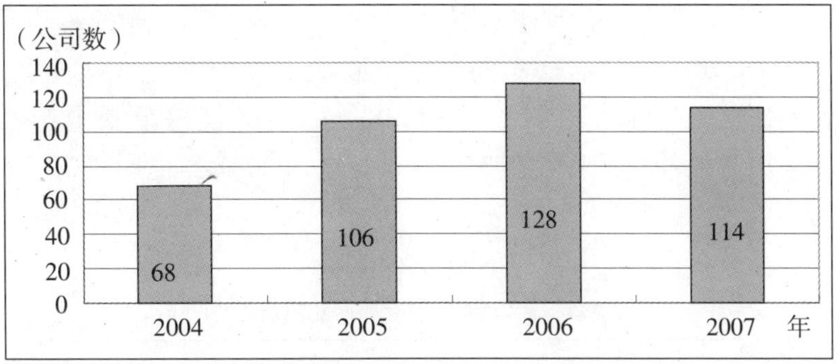

图 11　日本网络游戏公司数量（2004—2007）①

3. 网络游戏公司与市场的变化

日本国内的网络游戏市场在不断扩大，但提供网络游戏服务的公司大部分是以日本法人方式经营的 IT 企业、消费游戏公司和韩国网络游戏公司。只有少数公司是集游戏开发与游戏服务于一体的。如图 11 所示，网络游戏市场于 2005 年进入成长期，带来了经营者参与网络游戏的高潮。但是从 2007 年开始，经营网络游戏的公司陆续被淘汰。2006 年从事网络游戏的公司有 128 家，到 2007 年下降到 114 家，减少了 14 家。

从 2004 年到 2007 年网络游戏公司的规模上看，工作人员不足 100 人的中小风险企业在网络游戏公司中占有率为 34%，2007 年中小风险企业占有率为 30%。由此可见，日本网络游戏公司的规模并没有发生很大的变化，这就意味着中小企业仍将是网络游戏产业领域中的主角。

（四）电影产业

1. 日本电影产业状况

2007 年日本电影产业的观众人数和行业收入相比 2006 年都有小幅减少，但电影行业遭受的打击并不轻。近几年来，虽然信息传输、广告等众多相关产业进入电影产业，但是仍然有很多电影公司发展艰难，因而引起了电影产业人才的大规模重组和流动。而由于面临这一严峻现实，电影产业的资金流向也发生了改变。

如表 5 所示，除了银幕数量有所增加外，其他方面都有所减少。这个结果出现的主要原因是 2007 年是电影行业重组的一年，电影市场呈现暂时的低迷状态。

---

① 数据来源：日本数码内容协会《数码内容白皮书 2008》。

相对于好莱坞大片和日本影片大公司，日本的独立业务承包人向电影的发展几乎处于停滞状态。而且，有限的优秀作品呈现集中化趋势。2007 年日本本土与海外电影排行前 50 位的电影仅占公映电影总数的 6%，但票房收入却达到 14 775 559 万日元，占 2007 年电影票房总收入的 74.5%。

表 5　2007 年日本电影产业概况①

	2007 年	2006 年	2007 年比 2006 年
入场人数	163 193 000 人	164 586 000 人	1 392 000 人　减（99.2%）
总票房收入	19 844 300 万日元	20 293 400 万日元	449 100 万日元　减（97.8%）
（日本电影）	9 464 500 万日元	10 794 400 万日元	1 329 900 万日元　减（87.7%）
（海外电影）	10 379 800 万日元	9 499 000 万日元	888 000 万日元　增（109.3%）
公开放映数	810 部	821 部	11 部　减
（日本电影）	407 部	417 部	10 部　减
（海外电影）	403 部	404 部	一部　减
银幕总数	3 221	3 062	159 银幕　增
（银幕数）	2 454	2 230	224 银幕　增
（银幕数）	283	262	21 银幕　增
平均银幕入场人数	56 650 人	53 751 人	3 085 人　减
平均银幕收入	61 609 128 日元	66 274 984 日元	4 665 856 日元　减
平均入场费用	1 216 日元	1 233 日元	17 日元　减

大片同独立业务承包人的两极化由来已久，自二战后，这种两极化在电影业一直存在。1998 年日本电影的公映部数为 566 部，1999 年为

① 数据来源：日本数码内容协会《数码内容白皮书 2008》。

568 部，2006 年达到 821 部，2007 年末达到 810 部。这期间电影公映部数增长了 200 部，而电影的总票房收入并没有发生多少变化。2006 年和 2007 年公映影片急剧增长，这是因为有众多相关产业进入电影行业所导致的。市场投入的作品虽然增加了，但是总票房却没有增加。（日本 2002—2007 年电影票房收入见表 6 所示）

表 6　日本 2002—2007 年电影票房收入①

	总票房收入（单位：百万日元）	日本本土电影收入（单位：百万日元）	所占百分比（%）	海外电影收入（单位：百万日元）	所占百分比（%）
2002 年	196 780	53 294	27.1	143 486	72.9
2003 年	203 259	67 125	33.0	136 134	67.0
2004 年	210 914	79 054	37.5	131 860	62.5
2005 年	198 160	81 780	41.3	116 380	58.7
2006 年	202 934	107 944	53.2	94 990	46.8
2007 年	198 443	94 645	47.7	103 798	52.3

2007 年，日本电影的总公映部数为 407 部，总票房收入为 9 464 500 万日元。其中，日本的三家影片大公司公映部数为 69 部（17.0%），票房收入为 8 271 200 万日元（87.4%），等价影碟的收入为 119 900 万日元。独立业务承包人方面的公映部数为 338 部（83.0%），票房收入为 1 193 300 万日元（12.6%），等价影碟的收入为 3 500 万日元。公映的外国电影总数为 403 部，总票房收入为 10 379 800 万日元。其中，好莱坞大片的公映部数为 78 部（19.4%），票房收入为 8 212 900 万日元（79.1%），等价影碟的收入为 105 400 万日元；独立业务承包人方面的公映部数为 325 部（80.6%），票房收入为 2 166 900 万日元（20.9%），等价影碟的收入为 6 700 万日元。

在 2007 年度日本票房排行榜中，《加勒比海盗 3》以 109 亿日元的成绩获得冠军，《律政英雄》以 81.5 亿日元的成绩获得本土电影第一名。在票房十强的 10 部影片中，进口影片占了 6 部，票房合计 407.1 亿日元；

① 数据来源：日本数码内容协会《数码内容白皮书 2008》。

日本本土电影占了 4 部，票房合计 221 亿日元，年度十强票房总计为 628. 1 亿日元。日本全国共有 3 221 座影院，共有 1. 63 亿人次观影，平均电影票价为 1 216 日元。无论是影片上映数量、观众人次，还是电影票价以及票房收入，均较上一年有所下降。尽管日本本土影片近几年来不断走强，甚至上映数量已经连续两年超过进口影片，但票房收入仍逊色于进口影片。

可以看出，好莱坞大片和日本影片大公司的公映影片数和所占总票房收入的份额并没有发生很大变化，呈稳定状态。而独立业务承包人方面的公映部数虽然在持续激增，但票房收入却在急剧下降，电影内容的发展趋势由此可见。

2. 电影产业展望

日本电影门票价格平均为 1 216 日元，是世界各国中门票价格最高的。日本的电影观看人数近 10 年间没有增长，门票价格过高是最主要的原因之一。

日本是世界电影大国，但日本电影产业的大公司主要集中在国内市场，因此，日本电影市场发展受到很大的局限。日本电影界人士认为，日本电影应大力开辟以中国为中心的，包括韩国、中国香港、中国台湾在内的亚洲市场，尤其是中国市场。他们认为中国拥有 13 亿人口，随着经济的发展，数年后将会形成高达 10 亿人口的电影市场。对于当下的变化，日本正在研究针对亚洲市场的措施。在日本的“亚洲共同体”推进方案中，可以看到日本已经在积极努力，试图主导包括电影在内的亚洲内容市场。

（五）音乐产业

音乐软件分为音乐唱片和音乐视频两部分，其中音乐唱片占据主导地位。2003—2007 年日本音乐软件的总产值分别为 4 562 亿日元、4 313 亿日元、4 222 亿日元、4 084 亿日元和 3 911 亿日元，很显然，音乐软件的产值呈逐年下降趋势。

如图 12 所示，2003—2007 年，日本音乐 CD 产值分别为 3 880 亿日元、3 686 亿日元、3 598 亿日元、3 445 亿日元和 3 272 亿日元，呈逐年下降趋势。同时可以看出，日本本土音乐 CD 市场份额大大超过了海外音乐 CD 市场。

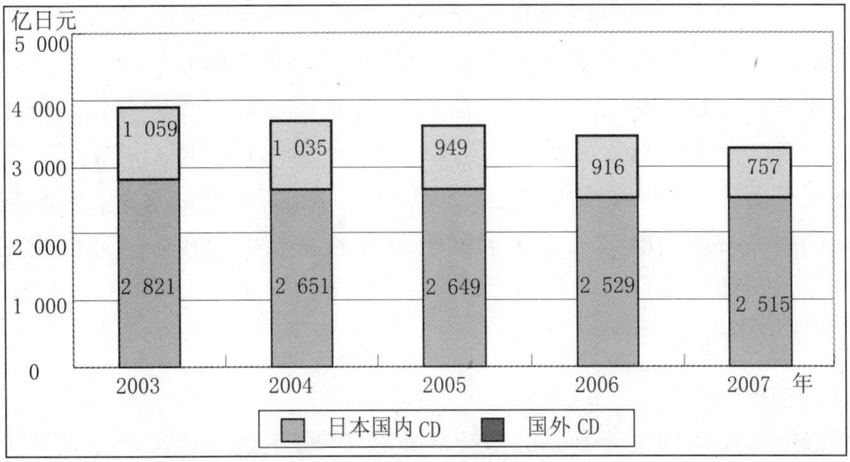

图 12　音乐 CD 产值变化①

日本音乐产业市场规模统计中，音乐唱片的总产值向来占据着非常重要的地位。音乐唱片的生产业绩自 1952 年日本唱片协会进行统计以来，一直呈现增长势头，在 20 世纪 90 年代大众娱乐盛行时期一度增长迅速。在 1998 年达到音乐唱片产值的巅峰，当年总产值达到 6 075 亿日元。此后连续九年呈下跌趋势，2007 年的总产值为 3 333 亿日元，只相当于 1998 年的 45%（见图 13）。

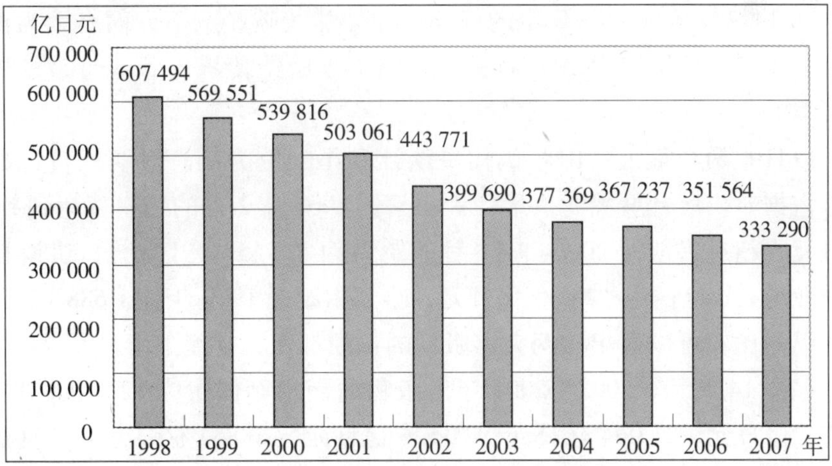

图 13　音乐唱片生产总值（1998—2007）②

① 数据来源：日本数码内容协会《数码内容白皮书 2008》。
② 数据来源：日本数码内容协会《数码内容白皮书 2008》。

在音乐业界不景气的整体状况下，音乐传输服务一枝独秀，获得快速增长。这从日本音乐著作权协会（JASRAC）负责的音乐著作权使用费便可见一斑，在 1998 年音乐 CD 生产处于巅峰之时，音乐著作权使用费的征收额为 984 亿日元，而与音乐 CD 生产下降形成鲜明对比的是，2006 年度音乐著作权使用费的征收额为 1 156 亿日元。另外，收费音乐传输销售额的增长、面向电脑和手机的网络服务的兴起也为音乐产业的发展开拓了一条新的道路。

（六）出版产业

1. 图书杂志出版业

以纸质媒体为主要基础的出版产业在 1996 年达到日本产业发展史上的顶峰。1996 年，出版产业的总销售额达到 26 563 亿日元。此后，出版行业的总销售额开始缓慢下降。2007 年的总销售额为 2 853 亿日元，相比 1996 年的总销售额下降了接近 6 000 亿日元，与 20 年前（1989 年）的 2 399 亿日元基本持平。

2007 年出版行业的不景气突出表现为销售册数的持续减少。书籍的销售册数从 1988 年的顶峰 9 亿册下降到 7 亿册，杂志则由 1995 年的 39 亿册下降到 26 亿册。书籍、杂志的销售量甚至与 1980 年相比并没有发生多少变化。

从 2007 年末至今，日本的部分出版社陆续破产。一方面是因为出版社经营本身的问题，另一方面是电子图书出版给传统出版业带来了极大的冲击。

以日本两个最大的出版机构讲谈社和小学馆为例。讲谈社自二战后一直占据着出版社业界龙头地位。小学馆 2007 年 2 月的销售额达到 1 469 亿日元，超过讲谈社 2006 年 11 月的销售额（1 455 亿日元）。讲谈社的最佳业绩是 1995 年的 2 033 亿日元，小学馆则是 1999 年的 1 688 亿日元。通过纵向比较可以看出，两大出版社的业绩都在大幅度下滑。

如图 14 所示，2003—2007 年出版物的销售额依次为 22 279 亿日元、22 427 亿日元、21 964 亿日元、21 526 亿日元、20 854 亿日元，一直处于持续下降状态。由此可以认为，纸质出版行业的巅峰已经过去，成为正在走下坡路的夕阳产业。

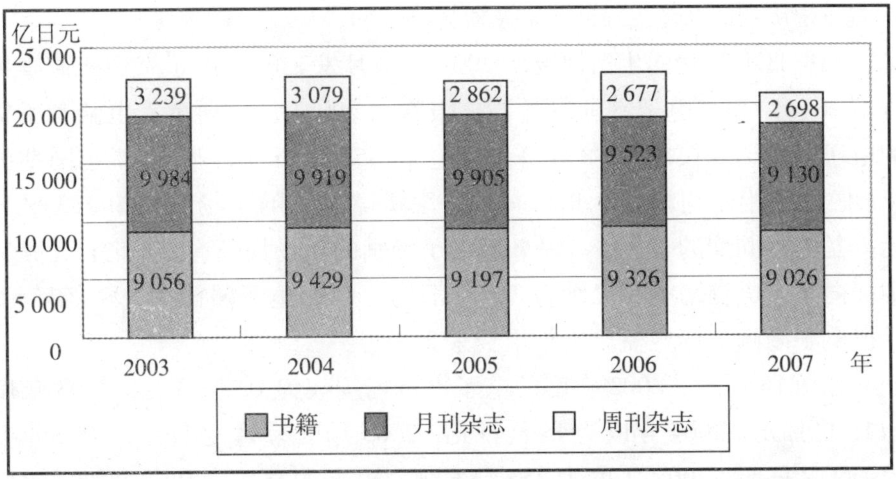

图 14　出版物销售额（2003—2007）①

2. 报纸产业

根据日本报纸协会的统计，2007 年 10 月的发行份数为 52 028 671 份，相当于每个家庭 1.01 份。报纸行业的顶峰是在 1997 年，达到 5 376 万份，实际上基本与现在持平。但是，从包括销售、广告及其他在内的报纸总销售额来看，1997 年销售额为 25 293 亿日元，到 2006 年销售额为 23 325 亿日元，呈现明显减少的趋势。

3. 网络书店

2007 年亚马逊（Amazon）的日本法人在日本经营的网络书店总销售额最高达到 800 ~ 900 亿日元，接近日本最大书店纪伊国屋书店的销售额。同时，该网络书店接受日本各大书店的委托，帮助进行网络销售。亚马逊公司 1995 年成立于美国，并于 2001 年 11 月进入日本出版行业，至今为止仅有接近 8 年的历史，其在日本的网络书店经营取得了极大成功。可见，网络书店在日本出版行业日趋成熟，成长势头迅猛。

网络书店的兴起带来了出版业结构的变化。网络书店与现存的传统出版社在调整利益关系、争取出版行业利益最大化、实施定价销售制度等方面正在达成共识，相互之间的合作成为一种新的趋势；美国亚马逊公司在 2007 年开始发售的电子书籍终端也即将登陆日本市场，这些新元素的注入将会促发出版业界发生更大的变革。

---

① 数据来源：日本数码内容协会《数码内容白皮书 2008》。

4. 电子出版的动向及出版产业未来预测

根据日本互联网生活研究所 2007 年 7 月发表的《电子书商务调查报告书 2008》和《电子漫画商务调查报告书 2008》，面向个人电脑和手机的电子书市场规模在 2008 年 3 月份达到 355 亿日元，与 2007 年同期的 182 亿日元相比约增长 2 倍。其中，手机电子书的市场规模为 283 亿日元，是去年同期的 2.5 倍。另外，电子漫画的市场规模为 255 亿日元；其中面向个人电脑的电子漫画为 266 亿日元，手机电子漫画为 299 亿日元，手机电子漫画市场规模比去年增长了 2.8 倍。

如图 15 所示，2002 年度的电子书市场规模为 10 亿日元，2003 年度为 18 亿日元，2004 年度为 45 亿日元，2005 年度为 94 亿日元，2006 年度为 182 亿日元，2007 年度为 355 亿日元，几乎每年都在成倍增长。手机电子书市场 2004 年度为 12 亿日元（占全体的 27%）、2005 年度为 46 亿日元（占全体的 49%）、2006 年度为 112 亿日元（占全体的 62%）、2007 年度为 283 亿日元（占全体的 80%），个人电脑电子书的增长迅速。电子漫画在 2005 年度仅为 34 亿日元，2006 年度则达到 106 亿日元，2007 年度为 255 亿日元，而 2007 年度手机电子漫画市场规模为 229 亿日元，所占比重接近 90%。

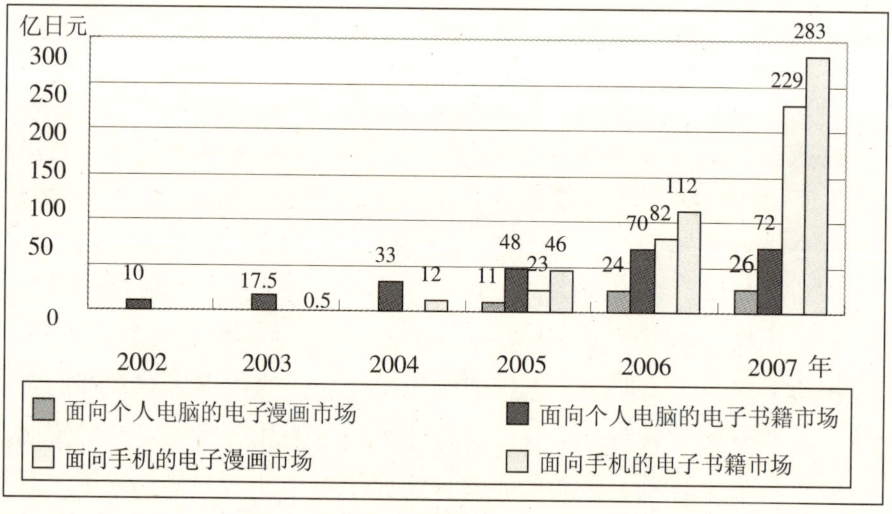

图 15 电子书籍销售额（2002—2007）①

① 数据来源：日本数码内容协会《数码内容白皮书 2008》。

综上所述，随着日本纸质媒体的持续萎缩，日本的出版社也越来越多地致力于电子媒体的开发利用。在出版行业重构体系的过程中，一些出版社必然面临倒闭，而网络书店会以其优势迅速发展，与此同时，电子书则由于互联网、手机等电子通信设施的普及，将迅速在出版界崛起，成为最具市场潜力的行业。

第二部分　韩国文化产业最新动向与发展态势

一、韩国文化产业的战略与政策动向

（一）战略动态

早在2003年8月，韩国政府就把文化产业确定为十大未来成长动力产业之一，并于2003年12月发表了“实现世界5大文化产业强国的文化产业政策前瞻”。其目标是到2012年，使韩国成为世界第五大文化产业国家。

近年来，随着数字技术的快速发展，文化产业出现了行业间的融合趋势。韩国政府在推进广电通信融合方面走在了世界前列。2007年12月，韩国制定了《网络多媒体广播法》，初步完成了广播电视与通信的融合。根据韩国文化体育观光部的预测，到2012年，产业融合将创造7兆韩元的新市场和13万个就业岗位。

2008年9月22日，韩国体育观光部下属的咨询机构“内容韩国促进委员会”发表了“文化产业前景与培育战略”，提出了培育未来融合型文化产业的五大重点战略领域。

1. 发展CG产业

发展CG产业的目标是使韩国成为亚洲最大的CG制作基地（Computer Graphics—电脑图形图像，简称CG，是国际新兴的创意工业）。具体目标是：到2012年达到1兆韩元的市场规模，创造3万个就业岗位。政府计划在2012年前为CG内容开发给予500亿韩元、技术开发给予600亿韩元的财政支持。

2. 建立数字虚拟服务体系

建立数字虚拟服务体系的具体目标是：到2012年达到2兆韩元的市场规模，创造6万人的就业岗位。为此，政府将提供600亿韩元的财政支持。

3. 开发广播电视与信息通信融合内容

开发广播电视与信息融合内容的以新技术为依托，着力开发广播电视与信息通信融合内容。据预测，到2012年达到1.5兆韩元的市场规模，创造12 600个就业岗位。为此，政府在未来的五年中将提供融合内容开发200亿韩元、技术开发500亿韩元的财政支持。

4. 开发“泛在学习”内容

开发“泛在学习”内容的目标是培育拥有全球化竞争力的“泛在学习”文化产业。据预测，到2012年，将创造0.5兆韩元和18 500个就业岗位。政府计划到2012年前，总计投入400亿韩元的财政支持，用于“泛在学习”内容的开发。

5. 创造虚拟现实的新市场

虚拟现实技术广泛应用于文化（旅游、体育等）、制造业（服装、汽车、船舶）和服务业（文化、医疗、教育、国防、设计等），它使内容市场的规模大大扩展，而且在相关产业领域的生产能力得到较大的提高。政府在这一领域的内容开发上预计投入300亿韩元，技术开发上提供300亿韩元的财政支持。据预测，到2012年，将创造2兆韩元和18 800个就业岗位。

（二）政策动向

2007年，韩国文化体育观光部的文化产业政策主要是围绕振兴文化产业的五大目标展开的。五大目标是：（1）培养和开发具有全球竞争力的人才和技术；（2）改善投资环境、强化著作权的保护和利用；（3）强化文化内容的创作能力；（4）加大“韩流”的拓展、支持文化内容出口海外；（5）强化旨在振兴文化内容的扶持体系。

2008年韩国新一届政府成立以来，在延续前一届政府政策的基础上，依据文化产业的新变化，在政策实施方向上做出了调整。新政府的主要政策方向如下：

1. 扶持和鼓励功能及行业的整合

第一，改变以行业为中心的扶持政策。由于数字技术的快速发展，使得文化产业各个业态之间呈现出相互融合的趋势，因此，韩国政府开始改变传统的以行业为中心的扶持政策，而转向以功能为中心的扶持政策。

第二，按照发展阶段确定支持重点。对于能够产生高附加值的部门，以及产业基础薄弱需要扶持的部门应给予重点扶持，而对于电影、游戏已经进入成熟期的领域，政府则减少扶持，鼓励行业自行发展。对于新兴产业，则按照需要实行直接支持（提供制作费、培养专业人才等）和间接支持（引导公平竞争、建立流通秩序等）的政策。

第三，重点培育具有高成长性的产业。

2. 构建统一的政策体系

第一，改善政策体系的重复性和低效率，实现政策促进体系的一元化（见表7）。

第二，建立统一的政策促进体系。

表7　文化产业振兴政策的一元化及各部门的协作领域①

<table>
<tr><th>类　别</th><th>政策部门</th><th>政策领域</th><th>政策功能</th></tr>
<tr><td rowspan="2">一元化</td><td rowspan="2">文化体育观光部</td><td>产业基础核心要素</td><td>制作技术的标准化（包含研发）
确立著作权保护体系
构建合理的流通体系
制订振兴内容的基本计划
财源的保障和分配（吸引投资）</td></tr>
<tr><td>广播、影像、电影、游戏、音乐、卡通等文化内容</td><td>支持制作
培养人才
支持出口
创造良好的文化环境</td></tr>
<tr><td rowspan="3">调整及协作</td><td>知识经济部</td><td>网络领域</td><td>技术高度化（包含研发）
技术标准化，识别体系
促进流通（公平交易）</td></tr>
<tr><td>广播通信委员会</td><td>广播、通信平台领域</td><td>促进广播网络的公益性</td></tr>
<tr><td>其他部门</td><td>与教育、福利等各部门内容有关的领域</td><td>支持制作
培养有关人才</td></tr>
</table>

① 资料来源：韩国文化体育观光部《文化产业白皮书2007》。

第三，增加政府的文化产业振兴预算，提高使用效率。

第四，构建官民协作的政策体系。

3. 政策上兼顾经济价值和文化价值

第一，文化艺术与文化产业的有机结合。

第二，以增进消费者的福祉为目的。

4. 进军全球市场

第一，内容生产的目标是世界市场。着眼国内市场的文化产业战略难以成功，因此，需要支持那些一开始就瞄准世界市场的内容制作，同时，制定海外市场战略。此外，应当引导国内文化企业与外国合作进行共同制作或共同投资。

第二，培育全球化的文化产业企业。

第三，加强旨在持续推广“韩流”的海外本土化，以及开辟国外市场的能力。为克服韩国国内市场的规模限制，必须加强开辟国外市场。为此，应首先建立能够提供国外市场信息的平台，并且应使得韩国的文化商品出口实现多边化。其次，建立与国外的双边或多边合作，在共同制作、市场、人才交流等国家之间交流与合作的机制。

二、韩国文化产业的整体动向及态势

（一）文化产业市场规模

根据韩国文化体育观光部《2007 年文化产业统计》，韩国文化产业（出版、漫画、音乐、游戏、电影、动画、广播、广告、卡通、娱乐 10 个领域）的总销售额为 579 385 亿韩元，较 2005 年增加了 7.4%，占 2006 年韩国 GDP 的 6.86%。2003—2006 年韩国文化产业市场规模的年平均增长率为 9.4%（见表 8）。

表 8　韩国文化产业市场规模①　（单位：亿韩元，%）

产业类别	2003 年	2004 年	2005 年	2006 年		2003—2006 年
				销售额	比重（%）	平均增长率（%）
出　版	155 211	189 210	193 922	198 793	34.31	8.6
漫　画	7 591	5 059	4 362	7 301	1.26	20.1

① 资料来源：韩国文化体育观光部《2007 文化产业统计》

续 表

产业类别	2003 年	2004 年	2005 年	2006 年		2003—2006 年平均增长率（%）
				销售额	比重（%）	
音　乐	17 935	21 331	17 889	24 013	4. 14	10. 2
游　戏	39 387	43 156	86 798	74 489	12. 86	23. 7
电　影	23 444	30 224	32 948	36 836	6. 36	16. 3
动　画	2 700	2 650	2 338	2 886	0. 50	2. 2
广　电	71 336	77 728	86 352	97 198	16. 78	10. 8
广　告	70 639	80 826	84 178	91 180	15. 74	8. 9
卡　通	48 085	42 193	20 759	45 509	7. 85	-1. 8
娱　乐	—	—	1 127	1 180	0. 20	4. 7
合　计	441 955	500 601	539 481	579 385	100. 00	9. 4

（二）文化产业进出口

如表 9 所示，2006 年韩国文化产业出口总额为 137 315 万美元，比 2005 年增长 11. 1%。各产业类别出口额及其所占比例的排序是：游戏，67 199 万美元（48. 94%）；卡通，18 945 万美元（13. 80%）；出版，18 486 万美元（13. 46%）；广电，13 391 万美元（9. 75%）；广告，979 万美元（5. 53%）；动画，6 683 万美元（4. 87%）；电影，2 451 万美元（1. 79%）；音乐，1 666 万美元（1. 21%）；娱乐，501 万美元（0. 37%）；漫画，391 万美元（0. 28%）。

从表 9 中可以看出，游戏产业的出口十分突出，几乎占了所有产业出口份额的半壁江山。游戏、漫画、广电、卡通四大产业出口呈现较高的成长率，音乐产业和电影产业的出口呈现较大幅度的下降趋势，动画出口减少的主要原因在于韩国动画生产模式的转变，即由承接国外订单制作为主转变为以创作国产动画为主的模式。

表 9　韩国文化产业进出口状况（2004—2006）①

（单位：百万美元,%）

	出口					进口				
产业	2004	2005	2006	比重	2004—2006 年平均增长率	2004	2005	2006	比重	2004—2006 年平均增长率
出版	182.2	191.3	184.9	13.5	0.7	227.1	231.7	307.2	9.4	16.3
漫画	1.9	3.3	3.9	0.3	43.2	0.4	0.9	4.0	0.1	198.8
音乐	34.2	22.3	16.7	1.2	-30.2	20.6	8.3	8.3	0.3	-36.3
游戏	387.7	564.7	672.0	48.9	31.7	205.1	232.9	207.6	6.3	0.6
电影	58.76	76.0	24.5	1.8	-35.1	66.2	46.8	45.8	1.4	-16.8
动画	61.8	78.4	66.8	4.9	4.0	8.0	5.5	5.1	0.2	-20.2
广电	70.3	121.8	133.9	9.7	38.0	58.6	43.2	72.6	2.2	11.3
广告	20.8	9.3	76.0	5.5	91.3	91.8	2 292.8	2 415.5	73.7	62.2
卡通	117.3	163.7	189.5	13.8	27.1	129.4	123.4	211.9	6.4	28.0
娱乐	4.9	5.2	5.0	0.4	1.1	0.4	0.4	0.3	0.0	-11.1
合计	939.4	1 236	1 373.2	100.0	20.9	1 634.5	2 985.9	3 278.3	100.0	41.6

从进口情况来看，2006 年进口总额为 327 828 美元，比 2005 年增长 9.8%。各产业类别进口额及其所占比例的排序是：广告，241 554 万美元（73.7%）；卡通，21 190 万美元（16.4%）；出版，3 718 万美元（9.4%）；游戏，2 755 万美元（6.3%）；广电，7 256 万美元（2.4%）；电影，4 581 万美元（1.4%）；音乐，834 万美元（0.3%）；动画，509 万美元（0.2%）；漫画，396 万美元（0.1%）；娱乐 31 万美元（0.0%）。

如果将广告业的进出口份额排除，那么，韩国文化产业的实际出口额应为 136 336 万美元，进口额应为 86 274 万美元，而文化产业的贸易顺差为 50 062 万美元。

根据韩国文化体育观光部《2007 年文化产业统计》显示，2006 年，

① 数据来源：韩国文化体育观光部《2005—2007 年文化产业统计》。

韩国出版、漫画、音乐、游戏、电影、动画、广电、卡通、娱乐 9 大产业的出口国家和地区（包括出口额和所占比例）分别是：日本，34 394 万美元（27.2%）；北美，34 043 万美元（27%）；中国，23 323 万美元（18.5%）；东南亚，10 963 万美元（8.7%）；欧洲，9 799 亿美元（7.87%）；其他地区，13 685 万美元（10.8%）。

上述 9 大产业的进口国家和地区（包括进口额和所占比例）分别是：北美，21 858 万美元（33.4%）；中国，13 324 万美元（20.2%）；日本，16 880 万美元（16.3%）；欧洲，8 720 亿美元（13.3%）；东南亚，6 016 万美元（9.2%）；其他地区，5 009 万美元（7.6%）。

（三）产业结构的变化

近几年来，韩国的数字文化产业继续保持强盛势头，在文化产业中的比重增幅较快。2006—2007 年，韩国的数字文化产业的发展突出表现在数字广播、视频游戏、移动网络等方面。2007 年，韩国的数字文化产业市场规模达到了 100 067 亿韩元（约合 84 亿美元），比 2006 年增长 2.2%。其中，游戏市场所占份额最大。数字文化产业按照增长率排序，则分别是数字广播、信息内容、游戏（见表 10）。

表 10　韩国数字内容市场规模①　（单位：亿韩元，%）

韩国数字内容市场规模				
类别		2006 年	2007 年	增长率
制作/服务	游戏	23 882	26 589	11.3
	数字广播	11 314	13 698	21.1
	数字影像	2 445	2 471	1.1
	网络教育	7 128	7 930	11.3
	数字音乐	3 294	3 559	8.0
	电子博客	552	473	-14.3
	信息内容	8 890	10 188	14.6
	内容交易与中介	16 226	17 945	10.6
	小计	73 731	82 853	12.4
数字内容		12 417	17 214	11.7
合计		89 148	100 067	12.2

① 数据来源：韩国软件振兴院《2007 年度国内数字内容市场动向》。

在韩国数字文化产业中，值得关注的是新媒体的迅速发展。

（1）交互式网络电视（IPTV）。它是利用宽带有线电视网，集互联网、多媒体、通讯等多种技术于一体，向家庭用户提供包括数字电视在内的多种交互式服务的崭新技术。信息通信技术的高速发展和网络的普及，新的媒介形态不断涌现，同时媒介服务业出现了日益走向融合的现象。2007年12月，韩国制定了《网络多媒体广播法》（也称《IPTV产业法》），允许通过宽带网络播放电视节目（此前已经试行）。2008年开始IPTV服务在韩国正式启动。截至2008年1月，韩国IPTV的注册人数达到了124万人。预计到2012年，注册人数将突破400万人，市场规模将达到1兆韩元（见图16）。

（2）无线宽带（Wibro）。无线宽带（Wibro）的名称来源于Wireless Broadband Accessservice的英文简称，它最初是由韩国电子通信协会（ETRI）、三星电子和韩国主要运营商发起，在2004年1月开始制定标准，命名为WiBro，在2007年10月被国际电信联盟（ITU）承认为世界第三代移动通信（3G）国际标准。截至2007年9月，韩国国内加入Wibro网络的人数达到了近6万8千人。目前只是在韩国首都圈运行。韩国文化体育观光部预测2008年以后，韩国的无线宽带市场将进入快速增长的轨道。如表11所示，2008年韩国国内市场规模为39 600亿韩元，到2012年将达到38兆韩元，出口则将突破30亿韩元。

（3）数字多媒体广播（DMB）。这一技术是利用手机来接受地面或卫星播发的电视节目信号。截至2007年12月，韩国国内一共销售了地面波DMB用终端机869万部，卫星DMB用终端机127万部。2007年，接受该项服务的人数已经突破1千万。不过，由于受到3G等其他移动服务业的竞争影响，2007年7月以后市场出现了饱和趋势。

（4）视频UCC。UCC（User Created Contents），中文意思为“用户创建内容”，即用户在网络上直接创造多种形态的内容。相当于中国的“播客”。2008年，韩国视频网站日平均访问量达到444万人，同比增长60.3%。

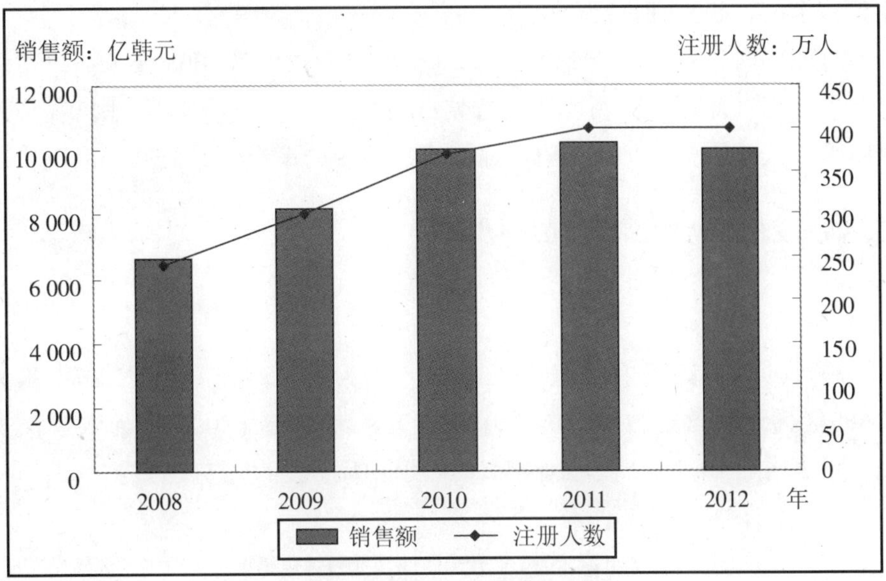

图 16　网络电视市场规模及注册人数预测①

表 11　无线宽带国内市场及出口预测②　　（单位：亿韩元）

类　别	2008	2009	2010	2011	2012	合　计
市场规模	39 602	74 627	162 842	280 542	380 166	938 779
出口规模	13 069	24 627	54 086	92 579	125 455	309 798

韩国政府非常重视新媒体的发展动向，2006 年 3 月由文化体育观光部文化媒体局牵头制订了“新媒体产业振兴计划”，文化体育观光部下属的文化产业局主抓制定内容制作和商务环境方面的政策，文化媒体局主抓新媒体服务中具体的文化产业发展政策，形成了一元化领导，并且，为提高发展新媒体产业的效率，文化媒体局于 2007 年 5 月成立了新媒体产业处。

新媒体产业处主要从三个方面展开工作：第一，建立“新媒体素材库”，鼓励开发新媒体素材和共享素材；第二，建立“媒体制作信息系统”，创立信息库，并且每两个月发布一份业内通讯，将相关信息传达至

① 数据来源：文化体育观光部《文化产业白皮书 2007》。
② 数据来源：韩国文化体育观光部《2005—2007 年文化产业统计》。

业界；第三，研究和推广新闻信息新标准——NewsML 技术。

与此同时，新媒体产业处还从 2007 年第四季度到 2008 年末，推进新媒体事业培育计划，在新媒体内容格式开发、3D 立体影像人才培养、新媒体平台人才培育、扩大 UCC（播客）、播客的平台等方面展开活动。

三、韩国文化产业主要领域的动向及态势

（一）游戏产业

2007 年，韩国国内游戏市场的总产值为 51 436 亿韩元（2006 年为 74 489亿韩元，同比减少 39%），出口 7.8 亿美元（2006 年为 6.7 亿美元，同比增加 16.2%），与国内市场缩小相反，出口增势迅猛。

表 12　2006 年韩国游戏产业整体规模①　（单位：亿韩元）

类　别	销　量	市场份额（%）
在线游戏	17 768	23.9
手机游戏	2 390	3.2
电视游戏	1 365	1.8
电脑游戏	264	0.4
电子游戏	7 009	9.4
网　吧	18 647	25.0
电子游戏厅	26 770	35.9
电视游戏厅	276	0.4
合　计	74 489	100

1. 游戏市场规模比前一年减少

2006 年韩国游戏市场规模比前一年减少 14.2%。减少的主要原因是：2006 年韩国政府大力整顿电子游戏机市场，从法律上禁止成人赌博于游戏，带有赌博性质的游戏退出市场，相关的制造企业蒙受重创，其中绝大多数倒闭。2007 年成人电子游戏市场继续衰落，而且这种格局将

① 数据来源：韩国游戏产业振兴院《2007 游戏产业白皮书》。

持续下去。随着成人电子游戏业的衰落，目前，面向青少年的游戏开发成了热点。

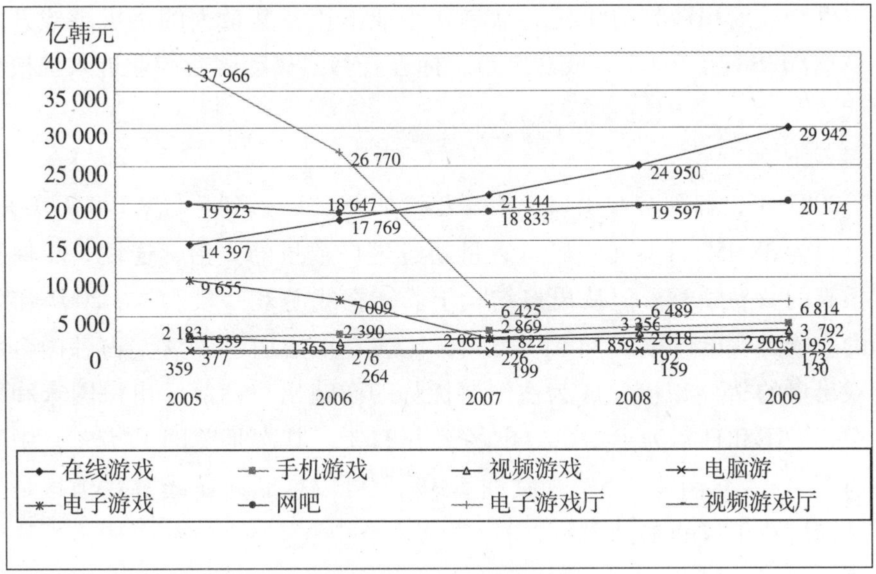

图 17　韩国国内游戏市场规模及发展趋势①

2. 在线游戏增长速度快，市场份额扩大

韩国在线游戏 2006 年销量为 17 768 亿韩元，比 2005 年（14 397 亿韩元）增长了 18. 9%。根据韩国游戏振兴院的预测，今后在线游戏将是韩国游戏产业的领头羊。

3. 视频类游戏市场增幅加快

视频类游戏市场规模增幅加快，但本土视频游戏的增幅不大，而日本视频游戏在 2007 年大举登陆韩国市场，并占据了较大的市场份额。根据韩国软件振兴院出版的《2007 年度国内数字内容市场动向》的统计数据，2007 年日本索尼公司的 DS 掌上游戏机在韩国销量突破 140 万部，使得 2007 年的韩国视频游戏市场规模比 2006 年增长了 95%，并使韩国游戏市场规模比 2006 年增长 11. 3%。

4. 手机游戏业稳步增长

2007 年韩国手机游戏业的市场规模为 2 868 亿韩元，比 2006 年增长

① 数据来源：韩国游戏产业振兴院《2007 游戏产业白皮书》。

约 18%。韩国的移动通信公司和游戏开发商不断开发高性能的 3D 手机和大容量的 3D 游戏，并加强与网络游戏相互结合和实施月固定费用等服务。韩国政府积极扶持手机游戏制作企业上市，其最大的手机游戏开发商“COM2S”于 2007 年成功上市，标志着韩国移动游戏产业进入规模化时代。

5. 游戏出口

2007 年，韩国游戏出口比上一年增加 16%，达到 7 亿 8 100 万美元，而进口为 38 955 万美元，出口数量超过进口数量的 2 倍，连续 5 年保持了很高的贸易顺差。但从出口结构上看，在线游戏一枝独秀，2007 年韩国的在线游戏出口额为 74 623 美元，比前一年增加了 24%，占韩国全部游戏出口的 95% 以上，成为占绝对优势的游戏出口商品。出口国家和地区中，中国和日本为主要出口市场，占 31%，其次是美国 17.7%，中国台湾 7.7%，东南亚 5.5%，欧洲 5.3%。可以推断，在线游戏仍将是今后韩国游戏出口的主打产品。

6. 游戏教育

截至 2007 年 4 月，韩国在工业类职业高中、专科学校、大学、产业专科学院、技术专科学院、广播及通信专科学院、研究生院等 75 所多层次教育机构（见表 13）开设了游戏教育学科或设定了游戏研究、发展方向。

表 13　韩国设置游戏教育的正规机构统计状况①　（单位：所）

类　别		2004 年 4 月	2005 年 4 月	2006 年 4 月	2007 年 4 月
职业高中		4	4	5	6
专科学院		39	36	33	33
大　学	普　通	18	18	20	21
	远　程	13	3	3	4
研究生院（硕士/博士）		8	8	10	11
合　计		82	69	71	75

① 数据来源：韩国游戏振兴院《2007 韩国游戏白皮书》。

根据韩国游戏振兴院的计划，2008 年以后韩国将加大力度发展游戏产业。韩国游戏产业振兴院于 2008 年 8 月 6 日与微软 KOREA 签订了战略业务协议，计划共同建立“全球游戏综合中心”（GLOBAL GAME HUB CENTER）。通过本次协议建立的“全球游戏综合中心”将会为 100 多个中小游戏企业培养人才，并帮助 10 个以上游戏企业走向世界市场。

预计在未来三年内，游戏产业振兴院将培养 1 000 多名游戏产业人才，同时，通过“全球游戏综合游戏中心”制作出来的游戏全部都会归于其名下，而这些游戏将会被打造成品牌。目前，微软已具有开发可以同时在电脑和 Xbox 上运行的游戏专用工具，此次签约将成为韩国在世界游戏市场上确保竞争力的基础。

第一阶段，双方以在三年内培养 100 个游戏企业为目标，在 2008 年创办游戏孵化器，并以三年内培养 1 000 名游戏开发人员为目标，开设多平台游戏开发教育专业。

第二阶段，2009 年双方在构筑全球游戏中心的同时，构筑网络运营、品质认证、游戏运营等方面的基础设施，并且计划开发多种商业模式及确保多平台游戏、全球发行商等。

第三阶段，2010 年正式开展游戏的全球发行，帮助 10 家以上的企业进入全球市场。

韩国游戏产业振兴院预计该协议的签订将会为其带来 5 000 亿韩元的直接经济效益、1 000 亿韩元的 IT 产业效益等共 7 500 亿韩元的经济效益，并提供 5 000 个就业岗位。

未来三年内，将有 5 000 万美元的资金投入到全球游戏中心，其中 2 000 万美元由微软投资，其余资金从韩国政府和民间资本进行引资。

（二）电影产业

韩国电影产业自 2001 年以后进入快速发展通道，国产电影复苏尤其明显，并成为“韩流”重要的生力军之一。韩国文化体育观光部于 2006 年 10 月公布了《2007—2011 年电影产业中长期发展计划》，政府五年内预计投资 6.4 亿美元发展电影产业。该发展计划的目标是，到 2011 年，韩国力争成为世界第五大电影强国，届时国内市场规模将达到 3 万亿韩元，世界市场占有率达到 3%，海外出口达到 3 千亿韩元。

在 2006 年之后，韩国电影出现了不景气状况。根据 2008 年 1 月韩国电影振兴委员会公布的“2007 年韩国电影产业结算报告”，2007 年上映的 112 部韩国国产影片中实现盈利的只有 13 部，只占全部上映影片的 11.6%，其他全部亏损。此外，2007 年韩国最卖座的 10 部影片中只有 3 部是韩国本土影片，再次反映了韩国本土影片在 2007 年全线衰退的事实。

在观众人数方面，2007 年韩国电影观众总人数达到了 15 900 万，比 2006 年的 15 300 万略有上升，不过在首尔地区电影观众人数却由 2006 年的 5 100 万下降到了 4 900 万。此外，韩国范围内其国产影片的观众占有率由原来的 63.8% 下降至 50.8%，而在首尔地区更是从 60.4% 下降到了 45.3%。

从近年韩国电影国内市场的情况看（见表 14），韩国的电影产业链结构并不合理，主要表现在剧场收入占据了其国内电影市场份额的 70% 以上，而衍生市场情况则不理想。其中，录影带的市场规模从 2006 年以后大幅萎缩，电影 DVD 市场也在明显缩小，而非法复制以及网络非法下载是出现这种趋势的主要根源。

此外，韩国电影的投资与制作部门的收益率也呈现下降趋势。例如，2006 年韩国电影的投资及制作部门的收益率骤降至 -24.5%，公开上映的总计 108 部韩国影片中，只有 18 部盈利，其余全部亏损。这表明：韩国电影产业投资的低收益率和高风险的特点明显，这将制约韩国电影的发展。

表 14　韩国电影产业的市场规模①　（单位：亿韩元）

类别	剧场销售额			录影带/DVD 销售额			合计
	韩国影片	外国影片	小计	录像制品	DVD	小计	
2003 年	3 823	3 348	7 171	6 390	1 000	7 390	1 4561
2004 年	5 048	3 450	8 498	5 451	1 085	6 536	15 034
2005 年	5 277	3 704	8 981	4 566	867	5 433	14 414
2006 年	5 917	3 340	9 257	3 200	700	3 900	13 157
2007 年	4 948	5 007	9 955	2 680	600	3 280	13 235

① 数据来源：韩国电影振兴委员会《2007 韩国电影年鉴》。

2008年上半年，韩国电影出口总额为10 257 569美元，同比增长37%（见表15）。尤其是北美地区增长幅度非常之快，仅次于亚洲，成为韩国电影的第二大出口地区。与此相比，韩国电影在欧洲市场缩水较大，尤其是在法国更为明显，由前年同期的24.4%急速降至4.1%。在亚洲，出口日本的韩国影片数量收益大增，其中最为卖座的影片剧本皆是以日本漫画为原创素材。

表15 2008年上半年同比出口情况① （单位：美元）

国家	出口额				与前年同比
	2007年上半年	所占比例	2008年上半年	所占比例	
日本	2 215 187	29.6%	2 565 000	25.0%	15.8%
美国	154 500	2.1%	2 844 160	27.7%	1 740.9%
法国	1 823 801	24.4%	415 721	4.1%	-77.2%
泰国	764 000	10.2%	159 000	1.6%	-79.2%
德国	170 805	2.3%	609 930	5.9%	257.1%
中国台湾	228 000	3.0%	410 000	4.0%	79.8%
中国内地	50 000	0.7%	158 500	1.5%	217.0%
中国香港	224 300	3.0%	566 500	5.5%	152.6%
其他	1 854 818	24.8%	2 528 758	24.7%	36.3%
合计	7 485 411	—	10 257 569	—	37.0%

（三）动画产业

如表16所示，韩国动画产业2006年的总销售额约为2 885亿韩元。其中，动画制作领域为2 161亿韩元，剧场销售为610亿韩元，动画流通与发行为44亿韩元，在线动画流通约为66亿韩元。

动画制作业的销售额（2 161亿韩元）占动画总体销售额94.9%。其中，包括创作和制作1 072亿韩元、承接制作1 076亿韩元和在线（网络、手机等）动画制作11亿韩元。从这些数字可以看出，韩国正稳步从承接制作转向以自主创作和制作为主的动画产业模式。

① 数据来源：韩国电影振兴委员会，http://www.kofic.or.kr/.

表 16 韩国动画产业销售额① （单位：百万韩元）

类 别	2005 年	2006 年
动画制作业	221 012	216 128
动画流通与发行业	—	4 402
在线动画流通业	—	6 643
剧场销售业	12 601	61 099
合 计	233 613	288 272

如表 17 所示，2006 年韩国动画的出口额为 6 683 万美元，进口为 509 万美元。动画出口额与 2005 年的 7 843 万美元相比下降了近 15%，进口额与 2005 年基本持平。

2006 年，韩国动画出口的国家或地区分别是：北美（4 266 万美元）、日本（1 501 万美元）、欧洲（712 万美元）、东南亚（36 万美元）、中国（16 万美元）。其中，北美是最大的出口市场，其次是日本。尽管进出口额总量并不大，但两年的贸易顺差率达到了 93% 和 92. 3%。而韩国动画的主要进口国为日本。

表 17 韩国动画产业进出口情况② （单位：千美元）

类 别	出 口		进 口	
	2005 年	2006 年	2005 年	2006 年
中 国	471	164	—	40
日 本	24 750	15 014	4 867	5 000
东南亚	382	365	—	—
北 美	44 626	42 662	573	50
欧 洲	3 529	7 122	18	5
其 他	4 706	1 507	—	—
合 计	78 429	66 834	5 458	5 095

从动画电影的剧场放映情况来看，2006 年上映的 23 部动画影片中，

① 数据来源：韩国文化体育观光部《2007 文化产业统计》。
② 数据来源：文化体育观光部《2007 文化产业统计》。

韩国动画电影作品只有 3 部。这说明，韩国动画电影制作已陷入衰退状态。

从电视放映时间上看，2006 年韩国电视台动画放映时间中，外国动画片占 69.2%，国产动画片占 31.8%，外国动画放映时间是韩国动画放映时间的 2 倍。但从绝对放映时间看，2006 年其国产动画放映时间比 2005 年增加了 20%，而国外动画片只增加了 15%。韩国政府在 2005 年 7 月实施国产动画创作新片的义务放映制度（“国产动画片放映总量制”），并且这一制度在 2006 年初见成效。如表 18 所示，新制度实施后，国产动画，尤其是国产动画创作新片的播放时间增幅较大。同时，这一制度也刺激了国产动画的创作，使其销量增幅明显。

表 18 韩国动画放映总量制实施效果①

类 别	2004 年	2005 年新制度实施	2006 年
国产动画放映时间（分）	24 614	28 777	34 577
国产动画创作新片（分）	10 523	16 960	19 132
国产动画作品销量（亿韩元）	350	565	637

在有线电视和卫星电视的若干动画专业频道中，大多数播放的是日本动画，而韩国动画比重较低。

动画在韩国文化产业中的比重一直偏低。为振兴动画产业，韩国文化体育观光部在 2006 年 1 月公布了《动画产业中期增长战略》，其中值得关注的是，韩国政府从 2006 年至 2010 年将投资 764 亿韩元继续大力扶持动画产业。该资金主要用于制作技术基础设施的建设、人才培养、海外出口、动画产业相关法规建设等，意图通过这些动画手段来促进韩国动画的发展。该计划的目标是在 2010 年之前将目前年约 3 000 亿韩元的市场规模提高到 1 兆韩元。

韩国政府鼓励内容原创，特别是鼓励民族化的数字动漫发展。为此，文化体育观光部近年来实施了 OSMU 战略，并收到了巨大成效。OSMU 是英文 One Source Multi Use 的缩写，即“一个来源，多种用途”。一个来

① 数据来源：文化体育观光部《2007 文化产业统计》。

源就是创意题材，多个用途是在项目管理中划分出电影、电视剧、游戏、动画制作、漫画出版、形象产品、音乐等多个子项目。随着“小小人”、“流氓兔”、“雨装少年”等国产动漫形象的登场，韩国动漫进入了一个崭新的发展阶段。目前，韩国本土形象的动漫已占据40%的市场份额。

（四）漫画产业

如表 19 所示，2006 年韩国漫画产业市场总规模为 7 300 亿韩元，其中漫画出版市场为 2 960 亿韩元（40. 5%），漫画流通市场为 3 306 亿韩元（45. 3%），漫画租赁市场为 1 034 亿韩元（14. 2%）。漫画流通市场分为在线流通和一般流通，在线流通市场为 473 亿韩元，一般流通市场（漫画批发零售业）为 4 362 亿韩元。另外，2006 年韩国漫画市场规模统计中新增了儿童漫画和学习漫画（2005 年统计中未计入）。

表 19　2006 年 韩国漫画市场规模①

类　别	2005 年		2006 年	
	销量（百万韩元）	比重（%）	销量（百万韩元）	比重（%）
漫画出版市场	211 736	48. 5	296 033	40. 5
在线漫画制作流通	31 903	7. 3	47 342	6. 5
漫画批发零售	31 903	19. 1	283 290	38. 8
漫画租赁市场	109 606	25. 1	103 407	14. 2
市场总体规模	436 235	100	730 072	100

近年来，韩国漫画中制作精良的单行本市场持续扩大，而报纸连载也越来越成为漫画兴盛的重要载体。出版的漫画单行本中，按照题材分类，纯情漫画有 1 044 种，占 25. 5%；成人漫画 894 种，占 17. 1%；幻想漫画 462 种，占 11. 3%；动作漫画 360 种，占 8. 8%。

按照国别和地区分类，市场占有率分别为：日本漫画占 68%；韩国漫画占 30. 5%；中国香港漫画占 0. 44%；欧洲漫画占 0. 09%；北美漫画占 0. 07%；中国台湾漫画占 0. 44%。日本漫画依旧保持一枝独秀的传统格局，但韩国漫画的市场份额呈现较快的上升趋势。

① 数据来源：韩国文化内容振兴院《2007 文化产业白皮书》。

在线漫画制作和流通市场稳步扩大，2006 年比前一年增长 32.5%。其中，仅网络及手机等在线漫画服务的销售额在 2006 年就达到 727 亿韩元，比前一年增长 2.5%。

2006 年韩国漫画出口总额达到 391.7 万美元，比前一年增加 16.6%，进口总额为 396.5 万美元。进出口基本持平。在韩国出口的主要国家和地区中，欧洲地区为 1 414 万美元，北美地区为 847 万美元，日本为 770 万美元，中国为 388 万美元。

韩国文化体育观光部在 2003 年制订了“漫画产业振兴 5 年计划 2003—2007 年”。根据这一计划，韩国发展漫画产业政策重点集中在五个领域，即：强化漫画创作，提倡发展原创作品；构建漫画制作流通基础平台；扩展国际交流和扩大漫画出口；提高国民对漫画的认识和参与漫画创作的积极性；改善法律法规及建立扶持体系。

2008 年，韩国文化体育观光部确立的工作计划重点是扩大漫画价值的原创作品产业化、提高优秀漫画的企划和市场营销能力。此外，继续扶持专业漫画媒介的发行、流通，并给漫画作家创造良好的创作条件，支持在线等多种漫画创作形式并加快漫画出口；提高国内漫画团体的参与漫画事业的积极性，对其开展的事业活动给予经费支持。

当前，韩国文化体育观光部正在制订 2008—2012 年漫画产业 5 年计划。未来韩国漫画将更注重发掘原创素材和鼓励原创制作，注意通过展示宣传改变普通民众对漫画的认识，培育漫画产业的大众基础，同时确保有更多的漫画专业媒介，以持续性地给予漫画创作者提供更多的创作机会。

（五）形象（Character）产业

韩国文化产业中，将富有个性的人物（或动物）形象设计与商业开发作为一个独立的产业门类，这个门类可称之为“形象产业”。这一产业主要是指个性人物（或动物）形象及形象商品的设计、生产和流通。

如表 20 所示，2006 年韩国形象产业中的形象开发及版权的市场规模为 3 068 亿韩元，比 2005 年增长 11%，并且连续 5 年呈上升趋势；形象商品制作的市场规模 2006 年为 20 433 亿韩元，比 2005 年增长 11.9%；形象商品消费的市场规模 2006 年为 44 109 亿韩元，比 2005 年增长 2.9%。

韩国形象产业有着巨大的衍生品市场，以个性形象为主的内容物被应用于多个产业领域，其消费总类繁多且市场规模巨大。2006年韩国形象产业中占消费市场份额最大的是娃娃/玩具类，占整个消费市场的12.6%，市场规模达到5 567亿韩元；紧随其后的是食品/饮料类、文具/图片类和幼儿用品类，各占市场份额的11.5%、11.4%和9.2%。

表20 韩国形象产业及消费市场的规模[1] （单位：亿韩元）

类别	2002年	2003年	2004年	2005年	2006年	增减
形象开发及版权市场规模	2 050	2 214	2 588	2 770	3 068	↑298
形象商品生产规模	25 950	20 472	18 930	17 988	20 433	↑2 445
形象消费市场规模	52 771	40 805	42 193	42 880	44 109	↑1 229

2006年，韩国形象产业出口总额为18 945亿美元，比2005年增长15.8%。其中，北美地区为6 199万美元，占出口总额的32.7%；中国为4 397万美元，占出口总额的23.2%，欧洲为2 733万美元，占出口总额的14.4%；东南亚1 188万美元，占出口总额的6.3%，日本为654万美元，占出口总额的3.5%；其他为3 774万美元，占出口总额的19.9%。

2006年，韩国卡通产业进口总额为21 191亿美元。其中，最大的进口对象国为中国，达到8 418亿美元，占进口总额的39.7%；东南亚为2 715万美元，占出口总额的17.5%；北美地区为3 119万美元，占出口总额的14.7%；日本为1 970万美元，占出口总额的9.3%；欧洲为346万美元，占出口总额的1.6%；其他为3 623万美元，占出口总额的17.2%。[2]

2007年，韩国文化体育观光部共向韩国文化内容振兴院注资20.9亿韩元以发展形象产业。2008年，韩国文化体育观光部形象产业的预算为18.32亿韩元，由文化内容振兴院负责完成六大领域的项目。即：强化创作力和创作基础6.5亿，组织韩国形象设计大赛0.55亿，参加国外形象展览等2.8亿，编撰形象产业白皮书0.8亿，首尔形象展览会4亿，支持

① 数据来源：韩国文化内容振兴院《2007文化产业白皮书》。
② 数据来源：韩国文化内容振兴院《2007文化产业白皮书》。

国产形象市场促销活动1.8亿，其他1.87亿。[①]

韩国形象商品群中除了出版、文具以及形象图片等之外，在游戏、电视剧和电影领域，形象版权贸易日趋活跃，形象版权交易呈现快速增长的势头。

（六）音乐产业

近年来，韩国音乐产业的结构发生了较大的变化。传统的唱片产业日益萧条，而铃声、接听音乐、MP3下载、流式传输等移动以及在线音乐服务类数字音乐产业成长较快。总体上看，音乐产业日益向多元化和追求高附加值的模式转变。

如图18所示，韩国唱片市场规模大幅减小。2006年，韩国的唱片销量只有848亿韩元，比2005年减少21.98%；与2000年的4 104亿韩元相比，则销量锐减了75.34%。全球的这一比值为23.85%，足见韩国唱片市场的不景气。

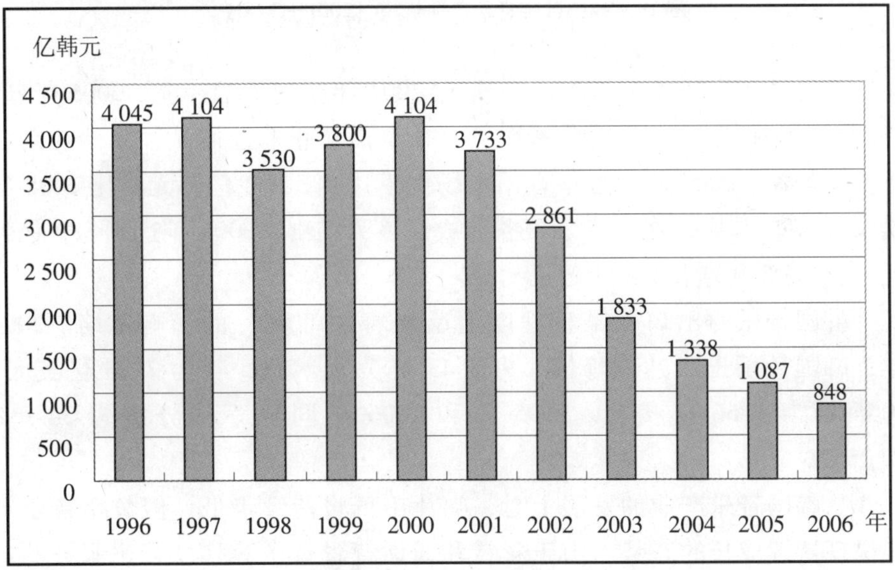

图18　韩国国内音乐唱片销量（1996—2006）[②]

与唱片市场的不景气形成鲜明对比的是韩国数字音乐产业的崛起（见图19）。依托韩国信息通信事业的快速发展，韩国的数字音乐产业高

① 数据来源：韩国文化内容振兴院《2007文化产业白皮书》。
② 资料来源：韩国文化振兴院《2007音乐白皮书》。

速成长。韩国的数字音乐包括借助网络以及通信平台的在线音乐服务业和无线移动音乐业，以及音源中介业、移动、在线音源的制作业和提供业。

单位：亿韩元

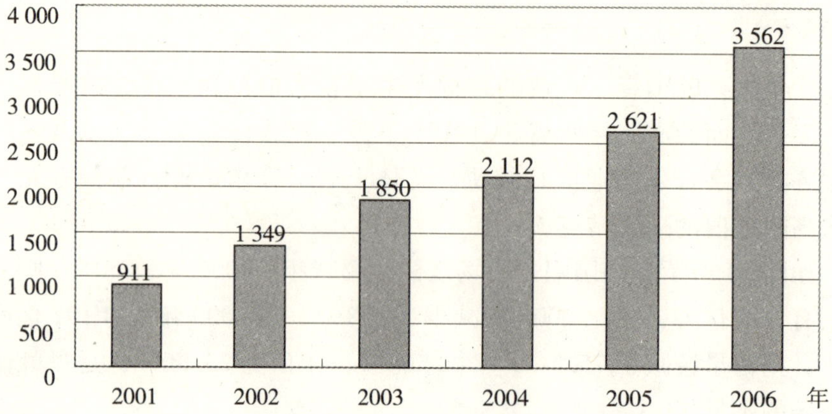

图 19 韩国数字音乐产业规模（2001—2006）①

韩国数字音乐崛起于 2001 年，在 2004 年超过了唱片业。2005 年起，韩国开始实行在线音乐的收费服务，并全面禁止非法网站，使得在线音乐发展加速。2006 年，数字音乐市场规模达到 3 562 亿韩元，比 2005 年增长 36%。其中，在线音乐服务业成长最为突出，2006 年达到 889 亿韩元，比 2005 年增长 240%。

韩国音乐的出口从某种程度上反映着“韩流”的影响脉络。2004 年，韩国音乐出口达到峰值，为 3.43 亿美元，2005 年为 2.23 亿美元，2006 年为 1.66 亿美元。2005 年和 2006 年同比下降分别为 34.9% 和 25.2%。

从韩国音乐产业的发展上看，唱片市场将持续走低，但数字音乐却能呈现持续成长的态势。由于彩铃和通话背景音乐等移动音乐服务的急速扩大，移动通信企业将在韩国数字音乐产业中发挥举足轻重的作用。目前依然存在且今后需要解决的问题是数字音乐的知识产权问题、数字音乐收益分配问题、在线音乐服务的收费及商业模式等。

① 资料来源：韩国文化振兴院《2007 音乐白皮书》。

（七）出版产业

1. 整体情况

如表21所示，2006年韩国出版业的市场规模为198 792亿韩元，比前一年增长2.5%。其中出版业为79 621亿韩元，所占比重为40%；批发零售业为74 977亿韩元，所占比重为37.7%；印刷业为36 119亿韩元，所占比重为8.2%。在线出版流通业为6 764亿韩元，所占比重为3.4%；出版租赁业为1 310亿韩元，所占比重为0.7%。

表21　韩国出版产业销售状况①　（单位：百万韩元）

类　别		2005	2006	构成比	增减率
出版业	书籍出版业	3 756 298	3 631 970	18.3	▲3.3%
	报纸发行业	2 610 705	2 679 208	13.5	2.6%
	杂志及定期刊物发行业	880 626	934 231	4.7	6.1%
	定期广告刊物发行业	296 140	344 193	1.7	16.2%
	其他广播媒介出版	7 793	6 521	0.0	▲16.3%
	其他出版业	241 588	366 056	1.8	51.5%
	出版业合计	7 793 150	7 962 179	40.0	2.2%
印刷业		3 684 698	3 611 949	18.2	▲2.0%
出版零售批发业	书籍以及杂志批发业	250 341	3 240 626	16.3	▲0.3%
	书籍杂志零售业	4 376 601	4 257 087	21.4	▲2.7%
	出版批发零售业合计	7 626 942	7 497 713	37.7	▲1.7%
在线出版流通业	网络/手机电子出版服务	136 785	76 975	0.4	—
	网络书店（漫画除外）		599 430	3.0	—
	在线出版流通业合计	136 785	676 405	3.4	—
出版租赁业	书籍租赁（漫画除外）	150 581	131 009	0.7	▲13.0%
合　计		19 392 156	19 879 255	100.0	2.5%

① 资料来源：文化体育观光部《2007年文化产业统计》，▲表示下降。

表 22　韩国电子出版业市场规模①　（单位：亿韩元）

类　别	2004 年	2005 年	2006 年	2007 年	年平均增长率（2005—2007）
电子书	573	735	825	1 235	29.6
电子词典	158	411	1 220	2 100	126.0
手机书	12	53	208	265	123.6
专业知识/学术论文	43	96	127	192	41.4
有声读物	51	64	72	115	34
其他数字出版	572	735	941	1 203	37.9
合　计	1 409	2 094	3 393	5 110	56.2

2. 图书出版

根据韩国出版文化协会的统计，2007 年韩国图书总发行量（包括漫画）为41 094 种，发行总数约为13 250 万册。与2006 年相比，发行种类减少了 9.7%，发行册数增加了 17.1%。其中，增幅最快的是儿童类图书，比前一年增长168%。网上销售和访问销售的活跃以及现代父母重视子女图书教育是儿童图书销量大增的主要原因。

图书发行总册数排名来看，居首位的是儿童图书，为56 747 059 册，占全部发行册数的 50.16%，其次分别是漫画（15.99%），文学（15.31%），学习参考书（11.85%）。

2007 年韩国已注册的出版社共计29 977 家，但其中大多数出版社业绩不佳，全年没有出版图书的出版社达到27 273 家，占全部出版社总数的91%之多。由此可见，纸质出版业的衰退趋势明显。

3. 电子出版

如表22 所示，韩国的电子出版业包括电子图书、手机书、专业知识及学术论文、图书原文检索、有声读物以及其他电子出版物等。自 2004 年到2007 年，其年平均增长率为56.2%。与传统的纸质图书出版业不景气的情况形成鲜明对比。电子出版企业共计105 家，其中，电子图书内容制作及流通企业共计34 家，包括与浏览器、出版有关的技术企业和数字版权管理企业共计31 家。另外，雇佣人数在20 人以下的中小企业占企业总数的65.7%。

① 数据来源：韩国电子出版协会。http://www.kepa.or.kr.

4. 韩国振兴出版业的主要政策

（1）完善法律法规。2007 年韩国政府修订和完善了有关法规和制度，主要有：第一，将原来的《出版及印刷振兴法》分割为《出版文化产业振兴法》和《印刷文化产业振兴法》，并对相关条文进行了补充修订。例如，为刺激出版业的发展，韩国修改了出版物定价制度，使得过去只有网络书店享有的 10% 的打折权也适用于普通销售和利用信息通信网络的销售。第二，将《图书馆及读书振兴法》分割为《图书馆振兴法》和《读书文化振兴法》。

（2）培育振兴出版产业的基础。文化体育观光部于 2007 年 4 月发表“知识出版产业的培育方案”。该方案的具体目标是，到 2020 年，把韩国建成世界第五大知识出版强国，市场规模由现在的 3.8 兆韩元提高到 10 兆韩元；出版物由现在的 4.5 万种增加到 15 万种；国民读书率由现在的 76% 提高到 90%；出版物出口由现在的 1.8 亿美元增长至 5 亿美元。为了达到这个目标，其确立了四个推进战略：“国民参与和均衡发展”、“强化知识出版网络”、“在线与非在线平行发展”、“构筑知识出版产业的平台”。在此基础上，提出了知识出版国家竞争力体系管理等 10 个大课题和 44 个子课题。为实现培育方案，韩国政府计划在 2011 年前提供 1 600 亿韩元的财政支持，并责成相关部门合作促进该计划。

（3）扶持电子出版物的发展。2007 年韩国政府为韩国电子出版协会提供 4.5 亿韩元的经费支持，用于扶持多项优秀电子出版物的制作事业以及电子出版物展览、研讨会和研究活动。

主要参考资料

［1］日本数码内容协会：《数码内容白皮书 2008》。
［2］日本数码内容协会：《数码内容白皮书 2007》。
［3］韩国文化内容振兴院：《文化产业白皮书 2007》。
［4］韩国文化内容振兴院：《文化产业白皮书 2006》。
［5］韩国游戏产业振兴院：《2007 年韩国游戏白皮书》。
［6］韩国文化体育观光部：《2007 年文化产业统计》。

课题组成员名单

课题负责人：

赵成国　中国海洋大学国家文化产业研究中心办公室主任、文化产业系副主任、副教授、博士

课题组成员：

修　斌　中国海洋大学文化产业系，教授、博士
李光在　中国海洋大学韩国语系，副教授、博士
马树华　中国海洋大学文化产业系，讲师、在读博士
李海英　中国海洋大学韩国语系，讲师、博士
陈　杰　中国海洋大学文化产业系，讲师、博士
孟　岗　中国海洋大学文化产业系，讲师、博士
李雪娇　中国海洋大学文学与新闻传播学院，硕士研究生

中国文化资源的产业化战略

华中师范大学国家文化产业研究中心

引言　课题研究背景及意义

2007年10月15日，中国共产党第十七次全国代表大会在北京胜利召开。这标志着中国社会的发展进入了一个新的历史阶段。胡锦涛总书记在大会报告中发出了“推动社会主义文化大发展大繁荣”的号召。在讲话中，胡锦涛指出：“当今时代，文化越来越成为民族凝聚力和创造力的重要源泉、越来越成为综合国力竞争的重要因素，丰富精神文化生活越来越成为我国人民的热切愿望。要坚持社会主义先进文化前进方向，兴起社会主义文化建设新高潮，激发全民族文化创造活力，提高国家文化软实力，使人民基本文化权益得到更好保障，使社会文化生活更加丰富多彩，使人民精神风貌更加昂扬向上。”

需要特别注意的是，报告关于我国传统文化保护与开发的一节以“弘扬中华文化，建设中华民族共有精神家园”为题，对我国丰富的文化资源作出了新的诠释，即“中华文化是中华民族生生不息、团结奋进的不竭动力”。从十六大到十七大这五年间的文化建设过程中，我们越来越清醒地认识到文化资源的合理开发在凝聚民族精神、提升民族创造力，增强国家文化软实力，推动我国文化产业大发展大繁荣中所起的关键作用。十七大报告中提出的“要全面认识祖国传统文化，取其精华，去其糟粕，使之与当代社会相适应，与现代文明相协调，保持民族性，体现时代性”，以及“加强对各民族文化的挖掘和保护，重视文物和非物质文化遗产保护，做好文化典籍整理工作”等与我国文化资源的保护与开发有关的论述，① 无不是十六大以来我们在摸索社会主义市场经济条件下推进文化发展过程中获得宝贵经验的结晶。

随着小康社会目标及和谐文化建设任务的确立，社会各界对文化资源所蕴涵的多层次价值的认识逐渐深入，对其需求也显得更为迫切和直接。在最近的一二十年中，文化资源的产业化开发在中国发展迅猛，得到各级政府和商界的高度重视，学界最近几年也开始加大对文化资源的

① 胡锦涛：《高举中国特色社会主义伟大旗帜 为夺取全面建设小康社会新胜利而奋斗——在中国共产党第十七次全国代表大会上的报告》，《求是》2007年第21期。

研究。但目前研究者关注的主要是在微观的层面，如区域文化资源的产业开发、文化资源的产业化运作等，而在宏观的层面以及战略的高度对我国文化资源产业化开发的关注却极少。发达国家发展文化经济的经验告诉我们，要充分发挥文化资源在国家文化经济中所起的基础性作用，推动其产业化进程，宏观的思考和战略的制定必不可少。我国对文化资源的产业化开发要坚持可持续发展，在国际文化产业竞争中占有一席之地，制定合理的产业化战略具有十分重要的意义：

首先，开展文化资源产业化战略研究对于维护国家安全具有重要意义。中国加入世界贸易组织，面对经济全球化、世界市场一体化的格局，保持民族文化的多样性，保护珍贵的民族文化资源，增强民族文化传统的现代适应性，对于维护国家和民族的文化形态政治安全和文化资源经济安全，都具有重大意义。

其次，开展文化资源产业化开发战略研究，有利于发展先进文化生产力。伴随着文化产业化而来的是文化产品的商品化，文化产品生产者的智力成果通过有偿交换的方式得以出让。文化产品智力价值在文化产业条件下的实现，提高了文化生产者的积极性和创造性，也在更大程度上满足了人的文化需求，实现了文化自身的目的。

再次，开展文化资源产业化开发战略研究，对提高人们的精神文化素质具有重要意义。在文化产业的作用下，文化产品从个别走向了一般，从精英文化转变为大众文化，从奢侈品转变为普通的消费品，它使得大众能够更多地消费文化产品，实现自身的享受需求和发展需求，从而能在更大范围内满足了人们的文化产品需求，提高了人们的精神文化素质。

本文将从宏观的层面，以文化资源保护与产业化开发的理论为基础，通过分析我国文化资源的禀赋与特征，总结近年来产业化进程中取得的成就和存在的问题，借鉴国内外文化资源产业化开发的成功经验，思考适合中国的文化资源产业化战略，使我国丰富的文化资源得到合理的保护与充分的开发。

理论研究：中国文化资源土壤的多维构成与文化资源产业化开发的思路

一、文化资源的概念

要理解文化资源的内涵，需要从文化资源的文化属性和资源属性两个层面进行剖析：

从文化资源的文化属性来看，文化资源首先表现为一种文化的形态。以一种文化形态作为表征的文化资源，是在人类社会漫长历史发展过程中所积淀凝聚而成的，它通过文化的创造、积累和延续所构建，表现为一种能够满足人类精神文化需求的物质产品和精神产品，它的主体部分是历史文化资源。

从文化资源的资源属性上来看，文化还具有资源的特征。以一种资源形态作为表征的文化资源，是资源的一种具体存在形态，是指为社会经济的发展提供对象、环境和条件的那些文化要素的组合。由于文化资源与同以物质为基本形态的自然资源相对应，因此它又是一种无形资源。

综合以上对文化资源文化属性与资源属性的解读，我们将文化资源定义为：人类在漫长历史发展过程中所积淀的，通过文化创造、积累和延续所构建的，能够为社会经济发展提供对象、环境、条件、智能与创意的文化要素的综合。文化资源蕴藏在历史文化传统之中，存在于社会文化现状之中，弥散在整个物质生产、精神生产的创造过程之中，它既以一种可感知的物质化、符号化形式存在，又以一种思想化、智力化、想象性的形式存在，它主要以人为载体。①

一般来说，文化资源具体呈现为三种形态：一是符号化的、具体的文化要素，如建筑、绘画、石刻、音乐、工艺、典籍等。这类文化资源可以复制、加工、转换并融入文化产品中。二是精神性的、非物态的文化内涵。它表现为影响我们的思想、价值观念、审美意识以及信仰等。这种形态的文化资源虽不能直接转化为文化产品，但它已内化到人们的日常行为之中，并潜移默化地影响人们的社会实践。三是经验性的文化

---

① 贾青松：《论文化资源转变为文化资本的现实途径》，http：//www. cass. net. cn/. 2005 年 11 月 30 日。

技能和创新型的文化能力。它不仅包括由人掌握的一种文化活动的技能，如写作、歌唱、舞蹈、绘画、演奏、设计等技巧，还包括文化创造者突破前人模式的独创性思维和实践能力，体现为创意、主题、构思、决策方案的能力等。这种形态的文化资源又称做文化智能资源，是文化生产中的核心资源。

二、中国文化资源土壤的多维构成

我国是文化资源大国，拥有五千年的文明史，历史文化积淀十分丰厚。中华文化源远流长且博大精深，文化生态系统多姿多彩，文化资源禀赋独特丰厚。

就文化资源的结构形态而言，中国文化资源可以划分为七大文化系列，即人文历史文化、地域文化、民俗文化、宗教文化、园林艺术文化、娱乐休闲文化、现代科技文化。这些文化系列内涵丰富、特色鲜明，标示和展现了中国文化的基质特色和精神风貌，既是丰富多样的文化形态，又是宝贵的文化资源渊薮。

就资源禀赋的形态和功能而言，中国文化资源主要由三大维度构成，如图 1 所示：

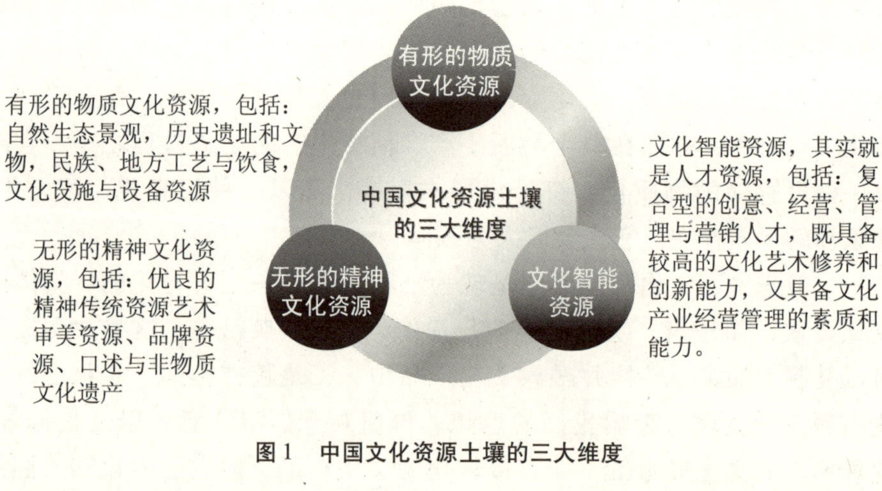

图 1　中国文化资源土壤的三大维度

（一）有形的物质文化资源

有形的物质文化资源是文化产业的基本载体。我国有形的物质文化资源大致包括四个方面的基本内容：一是富有特色的自然生态景观，如植被、湖泊、名山大川、园林、地质公园等；二是富含历史文化内涵的遗址和文物，如名胜古迹、陶瓷、器皿、碑刻、历史人物故居及祠墓、各类纪念地等；三是具有鲜明民族、地方特色的工艺、饮食文化资源等；四是文化设施与设备资源，如图书馆、博物馆、体育场馆、电影院及其他各种公共文化服务设施与设备等。

联合国《世界遗产名录》将世界遗产分成自然遗产和历史文化遗产两个大类。历史文化遗产又细分成文物、建筑群和遗址，收录在《世界遗产名录》中的文化遗产都是人类历史文明的优秀代表。

1985 年我国正式加入《保护世界文化和自然遗产公约》，对国际社会作出了为全人类妥善保护中国境内世界遗产的承诺。截至 2007 年 6 月，我国已成功申报世界遗产 35 处，其中文化遗产 24 处，自然遗产 6 处，自然与文化遗产 4 处，文化景观 1 处，数量仅次于西班牙和意大利，位居世界第三位。这些文物、遗址与景观，穿越历史烟尘，多方面展示了我国的悠久历史和灿烂文化，成为引人注目的重要文化资源。

（二）无形的精神文化资源

以社会价值观为核心的民族精神、人文精神和科学精神在人类的历史进程中发挥着核心作用，人类博大精深的精神文化创造是文化产业取之不尽用之不竭的智慧源泉，它不仅是文化产业区别于其他产业的重要特征，也是文化产业独有的精神气质根本。我国丰富的无形精神文化资源包括以下几个大系：

第一，优良的精神传统资源。如我国传统儒家思想中“为仁”、“敬德”、“诚信”、“忠恕”、“孝悌”、“知勇”、“义耻”的道德教化；《大学》中“在明明德，在亲民，在止于至善”和“格物、至知、正心、诚意、修身、齐家、治国、平天下”的政治抱负；爱国主义精神；敢为天下先的创新精神；海纳百川、兼收并蓄的博大精神。

第二，通过文化艺术体现出的艺术审美资源。如道家思想中对人与自然和谐共生的审美理念的追求；《诗经》代表的现实主义气质；《离骚》体现的楚汉浪漫主义精神；“魏晋风度”的飘逸与洒脱；“盛唐之音”显示出来的慷慨襟怀；宋元的山水意境；明清市民文学的现实主义与上流社会浪漫主义的争鸣等。

第三，品牌资源，如品牌名称、品牌标志、商标等。品牌代表着企业的形象，能吸引更多的品牌忠诚者，是一笔巨大的无形财富。

第四，人类口述和非物质文化遗产资源。根据《保护非物质文化遗产公约》的定义："非物质文化遗产指被各群体、团体、有时为个人视为其文化遗产的各种实践、表演、表现形式、知识和技能及其有关的工具、实物、工艺品和文化场所。各个群体和团体随着其所处环境、与自然界的相互关系和历史条件的变化不断使这种代代相传的非物质文化遗产得到创新，同时使他们自己具有一种认同感和历史感，从而促进了文化多样性和人类的创造力。"《保护非物质文化遗产公约》中将非物质文化遗产分为五类：口头传说和表述，包括作为非物质文化遗产媒介的语言；表演艺术；社会风俗、礼仪、节庆；有关自然界和宇宙的知识和实践；传统的手工艺技能。

中国作为具有五千年历史的大国，在非物质文化资源方面具有丰厚的积累，民间文化中的口头文学、神话、史诗、语言、民歌、民间艺术、民俗文化、民俗礼仪、民间祭典、民间手工艺术、民居建造术等等均是口头的非物质的文化。中国民间文化源远流长、深入人心，其生产习俗、节庆习俗、婚丧习俗、饮食习俗都具有鲜明的地域性、传承性、独特性，有许多元素为我国特有。我国的昆曲艺术、古琴艺术、新疆维吾尔木卡姆艺术以及与蒙古共和国联合申报的蒙古族长调民歌分别于 2001 年、2003 年、2005 年列入了联合国教科文组织第三批"人类口头和非物质遗产代表作"，成为世界上入选"人类口头和非物质遗产代表作"前列的国家之一。

从某种程度上说，非物质的无形的东西往往比物质的有形的东西更加重要。无形的精神文化资源包括了人类的情感，包含着难以言传的意义和不可估量的价值。一个民族的精神文化，往往蕴藏着传统文化中最深的内涵，保留着形成该民族文化的原生状态以及各民族特有的思维方式等。因此，文化产业应该有效地使用这些宝贵的文化资源，使其成为发展文化产业的深厚的文化宝库。

（三）文化智能资源

文化智能资源其实就是人才资源，是发展文化产业的核心要素。文化产业属于智力密集性产业，文化产业的竞争常常表现为优秀人才资源的竞争。文化产业的综合性特点，使文化产业的从业人员结构呈现明显的综合性特征。[1] 文化产业最需要的是复合型的创意、经营、管理与营销人才，这样的人才既需要具备较高的文化艺术修养和创新能力，又要具备文化产业经营管理的素质和能力。

知识经济是“资本”追逐“知本”的经济，人力资本主导经济发展的时代已经来临，人才已成为现代社会最有效的竞争资源。与其他人才相比，文化产业对人才资源有三个特殊要求：

一是对人才的文化素质有更高的要求。文化产品和服务离不开文化的内涵，它要求从业者自身必须具备较高的文化素养，而从业者中有些本身就是文化大师或艺术大师。

二是对人才的市场开发和文化经营能力有较高的要求。文化产业是一种市场行为，它要有对文化产品的策划、设计、生产、销售过程的市场化经营，要有对人财物的组织与管理，这就需要有更多的懂经营、会管理的文化产业人才。

三是创新型、复合型、高素质人才越来越成为文化产业竞争的对象。文化产业是高技术与高文化相关联的领域，对人才的知识与能力有特殊要求，那些高新技术人才、国际化经营管理人才、技术市场转化与数字软件开发人才、媒体产业经营人才，尤其是那些既懂经济又懂文化、既懂金融又懂法律、既懂国际贸易又精通外语的外向型、创新型、复合型、协作型人才，更成为各文化企业激烈争夺的对象。

新中国成立以来，我国政府实施人才战略，开发人才资源，使大批优秀人才脱颖而出，健康成长，在改革开放和现代化建设中发挥了重要作用，文化人才建设取得显著成绩。近年来，一批高等院校开始设立文化产业专业和相应研究机构，以满足现代化社会文化产业发展的新需要。文化人才总量规模不断增长，规模不断扩大，成长环境逐步优化，素质不断提高，人才结构逐步趋于合理。

三、推动我国文化资源产业化开发的指导思想、原则

（一）中国文化资源产业化战略的指导思想

文化资源是文化产业发展的基础。现阶段，我国文化资源的产业化

---

① 向勇：《文化产业人力资源开发》，湖南文艺出版社2006年版，第28页。

开发应坚持以邓小平理论和“三个代表”重要思想为指导，以科学发展观为统领，牢牢把握社会主义先进文化的前进方向，紧紧围绕实现全面建设小康社会宏伟目标和构建社会主义和谐社会的需要，落实中共十七大关于“文化要大繁荣和大发展”的精神以及《国家“十一五”时期文化发展规划纲要》的要求，把握有利于我国文化发展的重要战略机遇，以技术支撑为基础，以资本支撑为保障，以文化支撑为依托，将文化资源的产业化开发作为中国文化产业发展的重要突破点与增长点，提高文化资源开发的创新能力，增强文化活力，提升国家文化软实力，扩大中华文化的辐射影响力，为全面推进产业结构升级、促进经济增长方式的转变、打造文化产业强国、构建社会主义和谐社会、推动社会主义文化大发展大繁荣打下坚实基础。

（二）推动我国文化资源产业化开发应遵守的原则

文化资源的产业化开发与其他资源的产业化开发相比具有更大的复杂性和不确定性，这就要求我们根据文化资源的特点，因地制宜地采取不同的开发策略。产业化开发原则应包括：

第一，深入挖掘，彰显文化内涵。

我国是一个文化资源大国，文化资源蕴藏丰富。但是，在过去很长一段时间里，我们一直把文化资源开发停留在保护与继承的层面上，以办事业的方式对其进行开发和利用。这就使得今天的中国仍处在既是一个文化资源的大国，又是一个文化产业的小国的状况。由于开发的深度不足，造成文化资源的产业化开发存在产品和服务竞争力不足、类型单一、文化内涵缺失的问题。因此，在开发中，应该充分发掘、整理和利用各种文化资源，突出文化主题，彰显文化内涵。

第二，合理规划，优化资源配置。

文化资源的分布具有区域性特征，不同的地区文化资源禀赋不尽相同，不同的民族有着独具特色、绚丽多彩的民族文化。这就要求我们充分考虑地区之间的文化差异性和经济不平衡性，为文化资源的产业化开发进行合理规划，优化资源配置。要做到既深入挖掘区域文化资源的文化内涵，充分展现和继承中华民族文化的优秀传统，又从实际出发，探索最适合本地特点的文化资源开发模式，因地制宜地发展有地方特色的文化产业，真正达到人无我有、人有我优、人优我特，切忌人云亦云、盲目跟风。同时，在制订规划的基础上，要选准突破口，找准切入点，善于把深厚的文化资源做成具体的产业项目，实施重大文化产业项目带动战略。

第三，分类整合，实现规模效应。

文化本身是一个复杂的系统结构，文化资源内部的每一个要素之间都是紧密的相互联系、相互制约的。这就决定了文化资源在开发中必须培养文化资源的整合观念，整合不同文化企业或文化产品，组成一定的产业链和产业集群，对不同的文化产业门类协同合作与协调发展。比如产业园区的建设，它能够扶持那些相同、相近或相关的产业门类建立相互协调的合作关系，形成一系列的产业链和产业集群，是文化企业实现规模经济效应。

四、从文化资源到文化资本——文化资源产业化开发的新思路

有人说，中国是文化资源大国，却是文化产业小国，提出将文化资源优势转化为产业优势的口号，在发展文化产业的过程中，不顾地区文化资源禀赋与文化资源属性的差异，盲目发展“资源消耗型”和“环境污染型”文化产业，把不能直接进行产业化开发的文化资源也纳入到产业化进程中来，结果造成了文化资源的极大浪费，优秀文化传统存在合法性的解构，和谐文化的氛围破坏。

事实上，我们不能将文化发展的思路局限在把文化资源优势转化为文化产业优势上，而应该开放视野，将文化产业的发展思路调整到文化资源优势转化为文化资本优势上。资本是能带来增值的价值，是文化产业发展的重要能源形态。文化资源优势如果不能转化成文化资本优势，不能产生新的价值形态，就很难推进文化和文化产业的发展。①

（一）文化资本与文化资源

1. 文化资本释义

文化资本的概念最早由法国社会学家布尔迪厄在《资本的形式》一文中提出，用以区分资本的三种基本类型，并以此说明后工业社会条件下文化工业的理念和运作模式，力求对经济资本做一种非经济的解读。

① 胡惠林：《文化资本：现代文化产业和谐发展的能源形态》，《探索与争鸣》2007年第1期。

布尔迪厄提出的文化资本理论，尤其是客观化的文化资本研究理论，给文化产品及其产业——文化产业提供了理论基础，文化产品及其产业的研究在当今已经成为一门显学。

从文化产业学的角度来看，文化资本是指对文化资源的优化配置所形成的文化生产、文化服务，它是以物质财富和精神财富的形式具体表现出来的文化价值积累。这种积累还会引起产品和服务的不断流动，带来增值效应，使文化资本通过市场生成经济价值。

文化资本不是文化学的“文化”概念与经济学上的“资本”概念的简单拼凑，而是两者的相互渗透、融合。它既有经济学意义，又具有文化学意义，既有财富属性，又具有价值属性，不应仅从单一的学科分类上加以理解。文化资本概念确立的基础，是要克服社会生产和经营活动中常常表现出来的经济效益和文化意义之间的背离，建立文化价值与经济价值之间的内在联结，用于指导和规范生产经营活动的可持续。所以，文化资本是一个学科综合性很强，又具学理性、产业化特征的新概念。①

2. 文化资源与文化资本的关系

资源不是资本。资源只是表明某一事物具有某种价值，而资本则是在市场经济的条件下，这种资源能够进入到经济活动的过程中，在其中发挥作用，产生效益，从而得到回报的东西。

同样，文化资源也不等同于文化资本。文化资源只有进入现实公共文化生活和现实文化生产之中，才具有转化为文化资本的可能性、现实性，也才可能使得文化资源经过生产转化过程、管理经营过程而具有持续开发价值和产生巨大的经济价值。文化资源是文化资本的基础、前提、来源，文化资本是文化资源实现产业化的结果和价值体现，二者互为因果，推动着文化生产力的发展。②

由此可见，文化资源转化为文化资本，继而创造价值，产生效益，是文化资源产业化发展的基本逻辑。文化资源是文化产业发展的基础，但并不是所有的文化资源都可以转化为文化资本进行产业化经营，只有其中经过社会的交易、流通、服务等领域，以转化的形式即文化产品来

---

① 施炎平：《从文化资源到文化资本——传统文化的价值重建与再创》，《探索与争鸣》2007 年第 6 期。

② 贾青松：《论文化资源转变为文化资本的现实途径》，http：//www. cass. net. cn/. 2005 年 11 月 30 日。

满足引导人们的需求，从而产生价值增量效应的那部分文化资源，才可以成为文化资本。

要把文化资源转化为文化资本，并引导其进入经济活动，使文化资源成为产品从而产生直接的经济效益，必须要满足以下三个条件：一是不管有形的文化资源还是无形的文化资源，都必须或有可能转化为消费者可视、可听、可感、可体验的物质形式。因为文化产品需要作为“产品”在市场上进行交换并使其收益内化，才能实现产业化。这关系到文化资源的“可编码”程度，它必须建立在技术的基础之上。二是文化资源本身要具有某种消费者可接受的价值，或更明确的说是市场价值。三是这种物质形式有明确的归属权，即产权。[①]

（二）文化资源转化为文化资本的战略意义与路径选择

1. 推动文化资源向文化资本转化的战略意义

在世界经济、政治、文化日益交融的背景下，大力发展社会主义文化，实现文化资源向文化资本的转化，是全面建设小康社会、构建社会主义和谐社会的战略选择。

第一，推动文化资源向文化资本转化是改革我国文化体制与调整文化产业结构的内在要求。

文化资源向文化资本的转化必然要求冲破现有不合理文化体制的约束，构建社会主义市场经济条件下的新文化体制，为文化资本的不断创造开辟新的发展空间。这就需要理顺管理关系，焕发文化体制的新活力、新能量，创造文化生产力发展条件，不断催生文化资本，为社会创造更多的精神文化财富。另外，加大文化资源向文化资本转化的力度，必须通过政府、企业、社会的联动推进，这就有可能改变现有不合理的产业结构，形成传统文化产业与新兴文化产业相互促进、整合发展的产业格局。[②]

第二，推动文化资源向文化资本的转化为解放和发展文化生产力、实现文化产业的可持续发展开辟了现实道路。

发展社会主义先进文化和文化生产力，既需要丰富的文化资源作为

---

① 胡惠林主编：《文化产业概论》，云南大学出版社2005年版，第174页。

② 贾青松：《论文化资源转变为文化资本的现实途径》，http：//www.cass.net.cn/.2005年11月30日。

内容和形式，更需要将这些文化资源转变为现实文化产品和文化服务。在这种资源与资本的转化过程中，融入了文化生产者、文化管理者、文化经营者、文化消费者的创造性劳动和智慧性成果，构成了一种良性互动的文化建设过程，从而在资源转变中广泛而深刻地体现出文化生产力的巨大创造性和生命力。

文化产业是人类社会发展到工业革命时代和信息化时代所创造出来的文化发展的能源形态和文化资源的积累方式与再造方式，而文化资本是一种能够产生新文化资源并促进文化积累的能量。探讨传统文化资源所具有的资本属性，既是对传统文化历史价值、知识价值的再发现，更是基于对传统文化的现代诠释，通过重新梳理、总结和运作，从而产生新的价值，再生文化资源的过程。这必将适应中国特色社会主义文明建设和可持续发展的需求。

第三，文化资源转变为文化资本，是增强我国文化产业的国际竞争力、提升我国文化软实力的必然选择。

一个国家的综合国力，既包括由经济、科技、军事实力等表现出来的“硬实力”，也包括以文化、意识形态吸引力体现出来的“软实力”。所谓“软实力”，是指一国的文化、价值观念、社会制度、发展模式的国际影响力与感召力。一个国家的崛起，从根本上说，在于它的综合国力的全面提升。

与快速提升的硬实力相比，我国的文化软实力建设还相对滞后，这已经成为制约我国进一步发展的“瓶颈”。从文化产业方面看，表现为文化资源大国与文化产业小国的不对称。与发达国家相比，中国文化产业的发展在资金实力、科技水平、市场运作能力、创新能力和市场竞争能力等方面都存在相当大的差距。从文化资源的开发到文化资本的运作，需要提高文化产品附加值，打造文化特色，并以此不断增加文化积累，从而增强我国文化产业的市场竞争力。只有文化产业的竞争力上去了，才会推动我国优秀文化传统在世界范围内的广泛传播，继而提升我国的文化软实力。

因此，以文化资源转化为文化资本的思路指导着我国文化资源的有效开发和充分利用，是我国文化生产力的博弈优势与国际竞争力的战略产业创新，对发挥中国文化的本土优势，振兴中国文化产业，参与全球竞争乃至提升我国文化软实力都具有重大现实意义。

2. 推动我国文化资源转变为文化资本应遵循的原则

从经济学的角度讲，资源是实现资本转换的前提和基础，而资本则是资源实现其转换的结果。在市场经济条件下，资源只有通过市场的作用实现了资本的物态转换，才能实现自身价值和作用的拓展。然而，文化资源作为一种特殊的资源构成，具有与自然资源不同的特征，这就决定了其在转变为文化资本的过程中必须注意以下几个原则：

第一，经济效益与社会效益相兼顾。

不可否认，推动文化资源向文化资本的转化，其首要目的在于通过文化资源的物态转换实现资源本身的升值，使文化资源在经济发展过程中功能与作用的最大化。然而，我们还应该看到，文化资源作为一种特殊的资源，其功能绝不仅是担当一种经济的角色，同时还兼具文化传承、民众教化、形象塑造等社会功能。文化资源经过产业化开发所生产出来的文化产品是一种渗透着社会意识形态、道德素质和价值理念的特殊产品，它不仅仅具有一般商品所具有的使用价值，更具有独特的思想价值、知识价值、审美价值。这就决定了我们在推动文化资源向文化资本的转变过程中，必须强调经济效益和社会效益相兼顾的原则，实现两者的统一。

第二，资源整合与优化相结合。

从文化资源的区域分布的差异来看，不同的地区具有不同的文化资源禀赋，每个地区的文化资源都具有自身的特色；从文化资源的内部构成要素来看，不同属性的文化资源存在着非兼容性，甚至是矛盾和冲突。这种文化资源地域上的分布不均衡与文化资源属性的内部矛盾，会造成文化资源开发和实现资本化转向的障碍。要消除这些障碍，实现文化资源间的融合，使文化资源的整体优势得以发挥，就需要对各区域文化资源以及各种文化资源要素进行整合与优化。

文化资源的配置、组合、交融、整合，必须遵循最优化原则。这就要求我们在实现文化资源向文化资本的转化过程中，既要突出文化资源的整体性，又要兼顾对区域文化资源个性化的塑造与培育，将不同的文化内容、文化形式的最优良方面组合为一体，使文化资源的价值实现最优化。

第三，文化继承与文化创新相结合。

传统文化始终是中华民族精神生命和群体人格得以发育、生长的根源，也是这种精神生命和群体人格能够绵延不断、演变发展、取之不竭的资源。在更广泛的领域，多方面、多层次的展开对传统文化资源价值的再发现，梳理其中的资本属性，推动传统文化资源向文化资本的转化，是传承我国优秀的民族传统文化，使传统文化适应现代文明建设的必然选择。

文化资源要为现代文明建设提供有效资源，需要揭示并设计出文化资源转化为文化资本的环节和途径，其中的关键是创新。在以创新推动文化资源转化的过程中，要深度挖掘并提炼文化资源的内涵；注重对文化资源体验性、参与性、互动性的开发，强调人的全方位参与；重视全新的符号经济，打造文化品牌；保持文化资源的永续利用、持续开发与循环发展。

3. 从文化资源到文化资本的转变途径

文化资源向文化资本的转化是一种质的转变。这种转变既包含了文化资源的形态转化，更蕴涵着其价值的增值。因此，这种转变是一个复杂的过程。要实现文化资源的资本转化，可以通过以下几个途径：

第一，深度开发促进文化资源向文化资本的转化。

充分发掘、整理和利用文化资源，充分总结和提炼文化精神，赋予文化以新的内涵，将文化以思想资源、智力资源的形式直接渗透、融入经济活动中，以增加和体现文化附加值的形式将文化思想和智力转变为经济价值。

将文化资源以文化内容、创意特征的形式产品化，不断满足文化消费市场的多层次、多样性和个别需要，使文化成为具有社会价值和经济价值的特殊商品，从而实现文化资本的转化。

以广西旧州绣球的产业化发展为例。旧州绣球是壮族表达爱情的信物，传统绣球主要由 12 片叶瓣组成，上多绣有龙凤、鸳鸯等图案，瓣边镶绣金丝。传统的绣球文化经过提炼归纳后，再结合现代人的审美和消费心理，根据市场需要进行创造，给传统绣球赋予现代艺术的魅力、服务于现代生活，原来只作为爱情信物的绣球现已象征着友谊、吉祥、美丽、文化等意义，并成为广西壮族特色的节庆、景区、建筑物装饰品，并远销美国、加拿大、日本、泰国、中国香港等国家和地区，为当地创造了巨大的经济价值。

第二，转变机制促进文化资源向文化资本的转化。

文化资源只有在市场机制之中才可能转化为文化资本，它是文化市场发展的要素，而资源配置、资源整合是文化市场发展的基础。通过要素市场的培育，促使文化市场的全面发展，通过文化资源的重组和优化配置，使文化市场有取之不尽的源泉，这是推动文化资源转化为文化资本的关键所在。

转变投融资机制，对主流意识形态产品采取以国家投入为主，其他文化产业采取国家、社会、个人多渠道投入的机制，鼓励民间资本、国外资本投入文化产业。另外，还要大力支持资金投入、资源投入、品牌投入、运营模式投入等新的文化生产投入方式，实现投融资渠道的多元化。

如云南腾冲县被列为云南省文化体制改革和文化产业发展县级试点之后，通过改革文化产业投融资机制，取消了对民营经济和非国有经济成分的种种投资限制，放宽了市场准入、落实国民待遇等一系列大力发展民营文化企业的措施，引进了大批外来资本和民营资本。2003 年以来，腾冲文化及相关产业招商引资项目共完成投资 8.08 亿元，占全县文化基础设施建设和文化产业发展总投资的 85.97%。资本的集聚带来了众多文化项目的建设，促进了腾冲文化资源产业化的空前活跃和发展，现已初步形成了文化及相关产业，有力地推动了腾冲经济社会的发展。①

转变生产机制，遵循文化发展规律，适应文化资源多门类、多层次、多形式的特征，按照现代企业制度要求，采取批量化、复制化和个别化生产运营方式，以多角度、宽领域、深层次的开发打造文化产业链，实现文化产业结构的制度性解放，加速文化生产力。

转变管理机制，按照文化行业特性进行管理，政企分开、政事分开，既注重文化产品内容上的性质与质量，又要鼓励文化产品的多样性、差别性，以满足人们日益增长的物质文化需要为管理目的。②

第三，通过高新技术开发文化资源推动资本转化。

近年来，现代传播媒介的高速发展，宽带技术、多媒体传播、数字化与互联网的兴起，对传统的经济与文化生产方式产生了巨大冲击。将图像、文字、影像、语言等内容运用数字化高新技术手段和信息技术进

---

① 姚天祥、王亚南：《文化成就腾冲》，张晓明、胡惠林、章建刚主编：《2008 年：中国文化产业发展报告》，社会科学文献出版社 2008 年版，第 346 页。

② 贾青松：《论文化资源转变为文化资本的现实途径》，http：//www.cass.net.cn/.2005 年 11 月 30 日。

行整合运用而成的产品或服务，飞速发展的电子、数字通信、信息技术等等，给当代社会产业结构带来了革命性的影响。因此，要加快文化资源向文化资本的转化必须借助科技手段，引导文化产业与高新技术产业的合作；利用现代信息和数字技术作为平台，实施高科技、数字化工程；突破行业限制，改善合作关系，推动产业内和产业间的融合，提升技术水平和国际竞争力，用科学技术带动文化资源向文化资本的转换。

第四，培育文化产业复合型人才推动文化资源向文化资本的转化。

文化产业职业人才的匮乏已经严重制约了我国文化产业的发展，造就大批文艺专业素质与市场经济素质兼备的复合型专业人才已成为当务之急。因此，需要鼓励和支持国家文化产业研究基地以及有条件的综合性大学参与文化产业人才的培养、培训工作，为文化产业可持续发展积蓄人力资本。此外，还要建立文化生产规律和市场经济规律相适应的培养选拔制度和奖励制度，培养和引进一批高层次大文化专业人才、文化管理人才和文化经营人才，造就一批引领时代潮流的文化名家、大师，形成一支结构合理、素质优良、实力雄厚的文化人才队伍。只有这样，才能改变现有我国文化产业人才格局，大力推进文化产业专业人才的培养，确保文化资源向文化资本的持续转变。

现状研究：中国文化资源产业化开发的现状与存在问题研究

一、近年来我国文化资源产业化进程取得的成就

2007 年底，随着十七大的召开，“政策面的重大动向标志着我国的文化体制改革和文化产业发展进入了一个更加迫切和务实的新阶段”，[①] 作为文化产业链条上端的文化资源保护和产业化水平也同样获得了历史性的提升，取得了一系列发展与进步。

（一）文化资源产业化的政策保障加强

从十六大到十七大，我国出台了一系列文化政策，在许多方面取得了重大突破，较为有力地保证了文化资源产业化的开展，促进了文化产

① 张晓明、胡惠林、章建刚：《站在时代的高起点上，推动文化产业的大发展大繁荣》；张晓明、胡惠林、章建刚主编：《2008 年中国文化产业发展报告》，社会科学文献出版社 2008 年版。

业的繁荣。这些重大突破主要体现在三个方面：

首先，政策上确立文化产业发展战略，把发展文化产业摆在我国文化建设的重要位置。十六大报告中指出发展文化产业是市场经济条件下繁荣社会主义文化、满足人民群众精神文化需求的重要途径，积极发展文化事业和文化产业，这就强调应该将“文化事业和文化产业”放到同样重要的位置来抓，“文化事业”和“文化产业”两业并举的基础性战略已经形成。[①] 2003 年 8 月，胡锦涛总书记在中共中央政治局以“世界文化产业发展状况和我国文化产业发展战略”为题的集体学习中强调，要牢牢把握先进文化的前进方向，大力发展文化事业和文化产业，不断推进文化体制和机制创新，增强文化产业的整体实力和竞争力。2004 年，中共十六届四中全会中通过的《中共中央关于加强党的执政能力建设的决定》中，又提出要“促进文化事业的全面繁荣和文化产业的快速发展，增强我国文化的总体实力”。2006 年通过的《关于〈国民经济和社会发展第十一个五年规划纲要〉的决议》继续强调积极发展文化事业和文化产业，创造更多更好适应人民群众需求的优秀文化产品。这一切都说明，我国的文化产业发展战略已经基本形成。到了十七大，我们已经开始深入思考“如何”实现文化发展和繁荣的战略路径。

其次，文化体制改革逐步深入。文化体制长久以来一直制约着文化事业和文化产业发展，改革文化体制也就成为促进文化产业发展的重点。十六大中就单节强调了继续深化文化体制改革，对改革做出了总体上的指导。2006 年，中共中央、国务院正式颁布实施了《关于深化文化体制改革的若干意见》，这是深化文化体制改革的纲领性文件。在十七大报告中，关于文化产业的一节以“推进文化创新，增强文化发展活力”为题，对十六大以来一系列关于文化产业发展和文化体制改革的论述作出了新的诠释，即在时代的高起点上推动文化内容形式、体制机制、传播手段创新，解放和发展文化生产力，是繁荣文化的必由之路。[②]

再次，积极打造文化产业集团，推动文化资源的产业化进程。十六大之前，我国在文化产业集团化的道路上已经进行了颇有成效的实践。在十六大召开后，随着文化体制改革的深入开展，文化产业集团的发展

---

① 蔡尚伟等著：《文化产业导论》，复旦大学出版社 2006 年版，第 94 页。

② 张晓明、胡惠林、章建刚：《站在时代的高起点上，推动文化产业的大发展大繁荣》，张晓明、胡惠林、章建刚主编：《2008 年中国文化产业发展报告》，社会科学文献出版社 2008 年版。

更是进入了实质阶段。在十七大报告中，除继续强调“深化文化体制改革，完善扶持公益性文化事业、发展文化产业、鼓励文化创新的政策”，还明确指出“实施重大文化产业项目带动战略，加快文化产业基地和区域性特色文化产业群建设，培育文化产业骨干企业和战略投资者，繁荣文化市场，增强国际竞争力”，这是对我国未来文化建设、文化产业发展进行的深入思考。

（二）作为文化资源产业化动力的文化市场日益繁荣

文化资源产业化与文化市场之间的关系是互相促进、相辅相成的。文化资源产业化的目的是创造文化产品提供给广大消费者，充实和繁荣文化市场，而文化市场的繁荣与健康又刺激了文化产品的创新与生产，成为文化资源产业化开展的强大动力。

随着我国经济的稳定发展，城乡居民收入不断增长，文化消费空间进一步扩大，推动了文化市场的繁荣。根据国家统计局的数据，2006年，我国城镇居民人均可支配收入达到11 759元，人均文化娱乐服务消费支出591.1元，比上年增长65元。农村居民人均纯收入达到3 587元，人均文教、娱乐用品及服务支出305.13元，比上年增长10元。据此估算，2006年全国城乡居民文化消费支出总量约为5 700亿元，比上年增加800亿元，增长18%。[①]

依托巨大的国内文化消费潜力，我国的文化市场从20世纪80年代初期开始起步，经过二十多年的探索，现已形成一个包括文化娱乐市场、演出市场、电影市场、音像市场、图书报刊市场、文物艺术品市场、文化旅游市场、网络文化市场、对外文化交流市场等门类比较齐全的市场体系。以我国经济的持续稳定增长为契机，各类文化市场不断发展壮大，已经初具规模。如2004年，全国文化市场经营单位309 848个，从业人员1 826 882，固定资产原值达到了716亿元的规模，利润70.3亿元，上缴国家各种税金55.29亿元，新创增加值195.8亿元。[②] 表现在各类文化市场中，如广播电视行业、艺术演出行业、图书出版发行行业等的比重逐年增加：

---

① 中共中央宣传部文化体制改革与发展办公室、中共深圳市宣传部编：《文化发展战略论坛文集》（三），广州人民出版社2007年版，第53页。

② 金鹏、李建军：《2004年全国文化市场发展概述》，《中国文化报》2005年10月24日。

三种典型文化产业门类规模逐年增加表① （单位：亿元,%）

	2000 年			2002 年					2006 年
	行业总收入	比 1998 年增长	产业规模比重	行业总收入	比 2000 年增长	产业规模比重	行业总收入	比 2002 年增长	产业规模比重
广播电视行业	430.98	41.14	51.66	514.01	19.27	52.16	931.15	81.15	63.12
艺术演出行业	26.37	20.69	3.16	36.53	38.53	3.71	50.76	38.95	3.44
图书发行行业	376.86	8.41	45.18	434.93	15.41	44.13	493.22	13.40	33.44

从上表我们可以看出，我国文化产业各类市场总体发展壮大的态势没有改变，同时它们的规模比重也在不断发生变化，这是文化市场需求发展变化的结果。

（三）文化资源产业化的科技含量提高

科学技术的进步，对文化产业的影响是巨大的，主要表现在两个方面：

首先，一些有别于传统文化产业的新兴种类产生。如数字技术、互联网技术、信息通讯技术的广泛应用，从而产生了数字电视、电脑动画动漫、网络游戏、网络电视等。

其次，一些传统文化产业结构升级，开始向新兴文化产业转移，一些传统文化产业焕发了新的青春。比如在我们日常生活中，数字图书、数字期刊、车载电视等都已经非常普遍。进入 21 世纪后，以网络游戏为代表的数字游戏产业飞速发展，市场规模迅速膨胀，创造了巨大的经济价值。据预测，我国网络游戏产业在 2010 年将达到 170 多亿元的销售收入，占整个数字游戏市场规模的 80%，用户数量将超过 6 400 万人（见图 2 所示）。

① 傅才武、宋丹娜著：《文化市场演进与文化产业发展：当代中国文化产业发展的理论与实践研究》，湖北人民出版社 2008 年版，第 25 页。

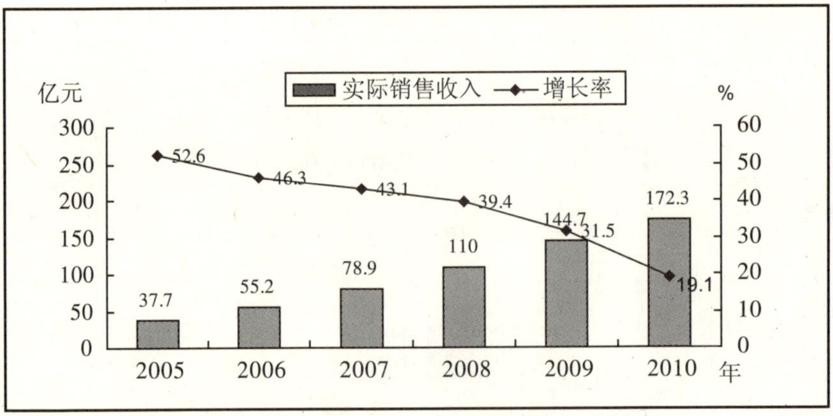

图 2 2005 年网络游戏产业规模及未来预测①

对于文化资源的产业化来说，“先进的技术手段和表现技巧可以激活文化资源的释放力、创造力，增强文化产品和服务的表现力、吸引力，创造新的文化样式，催生新的文化业态，使当代中华文化更加多姿多彩，突出地方性、保持民族性、体现时代性”。② 随着科学技术在文化产业中的运用，文化产品的科技含量也随之提高。

（四）文化资源产业化的市场主体——文化企业的“集团化”趋势显著

文化资源产业开发的市场主体是文化企业，文化企业的职责是选择、评估、有效开发和管理文化资源，筹集资本、募集人才、寻找相关技术，为文化市场提供有竞争力的文化产品和服务，并自担风险、自负盈亏。③近几年，我国文化企业在集团化之路上的成果十分显著，相关文化资源产业开发的集团化、规模化趋势也愈加明显。各地区文化企业通过加快结构调整，整合现有资源，以资产为纽带，重点培育发展了一批实力雄厚、具有较强竞争力和影响力的大型文化企业和企业集团，实现了规模化经营、集团化运作，走出了跨地区、跨行业、跨媒体的经营之路。

以报业集团为例，它是我国集团化改革最早的行业，也是文化企业集团化的典型代表。我国建立的 39 家报业集团已成为中国报业的主导力量。2004 年，39 家报业集团拥有的报纸数量占全国报纸总量的 17%，平

① 赵子忠：《2006 年中国数字内容产业结构与发展状况》，张晓明、胡惠林、章建刚主编：《2007 年：中国文化产业发展报告》，社会科学文献出版社 2007 年版。
② 王永章：《如何将文化资源转化为产业资源》，《人民论坛》2008 年第 9 期。
③ 吕庆华：《文化资源的产业开发》，经济日报出版社 2006 年版，第 97 页。

均期印数占30%，总印数占41%，总印张占56%。无论是报业集团所属报纸的影响力，还是规模实力和市场竞争力，都代表着我国报业发展的最高水平。[①] 在我国加入WTO后，国外跨国文化企业开始进入我国之时，应继续加快推进民族文化企业的集团化、规模化。

二、文化资源产业化进程的制约因素与存在的问题分析

（一）文化资源产业化的制约因素

我们认为目前主要有四个方面因素制约了我国文化资源的产业化进程：

首先，文化资源禀赋制约因素。文化资源禀赋是一个地区文化资源开发的前提要素，是文化产业发展的内容基础。主要包括传统文化资源、现代文化资源、人文资源、文艺资源等。我国的文化资源存在着时空上“双梯度”与“双倾斜”的现象，即北方和西部的传统文化资源丰富，南部和东部的现代文化资源丰富，并呈现出以黄河流域为轴心的横向轴线从西到东逐渐倾斜，以长江中下游为轴心的纵向轴线从南到北倾斜的状态。这种在资源上分布的不均衡，在一定程度上制约了各个地区文化资源产业化的开展。

其次，国民经济的发展基础依然是我国文化资源开发的重要制约因素。文化产业是现代国民经济的产物，是伴随着我国社会主义市场经济的发展而成长和壮大起来的。文化与经济发展之间具有超前性、相随性、滞后性等特征，文化产业作为产业结构中的高级形态，其发展水平也受制于经济发展程度，因此通常落后或者相随于经济发展的整体水平。世界上许多发展中国家拥有丰富的文化资源，但由于国民经济的落后，而导致产业化程度很低。这主要体现在：文化消费能力差、对文化资源产业化投资少、文化基础设施建设落后、人才的培养欠缺、文化企业规模小、竞争力弱等诸多方面，它们都严重制约着一个国家的文化资源产业化。对我国来说更是如此，我国国民经济基础还不雄厚，并且发展极不均衡，这就导致一系列问题，比如对文化产业人才培养投资的不足，造成了我国文化资源产业化缺少必要的专业技术人才；经济基础落后，决

---

① 《王国庆解读〈中国报业年度发展报告（2005）〉》，http://news.sohu.com/20050805/n226574938.shtml.

定了国内文化消费空间和文化市场的狭小，并且阻碍了文化资源产业化的开展。

再次，文化体制机制因素，它是制约文化资源产业化的主要因素。产业的发展必然在一定的体制和机制的背景下进行，文化体制和机制是文化产业得以运行的法律性、制度性整体框架，是培育和发展文化生产力的规则性平台。[①] 制约文化资源产业化的文化体制机制因素主要包括管理体制、投资机制、运营机制等。目前，我国文化单位的所有制属性还未能从根本上发生改变，只是采取了一定的企业化经营模式，这就使得事业化管理与企业化经营之间的矛盾愈加严重。由于管理体制上制约，出现了政企不分、产权混淆的问题，文化企业不能成长为真正的市场主体。文化投融资体制的制约则造成了投资主体单一，从而无法实现融资渠道的多元化、社会化、市场化。

最后，人的观念因素。目前来讲，制约文化产业发展的最大障碍是思想观念问题。一方面，我国对文化的理解还一直停留在其意识形态功能这一层面上，不能全面认识文化丰富的表现形式、实现形式及途径。另一方面，长期以来，计划经济思想一直主导着文化产业的发展。政府和文化单位对文化产业的发展认识不足，将文化产业与文化事业混为一谈，缺乏文化经济意识，文化与经济割裂开来的落后观念保留至今。由于过于强调文化的事业属性，很多行业采取国有国营的垄断经营方式，如传媒和出版发行行业的市场空间十分巨大，由于国有文化企业垄断经营，使得其他经济成分难以进入，难以实现大的突破。

（二）当前中国文化资源产业化存在的主要问题

由于两方面制约因素的影响，我国文化资源在产业化实践中存在不少的问题，这同时也说明我国文化产业从资源优势转化为产业优势还有很长的路要走。通过近几年的调查研究，笔者认为存在的问题主要包括：

1. 前期对文化资源科学评估不足

“文化资源是文化产业发展的基础，但并不是所有的文化资源都可以进行产业化经营。发展文化产业，要从资源禀赋和市场潜力两个角度对

---

① 花建：《文化产业竞争力的内涵、结构和战略重点》，向勇主编：《北大文化产业前沿报告．第2辑》，北京大学出版社2005年版。

文化资源进行评估。”[1] 这样才能对即将开展的文化资源产业化开发做出科学决策，降低项目风险，最终获得理想的效益。

现在许多省市都提出了发展文化大省、文化大市和文化立省、文化立市的口号，也开展了一系列的产业化开发项目，但是大多缺乏对当地资源禀赋和市场潜力有效的资源调查、评估、规划工作。有的甚至认为只要是文化资源产业化开发就是开发旅游资源。不根据自己当地实际情况，盲目模仿其他地区的成功范例，这样不但造成了开发的失败，还在不同程度上对文化资源造成了破坏。

2. 开发利用中的“散”、“粗”、“泛”

对文化资源的开发，由于各种认识上的误区，目前主要存在散、粗、泛的情况，它们集中反映了当前我国文化资源产业开发中普遍存在的问题。

文化资源开发利用上的“散”具体表现在开发主体及资本投入、开发项目及主题、产品定位及功能三个方面。各级行政区划、各类系统部门、各种投资主体都成了文化资源的开发主体，造成在文化资源的开发利用过程中，行政区划代替了文化区划、资源管理者变成了资源拥有者、资源开发投资左右了资源开发目标等一系列问题。尽管许多地方都花大力气作了文化资源开发和文化产业发展规划，但并没有实际的运作意义，有些地方迄今为止甚至连一纸规划都没有。

“粗”具体表现为：产品资源开发上的粗制滥造、产业资源规划上的粗心浮气、环境资源维护上的粗枝大叶。许多开发者在文化产品资源的开发上片面追求数量效应，热衷于将当地的文化存在（甚至不惜无中生有）“包装”成一个个“文化精品”并匆匆推向市场，以期“抢注”资源，“争夺”市场，结果是一系列“三低”（品位低下、质量低劣、价格低廉）文化产品的出笼。有些地方在制定文化产业规划时，片面追求“独特”、“做大”、“做强”，无视产业市场需求和供给的匹配原则，无视产业发展的链动条件，无视产业运营的实际能力，最终只好靠炒作“概念”，虚报统计数据，以支撑个人或组织的“业绩”。许多文化资源的开发者缺乏基本的文化环境资源维护意识，在功利性目标的驱动下，将文

---

[1] 申维辰主编：《评估文化：文化资源评估与文化产业评价研究》，山西教育出版社2005年版，第243页。

化环境作为单纯的经济性产品资源加以投入，其结果是地方性文化环境遭到大面积的侵蚀、破坏，无端增加或加剧了社会文化环境中的矛盾和冲突，文化环境中的稳定、平衡和谐调状态逐步被打破。有些地方甚至变成了一个单一功能的“旅游区”，连续和整体意义上的社区文化被肢解和打断。

文化资源开发利用上的“泛”集中表现为“文化搭台，经济唱戏”。在这里，文化资源的开发和利用只是一个吸引投资、招揽生意的诱人幌子。可以想象，沦落为“托儿”的文化资源既得不到应有的文化尊重，也不可能得到真正的投资开发。一些本来很具地方特色的文化资源因为成了“托儿”，从此便受人轻视、奚落，甚至导致了一些地方文化陷入被遗弃的境地。①

3. 文化资源转化为文化产品能力落后

文化资源不等于文化产品，即使我国拥有积淀深厚的文化资源，也只有在进行现代化的市场转换和科技开发后才能取得经济效益和社会效益。

在文化产业的经营中，文化资源转化为文化产品，并进行市场化运作的能力至关重要。这要求我们增强市场竞争意识，适应市场经济形势，提高文化产业的市场化程度和商业运作能力等。我国在这方面还是比较落后的，以电影产业为例。《花木兰》是我国家喻户晓的故事，国内也制作过一些相关的动画片。但是，在 1998 年却被迪斯尼公司拿去拍成动画片在全球赚了大钱，而国内拍的《宝莲灯》却仅仅赚回成本。同样的例子，2008 年上映的《功夫熊猫》、《木乃伊归来 3：龙帝之墓》却大获成功。美国之所以能够获得成功，就在于他们掌握的较强的市场运作能力。以美国大片为例，它们投入巨大、制作精美、影响广泛，但片商仍花费大量时间，投入巨资进行市场宣传，有数字表明，美国大片的生产和推销成本一般为 7 800 万美元，其中专用于市场促销的资金高达 2 500 万美元。②

科技创新也是文化资源转化能力的重要内容之一。当今时代，高新科技已经成为社会生产力发展的火车头，文化艺术生产的发展和创新也

① 张国洪：《文化资源的产业整合》，《中国文化报》2003 年 12 月 20 日。
② 孟晓驷：《中外文化之比较研究》，《中外文化交流》2004 年第 1 期。

越来越多地依赖于高新科技。[①] 相对于发达国家而言，我国的文化产业在科技创新能力上还是滞后的。以美国为例，20 世纪 90 年代，其图书和音像出版公司便把网络技术应用于销售，极大地方便了消费者的选购，从而推动了图书和音像出版业的发展；迪士尼把高新技术应用于文化娱乐业后，1993 年销售额为 85 亿美元，然而到 1997 年仅四年便达到了 225 亿美元；百老汇音乐剧生产中的科技含量之高，是许多传统表演艺术无法比拟的，其场景美轮美奂，辅之以高品质的灯光、音响效果，使人犹如身临其境，大大增强了艺术感染力。与美国相比，中国的电影业和演出业不仅制作、加工、欣赏仍停留于传统技术层面，与发达国家存在很大的技术差距，且这一差距也广泛体现在文化产业的各个部门，以致中国的大多文化产业在其生产过程中，如音像制品的生产中，使用的都是发达国家淘汰的生产工具。[②]

4. 文化资源产业化中缺乏相关理论研究与专业人才

文化产业须借助于现代科技的推动，并以知识产权的开发和利用为基础，是一个特别依赖于人力资源的现代知识产业。但是，我国文化产业的相关研究极为落后，学科建设和人才培养机制远远落后于现实需要。[③] 在我国文化资源产业化中，缺乏相关理论研究和专业人才的问题已经非常突出。

首先，文化产业理论研究领域的滞后无法为文化产业发展提供足够的智力支持。尽管近年来针对文化产业的研究论文、专著不断出现，论坛、会议层出不穷，但是大多都缺乏创新，内容贫乏，实效性差。对文化资源产业化战略的研究更是处于起步阶段，理论成果根本无法满足当前文化资源产业化开发的要求。

其次，教育机构培养的人才无法完全适应文化产业发展的需要。在一段时期内，人才将是制约我国文化产业发展的瓶颈之一。文化产业人才培养的主要场所为高等院校等相关教育机构，但实际情况却是一边大量相关专业设立，形成比较大的规模，增长速度很快；另一边则是师资力量缺乏、教材准备不足、学科建设不成熟、学科定位不清，缺少开发

---

① 丹增著：《文化产业发展论》，人民出版社 2005 年版，第 146 页。
② 孟晓驷：《中外文化之比较研究》，《中外文化交流》2004 年第 1 期。
③ 张晓明、胡惠林、章建刚：《走进“十一五”：发展文化产业的新综合与新视野》；张晓明、胡惠林、章建刚主编：《2007 年：中国文化产业发展报告》，社会科学文献出版社 2007 年版。

实践经验等。这些问题导致了现在造就大量人才却不能满足文化产业发展需要的局面。

5. 融资渠道不畅，资金投入不足

不管什么产业的启动与发展都需要充足持续的资金投入，而我国文化资源的产业化开发在投融资方面目前依然存在许多问题。从国际上的文化产业发展情况来看，大部分开发都采用多元的融资方式。但由于我国的体制政策等多方面原因，融资渠道不畅、单一，基本是以政府的投入为主，来自于社会的资金很少。加之文化产业本身就是一种高风险产业，金融机构一般不愿意给予文化产业项目贷款等金融支持。这些造成了资金投入的不足，限制了产业开发的发展。

以美国为例，1997 年美国文化（专指艺术）的经费总额为 175.83 亿美元，其中政府直接资助 20.96 亿美元。同期，中国财政投入文化（包括文化文物、广播电视、出版）上的经费总计为 109.66 亿元人民币，尚不及美国仅在艺术领域的投资。美国文化产业集团已形成较完善的融资体制，如美国广播公司、哥伦比亚广播公司等，其背后都有金融资本的有力支撑，文化产业集团与金融集团之间互相渗透，互相参股、控股，二者建立了稳定的伙伴关系。而中国文化产业组织化、集约化程度低、规模小，从报刊行业来看，据新闻出版总署 2001 年 6 月的数字，2000 年全国共有报刊 10 732 种，数量虽多，但质量较差，实力弱，性质趋同，处于低水平的竞争状态。①

案例研究：国内外文化资源产业化的经典案例

一、日本“社区营造”的成功

20 世纪 60 年代，日本开始了经济的腾飞，乡村人口逐渐向都市集中，城乡分化加大。同时，现代生活方式的发展不仅打击了传统手工艺品的生产，也对人们的传统生活方式造成了冲击，致使人们去思考如何改变这种物质生活充足、精神生活匮乏的机械化的生活状态。由此，“社区营造”运动应运而生。

“社区营造”这个名词自古有之，但这里所说的“营造”是指通过

① 孟晓驷：《中外文化之比较研究》，《中外文化交流》2004 年第 1 期。

挖掘当地各种具有乡土特色的文化资源，营造一种优美、自然、充满人文气息的生活环境的行为，从而建设一个具有独特“魅力”的社区或城镇。其中，对传统街区、古老建筑的保护与开发是主要内容之一。我们将从这一角度入手，通过分析日本一些“社区营造”典型实例，总结他们在文化资源保护利用上的成功经验与模式。

（一）对传统街区的保护、再生与创造

1. 新潟县村上市——街屋调查保护

日本新潟县村上市是个历史悠久的城邑，在16世纪初便已经奠定了现在的都市架构。市内至今保留有很多古老街道，如锻冶町（铁匠区）、寺町（寺庙区）及大工町（木匠区）等。其中，旧武士住宅区作为重要的传统建筑群受到了人们的加倍重视。武士住宅若林邸是典型的代表，它的保存状况非常良好，被列为国家指定重要文化财产。1986年起政府对这座建筑物展开了修复工程，于1988年开放。到次年7月为止的9个月间，参观者已经达到35 000多人。由此，居民改变了以往对街屋和武士住宅漠不关心的态度，认识到了它们的价值，从而使得其他传统建筑的开发保护工作也被提上了议事日程。1990年在文化厅的补助下，村上市开始展开传统建筑群保存地区保存对策调查，即主要是对旧武士住宅区进行街屋调查，确认现存20栋武士住宅。此外，通过全面调查兴建于武士住宅区内合计438栋的住宅之后，发现不仅是江户时代的建筑，就算是明治以后的建筑多半也都还继承着过去的建筑配置和样式。大家已不再仅仅把焦点集中在江户时代所建的单栋建筑物上，而是扩展到各种传统建筑的再生和活用上，使它们重新焕发青春和魅力。

2. 北海道函馆市——“元町”的再生

函馆市是北海道西南部的重要港口城市，其作为港口的历史可以追溯到15世纪，在1855年《日美友好条约》签订后便开展对外贸易。函馆的西区是当时的开港之处，许多不同的文化在此汇聚，也由此传往日本各地。函馆西区的老旧市街被称为“元町”，以前函馆经常遭受大火的蹂躏，其中1907年和1934年的大火，分别烧掉9 000到24 000户的建筑，是历史明载的大灾难，但元町在1934年的大火中得以幸免，许多明治末年到昭和初期的西洋式建筑得以保存。这些建筑也成为函馆一笔宝贵的财富。

函馆“社区营造”的重点集中在“元町”古旧建筑物的再生上。1974 年，一间和洋折中式的商店街屋改建为小型旅馆，这是当地私人历史建筑再利用的第一个实例。次年，日本基督教团函馆相生教会的哥特式木造建筑，再生利用作为兼营咖啡厅的观光客情报中心。建于 1911 年的函馆邮局是一栋两层的红砖建筑，1980 年左右，成了一栋巨大的废弃建筑，面临损毁的危机。在一个由当地年轻人为主体组成的手工艺家协同组织“Craftsman Union”（工匠联盟）的努力下，租下了这栋建筑，并制订了详细的再生计划。1983 年，“联合广场”建成，其中包含有玻璃工作坊、木工坊、手工精品店、宝石店、设计事务所、钢琴教室、餐厅、咖啡厅等，使这栋濒临破损的建筑物转变为各种文化活动的集中地。建筑物再利用的实例还有以仓库作为咖啡厅、画廊，利用西洋式街屋经营餐厅、咖啡厅、海货店、古董店等，这些主要是由民间私人主导进行的。

在再利用的过程中，除了私人，一些民间组织和团体以及基金会也发挥了重要作用。“工匠联盟”、“函馆历史风土保存协会”和“元町俱乐部”等通过组织各种活动，宣传函馆的历史风俗，进行建筑物的再生保存。值得一提的是，“元町俱乐部”在当地的调频电台设立了节目“调频海豚”，它是日本第一个社区广播电台，主要以当地的市、町、村为播放对象，宣传当地的一些风土人情以及与当地相关的各种事情。另外，基金会的建立也成为社区营造的主要推动力。1993 年，经过北海道政府的许可，“函馆色彩社区营造公益信托基金”成立，其目的旨在为各个使函馆更美丽、更丰富的社区营造市民团体提供经济补助。函馆在人们的努力下，一方面保存了自己的特色，另一方面创造了更加舒适的生活环境。

3. 京都府舞鹤市——红砖建筑

在舞鹤市有一道靓丽的风景，那就是“红砖”建筑。它成了足以让城镇本身重新焕发青春的东西。当地在采取措施保护和开发它们的过程中，首先进行了一个对市内红砖建筑留存情况的调查，制作了“红砖建筑地图”。随后，以讨论红砖建筑的魅力及活用方式，组织召开以红砖网络为主要内容的研讨会。之后，红砖建筑成为当地社区营造的重心。

以研讨会为契机，当地喜爱红砖建筑的市民成立了组织“红砖俱乐部·舞鹤”，旨在考虑如何保存、活用红砖建筑。他们经常组织活动，提出展现红砖建筑的建议。比如，在他们的建议下，一栋舞鹤仓库中的补给所及三栋海上自卫队补给所被打上了夜间照明灯光。

在舞鹤的红砖仓库建筑群中，保存最为集中的当属北吸舞鹤仓库株式会社的仓库。在一些人的提议下，在这片建筑群的空地上举办了第一届“红砖夏日·爵士在舞鹤”演奏会，之后成为惯例，每年一届。演奏会的花费大约1 300万日元，政府补助300万日元，向企业募集400～500万日元，其余的由门票收入补全。这个以红砖建筑为背景的演奏会仅仅是开始，之后开始与英国交流，并邀请英国朴次茅斯市的市长举办了“红砖英国嘉年华会”。起初只是以红砖建筑而展开的社区营造，延伸的范围更加宽广了。①

（二）日本保护开发文化资源给予我们的启示

1. 国家及地方颁布一系列法律法规，为文化资源的保护开发提供健全的法律依据

日本的文化遗产保护工作主要是以中央与地方协调进行的，除了国家制定的一系列法律法规外，如《文化财保护法》等，日本各地都因地制宜地制定了一些行之有效的法规。1968年，石川县金泽市制定了日本第一个历史环境保护条例——《传统环境保存条例》，并划定长町武士宅邸群、寺町寺院群和卯辰山山麓等为保存区域。这样的例子还有很多，比如1972年岐阜县高山市制定了《高山市市街地区景观保存条例》；1976年岩手县盛冈市将以前制定的《自然环境保存条例》扩充为《自然环境暨历史性环境保存条例》；1989年三重县伊势市制定了《伊势社区营造保存条例》；1990年长野县小布施町制定了《丰富而美丽的社区营造条例》，等等。这些条例法规为小城镇的“社区营造”提供了法律依据，同样也避免了各种文化资源在营造过程中所受到的破坏。

2. 对社区内的文化资源进行详细调查

每个小城镇的固定形态一方面是受当地的地形地貌等自然环境的影响，另一方面是在其历史发展过程中，每一代居民充分发挥自身聪明才智不断塑造的结果。因此，每个城镇甚至是每个街区都有自己的特点，在对其中的文化资源进行保护开发前，进行详细的调查分析是必不可少的。这种调查可以将当地各种古建筑、古遗存等文化资源进行适当的科学梳理和归类，准确把握各类文化资源的特性，从而实现合理可持续的

---

① 〔日〕西村幸夫著，王惠君译：《再造魅力故乡：日本传统街区重生故事》，清华大学出版社2007年版。

产业化开发。在日本，对社区内的“文化财”进行调查是一个非常普遍的工作，同时也是日本文化资源保护取得良好效果的重要条件。

3. 公众积极参与

在我国，很多人认为对历史的保护会对居民的生活造成影响，二者是互相矛盾的。在日本却相反，居民成为保护当地历史遗存的主体，历史环境的维护成为改善居住环境的有效途径。他们积极参与公民馆、民间NPO（特定非营利活动法人）、各种协会等组织，为“社区营造”建言献策、各尽其能。而更重要的意义在于：群众的社区公民意识被唤醒，保护文化资源的意识获得了提高。

另外，在积极参与的公众里涌现出非常多的领导者和管理者，他们在“社区营造”的宣传、组织等工作中起到了非常重要的作用。新潟县村上市桑原猛先生原本是一位建筑商，在承包了若林邸的修复工程后，体悟到历史建筑的深厚魅力，便组织当地居民举办各种讨论“社区营造”的研讨会，努力推动社区营造的进行，后来成为社区工作的一流企划和宣传人员。

4. 打造富有独特魅力的地方品牌

在日本，打造“品牌”不仅仅是企业发展战略的常用方式，也是建设魅力社区的重要途径。在“社区营造”中，大多数城镇或者社区都注重塑造富有独特魅力的城镇品牌，并深入挖掘品牌背后蕴藏的文化内涵，展现出当地与众不同的一面。如上面提到的京都府舞鹤市，尽管在日本许多地方都有红砖建筑，但是他们充分发挥自己的特色，通过建设红砖博物馆、组织以红砖建筑为背景的演奏会等，打造自己的“红砖”品牌，获得了巨大成功。

二、曲阜市文化资源的成功开发

曲阜是我国伟大的思想家、教育家孔子的家乡，是享誉世界的国家级历史文化名城和国际旅游名城，是最能代表山东文化特色和旅游形象的文化旅游重点城市，是鲁文化、儒家文化、始祖文化、汉民俗文化最集中、最浓郁的文化圣地。她依靠浓厚的文化底蕴和历史文化资源积淀，采取因地制宜的文化资源开发手段，在文化产业的发展上走出了一条不寻常之路。

（一）历史文化资源成功地向文化产品转化

曲阜不仅是孔子故里、儒家文化的源生地，还是黄帝生地、神农故都、少昊之墟、商殷故国、周汉鲁都，颜子、孟子、子思、鲁班等一大批历史文化名人都出生在曲阜。曲阜现有文物古迹300余处，古碑刻5 000余块，明清档案30多万件，历代文物10多万件，仅县级以上文物保护单位就有113处，其中：国家级5处，省级11处，其余为县级。孔庙、孔府、孔林已被联合国教科文组织列入《世界文化遗产名录》，石门山被列为国家级森林公园，鲁国故城遗址号称“东方地下博物馆”。[1] 近年来，曲阜市依托丰厚的文化资源，在符合文物保护法规定并履行相关手续的前提下，研制开发具有自主知识产权的文物复、仿制品，深度开发墨迹拓片、档案史料、古典书籍等资源，开发具有孔子文化特色的各种文化产品达300余种，这既弘扬了中国传统文化，又促进了当地文化经济的发展。

（二）文化旅游亮点频出

文化旅游业是曲阜近几年最具成长性的支柱性产业。曲阜已连续举办了24届孔子文化节，每届文化节期间都嘉宾荟萃、商贾云集，游人如潮，为曲阜带来了可观的经济效益。在巩固“孔子文化节”这一拳头产品的基础上，曲阜陆续推出了孔子家乡修学游、孔子周游列国游、孔子家乡婚俗游、三皇五帝寻根朝觐游、山水圣人游、书法碑林游、鲁国民俗游等一批深受国内外游客欢迎的旅游产品。同时，为发挥文化旅游产业的辐射带动作用，大力发展了以孔府家酒为龙头的工业旅游，以九仙山为特色的农业观光旅游，以石门山、尼山和圣水湖为代表的山水旅游，以商贸城为代表的会展旅游。近几年，曲阜先后投资6亿多元，建设了孔子六艺城，以及论语碑苑、孔子研究院、杏坛剧场、孔子民俗文化园，修缮了明故城城墙、石门山孔尚任故居、寿丘黄帝城、九龙山汉墓群等一批人文和自然景观，构筑了“三孔、四山、两城”的现代旅游新框架，增加了曲阜传统文化与现代旅游的互动，为曲阜文化旅游业的发展增添了后劲与活力。特别是“中国楹联第一城”的建成，丰富了曲阜的文化内涵，提升了曲阜的文化品位，为曲阜的文化旅游增添了新的亮点。

---

① 《曲阜文化产业调查分析》，http：//www. stats－sd. gov. cn/disp/gzdt/disp_new. asp id＝2006001264.

（三）建立有序的文化产业结构

曲阜市建立起了总体上有序的文化产业结构，产业链也已基本形成，搭起了以文化旅游为优势产业和主导产业的文化产业构架，即以世界文化遗产“三孔”为主的文化旅游业；以阙里宾舍、孔府西苑为主的孔府菜餐饮业；以曲阜文物商店、曲阜古玩城为主的文物复制品业；以阙里步行街、金龙阁、御书房为主的旅游工艺品业；以曲阜展览馆、中外酒器博物馆、状元文化博物馆为主的博物、展览业；以阙里古乐舞、鲁国古乐、祭孔乐舞为主的文艺演出业；以孔子中国画院、孔府旅游商店服务公司为主的书画业七项文化产业门类组成的相对成型的文化产业体系，并且已经显现出科学、健康发展的喜人局面。

（四）演艺产业蓬勃发展

曲阜独一无二的传统文化资源优势铸就了曲阜在古乐舞演艺方面的独特优势。20 世纪 90 年代初，阙里宾舍推出了《阙里古乐舞》，六艺城推出了《孔子六艺乐舞》。2002 年，曲阜推出大型广场乐舞《杏坛圣梦》，并且每年都进行完善提高，已成为山东乃至全国最有特色和影响的文化旅游产品。2005 年，曲阜又推出了每周六举行的大型旅游活动——明故城开城仪式和祭孔活动，成为曲阜旅游的两大亮点。2007 年，“杏坛圣梦”队伍应邀到香港表演祭孔，是扩大了影响力的表现。

（五）与文化产业相关的教育资源丰富

丰富的高等教育资源是曲阜文化产业发展的重要动力源泉。目前，曲阜市行政辖区内有四所高等院校，它们是曲阜师范大学、济宁学院、曲阜师范大学杏坛学院和远东学院。一个县级市区内拥有如此众多的高校，在全国也是比较罕见的。据调研所知，尽管这些高校目前还没有设置文化产业专业，但与文化产业相关的学科和专业在这些高校中是存在的，而且基础雄厚。仅以曲阜师范大学为例，该校现有 25 个院系和 25 个研究所，2 个博士点，45 个硕士点，50 个本科专业，7 个省级重点学科，2 个省级重点实验室，设有山东省激光偏光工程技术研究中心和山东省儒学研究基地，其孔子儒学、基础数学、激光偏光技术、中国古代文学等学科领域达到了较高水平，在国内外享有较高声誉。① 如此富足的高

① 《曲阜文化产业调查分析》，http://www.stats-sd.gov.cn/disp/gzdt/disp_new.asp? id=2006001264.

等教育资源，为曲阜文化产业的发展提供了知识储备和人力支撑，也为文化观念的更新和产业意识的觉醒创造了条件。

（六）努力塑造曲阜城市品牌

城市品牌具有不可替代的经济文化内涵和不可交易的专有功能。城市品牌以高度凝练的形式，集中了一座城市自然资源和人文创造之精华。曲阜城市品牌的塑造，首先是与孔子的名字紧密相连的。曲阜是儒学之源，儒教之根，是儒学的开山之地。曲阜“三孔”，因其在中国历史和世界东方文化中的显著地位，被联合国教科文组织列为世界文化遗产，被世人尊崇为世界三大圣城之一，号称“东方圣城”。曲阜也是孔子的学生、中国另一位伟大的思想家、教育家孟子的出生地，因此被列为我国首批历史文化名城之一。近年来，曲阜举办了一系列有重大国际影响的活动。中国曲阜国际孔子文化节，是中华人民共和国国家旅游局确定的国家级、国际性“中国旅游节庆精选”之一。总而言之，影响越来越大的曲阜为文化产业的发展创造了地名品牌效应。

三、武汉市历史文化资源保护开发的对策

历史文化资源是文化资源的重要组成部分，作为历史文化资源丰富的武汉，分析研究其历史文化资源保护开发上的成就与不足，对于我们今后开展文化资源产业化来说具有重要意义。武汉是一座有着三千多年建城史的历史文化名城。也是中国近代重要工商业都会和产生辛亥革命的“首义之区”，1986 年 12 月被国务院确定为中国历史文化名城，她深厚的文化积淀，独特的个性魅力，给这座城市留下了丰富的历史文化资源。最近几年，尽管武汉市的历史文化资源开发取得了显著成效，但是依然存在一系列问题。

（一）武汉市历史文化资源保护开发之不足

首先是保护不善。以历史文化资源中的文物保护为例，许多列入保护单位的文物古迹，除自然损坏、抢救不及时外，更多的是遭到人为的破坏，其中最为突出的是建设性破坏。如古德寺是世界仅存的两座（中国唯一）拥有群塔型大殿的佛教寺院，具有极其珍贵的文物价值和现实的宗教意义。然而，古德寺现在的状况与其所具有的价值和意义反差极大。再如汉正街，这条中国著名的汉口老街，在旧城改造中已面目全非，

现在可以说它已完全失去了原有的风貌和历史意义，与此同时也失去了在中国独领风骚的小商品市场中心的地位。花楼街是极具特色的汉口民居小区，随着佳丽广场等一批高楼的建成，对其风貌造成了严重破坏。武昌县华林历史街区的命运也是大同小异。

其次是开发无序和不力。从宏观上看，目前尚未形成具有武汉特色的整体感较强的人文景观布局，基本上是单独开发、单独成景，没有充分利用武汉市两江三镇四岸的地理特色以及武汉市悠久的城市发展史的特殊历史内涵。如作为武汉城市历史文化之根的盘龙城，早在 2001 年武汉市“十五”计划纲要中就已经提出要“做好武汉盘龙城文物博览园”，可是，至今盘龙城的大批文物基本上还存放在省博物馆的库房里，盘龙城的开发仍停留在想象中。再如武汉城市历史文化之魂的辛亥首义文化，近几年有了一些开发，可仍不尽如人意，没有体现出武汉城市历史文化之魂的应有地位和影响力。

特别要指出的是武汉市丰富的历史文化资源没有得到有效利用。武汉市现有盘龙城至近现代工商城市文化、楚文化、琴台黄鹤楼特色文化、归元寺古德寺宗教文化、辛亥首义文化、现代革命文化等历史文化资源，具有极为广阔的发展空间。可是，资源的开发和利用却存在极大的问题：一是历史文化资源转化为文化产品严重不足，资源潜力尚未转化为极具竞争力的产业实力；二是历史文化资源大多没有得到系统的开发，开发利用的深度和广度不够；三是历史文化资源转化为文化产品的机制没有形成，导致资本与人才难以进入或难以盈利；四是既懂历史文化又懂开发和经营的专业人才十分缺乏；五是利用历史文化资源进行文化产品生产的文化产业发展环境存在问题。

综上所述，我们可以看到，武汉市作为一个历史悠久、人文底蕴深厚、历史文化资源丰富的古城，在历史文化资源的保护开发利用和文化产业发展上还存在许多问题。这些问题如不尽快解决，对武汉市未来的发展，特别是对建设一个极具魅力、极富个性和极显特色的人文底蕴深厚的现代化和谐大都市十分不利。

（二）思路与建议

关于武汉市历史文化资源的保护、开发、利用是一个武汉市讨论了多年的话题，近几年更是受到广泛的关注。笔者根据武汉市制定的“十一五”规划以及市委、市政府早已提出的并正在实施的“和谐武汉”、“塑造城市个性魅力”、“文化强市”等政策，结合武汉实际，提出以下保护开发思路与建议：

第一，树立“保护第一”的观念，正确认识处理历史文化资源保护与开发、利用的关系。没有历史文化资源的有效保护，就根本谈不上对其进行开发和利用。因此，市政府及有关职能部门必须树立“保护第一”的观念，加大对历史文化资源的保护力度，依法把保护落到实处（制度、经费、机构、人员等），真正成为宝贵历史文化遗产的守护人。同时加强全方位的宣传，使广大市民都成为保护历史文化资源的主人。

第二，加强对开发、利用历史文化资源的有效管理，严防建设性破坏。在做好对历史文化资源的保护工作基础上，对其进行开发、利用是十分重要的问题。如前所述，武汉市在改革开放以来的城市建设发展过程中，对城市的历史文化资源造成了一定的破坏，特别是建设性破坏经常发生。历史文化资源是宝贵的非再生性资源，是文化产业发展必需的资源，一旦被破坏，损失的价值将难以估计。因此，在开发、利用上必须做到科学、慎重、有序，即对每一个历史文化资源的开发项目，或其他城市建设项目涉及历史文化资源保护、开发、利用的，都必须反复论证、审核，要树立“开发性保护”的观念，把对历史文化资源的开发性保护提高到保护城市文脉、爱护城市之魂的高度，杜绝建设性破坏和其他一切破坏现象。

第三，加强武汉市历史文化资源开发、利用的整体性。武汉市的地理特征是两江三镇四岸，汉口、武昌、汉阳各据一方，历史文化资源各具特色。因此，在历史文化资源的开发、利用上应把地理特征和资源特点充分整合，使三镇既各有特色，又浑然一体。

第四，加大文化产业发展环境创新的力度。文化产业在我国还属于“幼稚产业”，武汉的情况更是如此。对于刚起步的武汉文化产业，应尽快制定并完善地方性文化产业政策，成立发展文化产业的相关机构；建立并完善文化产业发展的法律法规体系，正确引导文化产业的健康快速发展；对文化产业进行统计、分析和评估，把公益性的文化事业与经营性的文化产业分开统计，分别设置文化事业与文化产业统计指标体系，建立单独的文化产业统计报送制度；把文化产业纳入武汉市国民经济和社会发展总体规划，使文化产业发展战略成为武汉市城市整体发展战略的重要组成部分，把文化产业的发展提高到整个城市发展战略的角度来考虑。在市场准入方面，降低门槛，扩大民营企业涉足领域，并努力促进国有文化单位与民营企业合作；让民营企业参与国有文艺院团的转制，参与文化产品的创作生产、发行流通；积极培养文化产业专业人才。

第五，以辛亥首义文化为龙头品牌，大力发展文化产业，使具有武汉地方特色的文化产品走向国内其他地区和世界。武汉市的历史文化资源中，最为著名的文化品牌是辛亥首义，这是全中国和全世界唯一的品牌。辛亥首义文化的建设这几年已有了良好的开端，现在必须在政府的大力支持下，在社会各方面的努力下，按照市场经济的规律和文化产业的特点来进行运作，使其得到超常规的发展，成为武汉市文化产业的龙头品牌、中国的著名品牌。在这一龙头品牌的带动下，使武汉市的文化产业获得巨大的发展，使丰富的历史文化资源有用武之地，使文化产业迅速成为我市的支柱产业之一。

第六，进一步加强对武汉市历史文化的研究，为打造文化强市及文化产业的发展做好基础工作。在全球化时代的今天，“民族的就是世界的，地方的就是全球的”。党中央已提出要进一步加强哲学社会科学的研究，对于武汉市而言，就是加强武汉市历史文化资源的研究，把城市的丰富历史文化资源挖掘出来，为三个文明的建设服务。

战略研究：中国文化资源产业化发展的战略选择

我国有着悠久的历史传统和深厚的文化积淀，各类文化资源极其丰富，数不胜数，发展文化产业具有得天独厚的资源优势。要使我国丰富多样的文化资源充分发挥功能效用，促进文化资源向文化资本的转化，文化资源潜力转化为文化产业实力，文化资源优势转化为文化产业优势，就必须重视文化资源产业化的战略选择问题。综合以上对我国文化资源产业化进程的现状分析，结合我国文化资源的特征，我们认为就战略思路而言，我国的文化资源产业化发展必须坚持实施五大战略，即可持续发展战略、整合规划战略、市场化开发战略、创新推动战略、人才资源开发战略。这五个战略的实施，可以为我国文化资源产业化的实现提供思维导向和根本保证。

一、坚持实施可持续发展战略

可持续发展（Sustainable Development）是人类社会走向21世纪文明的共同道路，是现实社会、经济、环境和人口协调发展的必然选择。在文化产业领域，文化可持续发展价值观的重要性尤其突出，由于文化的延续性和传承性是文化发展的基本动力之一，因此文化的可持续发展要求决定了文化资源的产业化开发必须尊重和保护人类的精神遗产，并对人类精神文化的延续作出了有益贡献。

（一）科学、有效地保护我国丰富的文化资源遗产

文化资源遗产如果得不到科学、有效的保护，就谈不上对其进行产业化开发。因此，全面理解和实施可持续发展战略，对文化资源进行科学有效的保护是文化资源产业化开发的根本保障。

要做到文化资源科学、有效地保护，首先应该对我国文化资源进行科学的梳理与归类，准确把握各类文化资源的特性，站在产业化开发的高度来审视文化资源，并建立一整套国家标准的文化资源评价指标体系。其次，加强制度化保护，健全和完善分级分类保护制度，建立一套有规制标准和规范约束的完整保护体系。再次，强化多样化保护方式，完善保护规划和保护措施，实行重点保护、专项工程保护和强调科学性保护。最后，实行法制化保护，将文化资源的保护纳入法制化管理轨道。

在文化资源的梳理、归类与评估方面，可以借鉴山西省的成功经验。山西省文化产业研究中心承担的山西省哲学社会科学规划办2003年度的课题——《山西省文化资源评估指标体系及评估方法研究》，从文化资源的界定入手，分别从资源品相要素、价值要素、效用要素、发展预期和传承能力五个角度，建立了文化资源的评估指标体系，并根据文化资源评估的特点，通过对多种评价方法的比较，提出了多指标评估的评估方法，为山西省文化资源的产业化开发提供了理论指导，为我国文化资源的梳理、归类与评估工作提供了一个成功的范例。

（二）在保护中求开发，在开发中促保护，保护与开发并举

科学、有效地保护文化资源对于实施文化资源产业化的可持续发展具有重要的战略意义。同时，我们还应该看到，对文化资源的保护应该放在社会发展、现代化、市场化进程加快，全球经济一体化的大背景下

加以考虑。如果脱离这个大背景，企图采用封闭式的保护是行不通的。在这样的背景下，结合文化资源自身的特性，文化资源的科学有效保护必须在开发中才能得以实现，文化资源的保护与开发实际上是同一个过程的两个方面。所谓保护，实际上是开发性的保护，是动态的、创造性的保护；所谓开发，实际上是保护性的开发，是具有可持续发展潜力的开发。对于文化资源而言，其保护与开发应该是一个互相补充、互相促进、互相强化的关系。有效协调产业开发与文化资源保护的矛盾冲突，实现文化资源产业化开发的可持续发展必须遵循保留原则和内涵式开发原则两大原则（见图3）。

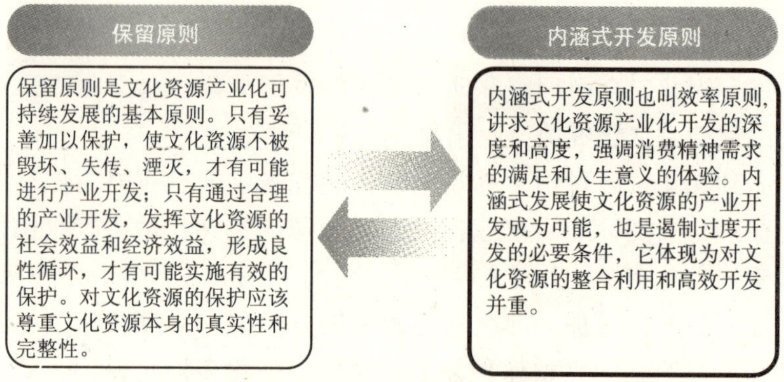

图3　实现文化资源产业化开发可持续发展的两大原则

必须在科学发展观的指导下，遵循可持续发展原则，充分认识保护与发展的关系，运用在保护中求开发、在开发中促保护、保护与开发并举的方式对待文化资源。不片面的强调开发，也不片面的强调保护，而是在保护和发展中寻求一种更为合理的界限，从而使保护与开发结合起来，以保护促进开发，以开发推动保护。通过开发利用来增强文化资源自身的造血功能，为保护文化资源创造必要的物质条件，并把保护与开发融为一体的良性运行机制。为此，要进行科学、合理、有序的资源开发，反对杀鸡取卵、竭泽而渔的急功近利的做法，特别要避免先破坏后保护、先污染后治理、先耗竭后节约的弯路，确保文化资源产业化开发的可持续发展。

二、坚持实施整合规划战略

社会的生产实践活动，就是整合资源的活动。文化资源的产业化开发，同样也离不开对文化资源的优化整合。文化资源的整合就是将文化资源的产业化开发作为一个系统，将系统内各种文化资源通过联系、渗透、互补、重组综合起来，形成合理的结构，实现整体优化、协调发展，发挥整体的最大功能。另外，还要在保持文化资源性质特点的前提下，通过一定的方式和手段，与其他因素一起共同构成一个有机的、完整的整体。

（一）建立以市场化配置方式为基础的多重文化资源配置方式

实现文化资源的整合必须建立以功能为核心的资源整合机制，促进文化资源的优化整合。文化资源优化整合的关键在于以积极推进市场化的文化资源配置方式为基础，以计划配置方式为补充，是计划市场配置方式起调控作用的多重文化资源配置方式的互补。

文化资源的市场化配置方式，就是使价格机制、供求机制和竞争机制在文化资源配置中充分发挥作用，建立统一、开放、竞争、有序的现代文化市场体系。市场化的资源配置方式可以有效促进文化资源配置的合理化和高效率，加快资源增量的实现和资源共享的达成，继而最大限度地实现文化供求的均衡。

值得注意的是，文化资源的市场化配置的动力是经济利益杠杆，对于实现文化的社会效益目标有着一定的局限性。这就要求我们在市场化资源配置的基础上，积极推动计划配置补充。文化资源的计划配置就是国家按照社会效益原则无偿投资配置文化资源，并且完全由国家进行事业性管理，这种文化资源的配置方式在一些市场机制不灵或不能正确发挥作用的文化领域，如国家文化安全、公益文化设施等，具有不可替代的作用。文化资源的计划配置必须遵循市场经济规律，保障市场经济秩序。

文化资源的计划市场配置，就是国家按照社会效益和经济效益双重原则投资配置文化资源。这种文化资源的配置方式负有社会效益与经济效益双重责任。国家通过计划市场方式配置文化资源，可以利用独资、控股和参股的方法建立文化生产经营单位，然后以承包、租赁和股份制等手段将这类文化生产经营单位推上市场，使其完全按照市场经济法则进行经营。[①]

在文化经济全球化的大背景下，我国的文化资源整合配置还要具有国际化配置的能力。文化资源的配置是否得当，特别是国际化程度如何，是决定我国文化产业是否有活力、文化产业结构是否合理、文化产业国际竞争力是否强大的关键要素。在国际竞争日益激烈的大环境下，中国的文化产业必须在国际竞争中寻求合作与发展，文化产业的全球化竞争是一种综合实力的竞争，这就要求中国文化产业资源配置的国际化程度越来越高，把国内资源、国内市场和政府指令转化为同时依赖和开发国内、国际两种文化资源。

（二）合理规划我国文化资源产业化发展的空间布局

规划决定方向，规划决定发展，规划决定效益。[②] 规划作为社会经济未来发展的空间投影，是对未来空间资源的一种配置，同时也是对现有空间资源配置的一种再认识。规划应该深刻反映社会经济的要求，尤其是发展中的要求，因此，规划具有超前性和战略性。它既是在原有的基础上对文化产业资源空间配置状况的调整和重新安排，同时又是根据发展了的实际对文化产业发展战略的一种新的考虑。要推动我国文化资源的产业化进程，政府必须制订一个好的发展规划。

规划的制订必须遵循文化资源运动的客观规律以及文化产业的运动规律、布局规律的要求。人为的控制文化产业布局的主体行为，通过文化产业的合理布局，实现空间经济效益目标和公平目标的有机统一，最大限度地克服文化资源产业化进程中的盲目性和趋同性，以及由这种盲目性和趋同性所造成的重复建设、资源浪费与恶性竞争。我国文化资源产业化的空间布局规划主要有以下几个任务：

首先，促使文化产业与文化企业的趋集中化运动，实现文化生产力的集约发展。文化资源开发的集中，有助于形成文化产业的综合竞争力和核心竞争力，实现对各种文化资源的优化配置与有效利用，而且有利于利用市场信息，形成对各种文化资源的吸纳能力和辐射能力，提高文

---

① 蒙一丁：《文化事业与文化产业协调发展的路径探新——我国文化资源配置应采取的三种方式》，《长白学刊》2006 年第 5 期。

② 王永章：《如何将文化资源转化为产业资源》，《人民论坛》2008 年第 9 期。

化资源产业化开发的创新能力，节约文化资源的流通成本，继而全面推动文化资源向文化资本的转化，实现文化资源产业化的健康发展。

其次，促进文化产业和文化企业的合理分散，实现文化空间经济的均衡发展。文化资源的产业化开发的集中只有在一个适当的量度内才是有价值的，超过了一定的极限，产业生存空间的过于狭窄，必然引发和导致恶性的市场竞争，由此而造成的投资环境的破坏必然导致文化资本的外流，进而最终导致整个产业发展的停滞和衰败。

我国文化资源产业化开发布局的战略思维应该是：在实现对原有发达区域文化资源开发以及产业结构战略性调整以达到布局合理化的同时，推动中部和西部地区的文化资源产业化进程，尤其是推动广大西部以及落后地区的文化资源开发与文化产业空间布局，在实现效率目标的同时实现文化产业布局的空间公平。

再次，深入探讨文化资源产业化开发与文化产业结构的个性发展规律与特点。文化产业空间布局与产业特点是紧密结合的，只有对我国文化产业发展概况有一个清晰的认识，才能对文化资源的产业化开发乃至文化产业的空间布局有适当定位。一个国家或地区只有产业部门组合得当，产业地域组合科学、合理，才能推动国民经济和文化建设健康、快速、有序地发展。[①]

（三）推动文化产业集群建设

文化资源在空间分布与运动规律上具有集聚性特征、专业化特征与网络化特征。因此，推动文化产业的集群建设也是推动我国文化资源产业化进程的必由之路。

产业集群是一组在地理上靠近且相互联系的公司和关联的机构，它们同处或相关于一个特定的产业领域，由于具有共性和互补性而联系在一起。文化产业集群则是集中于一定区域内、处于相同文化资源链上的、众多具有分工合作关系的文化企业和与其发展有关的各种机构、组织等行为主体通过纵横交错的网络关系紧密联系在一起的空间集聚体。文化产业集群有利于文化资源产业化开发过程中形成品牌效应；有利于文化产业分工的深化和核心竞争力的形成；有利于文化资源的共享与区域优

① 胡惠林：《关于区域文化产业战略与空间布局》，《山东社会科学》2006年第2期。

势互补；有利于专业性文化产品市场的培育。① 要推动文化产业集群的建设可以从以下几个方面入手：

首先，依据我国文化资源分布的特征，做好文化产业集群区位的选择。从资源禀赋、要素储备角度看，做好文化产业集群的初始区位选择，要重点考虑区域文化资源的禀赋的特点，为选择文化产业集群区位提供依据，并围绕不同的文化要素储备进行科学规划、布局，形成特色突出的文化产业集群。发挥政府在经济运行中宏观调控的作用，利用经济手段对文化产业集群的初始形成提供政策扶持、基本投资支持。

其次，加强重点文化产业带建设。根据《国家“十一五”期间文化发展规划纲要》的要求，以建设文化产业中心城市为核心，加快产业整合，形成长江三角洲、珠江三角洲和环渤海地区三大文化产业带；积极发展我国西南、西北等地区具有鲜明地域和民族特色的文化产业群；推进科学技术在文化领域的应用，加快文化产业优化升级步伐，促进我国文化产业加入国际文化产业分工体系，不断提高国际化水平。

再次，加快文化产业园区和基地建设。促进各种文化资源的合理配置和产业分工，加快文化产业园区建设，使之成为文化产业的孵化器。形成若干出版、印刷复制、影视制作和文化产品批销等产业中心，重点建设一批大型影视制作、动漫、音像电子、印刷复制和演艺等产业示范基地。

总之，建立文化资源的优化整合机制，制订科学、合理的文化资源产业化开发规划，加快集团化整合、基地化整合和项目整合、品牌整合方面的步伐，实现文化产业空间与结构的合理规划与布局，推动文化产业集群建设，是我国文化资源产业化发展的必由之路。

三、坚持市场化开发战略

文化资源是文化产业发展的基础，为文化产业提供资源供给和资源保障，但再丰富的文化资源并不天然就是文化产品和产业成果，它必须经过产业化开发和市场化运作才能转化为文化资本和文化产品。文化资源只有依靠产业化生产和市场化开发才能发挥其功能作用，产业化和市场化对文化资源的属性和功能的实现具有关键性作用。

---

① 吕挺琳：《文化资源的集群特征与文化产业化路径选择》，《中州学刊》2007 年第 6 期。

要推进文化资源的产业化和市场化的进程水平，就必须把握好文化资源供给与文化产业发展、资源条件和市场需要、资源转化和产品效益的关系，提高自主开发能力和市场开发效应。文化企业应该按照市场经济的特点和规律开发文化资源，研究大众的文化消费需求，开发大众喜闻乐见的文化产品，提供丰富多彩的文化服务，在占领市场、赢得大众的过程中取得利益，推动文化产业走上良性循环的轨道。文化资源产业化的市场化战略还需要文化产业部门积极运用文化产品的多层次开发和服务，通过市场细分、市场定位、市场营销，增进文化资源的产业效益。

我国坚持以市场化战略推动文化资源的产业化进程，要从以下几个方面的工作入手：

（一）实现文化资源的市场化配置方式

由市场配置资源的一个重要特点就是市场自发地调节社会文化资源在社会各文化生产部门之间进行分配，并使其向优秀的文化生产部门流动，进行最佳的机制转换和资源整合。文化资源的市场化配置方式也是文化资源整合规划战略的具体要求，在前文中已作了详细的讨论，此不赘述。

（二）加强对文化市场主体的培育

文化市场的主体就是指在文化市场上从事生产和交换活动的组织和个人，包括自然人和法人。在社会主义市场经济条件下，文化企业是进行文化资源开发、发展文化产业的当然主体，是构建文化产业有机体的基础细胞。

着力重塑文化市场主体，提高国有文化企业竞争力，形成以公有制为主体、多种所有制共同发展的文化产业格局是推动我国文化资源产业化发展的重要手段。

文化企业的活力往往来自于企业自身享有足够的自主权，使其成为独立核算、自负盈亏、自我发展、自我约束的市场竞争主体和法人实体。积极培育文化市场主体必须鼓励依托有实力的文化企业，以市场为导向，以资本和业务为纽带，运用联合、重组、兼并、上市等方式，整合优势资源，重点培育一批拥有自主知识产权和文化创新能力、主业突出、核心竞争力强的大型文化产业集团，用强大的企业群体来支撑文化产业的发展，并努力打破所有制界限，大力扶持民营文化企业的发展，努力探索国有资产的多种实现形式。

首先，推进经营性文化事业单位转制。规范国有文化事业单位的转制，加强对文化事业单位剥离企业的监管，合理确定产权归属，明确出资人权利，建立资产经营责任制，努力形成一批现代企业制度管理的、有较强自主创新能力和市场竞争能力的文化企业与企业集团。

其次，加快对国有文化企业公司制改造。这就要以创新体制、转换机制、面向市场、壮大实力为重点，按照现代企业制度的要求，加快国有文化企业的公司制改造，完善法人治理结构；推进产权制度改革，实行投资主体多元化，使国有和国有控股的文化企业真正成为自主经营、自我约束、自我发展的市场主体；加快国有文化企业的股份制改造，打造一批主业突出、核心竞争力强的上市文化公司。

（三）完善文化立法，营造文化资源市场化开发公平的、有序的、健康的文化市场和文化环境

长期以来，我国的文化立法受制于计划经济模式，文化立法的基本功能是立足于文化领域封闭式的、单一的活动和参与主体，文化立法服务于国家和政府对文化活动与文化社会关系的行政命令式的管理和控制，文化立法较多地与防止、制止、处理文化活动中出现的问题联系在一起，文化立法往往自觉或不自觉地被有关的管理者利用来实现或强化本部门的权力与利益。国家和政府的各文化管理职能部门既是文化法律、法规的执行者、文化事业与文化产业的管理者，同时又是文化事业和产业的创办者，结果是因为缺乏改革和市场竞争活力，未能较好地发展由其自己创办的文化事业和文化产业。

以市场化的战略来推动文化资源的产业化进程，需要完善文化立法，以适应社会主义市场经济发展要求的思维保障文化立法，有利于：促进和引导文化事业和文化产业的健康发展与有序繁荣；保障公民的文化权利，满足人民群众日益增长的精神文化需求；建设和保持公平的、公开透明的、有竞争的、健康向上的、有秩序的文化市场。

文化立法必须有利于实现“政企分开”、“管办分离”，对文化活动主体和参与者的管理必须依法进行，管理的法律依据必须公开、有具体标准、一视同仁，切实保护文化活动主体和参与者在被管理中的实体权利和程序权利。

文化立法还需要坚持对必要的政治方向和意识形态方向的把握方面

的文化活动和文化社会关系依法进行管理。这种管理要为文化的繁荣和发展服务，管理的最终目的是建设、维护健康、有序的文化市场。

（四）建立多元的文化投融资机制

资本是文化资源中最具活力和流动性的重要资源。我国文化资源产业化开发的投融资机制，应能最大限度地适应和满足文化资源产业化高速发展的融资要求，应始终能为文化资源的产业化开发提供各类所需资金。同时，该投融资体系必须符合我国文化资源开发现状的一些基本特征，且能与时俱进，在我国文化资源产业化进程未来发展的各个阶段，始终能高度运筹各类文化资金，在资金供应上始终能满足文化资源产业化告诉发展的需求。

要推动文化资源的产业化开发，必须建立多元的投融资机制用以吸收社会资本和外国资本，提高文化投资效益，鼓励和吸引国内各种非公有资本进入文化投资领域，以独资、合资、参股、联合、合作及特许经营等方式，积极参与文化基础设施建设、文化产业项目开发和文化产品的生产经营。积极利用资本市场，通过企业投资、私人投资、股票投资等多种形式，促进资本市场的强力投资和资本汇聚。积极鼓励金融资本主动介入，使文化企业顺利从金融市场融资解决资金短缺问题。要引导建立各种类型的基金会，通过资金投资方式鼓励社会资本投入，鼓励和支持组建各种类型的文化发展公司，以广泛吸引和利用更多的社会资本。积极实施“外源内用”方略，善于把握文化资源配置的国际化趋向，有效吸收和利用普遍性的国际文化资源，特别是国际资本。①

四、坚持文化创新推动战略

文化的命脉在于创新，而文化资源产业化的核心在于文化的创新，文化创新为文化资源向文化资本的转化、文化产业的生产和产品开发提供必要的动力支持。蓬勃发展的文化产业为文化创新创造了前所未有的历史机遇。创新是文化产业的灵魂，是文化产业发展的动力源泉。毫无疑问，创新也是充分挖掘和利用文化资源、实现文化产业快速发展的必

---

① 刘玉堂、黄南珊：《湖北文化资源转化的战略思路和途径选择》，张晓明、胡惠林、章建刚主编：《2006年：中国文化产业发展报告》，社会科学文献出版社2006年版。

由之路。[1]

必须加快文化产业创新体系建设，根据文化资源的特性和功能及资源的产业化、市场化要求，同时根据文化产业发展的特点和规律，在内容形式、方法和手段及文化体制、组织结构等方面积极探索创新。要“解放思想、转变观念”，鼓励多元化积极探索，推动多样性的自主创新，宽容对待探索和创新中的失误，支持健康文化发展，允许无害文化存在。

以创新战略推动我国文化资源的产业化进程，要以体制机制创新为支撑，坚决革除制约文化发展的体制机制弊端，要着眼于提高原始创新能力、集成创新能力和引进吸收再创新能力，着力于促进社会文化资源高效配置和综合集成，着重于文化企业的自主创新和产品研发，致力于推进文化资源的增值和文化产品的价值提升，使文化企业成为文化创新的主体。文化创新不但要与科技创新相结合，提高核心技术开发能力，还要重视加强知识产权保护，把推进自主创新和知识产权保护统一起来。

（一）以文化理念创新为先导

我国文化源远流长，文化资源禀赋丰富多样，但文化产业却在全球文化贸易中处于劣势地位。这主要是因为传统的文化发展理念禁锢着人们的思想，国内文化界长期以来只有文化事业概念，缺乏对文化资源进行产业化开发和市场运作的意识。这就需要打破原有的观念束缚，站在新的角度来了解中国及世界其他国家文化资源产业化发展的态势，并以新的理念，新的思维来考量文化资源产业化开发与文化产业发展的重要性。

文化理念的创新是引领整个社会不断前进的强大力量，也是文化创新的重要内容。在新的时代背景下，文化的传统理念不断受到冲击与颠覆，并在现代文化理念的博弈中不断交融与中和，文化理念本身就处于一个动态发展和不断更新的过程之中。而世界范围内的文化发展趋势以及国内文化产业发展的实践，要求文化理念必须不断创新，才能解开文化发展的思想束缚。

以理念创新来推动我国文化资源产业化进程就必须颠覆传统文化的发展理念，将文化理念从局限性的文化意识形态属性和宣传教育功能中解放出来，注重文化的产业属性和消费娱乐功能，注重对文化资源产业

---

① 王永章：《如何将文化资源转化为产业资源》，《人民论坛》2008 年第 9 期。

化开发和市场化运作的认识，逐步确立文化资源可以创造永久性财富的理念，推动我国的文化积淀、文化资源和文化创意转化为更多财富。在文化产业高速发展的时期，文化理念的创新必须先于文化实践，促进文化实践的发展。面对新形势，我们必须要敢于摆脱束缚我们的传统文化理念，树立新的文化发展时代观。

（二）以文化体制创新为支撑

体制创新是国家创新体系的重要组成部分，它关系着国家综合创新能力的提高，是其他方面创新的制度保障和条件，也是解放和发展生产力的关键。而文化体制的创新则是为了进一步释放文化发展的活力，消除原有计划性文化体制的弊端，建构适应社会主义市场经济发展的新型文化管理体制，推动文化资源产业化进程。

文化体制是文化生产关系的制度反映，它反映了社会与国家、公民与政府之间在文化利益分配和文化权利上的一种关系。长期以来，我国文化体制受计划经济体制的影响。在资源配置方面起基础性作用的是政府，随着我国开始进入全面建设社会主义市场经济发展的新时期，原有的文化生产关系已逐渐不能反映和满足先进文化生产力发展所提出来的对重建文化关系的要求，旧的文化生产关系已经成为先进文化生产力发展的体制性障碍和结构矛盾。因此，文化体制创新，就是要改革与社会主义市场经济不相适应的文化制度、文化体制和对文化资源再分配的权力结构。我国文化体制创新的一个重要标准，就是以“三个代表”重要思想为指导，以切实维护和保障公民文化权利为核心，重建我国文化制度，全面推进文化制度建设。通过文化体制的创新，最大限度地解放文化生产力，克服文化生产力发展与人民群众日益增长的精神文化需求不相适应之间的矛盾，促进文化资源的产业化进程。①

当前，我国的文化体制改革与创新进入了深化发展阶段，各项制度改革都取得了实质性的突破，新型的文化体制正在不断形成之中。虽然以往文化体制创新的理论进展远落后于文化体制改革的实践，但近年来文化体制的理论研究进展迅速，已经形成了与文化体制改革实践相辅相成的局面。

---

① 胡惠林：《论文化体制改革》，叶取源、王永章、陈昕主编：《中国文化产业评论》，上海人民出版社2004年版，第12～14页。

（三）以培育文化创意群体和内容提供商为重点

党的十七大报告指出："在时代的高起点上推动文化内容形式、体制机制、传播手段创新，解放和发展文化生产力，是繁荣文化的必由之路。"在上述文化"内容形式、体制机制、传播手段创新"三个方面中，内容的创新与创意是文化创新的本质要求，居于核心地位。

文化产业是内容产业，坚持文化创新战略必然要求以创意为中心环节，强调创意能力建设。创意是文化产业的核心属性，创意化开发是推进文化资源转化和内容产业发展的深层动力。文化产业要求重视发展现代产业高端，要充分利用我国文化资源的潜在优势，促进产品链与价值链的统一，努力提高高端产品的文化附加值。

培育文化创意群体和内容提供商是推动文化资源产业化的必由之路，要通过举办各种形式的推广活动，宣传创意理念，鼓励创意活动，扶植创意经济，营造创新氛围，推动创意产业化和产业创意化。积极营造有利于集体和个人充分发挥创意、技艺、技术的氛围，重点培育广播影视、动漫、音像、传媒、视觉艺术、表演艺术、工艺与设计、广告装潢、服装设计、软件和计算机服务等方面的创意群体。支持经济较为发达的城市以文化产业园区的形式，集聚各类文化创意人才。逐步完善有利于文化创意群体创业发展的市场环境和政策环境，为各类创意人才群体提供良好的条件。加快传统文化企业的产品结构、服务结构调整，支持和鼓励中小型文化内容服务企业的发展，建立以市场为导向的内容集成、加工、制作、传播生产机制。积极发挥市场在配置文化资源中的基础性作用，逐步形成一批以提供文化数字信息、影视、演艺、文化资讯等内容为主，实力雄厚的大型内容提供商。

（四）以推动文化企业成为文化创新主体为手段

企业是自主创新的主体和源泉，因为站在人类发展的高度，文化也许是无国界的，任何优秀文化或文化产品，都应当成为全球的共同财富。在现代社会，这种文化或文化作品的生产和传播越来越需要由企业作为主体或平台，同时其中也越来越具有商业价值，因此，文化企业的创新能力决定了文化产品的生产和传播情况。

文化产业的跨国化经营，一方面使文化市场的开发越来越具有全球性质，推动了文化全球化趋势；另一方面，越来越多的文化企业借助自身的创新能力，在世界范围内进行有效的分工与合作，整合国内、国外的文化资源，进而拓展全球市场。这样，各国悠久丰富的文化资源就不再为各国文化企业所独有，文化资源的争夺加剧，文化资源的有限性被强化，发达国家大型文化企业尤其是凭借科技、经济优势在再度创作加工，特别是数字化空间拓展方面几近完美程度的能力，由此经由整合开发获得高额附加值的知识产权，反过来以高额利润再倾销回该国，就形成了发达国家文化产业很强的国际竞争力。① 因此，推动文化企业成为文化创新的主体，提升我国文化企业的创新能力，是增强我国文化产业竞争力的必要手段。

首先，落实培育创新型文化企业的相关政策。改善对创新型文化企业的信贷服务和融资环境，扶持中小创新型文化企业发展。运用政府采购，重点扶持具有核心技术和自主品牌的创新型民族文化企业，支持文化企业参与和承担国家重大文化工程项目。加强对各类中小创新型企业的资金支持，充分发挥风险投资基金在扶持中小型文化创新企业中的作用。支持和鼓励各类文化企业与科研机构、高等学校结成创新型组织。

其次，促进文化企业发展。鼓励经济发达、创意人才资源较为丰富的城市，发展文化科技、影视制作、音乐制作、时尚设计、艺术创作、工艺美术、广告创意、动漫游戏等文化类创意企业。创造崇尚创新、追求卓越的产业氛围，扩大文化产业在全社会的影响力和带动力。充分发挥文化创意在内容创新和传统企业改造中的积极作用，利用文化创意成果拉动相关服务业和制造业的发展。

再次，高度重视技术中介服务。发展市场化、网络化的技术咨询、技术转让等文化技术中介服务机构，促进技术成果产业化。鼓励高等学校、科研院所、企业和各类社团开展文化技术展示、推介，提供文化技术中介服务。积极利用技术产权交易市场，开展文化技术产权交易活动。

（五）以科技创新为核心

从科技创新的角度来看，现代科技成为文化资源开发和文化发展的重要动力支撑，文化资源的科技化开发成功与否具有关键作用，用高科技来改造和武装文化资源的开发和转化，是现今文化产业发展的大势所趋。现代信息技术、数字技术和多媒体传播的兴起，对文化资源进行数

① 常卫：《试论中国文化企业创新能力的提高》，《中国特色社会主义研究》2007 年第 2 期。

字化的系统开发，是将资源储备转化为产业资本和产品成果的关键环节和有力手段，可以促进资本增量的扩大和产品档次的升级。重视发展文化产业链的高端，运用最新数字技术来武装内容产业，掌握具有自主知识产权的核心技术和关键技术，大力发展科技含量高、知识含量高、附加值高的文化产品。

另外，加强数字和网络等核心技术的研发和应用，推动文化与科技的融合，丰富表现形式，拓展传播方式，要做到以下几点：

首先，加快文化领域核心技术研究。瞄准世界文化科技发展的战略前沿，加强数字技术、数字内容等核心技术的研究，提高装备技术和制造技术的水平。

其次，创新文化传播方式和手段。加快以国家数字图书馆为龙头的大容量数字化文化资源库建设，完成大中城市公共图书馆连网，实现资源共享。推进舞台技术进步，发展新的艺术表现形式。

再次，推动文化业态更新。加快传统出版发行业向现代出版发行业的转换，积极发展电子书、手机报刊、网络出版物等新兴业态。鼓励具有自主知识产权的网络文化产品的创作和研发，开发文化数据处理、存储和传输服务，移动文化信息服务，网上文化交易，数字互动体验服务，数字远程教育及数字娱乐产品等增值业务。

（六）以知识产权保护为保障

知识产权制度对促进我国文化资源的创意化开发、文化智能资源的保护具有十分重要的作用。自主知识产权拥有量是推动科技创新、增强综合实力和国际竞争力的重要内容，加强知识产权保护是改善我国投资环境、维护市场经济秩序、推动文化资源的产业化进程的重要措施。

为了适应我国文化资源产业化创意化开发的要求，必须建立健全知识产权保护的法律法规，营造良好的法治环境，落实有关保护措施，加大保护力度，进一步提高文化领域知识产权保护水平。

首先，落实文化领域知识产权保护措施。它需要：做好重要文化资源知识产权的挖掘、整理工作，建立国家重点文化知识产权保护目录；强化文化工作者的知识产权意识，推动文化单位、科研院所、高等学校重视和加强知识产权保护和管理；鼓励发展知识产权代理、推介和交易服务产业，逐步构筑覆盖全国的知识产权服务网络；采取多种形式，及时宣传我国文化领域保护知识产权工作取得的成效，开展“拒绝盗版，从我做起”的全民主题教育活动，增强全社会知识产权意识。

其次，依法严厉打击侵犯知识产权的各种行为。它需要：加强统筹协调，形成条块结合、上下联动的工作机制，打破地方保护；坚持以日常监管与专项整治相结合，以大案要案为突破口，开展图书音像市场保护等专项整治行动，坚决取缔盗版光盘生产线，严厉打击侵权盗播广播影视节目、擅自截传广播影视节目信号的行为，重点查处盗版教材教辅、计算机软件和音像制品等非法活动。

五、坚持人才资源开发战略

文化发展的关键在于人才。人才资源是全球化时代的首要战略资源，也是发展文化产业最重要的资源和动能因素。人才资源开发在文化资源产业化进程中起决定性作用，是决定文化资源向文化资本转化、文化资源产业化开发和文化产品与创意的关键性资源和最终基础。

据教育部统计，目前我国高等教育毛入学率已经接近20%，进入了大众高等教育时代。随着人们文化素质水平的不断提高，对于文化产品的需求和鉴赏力水平也不断提高，这非常有利于文化产业的发展。更重要的是，这为我国在继劳动密集型产业中拥有廉价劳动力资本优势后，又获得创新型人才优势创造了条件。巨大的人才基数为我国文化产业人才的选拔提供了良好的基础。然而，我国目前对于文化产业人才的开发和供给状况还存在种种问题。旧有文化体制不利于人才创造力的激发，不利于人才整合流动，不利于人才的成长和培养，文化产业人才还未形成以市场为手段的合理配置，高校文化产业人才培养缺乏针对性。另外，人才素质不高、专业性不强、人才结构不合理也是我国文化人才建设过程中存在问题的突出表现。①

尽快建立与文化资源产业化开发需要相适应的文化产业人事制度和文化产业人才的选拔、使用和激励制度，并开展在职人员的各种培训。政府与高等学校合作，共同开办文化产业相关专业，或鼓励高等学校自主开设相关专业，共同培养我国文化资源产业化开发亟需的硕士、博士层次的高级人才，鼓励有实力的文化企业集团与高等学校合作申请企业

① 向勇：《文化产业人力资源开发》，湖南文艺出版社2006年版，第25页。

博士后工作站，鼓励国外著名高校文化产业相关专业与我国高校合作办学；制订文化产业人才发展规划，建立文化产业人才供求信息网和高级文化产业人才数据库，定期发布文化产业人才特别是紧缺人才的需求信息，推行文化产业从业人员资格准入制度，推动文化产业人才中介组织和市场建设，为文化产业人才的有序流动创造良好环境，等等。

（一）明确文化产业人才的核心地位

在人才作用极为突出的文化资源产业化开发领域，人才是第一资源。没有创意、没有设计、没有资源整合、没有市场营销，文化资源的产业化开发就只能延续粗放经营的传统老路，文化产品就只能是附加值极为低下、资源依赖型的初级产品，其市场竞争力与综合实力就永远只能徘徊于较低的层次和水平。改变这一局面的唯一出路就在于人才的培养和使用，如原创艺术人才、生产经营管理人才、市场营销人才，等等。因此，无论是对艺术家还是对从事相关创作的人都应该明确他们的核心地位，重视他们、尊重他们。

另外，还要牢固树立科学的人才观。人才存在于人民群众之中。只要具有一定的知识或技能，能够进行创造性劳动，能够为文化资源的产业化开发作出积极贡献的人，都是文化产业发展所需要的人才。要坚持德才兼备原则，把品德、知识、能力和业绩作为衡量人才的主要标准，不唯学历、不唯职称、不唯资历、不唯身份，不拘一格选拔、重用人才。科学的人才观还要求我们树立对于人才不求所有、但求所用的观念，人才的归属权并不是决定一切的根本，关键是要为人才的脱颖而出、成长创造一个良好的社会环境，让人才发挥作用。①

（二）做好文化产业人才培养工作，着重建设四支人才队伍

要突破目前制约文化资源产业化发展的人才瓶颈，就必须着力培养高素质的文化资源产业化开发与文化产业发展所需的人才队伍。要坚持为人民服务、为社会主义服务的方向和百花齐放、百家争鸣的方针，充分发扬学术民主和艺术民主，鼓励和支持学术上、艺术上不同形式、不同风格的自由发展和创新。着力加强领军人物和各类高层次专门人才的培养，积极发掘民间工艺大师。完善公平竞争和分配激励机制，鼓励和

① 丹增：《文化产业发展论》，人民出版社 2005 年版，第 153～154 页。

支持优秀拔尖人才脱颖而出。积极宣传文化领域领军人物、优秀专业技术人才、经营管理人才及其成果和主要业绩，营造尊重劳动、尊重知识、尊重人才、尊重创造的良好舆论环境。

建设四支文化产业人才队伍是做好人才培养工作的重点：

1. 文化产业人才队伍

文化产业人才主要从事内容创作、设计，是整个产业链条中的起点，是文化产业价值体系中的核心部分。文化资源的整合，文化资源品质的提升，都依赖于创意的支撑。没有适应于现代消费趋势和习惯的创意，再好的文化资源也只会变成毫无价值、无人问津的文化次品。因此，文化产业人才的多寡，往往成为决定文化资源产业化程度的关键。要全面提高我国文化产业人才的能力与素质，打造知识结构宽阔，思维方式灵活的专业创意人才队伍，提高他们的创造能力、思维能力、表达能力，是解决我国文化产业人才匮乏的根本途径。

2. 文化产业技术人才队伍

由于文化资源的产业化开发实践与高新技术的紧密结合，文化产业技术人才显得越来越重要。文化产业技术人才并不具有核心的创造能力，但原始的文本和创意必须通过他们的技术得以实现。从宏观的角度来说，技术人才所拥有的技术是文化资源合理产业化开发的引擎。从微观角度来说，技术人才是文化生产的骨干和主力。要推动我国文化资源的产业化进程，打造一支专业化程度高、综合知识能力强、团队协作能力突出的文化产业技术人才队伍十分重要。

3. 文化产业经营与营销人才队伍

文化资源的产业化说到底是一种经济行为，这就需要经营与营销的专业人才对产业环境进行把握，制定企业发展战略，选拔人才，对策划、设计、生产、包装、销售等各个环节进行规划、统筹和运作，站在全行业的角度审视文化企业的发展方向，及时调整经营策略，对市场进行判断。培育一支具有管理和营销专业知识、战略管理能力、决策能力、沟通协调能力、资源配置能力、危机处理能力，并具备企业家精神的文化产业经营与营销人才队伍，是推动我国文化资源产业化进程的重要保障。

4. 文化产业管理人才队伍

文化产业管理人才在各个文化市场主体中扮演着重要的角色。他们是各微观主体能否正常、有效、合理运转的保证。政府主管部门中也有一部分管理人才属于文化行政管理人才，他们对文化资源以及文化产业的认知水平也决定着政策的制定和导向。建设一支研究能力强、规划能力强、行政能力强的文化产业管理人才队伍，对于推动我国文化资源的产业化进程具有十分重要的意义。

（三）加强高等学校文化资源产业化人才培养及学科建设

充分发挥高等学校在建设先进文化、培养文化人才中的重要作用。扶持部分高等学校文化产业研究基地，资助一批重点文化资源产业化课题研究。鼓励有条件的高等学校整合相关学科资源，集中开展文化事业、文化产业重大理论和现实问题研究，为文化资源的产业化建设服务。鼓励文化单位与高等学校合作举办高级研修班、培训班，培养高素质的专业技术人才、经营管理人才。鼓励和支持文化人才参加学术研究和交流，承担重大课题和项目。

提倡在高校中建立完善的文化产业管理培养人才体系，包括专科、本科、硕士、博士，同时尝试MBA、EMBA等国际化教育模式，并丰富在职在岗以及出国短期培训等形式。对于文化创意人才，传统艺术院校在培养专业素质的同时，也要加强综合素质的培养。另外，还要加强职业规划指导和专业设置的针对性，让学生在学习期间就更多地了解和参与不同的实践活动，积累经验。

（四）完善人才选拔机制，改革人事管理制度，鼓励人才在市场配置下流动

选拔文化产业人才要坚持德才兼备、群众公认的原则，按照公开、平等、竞争、择优的要求，健全以业绩为依据，由品德、知识、能力等要素构成的人才评价、选拔和激励保障机制，营造人才辈出、人尽其才的环境。

改革人事管理制度，探索文化产业人才的行业管理办法，促进人才的合理流动。加大引进海内外高层次优秀人才尤其是紧缺人才的力度，制定吸引文化产业人才的各种优惠政策，积极解决引进高层次文化产业人才的后顾之忧。另外，将“引进来”和“送出去”有机结合起来，立足于本土人才的培养，同时也把人才“送出去”学习进修或交流锻炼当做一个主要形式。在一定时期内选择一批具有培养潜质的人才，送到国外进行学习和进修，或是到相关部门挂职交流，通过外部力量培养本土文化产业人才。

根据发展要求，逐步规范文化产业领域各行业的职业分类，编制职业标准，探索建立专业技术人员职业资格证书制度，稳步推进职称制度改革。

建立人才培养专项资金。通过财政专项支持以及鼓励文化企事业单位捐赠等多种渠道，筹集优秀人才培养和集聚基金，为人才培养提供物质保障。

另外，要充分发挥市场在人才资源配置中的基础性作用，建立和完善在相应社会保障条件下的人才流动机制，引导文化人才的合理、有序流动，把优秀人才集聚到文化建设中来。利用文化产业与相关产业的联动发展和资本扩张，扩大选拔范围，拓宽选拔渠道，广泛吸引财经、金融等领域的优秀人才和海外高层次人才进入文化行业。

主要参考文献

[1] 胡锦涛:《高举中国特色社会主义伟大旗帜　为夺取全面建设小康社会新胜利而奋斗——在中国共产党第十七次全国代表大会上的报告》,《求是》2007 年第 21 期。

[2] 王永章:《如何将文化资源转化为产业资源》,《人民论坛》2008 年第 9 期。

[3] 孟晓驷:《中外文化之比较研究》,《中外文化交流》2004 年第 1 期。

[4] 张晓明、胡惠林、章建刚:《站在时代的高起点上，推动文化产业的大发展大繁荣》，张晓明、胡惠林、章建刚主编:《2008 年中国文化产业发展报告》，社会科学文献出版社 2008 年版。

[5] 张晓明、胡惠林、章建刚:《走进“十一五”：发展文化产业的新综合与新视野》，张晓明、胡惠林、章建刚主编:《2007 年：中国文化产业发展报告》，社会科学文献出版社 2007 年版。

[6] 张晓明、胡惠林、章建刚:《战略性调整中起步的中国文化产业》，江蓝生、谢绳武主编:《2003 年中国文化产业发展报告》，社会科学文献出版社 2003 年版。

[7] 胡惠林:《文化资本：现代文化产业和谐发展的能源形态》,

《探索与争鸣》2007年第1期。

［8］胡惠林：《关于区域文化产业战略与空间布局》，《山东社会科学》2006年第2期。

［9］胡惠林主编：《文化产业概论》，云南大学出版社2005年版。

［10］胡惠林：《论文化体制改革》，叶取源、王永章、陈昕主编：《中国文化产业评论》，上海人民出版社2004年版。

［11］姚天祥、王亚南：《文化成就腾冲》，张晓明、胡惠林、章建刚主编：《2008年：中国文化产业发展报告》，社会科学文献出版社2008年版。

［12］赵子忠：《2006年中国数字内容产业结构与发展状况》，张晓明、胡惠林、章建刚主编：《2007年：中国文化产业发展报告》，社会科学文献出版社2007年版。

［13］刘玉堂、黄南珊：《湖北文化资源转化的战略思路和途径选择》，张晓明、胡惠林、章建刚主编：《2006年：中国文化产业发展报告》，社会科学文献出版社2006年版。

［14］中共中央宣传部文化体制改革与发展办公室、中共深圳市宣传部编：《文化发展战略论坛文集》（三），广州人民出版社2007年版。

［15］向勇：《文化产业人力资源开发》，湖南文艺出版社2006年版。

［16］花建：《文化产业竞争力的内涵、结构和战略重点》，向勇主编：《北大文化产业前沿报告·第2辑》，北京大学出版社2005年版。

［17］叶郎：《全面推动与高质量远眺：21世纪的中国文化产业》，向勇主编：《北大文化产业前沿报告》，群言出版社2004年版。

［18］欧阳友权主编：《文化产业通论》，湖南人民出版社2006年版。

［19］申维辰主编：《评估文化：文化资源评估与文化产业评价研究》，山西教育出版社2005年版。

［20］蔡尚伟等著：《文化产业导论》，复旦大学出版社2006年版。

［21］丹增：《文化产业发展论》，人民出版社2005年版。

［22］吕庆华：《文化资源的产业开发》，经济日报出版社2006年版。

［23］施炎平：《从文化资源到文化资本——传统文化的价值重建与再创》，《探索与争鸣》2007年第6期。

［24］吕挺琳：《文化资源的集群特征与文化产业化路径选择》，《中州学刊》2007年第6期。

［25］常卫：《试论中国文化企业创新能力的提高》，《中国特色社会主义研究》2007 年第 2 期。

［26］蒙一丁：《文化事业与文化产业协调发展的路径探新——我国文化资源配置应采取的三种方式》，《长白学刊》2006 年第 5 期。

［27］金鹏、李建军：《2004 年全国文化市场发展概述》，《中国文化报》2005 年 10 月 24 日。

［28］张国洪：《文化资源的产业整合》，《中国文化报》2003 年 12 月 20 日。

［29］［日］西村幸夫著，王惠君译：《再造魅力故乡：日本传统街区重生故事》，清华大学出版社 2007 年版。

［30］贾青松：《论文化资源转变为文化资本的现实途径》，2005 年 11 月 30 日，http：//www. cass. net. cn/.

［31］《王国庆解读〈中国报业年度发展报告（2005）〉》，http：//news. sohu. com/20050805/n226574938. shtml.

［32］《曲阜文化产业调查分析》，http：//www. stats-sd. gov. cn/disp/gzdt/disp_ new. asp？ id＝2006001264.

［33］世界遗产网，http：//www. wchol. com.

课题组成员名单

课题负责人：

姚伟钧　华中师范大学历史文化学院教授、博士、博士生导师

课题组成员：

何　静　华中师范大学国家文化产业研究中心常务副主任，副教授

任晓飞　华中师范大学历史文化学院文化学系在读硕士研究生

王胜鹏　华中师范大学历史文化学院文化学系在读硕士研究生

乡村文化产业发展与社会主义新农村建设

云南大学国家文化产业研究中心

党的十六届五中全会通过的《中共中央关于制定国民经济和社会发展第十一个五年规划的建议》，提出了建设社会主义新农村的重大历史任务。2006 年中央 1 号文件《中共中央国务院关于推进社会主义新农村建设的若干意见》明确指出："繁荣农村文化事业"是解决"三农"问题、促进社会主义新农村建设的重要方面。除了加大对农村公共文化服务体系的投入和建设，还要保护和发展有地方和民族特色的优秀传统文化，创新农村文化生活的载体和手段，鼓励农民兴办乡村文化产业。

作为 21 世纪的朝阳产业，文化产业受到了全世界的关注。人们基本满足了物质生活的同时，精神和文化消费需求日益增长。以生产和提供文化产品和服务为主要内容的文化产业应运而生并创造了巨大的财富，文化产业也对改变传统的大规模、无限制地开发自然资源的发展方式发挥了重要的作用。大部分人类历史发展所创造的再生性的文化资源和保护性的文化遗产，都能够成为创造绿色 GDP 的重要基础，有效地遏制了人类生态环境的无限恶化。尤其是在我国经济基础相对薄弱，但文化资源丰富多样、环境生态保持良好的西部农村地区，发展文化产业成为这些地区实现跨越式发展的重要途径。

充分认识乡村文化产业在整个国家文化产业发展中的地位和作用，充分认识发展乡村文化产业对建设社会主义新农村、解决"三农"问题的意义，有助于我们更加重视这一新鲜的事物，营造更好的环境，促进其更加健康地发展。

一、乡村文化产业是我国文化产业发展的一个重要方面

（一）乡村有丰富的文化资源和文化生产力

文化资源是发展文化产业的根基所在。从宏观上来说，我国的乡村地区经济发展总体水平赶不上城市，但是最具特色、最有发掘潜力的民族民间文化资源则更多地保存在受外来文化冲击相对较小、社会相对封闭、很大程度上保持着传统生产生活方式的乡村地区。尤其是我国西部的大多数地区，众多的少数民族在悠远的历史发展中创造了多姿多彩的民族民间文化。在过去的相当一段时期内，这些宝贵的财富被视为落后的，与现代社会格格不入的东西遭到轻视甚至摒弃。但今天，这些过去被交通闭塞、社会封闭、信息交流不畅等掩盖了的特色文化，迅速成为

人们离开自己熟悉的环境，亲身去了解、体验和享受奇异、独特的他民族、他区域文化所追求的目标。异彩纷呈又多元融合的民族民间文化充满了乡土和生活气息，可以让人们摆脱喧嚣而模式化的都市生活方式，领略另外一些富有创造力和新颖的精神享受元素。

云南是少数民族分布最多、类型最丰富的地区，省内25个少数民族中有15个是云南独有的。这些少数民族在长期的生产生活中创造了丰富的民族文化，不同民族、不同宗教信仰和不同的风俗习惯在云南这片土地上繁衍生息，形成了积淀深厚、禀赋优良的民族文化资源。近年来，云南省文化产业迅速发展并在全国产生了一定影响，这和大量少数民族传统文化资源的运用息息相关。《云南映象》、《蝴蝶之梦》、《勐巴拉娜西》、《丽水金沙》等著名舞台艺术品牌都因运用了大量的少数民族传统文化艺术元素而绽放光彩，成为云南民族文化产业发展的品牌；民族文化旅游的兴起，是使云南省的旅游业持续高速增长，并实现从单纯观光旅游向高端体验旅游、文化旅游转变的重要原因，无论是西双版纳、大理、丽江和香格里拉滇西黄金旅游线的形成，还是昆明的民族村、各地生态民俗村旅游热的兴起，都和这些地区浓郁的少数民族传统文化不可分割；在少数民族传统文化基础上产生的文化产品，除了众多的民族歌舞表演以外，民族民间手工艺品的生产和发展也逐渐形成市场，作为云南民族文化产业发展的重要突破口，大理白族的银器、扎染、木雕，丽江纳西族的东巴文、东巴纸，彝族、壮族、苗族等族的刺绣工艺都成为云南文化产业发展的优势资源基础。

四川也是我国民族种类较多的省份之一，素有“民族走廊”之称。目前境内仍分布有彝、藏、土家、苗、羌、回、蒙古、傈僳、满、纳西、布依、白、傣、壮14个少数民族，共有人口300多万，约占全省总人口的3.7%，主要生活在西部高原山地和南部边缘山地，其中以彝族、藏族、羌族等最具有代表性。贵州有苗、布依、土家、彝、仡佬、水、回等18个少数民族，约占全省总人口的36.77%。据不完全统计，贵州省少数民族的传统节日有1 000多个，规模较大的有400多个；其列入国家级非物质文化遗产名录的项目为8类31项40处，均为民族民间传统文化艺术。广西有壮、汉、瑶、苗、侗、仫佬、毛南、回、京、彝、水、仡佬12个世居民族，此外还有25个少数民族成分，少数民族人口在广西总人口中占到近40%；约有95%的壮族人口居住在广西，占广西总人口的 30% 以上。西藏则以藏族的传统文化艺术，尤其是以藏传佛教文化为民族传统文化的核心内容，结合独特的高原风光、神秘色彩等，成为人们历来朝拜和旅游的圣地之一。从地理分布上看，这些丰富多彩的民族民间文化资源的生发和保存地大多在乡村社会，正是由于乡村与城市相比较而具有的相对封闭性，才使得这些民族民间文化资源保持了纯粹、多元又各具特色的特点。乡村社会不仅拥有丰富的文化资源，也是文化产品不断创新、生产的地方。《云南映象》之所以取得巨大成功，和其运用田间地头的演员、少数民族群众日常生产生活中所使用的器具作为道具有着重要的关系。云南以银器、扎染、木雕、刺绣等为代表的民族民间手工艺品行业中，90% 以上的从业人员都是乡村居民，他们不仅通过手工艺品的制作销售实现了收入的提高和生产方式的转变，并且形成了云南文化产业的一个重要的亮点。

（二）乡村日益增长的文化需求与现实文化产品供给不足

随着科学技术、社会的发展，城乡生活水平的不断提高，在解决了温饱问题之后，过去忙于传统耕种生产的农民逐渐地有了更多的闲暇时间，其文化和精神需求也日益增长。但是长期以来，我国的文化发展更多的是依靠国家或地方政府行为进行推动，尤其是在农村地区大多采取“送戏、送电影下乡”等方式。这些方式大多属于公益性的文化供给，对繁荣和活跃农村文化生活发挥了一定作用，但对于组织者来说，要运送庞大的表演队伍和设备并支付表演者的相关酬劳，成本也是很大的。因此，这类公益性的文化供给往往不能在最大范围、最深入地满足农民的文化需要，文化供给内容也常常因为和农民生活的脱节而满足不了农民的需要。近年来，云南在推进农村文化建设的工作中，大量的文化站、图书室在乡村建设起来，但是很多时候这些硬件设施都无法得到很好的运用，而是闲置或者被挪为他用。原因是多重的，文化站和图书室中的书籍和报纸、刊物等大多是一些介绍农业技术类的，内容比较单一，虽然对农民的生产有很大的帮助，但却无法更大限度地丰富农民的业余文化生活；大部分村子里面的文化设施都由村里的行政人员进行管理，人手不够时候就常常空置，农民不能随时随地自主地参与到文化活动中；包括“送片、送戏”下乡和农村文化宣传活动中所提供的内容，往往更多地宣传各种国家政策和主流思想，常常与农民喜闻乐见的形式活泼、节奏明朗、故事性、情感性较强的一些民间文艺形式有着很大的距离。仅靠目前的设施、送文化下乡等公益性文化供给，是远远不能够满足乡村日益增长的文化需求的。文化作为产品，通过市场销售，形成人们在文化体验、享受文化服务时支付费用的有偿消费，目前主要是在一些经济发展达到一定水平、人们具有较大购买力的城市地区。但乡村其实很长时期以来就已经有文化消费的需求，如过年节的时候一个村或几个村子、有钱的人为办庆贺或纪念什么特殊的日子出钱请戏班来唱戏，只不过这种类型的文化消费并没有形成规模化、也没有形成有序的文化消费市场，文化产品的性质不是很明显。这种不成规模的文化消费方式在农民生活水平大大提高、文化精神需求提升的现在，自然是不能提供足够的文化产品和服务的。因此，无论是从公益性文化还是现实文化产品来看，对乡村的供给都是远远不够的。

（三）发展乡村文化产业的意义

顺应社会经济发展的要求，发展乡村文化产业具有重要的意义。对于文化需求日益增长的乡村广大乡村居民来说，乡村文化产业最贴近广大农民的现实文化需求，极大地弥补了政府提供的公共文化产品的不足及不适合，同时能够通过乡村文化的经济化、商品化和市场化充分地挖掘和实现乡村拥有的丰富资源所具有的经济价值，不断激发乡村文化的创造能力。

多年来，国家为满足广大农民的文化需求尽管投入了大量的人、才、物力，如边疆的“村村通”工程，“三下乡”活动，农村“解五难”工程、“农家书屋”建设等。另外，各地还有自己的投入，如云南的千里边疆文化长廊建设工程等，但比起农民的现实文化需求来还存在很大的供需矛盾。另一方面，国家提供的文化产品与农民的真实需求也还有很大差距。乡村文化产业必须从农民的真实文化需求出发，提供最贴近农民需求的文化产品和服务，才能找到自己的发展空间。农民喜闻乐见，这是乡村文化产业的特色之一。东北“二人转”的蓬勃兴旺，就是乡村文化产业发展的一个典型例子。云南峨山的“花鼓舞”也是生长自乡村，普及于乡村，并成为带动相关产业发展的又一典型。

乡村文化产业的发展，不仅能够为乡村居民提供文化产品和服务，通过对丰富乡村文化资源的挖掘和开发，在此基础上生产的文化产品能够拓展市场，满足城市的文化需求。现在很多地区都兴起了“农家乐”、“乡村旅游”、“民俗文化村”，等等，它们向都市人群提供了乡村的、民族和民间的文化素材和体验。

乡村文化产业以乡村文化为资源发展起来，从而使保存于乡村的那些民族民间文化得到人们的重新认识和重视，合理地开发民族民间文化资源不仅能够提高文化拥有者的经济收入，更能够促进民族民间文化、非物质文化遗产的保护与传承，如云南丽江纳西族的东巴文化的开发、保护与传承。

文化产业是顺应时代发展的要求形成的新兴产业门类，发展乡村文化产业正是为了适应社会发展的需要，将这个新兴产业门类的影响力扩展到广大的乡村地区，以符合我国文化资源分布的实际情况，符合我国社会主义新农村建设战略所要实现的促进乡村经济、文化和社会发展的总体目标。

二、发展乡村文化产业是促进社会主义新农村建设的重要途径

十六届五中全会指出，建设社会主义新农村的战略任务是“生产发展、生活宽裕、乡风文明、村容整洁、管理民主”，这也是新农村建设的终极目标与未来图景。对于当下新农村建设的实践来说，最终结果是实现物质文明、精神文明与政治文明的统一。为达到这个目标，除了国家资源的倾斜和支持外，还必须调动农民自身参与建设的积极性，只有真正以广大农民为主体建设起来的社会主义新农村，才是真实的、稳固的。乡村文化产业是以农民为主体的产业，农民依赖自身资源谋求经济、文化一体化发展，对推动新农村建设是一条重要而有效的途径。具体来说，乡村文化产业的发展对社会主义新农村建设的作用，主要体现在促进经济发展、社会发展与文化发展三个方面。

（一）乡村文化产业促进社会主义新农村的经济发展

发展乡村文化产业对于促进社会主义新农村“生产发展、生活富裕”具有重要的意义。乡村具有丰富的民间文化资源和产业内容，而深厚的文化内容是文化产业持续发展的动力源泉。类型丰富多样、表现形式异彩纷呈的乡村文化是农民在现代市场经济中极其重要的资源禀赋，也是农民富裕、农村发展的文化资本；而发展乡村文化产业是促使民间文化

资源转化为经济资本的重要途径，也是实现社会主义新农村“生产发展、生活富裕”的可行措施。乡村文化产业开发已逐步体现出其产业效能优势，主要表现在文化产出的效益、农村就业率的提高、产业结构的改善和农村基础设施的健全等方面。发展乡村文化产业实现了民间传统文化的魅力展现和文化价值，符合了环境友好型、资源节约型、可持续发展、绿色环保经济的发展要求，契合了科学发展观的诉求，逐步凸显了发展乡村文化产业的经济效益和社会效益。

1. 调整产业结构 促进生产发展

通过乡村文化产业的建设与发展，催生了农村新型经济实体，增加了农村经济产值来源，提升了农产品的文化附加值，调整了农村产业结构，改善了农业生产基础设施，增强了农村经济的整体实力，促进了新农村的生产发展。生产发展是新农村建设物质文明的基本范畴。对于新农村来说，物质文明的内在含义就是农村生产力大大发展，农产品大大丰富，产业结构合理，农业生产基础设施优良，农业资源得以最优化利用，劳动力、劳动工具与劳动对象能得其善用、搭配合理，形成合力，共同促进农村的经济发展。在这方面，乡村文化产业已逐步凸显产业效能优势，在调整农村产业结构和改善农村基础设施方面发挥着积极作用，有力促进了乡村的生产发展。

（1）调整农村产业结构。乡村文化产业通过产业关联和产业集群，不断地延伸产业链，结合农、林、牧、副、渔，带动了相关产业的发展，从而在整体上推动着农村产业结构的调整。产业结构调整是产业布局合理化、社会分工深化和资源配置优化的结果。在农村人力、资金、土地等资源集中分布于农、林、牧、副、渔传统行业的情况下，适时调整农村产业结构，能够为新农村生产发展和生活富裕提供优化的生产关系和协调机制。发展乡村文化产业有利于传统农业的转型，为新农村经济发展插上产业腾飞的翅膀，形成具有竞争力的核心要素，提升农村文化产业和农产品的附加值，促进产品价值链的变化，引发内容创新、技术开发路径的改变，引领农村产业结构调整。

乡村文化产业发展能够促使以单一种植农业经济为主、相关经济为辅的经济结构逐渐转变为以乡村文化产业、文化生态旅游、乡村文化产品制作、民族歌舞演出等服务业为主导，以种植农业经济为基础的经济结构。农村经济发展所需的产业资源，在由物质性资源转向为传统文化资源的过程中，使资源利用的有限性变为无限性，为新农村产业结构的优化和改善提供了更为广阔的空间。

据数据统计，全国乡村文化旅游景（区）点每年旅游收入超过 1 000 亿元，每个黄金周旅游人次达 6 000 万。乡村文化旅游正在以全新的经济形式和文化互动模式介入农村传统生产经营活动，对农村经济社会结构产生深刻的影响。[①] 农村产业结构的调整日益呈现出以文化产业为驱动引导的特征。

以东北"二人转"等说唱艺术产生的文化经济效应为例。赵本山充分利用这个文化资源，在辽宁省的铁岭市拍摄了《刘老根》系列剧，自从第二部热播以后，剧中为拍戏而建的龙泉山庄场景，开始公开向游客开放。游人不仅能够看到电视剧中原有的龙泉山庄的建筑风貌、亲口品尝到剧中的药膳美食、满族八大碗以及具有龙泉山庄特色的绿色食品，还能亲历到剧中药匣子推销大力丸、刘老根作报告的演绎现场。

在龙泉山庄受到各地游客关注的同时，铁岭旅游部门又将东北"二人转"作为当地文化旅游的另一个特色项目推向了市场，尤其是在"二人转"表演曲目中注重抓住游客的爱好或特点，有针对性的表演节目，使前来旅游的客人都能乘兴而来满意而归。在龙泉山庄的带动下，在东北"二人转"的影响下，铁岭农村旅游逐渐红火起来。在龙泉山庄周围又出现了很多主题农庄，例如，以绿色食品为主题的农庄、以满族特色餐饮为主题的农庄、以特色养殖为主题的农庄等，形成了有铁岭特色的农庄旅游经济。此外，蒙古的长调艺术产业，西藏、青海等地的藏毯制作，西藏昌都的唐卡产业，新疆鄯善县鲁克沁及库车县齐满镇等地的十二木卡姆，浙江东阳木雕等乡村文化产业的发展，增加了新型经济实体，为当地农民带来了巨大的收入，促进了农村经济的大发展。

云南乡村文化产业的发展以旅游业为平台，推进发展遍布各地乡镇的特色文化产业。云南在宏观布局上强调产业集群，在微观上注重乡村文化产业的运行和具体的产业结构调整。例如，云南省昆明市官渡区六甲乡福保村经过 20 世纪 70 年代到 80 年代的"农业福保"转变为"工业福保"，再由 90 年代以后的"工业福保"转变为"文化福保"，产业调整和经济结构转型成功，福保农村经济得到极大发展。此外，大理州喜

---

① 郑铁、刘健：《乡村旅游推动新农村建设》，载《农业经济》2007 年第 4 期。

洲镇周城村的扎染产业，鹤庆县新华村的银器产业，都使得当地传统的农业结构发生调整，文化产业成为农村经济产值的主体。

贵州省修文村通过发展乡村文化旅游，使得三次产业结构由2002年的31∶41∶28转变为2006年的24∶39∶37，以乡村文化产业为支柱的第三产业跃居三次产业的第二位。① 经济较为发达的北京市也通过发展乡村文化产业，推动了产业结构的调整。截至2007年9月，北京乡村文化旅游每年吸引游客高达千万人次，收入过20亿元。截至2005年9月，北京市级民俗村达到110个、市级乡村民俗接待旅游户达到7 119户。②

以上案例的共同特点是形成了文化、农业、工业、商业联动发展的模式，推动了农村产业分工，将乡村文化产业延伸到文化产品设计、文化产品制作、文化饰品、文化旅游、观光农业、农副产品加工业、运输业、建筑业等产业，促使传统农业向现代农业转型、传统的农村种植经济向服务经济转变，进而促进农村产业结构调整。

在经济发展和消费结构的升级换代所带来的休闲经济和体验经济等宏观背景下，新农村经济发展的要素由经常被强调的资金、科技、管理和网络等生产要素部分地转向了乡村文化要素。乡村文化产业发展能够促使以单一种植农业经济为主、相关经济为辅的经济结构逐渐转变为以乡村文化产业、文化生态旅游、乡村文化产品制作、民族歌舞演出等服务业为主导，以种植农业经济为基础的经济结构。乡村文化产业利于发挥村民的潜能和主观能动性，培养村民发展新型产业的意识和能力，并促使其参与、适应市场经济的规则。同时，农村经济发展所需的产业资源，在由物质性资源转向为传统文化资源的过程中，使资源利用的有限性变为无限性，为新农村产业结构的优化和改善提供了更为广阔的空间。总之，通过发展乡村文化产业，调整了农村农、林、牧、副、渔、文化产业、服务业等区位布局，优化了文化产品和农产品之间的产品结构，整合了乡村文化资源和其他物质资源，改善了农村产业结构，促进了新农村的生产发展。

（2）改善农村基础设施。落后的基础设施建设是制约农业经济及乡村文化产业发展的瓶颈，鉴于基础设施建设的庞杂性和投资收益的长久

---

① 《修文乡村旅游结硕果》，http://www.gog.com.cn.

② 《乡村旅游、观光农业成农民增收重要渠道》，http://county.aweb.com.cn/2007/9/24/48020709241655190.html.

性，其相关项目大多依赖于政府的宏观调控和产业发展规划。同时，在资本利润的激励和市场规则的引导下，更多的文化资源、资金、技术和乡土人才将流向乡村文化产业，从而改善农村基础设施建设。

乡村文化产业的发展对于农业基础设施的改善，主要从以下方面发挥作用：一是文化产业基础设施的建设所带来的文化经济效应，催生了农业基础设施建设的模仿动力，作为一个示范，它能带动其建设和发展。二是文化产业的发展必然需要对农村的交通、通信、信息、网络、电力等基础设施加以改造，为文化产业的大力发展打下基础，客观上也为农业生产营造了有利条件。三是文化产业发展所带来的经济收入，可以实现服务业反哺农业，增加对农业生产所需的水库、机械、道路等基础设施的投入，使农业生产力得以全面提高。例如，江西省井冈山的红色旅游对当地农业生产的反哺，广东省韶关市自然生态旅游对当地农村基础设施的改善，此外还有云南省鹤庆县的新华村、红河州的元阳梯田、楚雄大姚县的石羊古镇等。

2. 增加就业岗位，促进生活富裕

通过乡村文化产业的建设与发展，拓展了农村经济格局，增加了市场经济主体，提供了大量就业岗位，分流了闲散劳动力，培养了新农村建设人才，提高了农民收入，促进了农民生活快速走向富裕。生产发展是基础，生活富裕是结果，两者的归流就是为了实现新农村的物质文明。乡村文化产业的发展为农民就业创造了更多的机会，有助于实现农民的广泛就业。在产业发展中，农民的文化素质和经营能力得到了提升，有助于培养乡土人才。而产业发展所带来的实实在在的经济效益，将使农民增收、生活富裕成为现实。

（1）提高农村就业率，培养乡土人才。由于乡村文化资源的拥有者主要是农民，这有利于发挥农民自身的资源禀赋、增加就业机会。同时，乡村文化产业劳动密集性高、关联带动性强、就业机会多且门槛低、方式灵活，具有“短、平、快”产业项目的某些内在属性，能够有效提高农村就业率，并在产业发展中培养乡土人才，提高农民的文化素质和经营能力。事实证明，乡村文化旅游业的发展在创造就业岗位的情况以及参与乡村文化旅游的农民受益特征上都优于其他产业，在一些景点依托型、客源地依托型的乡村旅游中，大致能够做到 1 个公职就业岗位创造 3

个乡村旅游就业岗位、带动10个农村家庭受益。[①] 农民获得乡村旅游的大部分就业机会，有助于实现生活富裕。

西部地区的文化产业发展主要是通过休闲文化、体验经济来展现乡村民族文化的参与互动魅力，以开发利用乡村歌舞、乡村竞技、乡村风情、乡村婚俗、乡村观光、乡村耕织、生产生活、民俗习惯等农业文明、乡村文化。这种模式吸引的就业人数较为有限。在中东部地区的乡村文化产业，主要是建立在农村工业化、农村城市化的基础上，充分利用高科技、资金、管理等资源，多方位、多渠道地实现乡村人口就业。

西部地区居住着较多的少数民族，民族文化资源丰富，民族特色文化显著，尤其是乡村民族文化保留着更多的中国传统文化的基因。因此，西部地区的民俗文化资源极其深厚，民众参与乡村文化产业开发的机会比较多，就业率的提升较为显著。

以云南省西双版纳傣族园为例。傣族园位于西双版纳傣族自治州景洪市勐罕镇，坐落于素有“孔雀羽翎”之誉的橄榄坝。该园规划占地336公顷，由生态环境和傣族文化保存完好的曼将（篾套寨）、曼春满（花园寨）、曼乍（厨师寨）、曼嘎（赶集寨）、曼听（宫廷花园寨）5个傣族村寨组成。2003年12月底，园内的5个自然村寨共有村民316户，1 503人，被招收为傣族园公司职工的村民有255人，占公司员工总数364人的70.1%。2004年，公司员工368名，其中傣族员工有258人，占员工总数的71%。2007年，园内的5个村寨共有村民326户，1 536人，被招收为傣族园公司职工的村民有971人，占公司员工总数1 184人的82%。2003年，傣族园拉动的村寨就业率是16.97%，而在2007年这一指标达到63.2%，四年间村寨就业率增长272%。这表明乡村文化产业的就业关联能力较强，能够充分利用农村闲散劳动力，迅速改变农民半失业状态，既培养了乡村人才，又提升了农村人力资源的产业发展能力。

中部省份和沿海地区主要居住着汉族民众，乡村文化产业的开发内容主要集中于普通的文化商品制作和销售，而民族歌舞展演、生态文化旅游等较少。就全国文化产业就业率而言，截至2004年底，全国文化产业从业人员占全部从业人员（7.52亿人）的1.32%，占城镇从业人员

---

① 《概念、类型、误区、问题和对策》，http://www.cnbide.com/article/8/163.html.

（2.65亿人）的3.76%。在文化产业法人单位中，有从业人员873万人，占全部文化产业从业人员的87.7%；在文化产业非法人单位中，有从业人员34万人，占全部文化产业从业人员的3.5%；在文化产业个体经营户（36.2万户）中，有从业人员89万人，占全部文化产业从业人员的8.9%。① 其中，乡村文化产业经营单位占据了重要的地位。如依靠生产石雕石刻迅速发展起来的河南鹤壁市浚县屯子镇。目前，屯子镇内有石雕石刻生产厂家60余家，以户为单位生产的900余户；从事这项工艺的民间艺人400余人，其中，国家级雕刻师1人、省级雕刻师50余人、市级雕刻师300余人，从业人员15 000余人，专业营销队伍有6支300余人，分布在全国30多个销售点，产品市场占有率省内达37%，产品远销新疆、内蒙、西藏、云南、湖南、江西、山东、河北等20多个省、市自治区，国内市场占有率达5.1%。② 在沿海地区，以浙江横店集团为代表的乡村文化产业发展也较为迅猛。

（2）促进农民增收。乡村文化产业市场的开发有助于农村的脱贫致富。据有关部门统计，我国约70%的旅游资源分布在农村和中西部地区，而中西部地区的乡村文化产业发展与文化旅游业关系密切。文化旅游业被认为是当下推动农村实现“生产发展、生活宽裕”目标的优先产业。有资料指出，它对总体上的农民收入增加的作用比其他产业更明显。目前全国乡村旅游年接待游客超过5亿人次，收入超过3 000亿元，受益村（寨）超过2万个，受益农民超过2 400万。③ 据测算，中国25年中通过发展旅游直接受益的贫困人口有6 000万~8 000万，占全部贫困人口的1/4~1/3。④ 旅游业具有强关联性，乡村文化旅游业的发展不仅利于行业自身，而且会通过乘数效应和发散效应，更大范围地促进新农村的生产发展。目前，我国通行的提法是，旅游业的乘数效应是1:5，即旅游业每增加1元的直接投资或消费，就可为社会带来5元的收入。⑤

在增加农民收入的发展模式上，西部地区和农村的乡村文化产业主

① 云南省社会科学院哲学研究所、文化开发研究中心：《以国家统计标准分析各地文化产业发展成效》，载中国文化产业网。
② 陈艳梅：《关于河南农村文化产业发展和新农村建设研究》，载《农业科技通讯》2007年第12期。
③ 《旅游村镇体现云南特色》，http://club.yninfo.com/dex/8/index_4948630.htm.
④ 《中国乡村旅游与反贫困》，http://www.davost.com/Intelligence/Expert/2008/07/01/104121930.html.
⑤ 《中国乡村旅游》，http://220.176.196.42/jypx/ShowArticle.asp?ArticleID=1391.

要集中在民族歌舞展演、“农家乐”与自然生态资源的结合上，以乡村生活的体验、民俗生态文化等项目为主，即进行在场文化产品的开发模式。中部地区的乡村文化产业主要集中于民间工艺品、民间艺术展演等乡村文化产品的外销方式，即外在销售模式。东部地区的乡村文化产品更多的是强调文化内涵的发掘和工艺创新，尤其注重乡村文化与科技的结合，如北京乡村文化开发中把掰开的胡桃壳做成荷花、把玉米外皮做成一束束惟妙惟肖的白玉兰等工艺品。

乡村文化产业发展的整体势头良好，为新农村建设发挥了积极的作用。农科村位于四川郫县西郊，是全国文明村、国家级生态示范区、中国农家乐的发源地，是“蜀中第一，全国知名”的乡村旅游胜地，“西蜀子云亭”就出于此。2005 年，农科村旅游收入达到 1 800 万元，农民人均纯收入突破 4 万元。①

青海省玉树藏族自治州以“公司 + 农户”的形式开发加工藏唐卡、囊谦黑陶、嘛呢石、藏八宝、牛羊毛编制饰品的企业有 10 多家，年产值接近 1 000 万元，直接和间接从业人员达 3 000 多人，而贵南县藏族文化艺术传播中心培训基地每年将 300 余人输送到北京、四川、西藏、山东等地旅游景区、景点演出。全县在全国各地的演出队有 38 个，演员 800 余名，年创收入达 300 多万元，人均创收 4 000 余元。该县的石乃亥民间艺术团被中宣部、文化部授予“全国先进民营表演团体”荣誉称号，现在该县又被文化部命名为国家文化产业示范基地。平安县阿伊赛迈藏族歌舞团则通过多种渠道开辟市场，先后在西宁、兰州、石家庄、北京、广州等 200 多个城市商业演出 1 500 多场，演职人员年均收入达 5 000 多元。②

河南省民权县北关镇王公庄村是“中国画虎第一村”，“民权虎”享誉国内外书画市场，每年约有 2 万幅画作销往全国乃至日本、韩国等国家和地区，销售额达 600 多万元。河南省宝丰县有民间魔术演出团体 1 400 余家，从业艺人 5.5 万，年创收 3.3 亿元。2007 年，河南禹州市神后镇钧瓷年销售收入达到 2 亿元，全镇农民人均纯收入 5 700 元。禹州市

---

① 王国敏：《成都市社会主义新农村文化建设调研报告》，http://www.wanggm.cn/onews.asp?id=206.

② 第二次全国文化工作会议（西安），青海典型案例。

顺店镇的刺绣业已实现生产专业化、销售网络化，年销售额达 5.6 亿元。[①]

福建省仙游县开发雕刻工艺美术产业，已拥有工艺企业 2 600 多家，年创产值 20 多亿元，出口创汇 12 多亿元。2005 年，吉林省东北风二人转艺术团全年接待观众近 300 万人，年收入一百多万元。据杭州市旅委统计，杭州 2007 年乡村游接待境内外游客 300 万人次，农家乐旅游的总收入超过 2 亿元。[②] 黄山市将乡村旅游发展与徽文化元素相结合，全力打造“中国乡村旅游第一品牌”。2007 年乡村旅游总接待量达 841.56 万人次，旅游总收入超过 32 亿元，全市超过 15 万农民从事以旅游为主的第三产业，人均年收入超过 7 000 元。黄山市西递村从 1986 年开始发展乡村旅游，通过着眼于文化体验开发乡村旅游产品，截至 2008 年 7 月，实现年接待游客 47 万人次，门票收入达 1 780 万元。

（二）乡村文化产业促进社会主义新农村的社会发展

1. 提高文化素质 形成文明乡风

通过乡村文化产业建设和发展，促进乡村文化、风俗、法制与社会治安等方面的全面发展，提高农民的文化素质和科学素养，增强农民的文明意识和文化观念，形成良好乡风，以培养推进新农村建设的新型农民。乡风文明是社会主义新农村建设中的重要内容，是新农村的精神文明建设，与物质文明、政治文明构成新农村建设要求的整体框架。作为新农村的精神文明范畴，乡风文明的具体内容主要包括文化、风俗、法制与社会治安等方面。通过乡村文化产业的建设与发展，可以促进村民文化生活的丰富，提高文化知识素养，形成科学探索精神，构建适应时代要求的风俗习惯，增强法制意识，主动维护社会治安，培养社会主义新农村建设的新型农民，从而营造全新的乡村文明乡风。

（1）增进文化知识。培养推进新农村建设的新型农民要从基础抓起。教育的提升，引导着农民对文化追求的提升，对文明生活的向往。目前，随着我国经济实力的增强，着力普及和巩固农村九年义务教育的工作有了可靠的经济依托。

在现阶段，大力加强农村新文化建设，培养推进新农村建设的新型

---

① 参见《河南文化产业发展纪实》，载中国文化产业网。
② 《中国乡村能游多远》，http：//www.qionglai.com/html/zhuti/xiangcun/200809/04－640.html.

农民，要注重开展对农民的劳动技能培训，包括加强对进城农民务工人员的劳动技能培训和文化培养，努力提高农民的整体素质。繁荣农村文化事业，积极开展“文化三下乡”活动等，在农村进一步倡导健康文明新风尚。农村经济社会的发展，全体农民素质的提高，相互作用、相辅相成，由此形成良性循环，建设新农村的步伐一定能够迈得更大更快。

在培养新型农民的要求下，乡村文化产业的发展在提高农民的文化知识方面，发挥了巨大的作用。首先，文化产业本身就是对文化知识的经济开发和应用，村民在投入这一工作的过程中，就已经学习到了新知识和新思想。其次，文化产业是需要有知识头脑的产业，对从事这一工作的人有一定的文化知识要求，这就促使村民去接受教育和学习。一方面是成人自己利用各种教育媒介与渠道学习，另一方面是提升了家长对子女受教育的重视程度，因而促使更多的小孩在学校接受教育。最后，乡村文化产业的发展，丰富了村民的文化生活。由于参与了文化产品的生产，村民必然会关注各种各样的文化产品，从而也学会了消费和享受这些文化产品，其精神生活也就鲜活多了。

这方面的例子很多，我们熟知的浙江横店集团，广西的《印象·刘三姐》，云南省丽江的纳西古乐、建水的孔子文化与大姚石羊镇盐儒文化节等文化产业的发展，大大丰富了当地村民的精神文化生活，并促使地方教育的兴盛。

（2）促进移风易俗。移风易俗是乡风文明的表现之一。一方面，随着经济的发展，城市中的人情淡漠等现象在农村地区已经有出现的苗头；另一方面，传统的陋习在一些农村地区还广泛存在。如一些地方攀比修造坟墓，甚至出现豪华的活人墓。这与新农村乡风文明的要求格格不入，亟待改变。

农村传统陋习主要表现在以下方面：一是迷信、愚昧的陈规陋习，最直接、最集中的体现就是在殡葬习俗上，其他还有算命卜卦、测字看相等；二是人情消费，请客送礼；三是女孩早婚较普遍；四是人畜混住，卫生意识差；五是热衷于打牌、玩麻将，进取心不强；六是重男轻女思想较严重，超生现象普遍；七是过度劝酒，逢酒必醉。有些地方还专门评出“农村十大陋习”：一是庭院内乱堆杂草；二是随处乱扔垃圾；三是大人、小孩随地乱小便；四是讲粗话、乱骂人；五是随地吐痰；六是乘车不让座；七是赌博成风；八是白色污染；九是浪费粮食；十是浪费水、电。

乡村文化产业的发展，一是增加了就业机会，使村民有事可做，村民忙于工作，也就没有时间去打牌算命了；二是文化知识的提高，村民的视野和认识也提高了，对农村陋习的弊端认识深刻，就能主动去改变它们；三是文化产业的发展，尤其是文化旅游业的发展，加大了人口流动，外来游客影响了村民的思想，模仿文明之风兴起。具体来看，文化产业的发展对移风易俗的作用主要表现在以下方面：

首先，开展各种形式的文艺活动，寓教于乐，促进农村改变传统陋习，树立符合时代要求的社会主义新农村风气。如河北省的赵县把组建农村民艺队作为农村新文化建设的一项重要内容，在资金投入及业务培训上给予大力支持和帮助，有力地促进了新农村建设。欢快的锣鼓，诙谐的表演，幽默的小品，优雅的快板，吸引了众多群众前来观看。民艺队别具匠心地把党的富民政策、村规民约、科技知识、文明新风等内容提炼加工，编排入戏，变成老百姓喜闻乐见的小品、故事、表演唱歌等文艺节目，很受农民群众欢迎。赵县以农村民艺队为载体，在全县农村集中开展了以“倡导新风尚、发展新文化、培育新农民、建设新农村”为主要内容的“改陋习、树新风”教育实践活动，目前，全县已有 230 多个村子组建了民艺队，这些民艺队营造了积极向上的农村文化氛围。另外，在甘肃省临泽县农村，最引人注目的是遍布乡、村、社的文体设施、文化大院、农家书屋、文化活动室、文化活动站和文体广场。有声有色的文体活动，使农民的精神面貌焕然一新，展现出乡风文明的新景象。每到农闲时节或茶余饭后，临泽乡、村、社大大小小的文化活动站（室）里，总是很热闹，农民纷纷跑来看书、下棋、打球或上培训课。自从建起了村文化活动室，村里喝酒、赌博、闲荡的人越来越少了，村民们在文化活动室找到了自己的乐子。

其次，加快乡村文化产业建设和发展，彰显文化的经济效应，使村民尝到文化甜头，主动把全部精力和时间投入到文化产业工作中，杜绝了闲暇时间的赌博之风。如云南鹤庆的新华村，在新华银器加工普及之前，人们没事可做，不论有钱没钱，在农闲时候，村民就聚在一起玩牌，打麻将，以消磨时光。自从手工艺文化产业发展以后，该村可以说一个家庭就是一个小作坊，一户一品，产品不交叉，市场很好，村民们每天想的是如何增加产量、提高质量。不论何时走到新华村，叮叮当当的小锤敲打银器的声音从家家户户传出来，很难看到闲人在外面走动或串家走户地聊天，更不用说玩牌打麻将了。

最后，文化产业的发展增进了村民的文明意识，促使他们抛弃了狭隘的农村传统观念。尤其是文化旅游业的发展，使村民日益注意自己的形象，封建迷信、人情消费、随地吐痰等陋习被有意识地消除，农村建设与生活方式处处参照现代城市和都市人的标准。如腾冲和顺古镇，现在很难把它与农村挂钩，几年前还是一个落后的村庄，随着文化旅游发展以后，当地人在与游客的交流中，摒弃了自己的陋习，想的是如何塑造和保持古镇的现代新农村形象，不断找出并克服自己的缺点，相互监督，自觉营造新风气，以吸引更多的游客，实现乡村新风与经济发展的良性循环。另外，丽江的束河古镇原来是个牲畜到处放养、垃圾随处可见的村子，现在却变成了文明、洁净的影视拍摄基地，这不能不说是文化产业的巨大作用。

（3）加强法制观念和社会治安。要培养社会主义新农村的新型农民，具有法制观念是其根本特征。对于我国来说，农村人口占全国人口的绝大多数，如果这个群体的法制意识和法制观念增强了，懂得去运用法律武器维护自己的权益，我们离法制社会这个目标的实现就不远了。同时，村民的法制观念增强了，一方面他们就会约束自己，减少甚至杜绝违反法律法规的行为，有利于社会治安；另一方面，全民的法律意识增强了，就会主动参与到社会治安的维护中来，谴责和打击不法分子，维护一方水土安全与秩序稳定。并且，只有农村社会治安稳定、农民生活安定，才有精力去参与乡风文明建设。通过开展“平安家庭”、“和谐家庭”等创建活动，调动全员参与意识。在村级成立治安联防队、综合治理协会、调解小组等组织，杜绝不良习气的产生，将矛盾纠纷排除在萌芽状态。

乡村文化产业的建设与发展，与法制建设和社会治安是紧密相连的。后者是前者的基础和保证，前者是后者的助力和驱动。对于农村来说，法制建设是一个难题，相比社会治安来说，更是重中之重。大部分农村地区，老百姓首先在思想上没有认识到法律法规的重要性，往往没有把它与自己的生产生活紧密联系起来。其次，老百姓在日常生活中，把人情常理代替了法律法规，碍于情面，往往不会用法律维护自己的权益。最后，由于不懂法律，也就不知道那些行为是违反法律规定的，自己做了违法的事还不知道，并且还鼓动别人一起做这样的事情。针对这些情况，文化产业发挥作用的途径主要表现在以下方面：

第一，通过乡村文化基础设施建设，大力发挥文化站、图书站等基层组织的作用，发挥文化教育的作用，以文艺活动为载体，编排各种形式的文艺节目，以法律教育为主题，在潜移默化中培养村民的法制观念。当前，以文化旅游产业为主的农村地区，特别是西部地区，民族及民间文化非常丰富，人们在表演节目的同时，有意识地进行法制教育，使得参与者自觉学习了法律知识，增进了安全意识。如云南弥勒县的可邑村是彝族聚居地，有非常丰富的民族文化，阿细跳月就是其中的代表。在坚持发展文化旅游业的同时，文化站组织人员编写了含有法律主题的民族歌曲和小品节目，通过表演，所有参与者都领会了其中的法律知识，尤其是表演者，更是感悟深刻。该村的阿细跳月是单脚跳舞，传说是其先民遇上了火灾，地面全是火砾，为了逃生，他们想出了个主意，用单脚轮换着跳出去，从而没有被火烧坏脚。这是最原初的消防安全意识，今天的可邑村民在表演这个节目的时候，也在进行消防安全教育，因此，该村寨的消防安全意识及设施做得非常出色。

第二，通过乡村手工艺品产业的发展，增进村民之间与家庭成员之间的和睦，构建和谐乡村社会。由于手工艺品不是机械化生产，更多的是靠手工制作，这就给人与人之间的交流与沟通增加了机会。大家在一起生产，边工作边闲聊，从而把平常的隔阂与不快消除。众所周知，不论是城市还是乡村，邻里矛盾、家庭矛盾的产生大都缘于缺乏沟通。手工艺品的生产提供了人们一个新的社区和平台，在生产中，在技术探讨和请教中，人们最容易化解彼此的矛盾，从而营造平和健康的家庭环境和村寨环境，减少了不安定因素。云南省剑川县的狮河村以木雕生产闻名，该村基本以家庭作坊为主，家庭成员在生产中不断学习和探讨技艺，全部精力放在工作上，每天有大量的时间沟通和交流，邻里之间也在相互学习和促进，沟通技术、生产和销售市场，大家不再为了鸡毛蒜皮的事争吵，一心想着如何共同致富，扩大狮河木雕的名声，彼此和谐共处，形成了非常好的社会环境。

第三，文化产业的发展，增强了村庄的经济实力，有足够的公共资金用于法制教育培训与社会治安组织的建设上。在一些农业、工业经济较为落后的农村，农业生产条件恶劣，产出少，工业资源贫乏、技术人才缺少，无法通过这些产业发展乡村经济，文化产业的发展就成为必然选择。他们通过搞文化旅游、文艺演出、陶器、银器、竹编等文化产业，发展了乡村经济，从而可以办教育培训，进行法制宣传，增强村民法制观念，增进维权意识。并且，可以组建村子的治安队、治保小组，加强巡逻，防止违法犯罪事件的发生。如四川的九寨沟、湖南的凤凰村等文化旅游开展好的地方都是社会治安很好的典型。再如云南文山的普者黑，少数民族较多，原来时有争吵、打架现象，文化旅游产业发展以后，此类现象几乎绝迹。

2. 改善生态平衡，辅助农业生产

通过乡村文化产业的建设和发展，增强村民生态平衡意识，自觉改善人口劳动力、交通运输、农业、工业与城镇基础设施等社会经济条件，主动引进先进农业技术装备、强化自身的整体技术水平与劳动素养等技术装备条件。村容整洁与乡风文明一起构成新农村建设的精神文明范畴。要营造良好的乡村社会面貌，使其成为富有现代化气息的社会主义新农村，除了人这一社会主体的本身建设外，主要是对农村生产条件、生活条件与生态条件进行打造，使其成为村容整洁建设中的生动内容 。

（1）强化生态意识，营造良好村容。对于农村来说，构建良好的自然生产条件就是要保护好其农业赖以生存发展的自然生态平衡，也就是形成良好的村容村貌。具体来说即要保护其植物系统生态平衡、动物系统生态平衡、自然光照系统生态平衡、水资源生态平衡等。由于这些自然生态系统结构较为简单，抵抗外力影响的能力弱，因此最易受到破坏。

第一，通过生态文化旅游产业的发展，减轻农业生产对自然条件的压力，减少当地村民对自然的直接索取，调整产业结构，从第一产业转向第三产业，从土地信赖型经济转为服务依赖型经济，达到保护自然生态平衡的目的，从而有利于原生型农业生产效率的提高。很多地方资源条件不好，甚至没有任何资源，不适宜继续进行农业生产，不适宜人居；有一些地方虽然有资源，但出于生态环境保护等考虑，也不适宜继续农业生产，如青海“三江源”地区。对于这些农村地区来说，我们就要大力发展生态文化旅游产业，从而有利于当地的生态平衡。这方面的案例很多，如四川的九寨沟、湖南的张家界、江西的三青山等地方，生态文化旅游的发展大大保护了当地的农业生产自然条件。

第二，文化产业的发展，尤其是乡村歌舞演艺、手工艺品、农家乐等行业的发展，促使污染严重的工农业生产退出乡村，无烟产业的发展有利于村容村貌的保护。近年来，一些污染重的企业在城市无法立足，就跑到农村进行生产，而农村限于赚钱渠道少，富余劳动力没事做，当地政府一心想着增加财政收入，于是一拍即合。结果是农村的自然条件受到严重污染，尤其是铅的生产，不仅会污染自然环境，而且会对人的身体健康造成严重伤害。文化产业的发展，可彻底改变这种状况，还当地绿色生态原貌。如云南鹤庆的瓦猫制作，腾冲的玉石，大理点苍山的大理石雕刻，楚雄彝族、文山苗族的刺绣，此外还有昆明、西双版纳的竹器、藤编等。所有这些，对于农村自然生态平衡发挥着巨大的促进作用。

（2）改进农村社会经济条件。新农村建设，现代化农业生产，必然需要有别于传统农业生产的新型劳动力，需要通畅便利的交通运输条件，需要现代化的工业、农业生产基础设施。乡村文化产业的发展，可以从不同方面改进这些社会经济条件。

第一，生态文化旅游与民族文化旅游产业的发展，大大改进了当地的交通运输条件。由于要吸引外来游客，道路建设是文化旅游产业发展的基点，所以，但凡文化旅游资源丰富的地方，一旦道路条件改善，其文化产业也能随之有巨大发展。因此，我们可以说，是文化旅游产业推动了交通运输的发展。对于农村来说，农业生产出来的产品，必须要销售出去才能获利，况且像渔业、水稻、养殖、水果等产品，对交通的信赖性都很强。此外，由于文化产业的发展，必然促进种植地之间的道路要规划、整洁，不能再像原来那样横七竖八到处是烂路、泥路。例如，云南省鹤庆新华村，原来道路很不通畅，随着银器生产的扩大，越来越多的外地游客参观其生产过程，同时购买现场制作的银器。这就促使该村投入资金扩大交通运输建设，从而促进了当地农业生产道路交通条件的改善，也有利于农业生产。

第二，文化产业的发展有利于农业基础设施的建设和规整。这些建设包括水库、沟渠等灌溉系统，通信、电力等信息化和能源系统，以及拖拉机、柴油供应点、抽水机、播种机、收割机等机械技术系统基础设施。文化产业的发展主要从两个方面对农业基础设施施加影响：一是出于文化旅游景观的协调需要，统一对这些基础设施系统进行规划建设；二是文化产业的发展使村寨有了一定的经济实力反哺农业，从而推动这些基础设施的建设和发展。西部地区的农村在这方面尤其明显，新疆天山区域的农村，甘肃河西走廊的农村，四川的江阳地区的农村，云南的大理、丽江、西双版纳地区的农村都是典型。成都市锦江区三圣乡依靠花卉种植发展四季花卉主题文化，变单一的鲜花生产为立体的花卉文化产业链，通过发展花卉文化休闲产业打造“五朵金花”品牌，形成了新农村建设中新型的文化产业发展模式。为打造文化品牌，区、乡两级政府指导农民进行民房改造，建成具有特色的川西民居和仿欧式建筑群，并对全乡进行整体规划，以城市的道路、污水处理、天然气等生活设施为标准，完善乡村基础设施建设，让农民享受城市文明成果。并且，增加农村有线电视终端用户 1 500 户，实现户户通光纤。在全区 17 个行政村建成 200 平方米的村卫生服务中心。①

3. 改变生活习惯，优化人居环境

通过乡村文化旅游产业的建设与发展，培养村民对住宅的审美与安全要求，提高对饮用水与周边环境的卫生要求，养成使用节约型能源的习惯，强化医疗保健卫生意识，塑造村容整洁的新局面。农村生活条件是村容整洁的主体，在社会主义新农村建设中，评价村容整洁的指标主要是整个村子的生活条件状况，这也是最能反映一个村庄外观形象的内容。

（1）培养审美意识，统一住宅规划。在社会主义新农村建设中，村容整洁很重要的一个方面就是看村民的住宅情况，整齐统一、大方宜人的农村建筑会给人留下非常深刻的印象。在一些农村地区，特别是少数民族村寨，茅草屋、土坯房很多，东一垛西一堆的，且防火防雨能力差，很不坚固。因此，强化居住建筑设计，优化乡村人居环境，是村容整洁的当务之急。“小康不小康，关键看住房”，社会主义新农村建设的一个突出重点就是要改善农民的居住环境。在镇（乡）规划和村庄建设规划的指导下，根据农村的自然地理条件以及传统习俗，结合不同村庄的实际情况，因势就利，合理布局宅基地，使农民新居与自然环境和谐共生，相映成趣。农居建筑设计要符合现代住宅理念，大小高低、内部结构、光照、保暖、通风等方面都要实用。要突出地方民居特色，充分体现地域风情，按高、中、低档为农民免费设计各种户型的住宅，满足不同类

① 文化部文化产业司组织编写，王永章主编：《中国文化产业典型案例选编》，北京出版社 2007 年版。

型农民的建房需要，同时注意保护有历史文化价值的古村落和古住宅。通过强化居住建筑设计，提高建筑艺术水平，优化乡村人居的面貌和环境。

乡村文化产业的发展，一是培养并提高了农民对住宅的审美意识和要求，使其主动按照规划要求和建筑审美原理建设住宅。如云南大姚县的石羊古镇是孔子儒家文化、古代井盐文化与少数民族文化的交融地，近年来由于文化产业的发展，通过举办祭孔文化节和盐文化节，当地村民的文化审美意识日渐提高，不断重建恢复具有浓郁文化特色的建筑。二是构建、保护并传承了具有当地文化特色和民族特点的建筑。如丽江的束河古镇、腾冲的和顺古镇、楚雄的彝人古镇、红河绿春县的哈尼族风情园、西双版纳的傣族园，由于民族文化旅游产业发展的需要，这些地方的建筑都体现了本地的文化特色，与当地自然环境和传统习俗相适宜，拥有别具一格的村容风貌。三是随着文化生态产业的发展，村寨的住宅建筑体现了建设生态文明村的要求，使建筑物最大可能地与周边生态融为一体，成为建筑生态环保村。如海南省农村的民房改建就体现了这一特点。海南中部地区，居住的大多是少数民族，10 年来，少数民族群众的居住瓦房率从 1991 年的 30% 左右提高到 2001 年的 90% 左右，民族地区居住的硬件设施得以改善，为创建生态文明村打下了坚实的基础，这些是与当地积极发展民族文化产业分不开的。

（2）改善饮用水卫生状况。农村地区，特别是少数民族村寨，在饮用水的问题上，一是获取困难，二是不注意卫生。有些地区由于地下水少，人与动物喝的都是江、河、湖里面的水，没有经过净化消毒，卫生状况很差；有些地方极其干旱，喝的用的都是雨水；有的地方喝的是浅井水，这对当地人民的身体健康很不利。

乡村文化产业的发展，尤其是文化旅游的发展，促使村子在饮用水方面得以大大改进。首先，在水的来源上，很多农村用上了自来水，大大缓解了人力，同时也保证了水源方面的基本卫生。如大理的周城，家家户户都安装了自来水，用水非常方便，这也得益于该村扎染文化产业的发展。其次，文化产业的发展提升了当地人民的饮水卫生意识。如红河弥勒的可邑村，村民们都是把自来水烧开了才喝，这是外来游客对当地人产生的影响。最后，乡村文化产业的发展，给村民灌输了绿色产业、生态产业的意识，文化产业的非污染性和环境友好性的性特点使村民懂得水源的宝贵性，节约用水成为村民的道德标准，尤其是安装了自来水的村庄，对水的节约已经内化为村民的道德意识。在可邑村，村民运用各种办法把雨水贮存起来使用。

（3）使用环保型、可再生型能源。在一些文化旅游村寨，或者是其他文化产业发展较好的村子，村民们认识到烟雾满天的情况大大破坏了村子的生态环境形象，主动放弃了柴火和煤的使用，煤气、天然气、沼气与电成为新的炊事能源，改变了村寨一到做饭时就满天烟云的面貌。如湖北的老河口市，在积极发展文化产业的过程中，不断改善炊事能源。2006 年以前，老河口市柴店岗村村民喝的是土井水，做饭用的是柴草灶，使用的厕所是露天低矮的土厕，生活环境十分恶劣。2006 年，这个村被列为省级生态文明新村试点村，通过积极筹资、科学规划，对村、组道路进行硬化、刷黑，修建了无塔供水系统，家家户户通上了自来水，大力实施“建沼气池、改建厨房、厕所和畜圈”工程，共修建沼气池 7 000 口，使村民生活条件大为改善。再如云南鹤庆县的新华村，柴草已不见使用，村民大多使用煤气、天然气和电作为炊事能源。

（4）重视生活辅助设施及卫生设施建设。按照新农村建设的目标和要求，统筹制订村庄建设规划，以凸现新农村发展特色。科学的村庄规划是改善农民居住条件和生活环境的前提。通过统筹制订村庄建设规划，因地制宜，突出地方特色，使村庄卫生设施分布合理，垃圾处理工程建构适当，创造性地体现了农村建设特色村庄的空间形态。

第一，垃圾规范处理，污水有序排放，村寨干净卫生是发展文化旅游与生态观光产业的前提和基础。要做文化产业，必先搞好卫生，而搞好了文化产业，其卫生设施也就必然很好，垃圾处理能力也就必然很强。文化产业与卫生设施是相辅相成、互为前提的。以丽江的束河古镇为例，原来垃圾随处可见、旱厕臭气熏天，文化产业建设开始以后，催生了当地急切处理垃圾的热情和愿望，每隔一定距离必然有垃圾桶，厕所也是环保型的。自此，很难看到纸屑乱飞的现象，污水更是有专门的通道排泄。

第二，文化产业的发展增强了村民的医疗保健意识。由于文化产业的全民性和全球性，必然使村寨与外界发生交流与联系，村民进行歌舞演艺、手工艺品生产的过程中，不仅仅局限在村子里。他们走出村门、县门、省门甚至国门，在各地的文化展演中，他们感受当地的良好卫生环境和对医疗保健卫生的重视；回到家后，他们把自己的亲身感受向村民传播，从而培养了当地人重视医疗卫生的意识。因此，在文化产业发达的村寨，医疗保健卫生设施也做得很好。如大理剑川的木雕大师经常被省外甚至国外邀请去现场表演和讲授雕刻知识，在耳濡目染中，医疗保健意识被其带回并向村民宣传。除此之外，从事文化产业生产的村民通过市场、电视 、网络等渠道增强了对医疗保健卫生的理解。因此可以说，在文化产业发展的村子，其医疗卫生设施良好，保健意识较强。

（三）乡村文化产业促进社会主义新农村的文化发展

我国农村文化是中国传统文化的代表，文化资源异常丰富，具有独特而深厚的底蕴。农民在文化发展的历史中扮演着非常重要的角色，他们既是民族文化的重要原创者，又是民族文化的享有者和传承者。在原有文化体制局限下，我国广大中西部农村的文化活动经费极其匮乏，农村文化活动很难开展，就是经济较为发达的东部地区，不少农民的文化娱乐生活仍然单调乏味，加之现代文明知识缺失，很多农民的精神领域出现了空白和断层。同时，随着农村现代生活方式的改变，一些非常稀有和珍贵的民间工艺品、民间交通工具、纺织工具、生活用器用具，以及民间戏曲、民间传说、民间游艺、民歌、舞蹈等传统民间文化艺术在遗忘中逐渐消失，有些甚至被人为地丢弃和破坏。农村文化资源及文化生态环境随着乡村向城镇化转变，正在遭到如同自然资源和生态环境一样的破坏。另外，很多民间工艺品类濒临灭绝、亟待抢救，而我们大部分农村地区尚无力且无暇给予保护。

在建设社会主义新农村的实践中，发展乡村文化产业已经显现出对促进社会主义新农村“生活丰富、文化传承”的重大作用。据国家统计局的统计，2005 年我国农村居民消费支出中，教育文化娱乐服务消费支出总量为 8 372 亿元，增长 19.3%，占人均消费性支出总额的 7.16%，达到 295.5 元。联合国教科文组织近年来持续致力于文化多样性和非物质文化遗产的保护工作，在这一形势推动下，我国积极推动保护文化遗产的工作。2004 年，文化部、财政部在全国启动了“中国民族民间文化保护工程”。2006 年 6 月 10 日，我国迎来了第一个“文化遗产日”。目前，全国各省、市、自治区都已成立了实施“民族民间文化保护工程”的相关机构，保护民间文化遗产已成为全民的共识。

发展乡村文化产业，将在农村范围内形成文化产业、文化建设、剩余劳动力转移、农民增收、农民素质提高、传统文化传承之间的良性互动。如“中国画虎第一村”、中国宫灯、曲剧、剑川狮河木雕、石林阿着底刺绣、杨柳青年画、蒙古族长调、二人转以及乡村休闲体验旅游等的发展和壮大，一是可以提供丰富的文化产品，丰富农民的文化生活。通过发展文化产业，可以激发农民的学习积极性，使农民自觉形成学文化、学科学的良好风尚，提高农民素质；可以引导农民的业余文化生活，丰富农民的精神生活，提升农民生活境界；可以丰富农民文化消费的内容和形式。二是可以弘扬和传承民族传统文化。通过发展农村文化产业、发掘文化资源、生产文化产品，重塑文化品质，丰富大众所享有的文化产品，既保存和再现了传统文化的优秀成分，又使它在新的时代条件下得到弘扬，许多文化遗产通过产业化开发，走出了更为宽广的道路。通过文化产业的发展，既丰富了农民生活，为民族文化的传承打下了坚实、深远的群众基础。

1. 以多样化的文化产品丰富农民文化生活

通过乡村文化产业的建设与发展，增强了农民对文化知识的重视，提高了学习文化知识的积极性，活跃了文化生活形式，拓展了文化消费渠道，增加了文化消费内容，丰富了农民的精神生活。新农村建设不仅重视物质文明，而且强调精神文明。新型农民应当是具有现代意识、农业生产专业知识，精神文化生活丰富的主体。乡村文化产业的发展，使新型农民增强了对文化知识的重视，学习热情高涨。文化产业的发展激发了农民的创意能力和创新精神，使民众拥有了丰富多彩的文化活动，享受到更多的文化产品，精神生活得以充实。

（1）激发农民学习积极性和热情。我国广大农村蕴藏着丰富的传统文化资源和群众智慧，但对其进行产业化开发，需要集群化、规模化的生产方式和大批具有专门技能的人才，产业的蓬勃发展过程自然激发了农民学习的积极性和热情，同时促进了产品生产人才和文化传承人才的培养。

被誉为“中国画虎第一村”的河南省民权县王公庄本来是土地贫瘠的小村子，当地群众中有不少人擅长民间绘画。20 世纪 80 年代初，王公庄村出现了一批敢“吃螃蟹”的人，他们不仅潜心作画，而且把画拿到外地市场上卖，逐渐打开了市场销路。村里的“四大虎王”靠绘画发了家，激发了村里人学习绘画的热情，许多年轻人投靠在他们的门下。“四大虎王”不但将画打向全国，还招收了多名徒弟，徒弟又把手艺传给亲朋好友，绘画队伍“滚雪球”般地壮大，画虎村渐成规模。现在王公庄村全村 310 户中，有 200 多户家中有画案，全村 1 300 多人中，有 500 多人从事以画虎为主的绘画产业。2007 年，王公庄村绘画产业创产值 1 500 多万元，成了名副其实的“中国画虎第一村”。王公庄村先后被命名为“全国文化产业（美术）示范基地”、“河南省文化产业示范基地”、“河南省特色文化（绘画）村”。2008 年 7 月，中宣部、中国文联、中国美协组织我国著名艺术家到王公庄村指导农民艺术创作，受到村民的热烈欢迎。村民们学习绘画技法、国画装裱、市场营销、电子商务等实用技术的积极性高涨，农民画家肖彦卿还出版了《工笔动物画技巧》一书。并且，村里还定期举办各种绘画培训班，普遍提高了农民画工的绘画技能和综合素质。绘画经过商品化、市场化，已经成了村民们发家致富、过上小康生活的重要手段，学习绘画及产业发展的相关知识，已内化为村民的自觉行为。王公庄村绘画产业带动了当地经济社会的全面发展，成为当地建设社会主义新农村的助推器。

云南省剑川县狮河村是传统的木雕之乡，几乎各家各户都在从事木雕加工。随着木雕生产从传统的家庭作坊式向公司化发展，对木雕人才的需求大增，推动了农村学习氛围的形成，同时效益的不断提升也吸引了当地更多的年轻人主动学习，以便掌握木雕技能后参与到这一行业中。10 年前，剑川职业中学开设了木雕技艺传习班，之后每年有 200 到 300 名初中毕业生考入木雕技艺传习班学习。剑川全县木雕行业有各级技术人员 980 人，其中联合国授予的民间工艺美术师 2 人，国家级工艺美术大师 1 人，省州级工艺美术师 21 人，助理级工艺美术师 35 人，县级工艺技术人员 921 人，另外还有数百个学艺人员。

阿诗玛的故乡云南石林县阿着底村，目前全村 82 户共 342 人均为彝族撒尼人。撒尼人的传统服饰离不开精美的刺绣，它是撒尼妇女必须掌握的重要手艺，而且很多撒尼妇女都是刺绣高手。2002 年，村里开始走上民间刺绣产业化发展道路，成立了阿着底村普氏民族绣品厂，将妇女组织起来加工绣品。之后刺绣业、民族文化旅游业逐渐成为阿着底村的支柱产业。随着刺绣产业的扩大，传统的撒尼妇女开始根据客户和市场的要求，不断开发出新的刺绣花样和品种，同时积极主动分析客户需求、市场动态，学习市场营销。由于阿着底村离石林风景区较近，外国游客很多，为适应与外国游客做买卖的需要，许多撒尼人还主动学习英语，现在长期在景区经营的撒尼人都能使用简单的英语口语进行交流。

青海省在以文化产业促进新农村建设的人才培训方面做了大量工作，省文化厅把农民文化技能培训作为为“三农”工作服务的重要内容。2004 年以来，从农牧、扶贫、“三江源”办等部门争取培训资金 184.3 万元，举办了 97 期全省农牧区文化技能技艺培训班，对 4 354 名农牧民进行了唐卡、堆绣、刺绣、剪纸、农民画、民族服饰等民间工艺美术产品的创作设计、制作技巧等方面的培训。通过培训，广大学员的制作水平提高了，市场意识增强了，增收致富的信心更足了，涌现出一批以海晏县剪纸能手王凤英、湟中县堆绣能手乔英菊等为代表的文化增收示范带头人。①

发展乡村文化产业激发了农民的学习主动性和热情，为适应产业发展需要，他们积极主动了解、研究市场，学习民间传统文化、工艺，开发新产品、新工艺，在推进产业不断发展的同时，也提高了自身素质。

（2）活跃乡村文化生活。随着农村经济的发展，逐步富裕起来的农民群众对文化生活的需求越来越迫切和强烈，并且呈现出多层次、多形式、多样化的特点。传统体制下形成的政府办文化的运行模式提供给农民群众的文化产品和文化服务点少面窄、内容单调、活动单一，文化产品远离消费市场，不论数量还是质量都远不能满足农民群众的需要。在这种客观条件下，一些农村具有文化艺术和经营等专业特长的农户充分发挥自己的优势和专长，利用农闲时节、茶余饭后、传统节日、村户大事的时机，开展了丰富多彩的文化活动，在自娱自乐、给乡亲们带来快乐的同时，开始转为具有市场行为的文化经营活动。

第一，农村文艺表演团体。我国幅员辽阔，民族众多，几乎在每个省都有自己特有的地方文艺表演形式。随着文化体制改革，广大农村出现了许多土生土长的民营演艺团体，并显示出其强大的生命力。在东部地区，吉林铁岭县凡河镇高强村，由于村里的农民“二人转”剧团表演的传统节目地道，韵味足，深受群众喜爱，农闲的时候及镇里有文化活动时，都可以看到他们的身影，高强村也因此成了远近闻名的“二人转”

---

① 第二次全国文化工作会议（西安），青海省典型案例材料。

村。在福建省约有民间职业剧团 765 个，拥有 2 万多从业人员。在浙江，400 多家民营剧团长年在山区、海岛演出，每个剧团年平均演出 350 场以上。浙江农村文化市场的繁荣，还衍生了一支“农村文化经纪人”队伍。他们既熟悉艺术，又懂得经营，像桥梁一样，把观众和剧团紧密地连接起来。如在富阳，2007 年农村各类经营性演出共有 1 200 场，其中 60% 的演出场次是由农村文化经纪人安排的，甚至在政府组织的一些大型活动中，也总是活跃着他们的身影。

成都锦江三圣乡“五朵金花”建立了各种文体队伍 21 支，常年坚持开展文体活动，积极参加各种大型文化活动，村民能够就地享受到精神文明发展的成果，在潜移默化中提高了文化素质和文艺修养。“五朵金花”根据本村情况，组织开展丰富多彩的活动，如“中国・成都首届梅花节”、“激情红砂之夜”、“花卉时节”、“中国娇子・菊花节”等具有乡村特色的文化活动，产生了很大的影响，极大地丰富了村民们的文化生活，并促进了当地旅游业的发展。①

在中部地区，被誉为“曲剧之乡”的河南汝州市，目前共有农民自发创办的曲剧团 82 个，演职人员近 3 000 人，遍布全市 20 个乡镇办事处，成为宣传和谐社会、活跃农村文化生活的主力军。永城市条河乡的孙楼村有尚武之风，很多村民都会武术，村民靠着一身功夫干起了玩杂技的行当。在这个 400 多户居民的乡村里，有大大小小 20 多家杂技团，专业演出队 32 个，杂技培训班 2 个，专业杂技演员和相关从业人员近 800 人。由该村村民组建的“中州杂技团”在省内外颇有名气，常年在北京、上海、广东、新疆等省、市、自治区巡回演出，红火的杂技表演给村民们带来了丰厚的收入。

在西部，云南省曲靖市农村有一批具有文艺演出和文化经营特长的农户，他们自发利用业余时间及传统节日等时机，走村串寨，采取适当收费的方式，持久地开展文艺演出和文化服务，成为“精神上解闷，经济上解困”的农村文化带头人。经过多年培育发展，近几年涌现的农村文化户（联合体）不断发展壮大，呈现出规模化、产业化的发展态势。目前，全市农村文化户（联合体）已发展到 1 300 多户，年经营收入达 1 800 多万元。活跃在云南省曲靖市田间地头的近 900 个农村文化户，既

① 《中国文化产业典型案例选编》（第二辑），北京出版社 2007 年版。

给广大农民带来了欢乐，自身又尝到了“甜头”，走上了致富路。

第二，大项目带动的农民演艺。由中国著名导演张艺谋执导的大型山水实景演出《印象·刘三姐》，自正式演出以来，观众已超过100万人次，年均演出收入近亿元。《印象·刘三姐》的演出，丰富、带动了附近村民的文化生活，演员中有300多人是演出地附近7个自然村的农民，这些年轻人白天在县城打工，晚上在剧场当演员，既增加了收入，又丰富了业余生活。

在浙江横店影视拍摄基地从建成至今已有《英雄》、《雍正王朝》、《无极》等200余部4 000余集电影、电视在这里诞生，平均每年有50余部电视、电影，包括国内三分之一的古装剧在横店影视城拍摄完成。在电影、电视剧中担任群众演员已成为横店上万农民的副业和生活体验，而且很多村民已成为职业群众演员。

（3）丰富文化消费内容和方式。随着新农村建设的推进和乡村文化产业的发展，村民的收入显著提高，生活明显富裕。农村物质生活充实以后，便开始积极主动地以多种方式丰富自己的文化生活。

农民以“自娱自乐”为特征的自办文化活动日益红火。仅在山西省，农民就创办了农民书屋1 300多个，文化大院1 900多个，农村个体电影放映队1 700多个。村民们除了唱大戏、敲锣鼓等传统节目外，一些农民还追逐时尚，玩起了摄影、吹起了铜管乐。在宁波市慈溪振东村，活跃着一支“时尚”的女子铜管乐队，黑管、萨克斯、小号等这些人们印象中时尚的乐器被一群农家媳妇玩得得心应手。

随着生活的改善，许多农民主动外出旅游，观赏祖国大好河山，感受城市现代文明，开阔视野，增长见识。在旅游团队中，常常可见身着少数民族服饰的农民身影。对于横店村民来说，除了在电影、电视剧中担任群众演员外，出省旅游甚至出国旅游已是平常事。

2. 以发展的方式促进民族民间文化的保护和传承

通过乡村文化产业的建设与发展，营造了文化教育与传承的载体和平台，培养了文化教育与传承的意识和人才，焕发了非物质文化遗产的价值和生机，促进了民族民间传统文化的保护和传承。发展乡村文化产业，挖掘文化资源，创新文化内容，重塑文化品质，丰富文化产品，既保存和再现了传统文化的优秀成分，又使其在新的时代条件下得到弘扬和发展。乡村文化产业的全面和持续发展，本身就是民族民间文化教育与传承载体，培养和聚集了大量的文化保护与传承人才。通过文化产业的发展，既丰富了农民生活，又为民族传统文化的保护和传承夯实了广泛而扎实的群众基础。

（1）保护和传承非物质文化遗产。作为非物质文化遗产，其保留、传承必须紧紧依靠人类的活动，而文化遗产的生存领域和生命力是植根于广大民间的。只有扎根民间，培养出大量新老接替的传承者，文化遗产才具有长青的生命力。

蒙古族长调是北方草原游牧民族在生产劳动中创造的在野外放牧和传统节庆时演唱的一种民歌。它集中体现了蒙古游牧文化的特色与特征，并与蒙古民族的语言、文学、历史、宗教、心理、世界观、生态观、人生观、风俗习惯等紧密联系在一起，贯穿于蒙古族的全部历史和社会生活中。2005 年，蒙古族长调被列入世界“人类口述和非物质文化遗产”。

在现代流行歌曲等外来文化的冲击下，蒙古族年轻人中会唱长调、喜爱唱长调的人越来越少，如何更好地保护蒙古族长调，著名学者沃根奥奇提出保护蒙古族长调的七点建议之一就是让长调走进当代文化产业，占领市场份额。位于锡林郭勒盟的“蒙古族长调民歌之乡”东乌珠穆沁旗在将长调保护传承与文化产业结合方面做得很成功。从 2005 年至今，东乌珠穆沁旗成功举办了千人长调民歌大赛、5 000 人长调民歌合唱表演、600 人长调民歌合唱及全盟蒙古族长调民歌业余歌手大赛。并且，还成立了蒙古族长调协会，注册了蒙古族长调商标，使长调这一口传非物质文化遗产的传承有了更深厚的群众基础、更深远的影响力和更大的发展空间。

被选为首批国家级非物质文化遗产的中国四大木版年画之首——天津杨柳青年画，起源于明初，至清朝中期的康、乾年间发展到了鼎盛之势，此后几起几落，“文化大革命”期间，杨柳青年画传统工艺濒临绝迹。从 20 世纪 90 年代开始，民间年画作坊在杨柳青重新兴起。在年画流行的时代，它是一种实用艺术，供人应用。这次再度出现，不是作为年节物品，而是以一种传统文化的代表和符号，以古老的手工艺术，供人欣赏、赠送与收藏。目前杨柳青镇已有近 50 家年画作坊、60 多家年画店铺，有 700 多人从事年画的制作与销售，年营业额突破 1 000 万元。另外，霍庆顺等 4 人成为杨柳青年画传承人；杨柳青年画还登上了中国艺术的最高殿堂，在中国美术馆举办了画展。

在发展乡村文化产业过程中，一大批乡村特色文化被抢救、传承和开发，它们是：吉林九台市双阳区的剪纸，东丰县的农民画，东辽县的葫芦画，集安市、东辽县的根雕，内蒙古的皮画，蒙古包工艺品，浙江东阳的木雕，台州的刺绣、竹雕、石雕，广西的壮锦、绣球，云南大理的民间银铜器制作、扎染、大理石工艺品等。

（2）保护和传承民族传统文化。在人们的文化消费中，旅游占了重要比重，而旅游的核心就是文化。我国乡村的古镇风貌、祠堂庙宇、民俗风情、民间艺术、村寨文化、风味餐饮等保存着中国农业文明的文化因子，展现出极具中国传统文化特色的文化价值和文化魅力，为发展乡村休闲体验旅游提供了丰富的资源，同时保护和开发好这些资源成为旅游业可持续发展的重要保障，因此发展乡村文化产业的过程就是对民间传统文化进行保护和传承的过程。

据有关部门统计，我国约70%的旅游资源分布在农村和中西部地区，全国城市居民出游选择乡村旅游的比例约占70%。目前全国乡村旅游年接待量超过5亿人次，收入超过3 000亿元，受益村（寨）超过2万个，受益农民超过2 400万。在发展乡村旅游中，东部的浙江、江苏、南京等省份主要是开发水乡古镇旅游，如周庄、同里、乌镇、西塘等，中部省份山西、安徽等地主要是开发晋商文化和徽商文化旅游，而广西、云南等则重点开发少数民族风情旅游。

云南拥有25个少数民族，依托当地丰富的民族文化资源发展旅游文化产业，既能增加农民收入，又能有效地促进民族文化资源的保护和传承。位于云南省西双版纳景洪市橄榄坝的国家4A级旅游景区傣族园，是由5个保存最完好的傣族自然生态村寨组成的。良好的傣族文化传统是傣族园赖以生存和产业开发的基础，为保护傣族园特有的文化环境和文化氛围，傣族园提出了“保护就是发展”的经营理念。文化的保存只有将文化传统与生活实践相结合才能实现，当许多地方的民族文化正在消逝的时候，傣族园将傣族文化与旅游有机地结合起来，走上了民族文化产业发展的道路，成为“中国旅游文化示范基地”。

我国乡村拥有丰富的传统文化资源，有效地开发利用这些资源，让传统文化资源更好地为现代社会服务在很多地方已经走出了成功的路子。在推进新农村建设，发展乡村民间工艺品业、演艺业、休闲体验业诸多文化产业门类中，一个项目的发展可以产生多方综合效应，往往既丰富了村民文化生活，又保护和传承了传统文化。

三、把乡村文化产业发展列为社会主义新农村建设的重要内容

2003 年以来，在旅游产业与文化产业的带动下，围绕民族文化资源的合理利用与产业化开发，乡村文化产业得到了迅速发展。充分挖掘地方民族文化资源，以特色村镇文化和民族文化为核心的乡村文化产业成为广大中西部地区文化产业发展的重要模式。乡村文化产业不仅在一定程度上弥补了都市文化产品的不足，满足了都市人文化对质朴的乡村文化和民间文化、传统文化的追求，更为重要的是活跃了乡村经济，带动了社会主义新农村的建设，对乡村经济发展、产业结构调整、村镇基础设施建设、村容整洁、乡风文明、民族文化传承等起到了重要的促进作用。这使得乡村文化产业成为新农村建设的重要内容。从东北到西北，从西南到东南，一大批文化生态旅游村、民族歌舞表演村、民族工艺村、历史文化古镇成为发展乡村文化产业的亮点，活跃了乡村文化经济，也为新农村建设探索了不同的建设经验。但是，乡村文化产业在发展进程中尚未得到各级政府的充分重视，给予的相关政策、资金的扶持相对薄弱；乡村文化产业发展的环境、平台、中介服务还相当薄弱，很多地方乡村产业发展中的各个环节，包括资金投入、产品创意、开发、生产、市场流通之间衔接松散、很多优秀的传统民族民间文化人才、民间工艺大师缺乏市场开发的经验。这严重影响了乡村文化产业的发展。

在党的十七届三中全会上，党中央指出了农村发展的重要性和艰巨性，全面提出了社会主义新农村建设发展的宏伟目标。发展乡村文化经济，活跃乡村文化，以满足广大农民精神文化也是十七大三中全会新农村建设的重要内容。在大力发展乡村文化产业，为实现新农村的全面建设过程中，只有从宏观层面做好以下方面的工作，作为新农村建设的重要内容的乡村文化产业才能得到健康持续的发展。

（一）政策扶持

2000 年以来，党和国家出台了若干扶持文化产业发展的政策。这些政策集中体现在《中共中央国务院关于深化文化体制改革的若干意见》、《国家“十一五”时期文化发展规划纲要》以及各省区文化产业发展的各种文件、纲要、规划之中。尽管这些指导意见、规划和纲要中也针对

不同地区提出了产业发展的要点，但是，针对乡村文化，更多的是强调物质和非物质文化遗产的保护，多少忽视了对地方文化、传统民族文化蕴藏的巨大经济价值的关注。在国家和区域文化产业的布局和产业发展规划中，对乡村文化产业给予的关注不够，政策扶持也不够。在“十一五”末期的两年和“十二五”期间，应针对乡村文化产业不同于都市文化产业集群性、行业性发展的特征，加强对乡村文化产业的调研，制定扶持乡村文化产业发展的相关政策。在政策的制定中要全面贯彻科学发展观，把乡村文化产业作为统筹城乡经济社会发展的重要内容，借鉴工业反哺农业，实行城市文化产业反哺乡村文化产业，实施“多予、少取、放活”的政策，为乡村文化产业的发展创造良好的发展环境。

（二）资金投入

乡村文化产业的发展依托丰富多样的地方文化、传统民族文化资源，以个人、家庭、村落为单元进行发展。在发展过程中，走的不是企业化、集团化和产业聚居区的发展模式。由于个人、文化个体户、村落经济基础相对薄弱。乡村文化产业发展的资金投入严重不足，导致乡村文化产品的研发经费短缺、产品批量生产不足、品牌营销不到位、市场培育程度不高。其中，资金投入严重不足成为制约乡村文化产业发展的重要“瓶颈”。针对乡村文化产业发展资金投入不足的现状，各级政府应筹集必要的经费，设立乡村文化产业扶持专项资金，组织相应的评选，以前期资助、奖励等方式对具有发展前景的项目给予扶持；应选择乡村文化产业发展基础较好的特色文化村寨进行试点，鼓励银行、信用社等金融机构关注、扶持民间文化人、文化个体户和特色文化村寨，通过小额贷款等方式，加大对农村文化产业的资金扶持力度；针对近年来，企业开始关注乡村文化产业的发展，以企业和村寨合作民族、民俗文化村寨的成功经验，应加强对具有产业开发前景的民族文化村的保护和推介，在确保农民的利益的前提下，协助特色文化村寨和具有实力的企业进行联合，发挥村寨民族文化资源和企业资金的优势，发展乡村文化产业；应发挥国内外各种非营利组织和基金的作用，为乡村文化产业的发展创造良好的融资环境。

（三）人才培养

乡村文化产业发展尽管已经引起部分企业的重视，但乡村文化产业的发展主体在农村，它的发展必须依赖广大熟悉乡村文化、民族文化的民间艺人、工艺美术师、民间文化人士和广大农民。近年来，在乡村文化产业发展中已经涌现出了一批熟悉传统民族文化、勇于创新开拓的乡村文化产业人才。但从总体上看，很多来自田间地头的优秀民间文化人才在产品创新、技艺提升、艺术修养、维权意识、市场开拓、管理能力等方面还存在着诸多不足，难以适应产业发展的形势和需要。在乡村文化产业人才培养方面，各级政府应充分意识到人才培养对乡村文化产业发展的重要支撑作用，应依托学校、研究机构和地方政府文化产业主管部门，开展不同层次的乡村文化产业人才培养。近年来，高等学校文化管理和文化产业学科发展较快，有民族学学科基础的高等学校，应通过专业方向、课程设置等有意识培养熟悉、热爱乡村文化产业的本科、研究生层次的人才；文化部可依托10个研究基地和中心，以短期培训的方式，培训一批从事乡村文化产业和基层文化管理干部和文化中介人才；各省区政府可结合相关高等学校、各种协会、工艺研究部门，重点培养各地区评选的民间工艺师、美术师；地州市应结合地方乡村文化发展较好的县、乡、村，以乡村文化产品的开发、设计、工艺技艺为主，培养具有娴熟技艺和产品研发能力的乡村文化产业人才。只有培养大批熟悉乡村文化、熟悉文化市场，具有创新意识、开拓能力的乡村文化产业的研究、管理、研发、生产、营销人才，乡村文化产业才能走出以文化个体户、家族、村落为主体的发展模式，引入现代产业发展的观念，带动乡村文化产业的健康发展，促进社会主义新农村的建设。

（四）市场培育

消费市场是乡村文化产业发展的基础，近年来我国文化消费市场的发育较好，以图书、音像、影视、演艺、娱乐、游戏、时尚休闲为主体的大中城市的文化消费市场发育已较为成熟。与都市文化消费市场相比，乡村文化产业市场才刚刚起步，主要集中在中西部中小旅游城市和旅游沿线以及景区附近的集镇、村落和集市。“小散乱”是目前乡村文化市场发展的基本现状。要推动乡村文化产业的发展，必须在政策引导、资金投入和人才培养的基础上，依托乡村文化产业发展较好的中西部地区以及民族地区的中小旅游城市，培育不同层次的乡村文化消费市场。在近中期，可依托东北地区具有群众基础的“二人转”等民间说唱艺术，培育几个文化消费市场；以西北地区和西藏的民族歌舞和民族工艺为主，培育几个全国性的乡村文化消费市场，以西南地区民族文化和民族工艺品生产为主，培育面向东南亚、南亚的乡村文化消费市场；以东部沿海地区的工艺、技术为主体，培育几个面向全国的乡村文化产品的生产、批发市场。通过不同区域的乡村文化市场，带动特色乡村文化村寨、文化个体户和民族文化产品的研发、生产、集散和消费，使乡村文化产业在市场引领下得以发展、壮大。

近年来，深圳文化产业博览会、西部文化产业博览会、东北文化产业博览会、义乌文化产业博览会等以及部分省区举办的民族工艺博览会、文化节庆活动对推进乡村文化产业、传统民族工艺产业的发展起到了很好的促进作用。各级政府，尤其是中西部地区，应围绕地方乡村文化资源、文化产品，充分利用各种博览会和地方文化节庆活动，建设具有区域品牌和国际品牌的博览会，利用博览会培育乡村文化消费市场，促进乡村文化产业的发展。

乡村文化产业是文化产业发展的重要内容，也是新农村建设的重要内容。尽管它刚刚起步，但其发展态势很好。它不仅成为中西部文化旅游的重要组成部分，活跃了地方经济，促进了乡村文化经济化的一体化，还丰富了农村文化生活，改善了乡村面貌，提升了地方形象，传承和发展了传统民族文化。随着十七大三中全会精神的全面贯彻落实以及文化产业的进一步发展，作为新农村建设重要组成部分的乡村文化产业必将得到更好更快的发展。

课题组成员名单

课题负责人：

施惟达　云南大学国家文化产业研究中心主任，云南大学文化产业研究院院长，研究员、博士生导师

课题组成员：

李　炎　云南大学国家文化产业研究中心副主任，云南大学文化产业研究院副院长，教授、博士

李菊梅　云南大学文化产业研究院书记，助理研究员
林　艺　云南大学文化产业研究院教授
刘建华　云南大学文化产业研究院讲师
王　佳　云南大学文化产业研究院讲师、在读博士
吴　丽　云南大学文化产业研究院在读博士
刘从水　云南大学文化产业研究院硕士研究生
晏　翎　云南大学文化产业研究院在读博士

欧美国家文化产品进口贸易壁垒的比较研究

深圳特区文化研究中心国家对外文化贸易理论研究基地

引　言

随着经济一体化进程的加快，以知识、信息、娱乐、休闲为主要特征的文化产业迅速发展起来，为社会提供了大量的就业机会，在推动经济增长，培育创新能力，增强国家、地区和城市综合竞争力上也起着不容忽视的重要作用。越来越多的国家和地区充分认识到文化产业的重要意义，纷纷将文化产业定位为国家战略产业来发展，使得文化产业的内容和范围不断扩大，由此推动了全球文化产业的发展。各国文化产业在国际领域内的发展和竞争，促成了国际文化贸易的发展和兴盛，以至于文化贸易已经成为国际贸易的重要组成部分。

据联合国教科文组织的调查报告显示：在1980 年至1998 年间，全球印刷品、文学作品、音乐、视觉艺术、摄影、广播、电视、游戏及体育用品的年贸易额从953.4 亿美元急增至3 879.27 亿美元。但是大部分文化产品的国际贸易只在相对较少的几个发达国家之间进行。美国、日本、英国、德国、法国等西方发达国家一直是世界主要的文化贸易进出口国，这些发达国家之间的文化贸易量约占世界文化贸易市场一半的份额。进入21 世纪以后，文化贸易进出口大国的排序有所调整，但是，从贸易总量来看，发展中国家在文化贸易方面的弱势地位仍然十分明显。在全球化竞争中，大型跨国媒介集团垄断着当代国际文化贸易市场，并且按照自己的运营规则不断开发国际文化资源，后来者只能承认并遵循这种游戏规则。当代国际文化贸易的形式主要是产业内贸易，即文化产品进口和出口高度集中于少数几个国家，来自其他国家的陌生艺术在刚开始的时候都会遇到“文化折扣”的现象，从而大大削弱其文化产品在国际市场上的竞争力。有着共同文化背景和需求偏好的欧美各国之间存在大量文化产品的进出口贸易，贸易量越大，也就越容易发生贸易纠纷和贸易战争，因此欧美国家纷纷建立起贸易壁垒来保护本国民族文化产业。

一、欧美国家文化贸易壁垒的特点和设立原则

（一）“贸易壁垒”与“文化产品进口贸易壁垒”的界定

国际贸易是不同国家和地区在国际市场上进行的商品经济活动。开展正常的经贸活动需要有一套各成员国认可的价值理念和共同遵守的规则，世界贸易组织（WTO）在这种呼声下孕育而生，成为世界多边贸易体系的组织基础和制度基础。它的主要功能是监督成员国之间所签订的贸易协定的执行情况，发挥贸易谈判论坛的功能，处理贸易纠纷，监督和评议各国贸易政策。以非歧视原则、最惠国待遇原则、国民待遇原则、贸易互惠原则、市场准入原则、透明度原则、协商一致原则、公平贸易原则为八大基本准则。WTO 的基本精神是自由贸易，即消除关税和商品进口配额，允许市场在没有限制的情况下运行。然而，并不是全部的贸易伙伴都是平等的，也不是所有的参与国家贸易的商品和服务都是平等的，这就导致了传统的自由贸易规则不能在国际贸易市场上畅通无阻。在现实中，国际贸易关系中存在着许多贸易壁垒。

贸易壁垒是指国家为了保护本国的商品与经济，保护本国资源或出于某些政治或军事目的，通过一些关税与非关税的手段，在数量与价格上对从其他国家输入的商品进行控制。[①] 关税壁垒与非关税壁垒是西方国家进行贸易保护惯用的两大手段。20 世纪 60 年代，在关贸总协定的努力下，关税总体水平得以大幅地下降，关税壁垒作为政府干预贸易的政策工具作用越来越弱。后来，发达国家转向了以非关税壁垒为主要手段的新贸易保护主义来控制进口。非关税贸易壁垒可以分为行政性壁垒、法律性壁垒、技术性壁垒、环境壁垒和社会壁垒。其中，技术性壁垒、环境壁垒和社会壁垒是近年来出现的三大新贸易壁垒。相对于传统的贸易壁垒而言，新贸易壁垒往往以保护人类生命、健康和保护生态环境为理由，有其合理和合法的一面，但对某些国家和地区的产品进行有意刁难和歧视，又是它不合理和不合法的一面。新贸易壁垒涉及的多是技术法规、标准及国内政策法规，不仅种类繁多，而且程序复杂。因此，不同国家和地区间达成一致的标准很难，容易引起争议，以致引起国际贸易争端。

---

① 鲁丹萍：《国际贸易壁垒战略研究》，人民出版社 2006 年版，第 9 页。

研究文化贸易规则和文化贸易的保护主义政策需要首先了解文化贸易的范围。在经济全球化的背景下，文化贸易是国际服务贸易的重要组成部分，是指一国文化产品的进出口情况，国际上一般把“文化产品”分为文化商品和文化服务。根据联合国教科文组织的定义，文化商品是指“传播思想、符号和生活方式的消费品。它能够提供信息和娱乐，进而形成群体认同并影响文化行为。基于个人和集体创作成果的文化商品在产业化和在世界范围内销售的过程中被不断复制并附加了新的价值。图书、杂志、多媒体产品、软件、录音带、电影、录像带、视听节目、手工艺品和时装设计组成了多种多样的文化商品”。文化服务是指“满足人们文化兴趣和需要的行为。这种行为通常不以货物的形式出现，它是指政府、私人机构和半公共机构为社会文化实践提供的各种各样的文化支持，包括举行各种演出，组织文化活动，推广文化信息以及文化产品的收藏等”。① 文化服务的结果通常是通过文化商品表现出来，因此文化商品和文化服务有时很难截然分清。

知识产权产业也是文化产业的重要组成部分。知识产权是指公民或法人等主体依据法律的规定，对其从事智力创作或创新活动所产生的知识产品所享有的专有权利，主要包括工业产权和版权（在我国称为著作权）两部分。其中，版权分为著作人身权、财产权、邻接权、出租权。版权所保护的对象包括文学、艺术作品和科学作品；表演、录音、录像和广播制品，以及近年来被许多国家列为版权保护对象的计算机软件等。工业产权是指产业活动中的知识产品所有人对其创造性的智力成果依法享有的一种专利权，包括专利权、商标权和制止不正当竞争权。

文化商品和文化服务因为体现着一种意识形态，对社会有着很强的渗透力和深远的影响力，在很大程度上关系到国家文化主权的安全，因此是国际贸易中受保护和限定较多的一个领域，使得各个国家在引进文化商品和服务的时候有着强烈的争论。一方面，全球化的趋势正以不可抵挡的态势进展；另一方面，欧美发达国家又在自觉或不自觉地积极建立自己的文化产品进口贸易壁垒来维护本国文化商品和文化服务的自主性。

根据前文所提，文化贸易是国际服务贸易的重要组成部分。《服务贸易总协定》（GATS）虽然没有直接定义服务贸易壁垒的含义，但第一条

① 联合国教科文组织编，张玉国、朱筱林译：《文化贸易与全球化》，《中国出版》2003 年第 1、第 2 期。

第一款规定："本协定适用于各成员方为影响服务贸易所采取的各项措施。"主要是把违反市场准入和国民待遇承诺的措施视为服务贸易壁垒。《关贸总协定实用辞典》把服务贸易壁垒定义为，一国在法律上对外国服务进入本国所设置的障碍。因此，文化产品的进口贸易壁垒可以理解为，为了保护本国的民族文化产业，一国在法律上对引进外国的文化商品、文化服务和知识产权时所设置的障碍。

（二）文化产品进口贸易壁垒形成的历史原因和特点

20 世纪 70 年代、80 年代连续爆发了两次严重的世界性的经济衰退和结构性经济危机，极大地阻碍了发达国家的经济增长。为了保护本国经济，减少国外商品对本国商品的冲击和威胁，以美国为首的发达国家采取了贸易保护主义的措施。发达国家之间为了抢占世界市场，保护本国产业，贸易摩擦也越来越激烈，纷纷提高了外国产品进口的各项门槛，建立起贸易壁垒。在同一时期，发展中国家的民族工业迅速发展，产业结构不断优化调整，产品在国际市场上占据了一定的地位和竞争优势，尤其是劳动密集型商品的大量出口，让发达国家感觉到很大的威胁和压力，在一定程度上也刺激了发达国家的贸易保护主义情绪。

随着社会进步，人们的环保意识、安全健康意识不断加强，可持续发展理念深入人心，越来越关心产品的健康、安全、技术问题，关心所生活的地球和社会的可持续发展，因而对国际贸易中的产品提出了更高的要求和门槛，除了传统的贸易壁垒外，出现了以技术性壁垒、环境壁垒和社会壁垒为主要内容的新贸易壁垒。

文化作为一种跨学科的领域，渗透力强，影响范围广，几乎所有的产业和贸易领域都融入了不同的文化内涵和服务，并且流传的时间长久，对文化消费者的吸引力也大。文化产品中凝结着不同的价值观、生活方式、习俗等主观因素，能对不同民族文化认同、思维方式和审美习惯产生重要影响。更为重要的是，随着经济全球化进程的加快，国与国之间的竞争已经转变为政治、科学、文化和国民素质的综合国力的竞争。各国间文化贸易的竞争，体现了一个国家文化和文化产业政策的差异，体现了各国综合国力的较量，是国际战略格局中"软实力"的较量。在今天，软实力的作用越来越不容忽视，它通过一种吸引力、感召力和同化力达到理想的目的，而文化就是一种强有力的软实力。它是无形的，却影响深远、力量强大。发达国家特别是美国利用这种新的工具，大量输出自己的价值观，深深介入别国的内部事务，因而引起了世界各国政府的高度重视，利用各种政策和手段来保护本国的文化安全和利益，建立起自己的文化产品进口贸易壁垒。

这种特殊的贸易壁垒与国际货物贸易壁垒有着不同的特征。首先，形式的多样化。由于国际文化贸易的标的物具有多样性的特点，有的是有形的文化商品，而有的是无形的文化服务或者知识产权，针对文化产品进口设立的贸易壁垒相应也就呈现出多样化的特点——政府补贴、税收优惠、技术标准、知识产权保护，等等。其次，手段的隐蔽性。服务贸易的无形性，使得单靠以前的关税壁垒很难对产品的进口起到限制和控制作用，需要结合非关税的措施。对待文化产品的进口，国内立法和政策是各国保护本国文化产品的主要手段。而法律和政策具有复杂性，涉及面广泛，常常是不透明、不统一的，这为他国文化产品的进入造成了很大的障碍。再次，目标的复杂性。一个国家对于文化产品进口的限制目标不仅仅体现在商业利益上，还体现为对本国文化主权和安全的维护。例如，各个国家对风靡全球的美国文化产品的抵制，就不单是出于经济利益上的考虑，更多的是为了制止一种美国价值观的渗透和侵入，这种软实力的影响力远远大于经济制裁和军事干涉。最后，文化产品进口的贸易壁垒目前仍然颇具争议。对于是否该建立这种贸易壁垒，这种壁垒的设立是否违背了全球一体化的趋势，各国和各地区之间的贸易壁垒标准是否一致、该如何协调，都是国际文化贸易争端的主要问题。

（三）与建立文化产品进口贸易壁垒相关的主要国际规则

从法律规范的角度看，世界贸易组织作为一个常设性、永久性存在的国际组织，前身是关税与贸易总协定（GATT），1986—1994 年的乌拉圭回合世界贸易谈判导致 WTO 代替了原来的 GATT，成为规范当代国际文化贸易主要法律文件的国际组织。与 GATT 相比，WTO 管辖的范围除传统的和乌拉圭回合确定的货物贸易外，还包括长期游离于关贸总协定外的知识产权、投资措施和非货物贸易（服务贸易）等领域。WTO 具有法人地位，它在调解成员争端方面具有更高的权威性和有效性。其基本原则是非歧视贸易原则，包括最惠国待遇和国民待遇条款；可预见的和不断扩大的市场准入程度，主要是对关税的规定；促进公平竞争，致力于建立开放、公平、无扭曲竞争的“自由贸易”环境和规则；鼓励发展与经济改革。中国于2001年11月加入WTO。到2008年7月，WTO成员国已达153个。

WTO与文化相关的规章相当复杂，主要体现在WTO的宗旨与基本原则、服务贸易与知识产权原则等。WTO的基本精神是自由贸易，即消除关税和商品进口配额。但许多国家认为，文化是一种特殊的商品，不应包含在自由贸易的范围之内，故提出了“文化例外”的主张。联合国教科文组织也不遗余力地提倡“世界文化多样性”的主张，然而“主张”是没有法律地位的，许多国家只能主动接受或被迫适应WTO的要求，在其框架内来调整各自国内的文化政策，为文化商品和文化服务的跨国流动扫除障碍。

1. 文化例外

在乌拉圭回合的最后谈判中，一些国家表示出一种担忧：“关税与贸易总协定”在货物贸易、服务贸易和版权保护的产品方面会使该国在商业方面获得好处，但会破坏这些国家的文化独特性及其独特地位，他们担心国家的本土文化产业会被跨国公司和垄断集团所取代。因此，在经过激烈争论之后，在涉及电影和视听产品的货物和服务贸易方面，不必完全履行“关税与贸易总协定”的原则，这种主张被称为“文化例外”。它是指文化产业在经济全球一体化过程的时候，拥有受保护的特殊性。法国是最早提出“文化例外主义”的国家。这个主张在GATT中的第二部分第四条决议中也得到了反映，这一条决议是有关电影放映配额问题，允许国产影片在总放映时间中有一个具体的最低比例。GATT还把“保护具有艺术价值、历史价值和考古学家之民族宝库”的措施作为例外保留下来。其他所有的文化产品，除了电影和家庭录像，都适用于GATT的全部条款。到目前为止，在世界贸易组织各成员国中只有美国等20多个成员国对文化产业的各个领域做出开放承诺，其他成员则只对文化产业的部分领域做出开放承诺。这些承诺主要是影视音像制品和书报刊的分销以及影视拍摄服务，而在其他主要领域，如广播与电视节目服务、广播与电视传输服务方面，大多数成员国仍持谨慎态度。[①]

---

① 夏阳：《与国际文化产品与服务贸易相关的几个问题》，http：//www.china.com.cn/zhuanti2005/txt/2004-02/27/content_ 5504254.htm.

2. 文化主权

文化主权是经济全球化时代国际关系中出现的新问题，作为概念，它是近年来发展中国家在参与经济全球化进程中提出的主张。具体说来，文化主权是指现代民族国家将本民族文化的习惯、信仰和价值观念上升为国家意志，对本民族文化所拥有的最高和独立的权力和权威，它是与政治权力和权威相关联的那一部分价值和信仰观念。文化主权与一个国家的政治主权密不可分，捍卫文化主权不仅关系到国家的独立性，而且关系到一个民族的政治主权和独立地位。为了促进相互理解及国家文化贸易和交流，联合国教科文组织于 1950 年订立了“佛罗伦萨协议”，这是一个关于教育、科学和文化物资进口的法律文件，旨在促进文化在国际的自由流通。1976 年采纳内罗比草案加以修订，将自由流通原则扩大到了新的文化产品，如视听材料。到 2000 年已有 94 个国家通过了这一国际性法律文件。但是该协议和草案允许各国不进口那些可能对本国文化产业发展构成损害的文化产品。事实上，《关贸总协定》和《经合组织无形标准》都批准了电影放映保留配额，以保持各国的文化身份。各国为保护国内文化产业的发展，经常以保护文化主权为主要理由进行抵制。因为，文化主权是支持贸易壁垒的核心观点。

3. 文化多样性

进入 21 世纪，法国对美国文化产业的“入侵”这一问题有了新的认识，认为“文化例外”不能准确全面地表达他们的思想，文化产品除了有价值观的一面，也有商业性的一面。特别是“9・11”事件让人们看到，缺乏文化方面的理解和沟通是造成西方与其他地区冲突的一个原因。法国虽然不赞成“文明冲突”的说法，但认为加强对话，增进文化交流是反恐的一个重要基础。为了在全球范围内创造条件，让更多的国家接受这一思想，法国总统希拉克在 2001 年教科文组织大会上，正式将“文化例外”的提法改为“文化多样性”，将有关文化产品问题的讨论从世贸组织转向联合国教科文组织。① 法国与美国的这场战争也从贸易领域转到外交领域，从市场之争提升到价值观之争。

联合国教科文组织在“文化多样性”理论的提出上一直发挥着重要作用。1995 年，联合国教科文组织发表了题为《我们的创造的多样性》

---

① 郭京花，《文化多样性：法国外交新主题》，《参考消息》2003 年 10 月 30 日。

的长篇报告，充分强调文化对于社会发展的重要作用，提出重视文化的发展战略，强调不同文化之间的多元共存与互补的理论。1998 年，在斯德哥尔摩召开的“文化发展政策政府间会议”上肯定了文化多样性的原则，并提出了《文化政策促进发展行动计划》。“文化的多样性、冲突和多元共存”成为21 世纪来临之际联合国教科文组织所管辖文化领域中的核心问题。联合国教科文组织在2001 年 11 月第 31 届大会上通过了《世界文化多样性宣言》，但宣言的形式没有约束力，比较空泛。2003 年 10 月，在联合国教科文组织第 32 届大会上，法国与加拿大联合提议，就文化多样性起草一个国际公约，该提议得到60 多个会员国支持。2005 年 10 月，联合国教科文组织第 33 届大会上才以压倒性多数通过了《文化多样性公约》，虽然有的大国还是竭力反对这个公约，但这已经是国际社会捍卫世界文化多样性斗争取得的重大成果。它意味着文化多样性原则被提高到国际社会应该遵守的伦理道德高度，并具有国际法律文书的性质。公约生效后，各国自主制定和保护文化表达方式多样性政策有了保障，在多边国际组织框架内推动文化多样性的交流与合作有了保障，为弱势文化的发展提供了有力的支持。

二、欧美国家文化产品进口贸易壁垒的具体内容及影响

（一）美　国

美国没有文化部，没有文化立法，也没有明确的文化政策，但绝对不能说处于文化强势的美国没有文化安全意识，相反，文化安全已经深深植入美国国家整体安全战略体系之中。美国政府充分认识到文化安全是国家军事安全、经济安全的灵魂，并一直将文化作为国家利益的重要组成部分。文化产业已经成为美国国际战略格局中重要的“软权力”，美国利用文化产品的输出将其价值观念渗透到世界各个角落，影响和制约着受其影响国家的国际行为甚至世界秩序。

美国自从丧失了机器制造业的国际领导地位后，开始在国际文化贸易这个新兴领域寻求优势和主导权，对文化产业的政策是对内放松管制，对外进行扩张，极力推行“自由贸易”政策。1996 年，美国的软件业和文化娱乐产品出口达到602 亿美元，文化产品（电影、音乐、电视节目、图书、杂志及计算机软件）首次超过了航空航天业，成为美国最大的出

口项目，在国际市场上占据了 40% 的份额。[①] 如今，美国是世界诸强中文化产业和文化贸易实力最为强大的国家。2003 年，美国是文化产品的第一进口国，达 150 亿美元，也是文化产品的第二大出口国，达 76 亿美元。加拿大是美国最大的文化产品出口伙伴，1994 年有 31.5% 的文化产品出口到加拿大，2003 年上升到 41.2% 。中国是美国最大的进口伙伴，进口份额由 1994 年的 8% 上升到 2003 年的 30.8% 。[②]

在文化产品进出口贸易问题上，以美国为代表的国家认为，文化产品和其他一切产品一样具有商业性质，应该完全服从于国际贸易规则，反对将文化产品排除在国际贸易的法律框架之外。但实际上美国政府并不是完全放任文化产业的自由发展，也相当重视对本国文化贸易的保护和扶持，对国外文化产品的进口设置贸易壁垒。可以说，自由贸易是美国贸易政策的主要部分，而且是贸易保护主义时期必要的补充成分。一方面，美国利用在国际上的政治经济优势和国际组织中的影响力，推动美国文化产品打开国际市场，并从资金、税收、技术、人才等多方面为国内文化产业进行扶持和保护，向世界各国推广自由贸易的理念。另一方面，对于国外文化产品的进口，美国悄然设立起贸易壁垒。美国故意将一些本该开放的部门放入最惠国待遇例外清单，以期通过双边谈判换取他国的开放。还经常采用贸易保护主义，对外国进口商品课以重税。美国各州政策不统一、缺乏透明度、行政干预过多等都对外国文化产品的进入构成了障碍。美国的贸易保护政策虽然限制进口，造成市场封闭，限制国际竞争国内化，但在一定程度上促成了美国国内较高的利润回报率，从而吸引大量国际资本投资美国文化产业，进一步促进了美国文化产业的迅速发展。美国还是世界上知识产权保护最为严密的国家之一。它将个人著作权保护期从著作人终生及死后 50 年延长为著作权人终生及死后 70 年，公司版权保护期从 75 年延长至 95 年，从而进一步保障了迪斯尼、好莱坞等大型文化产业集团的利益。针对发展中国家文化产品盗版现象比较严重的情况，美国政府常常以知识产权保护为由，限制和取消外国文化产品的进口，如在美洲自由贸易区谈判上对巴西施压，并以取消巴西产品出口美国所享受的普惠制待遇相威胁。由此可见，美国的

① 王拓：《关于发展文化产业的思考》，《中央社会主义学院学报》2004 年 2 月。
② 联合国教科文组织：《1994—2003 年文化商品与服务的国际流通报告》。

文化产品能够遍布全球，一方面与他强大的综合国力、对文化产业的强力扶持相关；另一方面，美国也并未放弃利用文化产品进口的贸易壁垒来保护本国文化产品。

（二）以加拿大、法国为首的欧美发达国家

针对美国奉行的“自由贸易”政策，以加拿大、法国为首的一些国家认为，文化是一种特殊的商品，代表着一种文化价值观，有利于维护本国的文化传统、保持民族的文化身份和国家的文化安全，因此反对把文化产品纳入国家贸易规则的控制之下。从 20 世纪初开始，这些国家就对文化产品的进口实行了限制和控制，而保护文化主权是他们建立贸易壁垒的主要原因。

电影、电视节目对人们生活方式有种直观的影响，文化敏感度很高，因此一直以来都是国际贸易中诸多纷争里的焦点。长期以来，美国的影视产品一直垄断欧洲市场。每年欧盟各国向美国出口的影视产品只有 2.5 亿美元，而美国出口欧盟国家的影视产品高达 35 亿美元。[①] 在这场贸易战中，政策壁垒是加拿大和以法国为首的欧洲国家最有效的手段，他们通过制定文化保护法、坚持严格的配额制度和关税制度、加强欧盟内部各国之间互相开放市场、政府补贴与资助、控制外国投资等多种手段，在电影和电视行业建立起贸易壁垒，抵制美国视听界的强劲冲击。除美国之外，来自日本和其他一些亚洲国家动漫领域的大量文化产品的进口也让欧洲国家感到重重压力。法国在保护国产影片、抵制美国电影方面是做得比较突出的。一战结束后，好莱坞电影在欧洲长驱直入。1928 年法国开始实行“配额制”。二战期间好莱坞电影曾一度撤出法国。战后，美国贷款给法国以重建国民经济，但是以重新向好莱坞开放其电影市场为附加条款。法国认识到美国电影将对本土产业产生威胁和对民族文化造成冲击，而配额是抵制美国电影的有效方法。1989 年，在法国的努力下，欧共体 12 国颁布了“无国界电视指令”，树立起配额壁垒，抵制来自欧共体之外的国家主要是美国的电视节目。1993 年关贸总协定的乌拉圭谈判中，以法国为首的欧洲国家成功地将电影和电视节目这两个领域的产品和服务排除在适用于一般商品的规定之外。法国政府大力扶持电影业，不但从财政上给予资助，还在发行渠道上予以保证。它多年来一

① 徐振强，《法国力主保护文化产品贸易》，《瞭望新闻周刊》2001 年 11 月 19 日，第 47 期。

直实行电影门票附加特种税，用以支持电影业的发展。1994 年，法国议会通过了《关于法语使用的法案》，简称“杜蓬法”，规定了法语在电台、电视节目、出版物、各种研讨会、公告、广告中的使用，这是法国政府对法语文化对外输出高度重视的一个表现。1997 年起，法国开始征收外国卫星电视播放税。

在出版业方面，世界贸易组织中的 130 多个成员国中仅有 29 个国家做出了开放出版业的承诺，其中绝大多数是发达国家，但是，这些国家的出版业并不是绝对开放的，而是在执行国际服务贸易一般原则，即在国民待遇原则、互惠原则、关税减让原则等基础上，设置一些非关税性贸易保护政策，进行的是有条件的承诺和开放。美国和加拿大的期刊争端是 WTO 历史上第一个涉及文化产品的争端案例。长期以来，加拿大联邦政府一直采用关税、邮政补贴和广告税三种办法抑制外国期刊的进入，促进本国期刊的发展。20 世纪 90 年代以来，美国时代公司期刊业务向海外迅速扩张，对加拿大长期以来的期刊保护措施产生了强大冲击。根据 WTO 的裁定，加拿大政府不得不取消对美国期刊进口的某些限制，但其限制美国期刊进入的目的没有改变，并合理利用 WTO 规则与美国讨价还价，逐渐掌握了主动权，使期刊业损失减到了最小。欧洲国家的出版业有着良好的市场机制，但是这些国家仍然实行多方面的国家保护关税政策，包括国家直接财政拨款、税收优惠、海关优惠等其他各种优惠政策。例如，要想进入法国的出版市场，一种方法是向法国出版商出售法语翻译本的著作权，另外一种方法就是与法国出版商合作出版，而外国出版商要想得到法国消费者的认同并不是一件容易的事，不对法国市场进行一番认真详尽的调查研究与策划，不投入大量的市场营销经费，是不可能轻松进入法国市场的。

在法国等国的不懈努力下，2003 年 7 月，“文化例外”写入了《欧盟宪章》。联合国教科文组织关于文化多元化公约得到了以加拿大和法国为首的约 60 个国家的支持，规定了电影、戏剧和音乐等文化产品不包括在贸易谈判范围内，各国可以保护和支持本国文化产业，将“文化例外”置于国际法之内。《保护和促进文化表现形式多样性公约》这一重要的国际条约的批准标志着维护世界文化多样性斗争的一次胜利，该公约已于 2007 年 3 月生效。

三、欧美国家设置文化产品进口贸易壁垒对我国发展对外文化贸易的启示

（一）我国对外文化贸易的现状及存在问题

基于文化产业在当今时代发挥的重要作用，我国政府近年来大力发展文化产业，对文化商品和文化服务“走出去”高度重视、大力扶持，在对外文化贸易方面取得了显著成就，文化产品的国际竞争力也在不断增强。据统计，2006 年我国核心文化产品进出口总额达 103.2 亿美元，比上年增长 23.3%，是 2001 年的 2.9 倍。[①] 但是，我国输出的文化产品在规模上与其他国家相比仍有较大差距，特别是在与美、日、英、法等国家的文化贸易中，存在着巨大的逆差。从出口结构上看，我国出口的文化产品 50% 以上是游戏、文教娱乐和体育设备及器材等，属于文化贸易中的“硬件”，而能带来高附加值的“软件”文化产品的出口还是一个薄弱环节。

以出版贸易为例，根据中华人民共和国新闻出版总署的统计数据，[②] 从 2004—2007 年我国图书、报纸、期刊的进出口情况、出版物版权贸易情况可以看出，我国出版物出口数量虽然持续增长，但其进口与出口的数量比例严重失衡，出版物版权也面临着严重的贸易逆差。

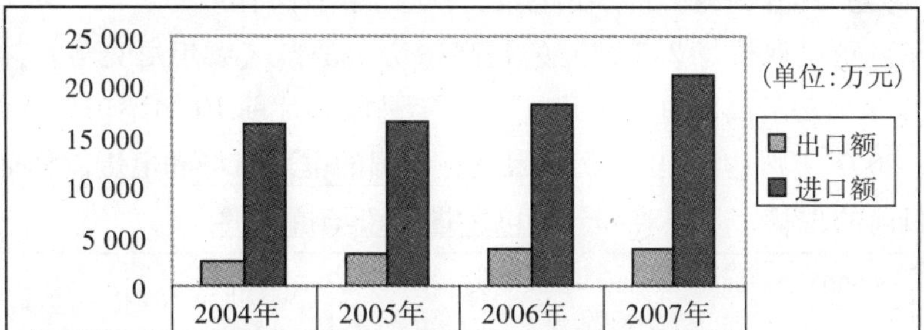

	2004年	2005年	2006年	2007年
出口额	2 546.23	3 287.19	3 631.44	3 787.46
进口额	16 254.93	16 418.35	18 093.51	21 105.44

图 1　2004—2007 年我国图书、报纸、期刊进出口额比较

① 《文化走出去战略中的政府作为——访文化部文化产业司司长王永章》，《中国文化报》2007 年 11 月 30 日。

② 数据来源于：中华人民共和国新闻出版总署 2004—2007 年新闻出版业基本情况。（http：//www.gapp.gov.cn/cms/html/21/464/List-1.html）

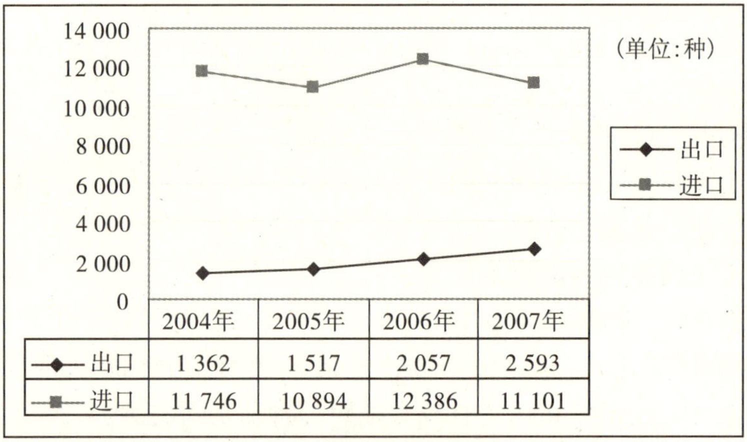

	2004年	2005年	2006年	2007年
出口	1 362	1 517	2 057	2 593
进口	11 746	10 894	12 386	11 101

图 2　2004—2007 年我国出版物版权进口数量

在音像制品、电子出版物的贸易方面，中华人民共和国新闻出版总署的统计数据显示，近几年来，我国音像制品和电子出版物的进出口金额差距越来越大，贸易逆差情况更加严重。以电影为例，虽然国内的电影市场不断发展，逐步加快了走向海外市场的步伐，但是电影进出口方面仍然存在较大的逆差。从 2000—2004 年，中国进口影片 4 332 部，而出口影片却屈指可数。2007 年，中国进口影片票房更是呈现爆炸性增长。2006 年进口影片只有 2 部票房过亿，2007 年不仅有 4 部过亿，其中《变形金刚》更是取得了 2.7 亿元的超高票房，是自《泰坦尼克号》之后近 10 年以来票房最高的进口影片。2006 年进口影片前 10 名票房总计约 6.6 亿元，2007 年则达到 10 亿元。因此，中国的电影市场和电影制作如果不改变目前的现状，是很难和外国电影进行市场抗衡的。

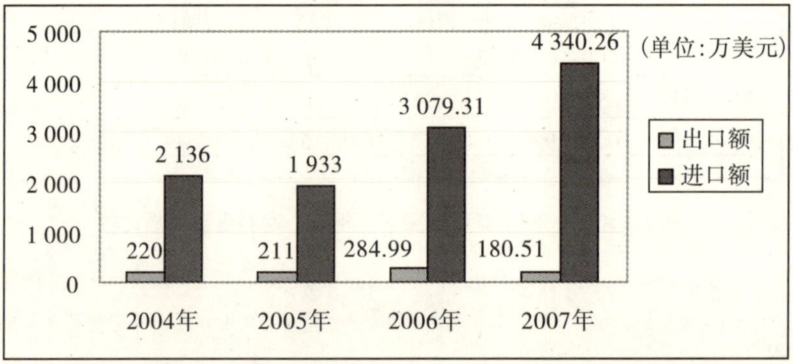

图 3　2004—2007 年我国音像制品、电子出版物进出口额比较

在动漫方面，中国的动漫市场被国外动漫产品占领，国产动画片仅有10%的市场比例。在青少年最喜爱的动漫产品中，日本动漫占60%，欧美动漫占29%，国产原创动漫只有11%。①

在文艺演出方面，中国海外商演在国际市场中处于弱势地位。我国引入的国外演出多为商业演出，而派出的演出多为低价甚至免费的演出。

（二）欧美国家针对我国文化产品进口设置贸易壁垒的情况

中国文化产品在西方国家受阻的客观原因，一方面是由于西方各国的文化市场发育完善，各国市场都已经完成了集中和垄断，大型跨国文化公司积累了丰富的经验和雄厚的实力，形成了对国内市场的天然保护屏。世界电影市场已经被美国好莱坞所垄断，他们拥有成熟的节目制作机制、发行机制，人才和资金的优势更是无与伦比，在全球已经形成了极为严密而强大的网状结构，再加上美国经济的坚强后盾和政府的大力支持，其他国家的贸易配额、关税壁垒以及政府补贴等措施都无法发挥正常效用了。又如，法国的图书消费者钟情于大型出版社，相信他们在选题策划、印制质量、价格因素等方面的优势。法国出版业一般不喜欢直接进口国外的图书，而愿意购买版权或合作出书的方式，所以在法国的图书贸易中，版权贸易占很大的份额。而在中国，除了少数电影、电视外，中国的图书出版、音像等出口仍以制成品为主，版权贸易交易量不足。另外，中国版权输出的方式单一，主要是版权的直接转让，而有助于降低文化折扣、延伸产品价值链的多元化的贸易方式却有待发展，交易量规模不足。另一方面，由于历史和现实的种种原因，欧美国家的消费者对中国接触很少，感到陌生，使得欧美国家难以接受和喜爱中国的文化产品，没有形成对中国文化、艺术作品的消费偏好，缺乏文化上的亲和力。加拿大学者霍斯金斯把这种由于文化差异而导致文化商品和文化服务的进口价值低于本土价值的现象称为“文化折扣”。语言的差异是国际文化贸易双方交流的重要障碍。英语在世界各国的普及使得英美国家的文化产品在进入其他国家时遭遇的抵制较少，容易让人接受。而汉语虽然是使用人数最多的语言，但没有在各国流通的优势，加上出口文化商品和服务时没有能较好地提供相关的外语配音和字幕，不仅增加

---

① 李怀亮：《中国文化产品出口结构分析》，摘自文化部文化产业司编《国家文化产业课题研究报告》。

了沟通的障碍，有时甚至会引起文化交流和贸易的抵触情绪。中外消费者在审美习惯、观赏经验上的差异，中国对国际流行元素上把握的不恰当性都是形成文化折扣的重要原因。不能只是一味强调民族文化特色，而忽视国际市场的需求和国外消费者的审美趣味。东西方国家不同的文化价值观也是造成文化折扣的一个因素，在对外文化贸易中应该淡化文化商品和服务的意识形态功能，适应全球化的现实，与国际接轨，以开放和多元的价值观为核心，这样在文化内容上才有利于国际流通，被更多消费者接受和喜爱。

除上述客观原因外，欧美国家由于看到近些年来中国经济的快速发展，担心中国即将取代美国，主导世界霸权，而大量的中国文化产品进口会对本国语言、文化自主性、民族意识等造成潜在威胁，因而通过关税、配额、补贴等多种干预方式实施贸易保护主义，制造文化产品的进口贸易壁垒，用以保护和鼓励本国的文化产业。

（三）如何正确应对欧美国家文化贸易壁垒，并推动中国文化产品和服务“走出去”

随着改革开放的不断深入，我国文化产业异军突起，发展迅速，在立足本国市场的同时，也积极地走向世界，并成为国际文化贸易中的新生力量。但是，在我国的对外文化贸易出口结构中，文化硬件居多，而文化内容的出口还处于规模小、层次低、效益低的起步阶段。作为一个拥有五千多年文明史的文化发源地，在国际文化贸易的竞争中更多的只是担任了一个“硬件加工厂”的作用。面对欧美等国为了保护本国文化产业而建立的贸易壁垒，中国唯有寻找适合我国文化产业“走出去”的可取之道，才能成为真正的文化强国。

首先，在思想源头上，针对国际上不利舆论，积极宣传中国经济迅速发展的正面影响。中国加入 WTO 以后，对外贸易快速增长，2002—2004 年，中国外贸进出口平均增幅达到 36.4%。目前，我国对外贸易总额排名已经跃居世界第三位。经济发展的同时我国也面临着新的挑战和困难。发达国家担心中国的崛起会对他们造成政治、经济、文化等多方面的威胁，因而抛出各种“反华”的不利舆论，建立与我国对外贸易的新贸易壁垒。我国应该及时进行反驳，积极宣传中国经济迅速发展的正面影响。由于我国目前的出口贸易绝大多数是加工贸易，因此，我国出口贸易及经济的高速发展不仅可以改变本国的经济状况，而且也改变了与我国有贸易和投资的其他相关国家，我国的经济是与其他国家经济共同增长和发展的。①

其次，在文化产品的制作上，应当降低或消除文化折扣的不良影响。由于文化折扣会让文化产品的出口遭遇问题和阻力，我国悠久的文化传统和丰富的文化资源反过来也会成为制约中国文化产品“走出去”的障碍。凡在国际市场上取得成功的中国文化产品，都是那些在思想观念、主题、表演类型和方法上与国际接轨的作品。因此，我们需要在制作和包装上下功夫，适应国际市场的文化环境，减少语言、审美习惯、文化价值观所带来的文化差异。如政府出资为文化产品提供高质量、符合国际标准的翻译；利用多种文化元素的结合满足不同的外国消费者的爱好和需求；在文化内涵上寻求共识，避免基本价值观的冲突，适应全球化的新环境等。对于文化折扣高的产品和服务出口可以首先选择进入价值观相近的国家，如美国一直向加拿大大量输出视听产品，中国的文化产品拓展国际市场时应当首攻儒家文化所覆盖的东南亚和东亚地区，对于价值观差异大的国家，应先进行深入的市场调查，调整和改变文化商品和服务的制作和包装，适应全球化的新环境。②

再次，从操作方法上看，国际合作策略是规避文化贸易壁垒的良策。这种模式包括国际联合制作，既有来自多个国家的合作伙伴共享资金资源，共同生产制作，还包括国际合作发行和销售，拓展海外市场渠道，分散投资风险。好莱坞进入并占领欧洲市场的第一步就是采取联合制片和合作发行的方式，通过建立电影发行放映院线从而控制了加拿大电影市场，通过建立合资发行公司争取到德国电影的发行和制作权。③ 联合制作的方式意味着合作双方签署了双边协议，保障了文化商品和服务能够顺利进入合作方市场和第三方市场，从而避开了多种形式的贸易壁垒，还可以享受和本土产品相同的补贴、优惠政策。而在发行和销售方面的合作则可以弥补我国在国际市场营销中的渠道、资金和人才等方面的弱势和缺陷，进一步扩大我国文化商品和服务的国际影响力，保证海外市场的畅通。

最后，从法律保障上看，中国应该加强在 WTO 中的控制权和话语

① 魏洁：《国际贸易摩擦新时代与中国经济政策调整》，《世界经济与政治论坛》2007 年 7 月。
② 李怀亮：《当代国际文化贸易与文化竞争》，广东人民出版社 2005 年版，第 310 页。
③ 尹鸿、唐建英：《中国电影产品在国际贸易市场中的适应性策略》，《对外大传播》2008 年第 5 期。

权，积极参与国际文化贸易市场规则的制定和重塑，在全球自由贸易的新形势下，学会合理利用自由贸易规则保护自己。一般而言，发生贸易摩擦时，发起国会考虑被制裁国国际地位的高低，而一国国际地位的高低在于它在国际组织中的控制权。① 因此，中国应该加强在 WTO 中的控制权和话语权，加强国际合作，积极参与国际文化协定的制定和修改，提高我国的国际地位，提高我国对国际标准的影响力和控制力。一方面，对文化产业的开放承诺保持务实和慎重的态度，合理利用国际贸易规则对文化商品和服务的输入、文化资本的投入进行必要的限制；另一方面，合理利用 WTO 规则在一定程度上缓解我国的对外文化贸易摩擦，努力将欧美发达国家对我国设立的文化贸易壁垒降到最低。

除上述规避文化贸易壁垒的具体方法之外，从根本上来讲，保护和发展我国的文化产业才是促进我国文化商品和文化服务“走出去”的出路所在。我国文化产业起步晚、基础弱，在规模和质量上都无法和欧美国家的文化产业相媲美，且提供的文化产品属于初级产品，处于粗加工阶段，不能满足国际市场的需求。因此，要推动中华文化走向世界，最主要的是要加快文化产业的发展步伐，大力培养外向型文化企业，增强本国文化产业的国际竞争力，按照国际市场的需求和国际消费者的爱好习惯，有针对性地对我国文化商品和服务进行生产和改造，用市场机制来发展文化产业，重视文化与高新技术的结合。只有这样，才能使我国的文化产业具有更强大的生命力，在国际上占有一席之地。

主要参考文献

[1] 李怀亮：《当代国际文化贸易与文化竞争》，广东人民出版社 2005 年版。

[2] 张玉国：《国家利益与文化政策》，广东人民出版社 2005 年版。

[3] 李怀亮、刘悦笛：《文化巨无霸：当代美国文化产业研究》，广东人民出版社 2005 年版。

[4] 罗能生：《全球化、国际贸易与文化互动》，中国经济出版社 2006 年版。

[5] 张胜冰、徐向昱，马树华：《世界文化产业概要》，云南大学出

① 魏洁：《国际贸易摩擦新时代与中国经济政策调整》，《世界经济与政治论坛》2007 年 7 月。

版社 2006 年版。

［6］邹广文、徐庆文：《全球化与中国文化产业发展》，中央编译出版社 2006 年版。

［7］金冠军、郑涵：《WTO 成员国的民族视听文化保护政策与规章》，尹继佐主编：《经济全球化与上海文化发展：2001 年上海文化发展蓝皮书》，上海社科院出版社 2001 年版。

［8］王巾英、吴志良：《贸易自由化、壁垒隐性化与对策》，《中央财经大学学报》2003 年第 1 期。

［9］肖云上：《法国为什么要实行文化保护主义》，《法国研究》2000 年第 1 期。

［10］朱伟明：《法国政府对本国文化的保护和传播》，《当代世界》2007 年第 6 期。

［11］王晓德：《关于'美国化'与全球多元文化发展的思考》，《美国研究》2003 年第 3 期。

［12］姜飞：《美国的传播霸权及其激发的世界范围的文化保护》，《对外大传播》2005 年第 4 期。

［13］姜飞：《欧洲的文化保护意识和策略》，《对外大传播》2005 年第 10 期。

［14］金元浦：《美国政府的文化外交及其特点》，《国外理论动态》2005 年第 4 期。

［15］李微：《美国文化产业发展经验探析》，《新闻界》2007 年 1 月。

［16］王璐璐：《浅析加拿大多元文化政策的发展》，《中华女子学院山东分院学报》2007 年第 3 期。

［17］王晓德：《全球自由贸易框架下的"文化例外"——以法国和加拿大等国抵制美国文化产品为例》，《世界经济与政治》2007 年第 12 期。

［18］杨柏峰：《中美国际文化贸易的比较分析》，《科技经济市场》2007 年第 2 期。

［19］柏定国：《中国文化贸易的问题与前路》，《湖南民族职业学院学报》2006 年第 4 期。

［20］尹鸿、唐建英：《中国电影产品在国际贸易市场中的适应性策略》，《对外大传播》2008 年第 5 期。

［21］魏洁：《国际贸易摩擦新时代与中国经济政策调整》，《世界经

济与政治论坛》2007 年 7 月。

课题组成员名单

课题负责人：

陈新亮　深圳市文化局副局长、深圳市特区文化研究中心主任

课题组成员：

毛少莹　深圳市特区文化研究中心副研究员

杨立青　深圳市特区文化研究中心助理研究员

宋　阳　深圳市特区文化研究中心助理研究员

后 记

为给当前蓬勃发展的文化产业实践提供更加有力的理论支撑，不断推动我国文化产业向深入发展，从2007年开始，文化部向各国家文化产业理论研究机构下达年度课题研究任务，并将理论研究成果汇编成为《国家文化产业课题研究报告（2007年度）》。2008年初，根据我国文化产业发展的实际和理论研究工作的需要，文化部又下达了2008年度课题研究任务。这些研究任务的选题，主要以党的十七大精神为指导，充分考虑我国文化产业所处发展阶段的特点和情况，立足于加强文化产业战略性研究和发展过程中需要破解的突出问题的研究，为推动我国文化产业发展提供智力支持。研究过程中，各课题组十分注重搜集掌握第一手资料和数据，内容涵盖国内外文化产业发展及重点行业门类情况，所形成的研究成果具有很高的参考价值。

本书收录的13个研究课题，凝聚了各省市国家文化产业研究机构和众多理论研究人员的智慧、心血和汗水，比较全面地反映了当前我国文化产业理论研究的水平。我们希望《国家文化产业课题研究报告（2008年度）》的出版，能够为各级政府部门科学决策有所帮助，也为我国从事文化产业研究和实践的同志们，以及社会各界关心文化产业发展的人士提供一份较为翔实的参考资料。由于我国文化产业尚处于起步探索、加快发展的初级阶段，课题研究工作也必然有其局限性，以上研究成果难免还存在若干不足和缺憾，我们期望着得到各位读者的批评和指正。

《国家文化产业课题研究报告（2008年度）》从课题立项到出版发行，前后约一年时间。其间，得到许多单位和同志关心和帮助。在这里，特别要感谢财政部教科文司、文化部办公厅、财务司等部门的大力支持，并对云南大学国家文化产业研究中心和云南大学出版社的有关人员为本书的编辑出版所付出的辛勤劳动表示深深的谢意。

编 者